Juristische ExamensKlausuren

Weitere Bände in dieser Reihe
http://www.springer.com/series/3939

Ruben Martini • Matthias Valta

Fallsammlung zum Steuerrecht

2. Auflage

Dr. Ruben Martini, Dipl.-Kfm., LL.B.
Richter in Rheinland Pfalz, derzeit
wissenschaftlicher Mitarbeiter
am Bundesfinanzhof, München
Deutschland

Dr. Matthias Valta
Institut für Finanz- und Steuerrecht
Universität Heidelberg
Heidelberg
Deutschland

ISSN 0944-3762
Juristische ExamensKlausuren
ISBN 978-3-662-47859-2   ISBN 978-3-662-47860-8 (eBook)
DOI 10.1007/978-3-662-47860-8

Die Deutsche Nationalbibliothek verzeichnet diese Publikation in der Deutschen Nationalbibliografie; detaillierte bibliografische Daten sind im Internet über http://dnb.d-nb.de abrufbar.

Springer
© Springer-Verlag Berlin Heidelberg 2011, 2016
Das Werk einschließlich aller seiner Teile ist urheberrechtlich geschützt. Jede Verwertung, die nicht ausdrücklich vom Urheberrechtsgesetz zugelassen ist, bedarf der vorherigen Zustimmung des Verlags. Das gilt insbesondere für Vervielfältigungen, Bearbeitungen, Übersetzungen, Mikroverfilmungen und die Einspeicherung und Verarbeitung in elektronischen Systemen.
Die Wiedergabe von Gebrauchsnamen, Handelsnamen, Warenbezeichnungen usw. in diesem Werk berechtigt auch ohne besondere Kennzeichnung nicht zu der Annahme, dass solche Namen im Sinne der Warenzeichen- und Markenschutz-Gesetzgebung als frei zu betrachten wären und daher von jedermann benutzt werden dürften.
Der Verlag, die Autoren und die Herausgeber gehen davon aus, dass die Angaben und Informationen in diesem Werk zum Zeitpunkt der Veröffentlichung vollständig und korrekt sind. Weder der Verlag noch die Autoren oder die Herausgeber übernehmen, ausdrücklich oder implizit, Gewähr für den Inhalt des Werkes, etwaige Fehler oder Äußerungen.

Gedruckt auf säurefreiem und chlorfrei gebleichtem Papier

Springer Berlin Heidelberg ist Teil der Fachverlagsgruppe Springer Science+Business Media (www.springer.com)

Vorwort

Durch die Einführung der universitären Schwerpunktbereiche hat die steuerrechtliche Fallbearbeitung über ihre bisherige Rolle in der mündlichen Prüfung hinaus stark an Bedeutung gewonnen. Steuerrechtsklausuren sind nicht mehr nur in einigen Ländern, wie namentlich in Bayern, sondern bundesweit in juristischen Examina üblich geworden. Durch diesen Wandel ist der studentische Bedarf an steuerrechtlichen Fallbüchern gestiegen, die Fälle auf Examensniveau enthalten. Diese neue Fallsammlung will den geänderten studentischen Bedürfnissen Rechnung tragen.

Die Examensfälle, die Eingang in das Buch finden, sind während der Tätigkeit der Autoren am Lehrstuhl von Prof. Dr. Ekkehart Reimer am Institut für Finanz- und Steuerrecht der Universität Heidelberg entstanden. Dieses Buch ist somit auch ein Querschnitt der Heidelberger Examensvorbereitung im Steuerrecht.

Die beiden ersten Fälle stellen eine Einführung in die beiden Grundformen der Einkünfteermittlung dar, die Überschussermittlung und den Betriebsvermögensvergleich mit einer Steuerbilanz. Die übrigen Fälle orientieren sich ausnahmslos am Examensniveau, weisen dabei aber einen ansteigenden Schwierigkeitsgrad auf.

Alle Fälle werden durch didaktische Zusatzhinweise ergänzt, die im Text als Kästen erscheinen. Die „Hinweis"-Kästen enthalten Tipps zur Klausurbearbeitung und zu vertretbaren abweichenden Lösungswegen. Die „Zur Vertiefung"-Kästen beinhalteten Ausführungen zum materiellen Recht, die in der klausurmäßigen Falllösung nicht direkt relevant oder umsetzbar sind. Sie dienen dem systematischen Gesamtverständnis des Lesers und ermöglichen es ihm, sich wichtige Strukturen und Problemstellungen des Steuerrechts anzueignen und zu wiederholen.

Thematisch entstammen die Fälle vor allem dem Einkommen- und Körperschaftsteuerrecht und nehmen dabei aktuelle Probleme auf. Darüber hinaus werden auch das Gewerbesteuerrecht und seine Bezüge zur Einkommensteuer einbezogen. Besonderes Merkmal ist, dass in den Klausuren nicht – wie meist in steuerrechtlichen Übungsfällen die Regel – nur einzelne Geschäftsvorfälle isoliert abzuhandeln sind, sondern dass die Vorfälle und Veranlagungszeiträume praxisnah ineinandergreifen, was den Bearbeitern erhöhte Flexibilität abverlangt. Auch der großen Bedeutung der Gestaltungsberatung wird durch entsprechende Fragestellungen in mehreren Fällen Rechnung getragen.

Der Leser kann sich auf den folgenden Seiten eine Übersicht über die Fälle und die in ihnen enthaltenen Probleme machen. Im Anschluss an die Sachverhalte der einzelnen Fälle finden sich detaillierte Gliederungen der nachfolgenden ausführlichen Musterlösungen.

Wir freuen uns, dass die Erstauflage der Fallsammlung eine freundliche Aufnahme gefunden hat und hoffen, dass diese auch der nun vorliegenden aktualisierten und erweiterten zweiten Auflage zuteilwird. Wir bedanken uns für die empfangenen Anregungen und Hinweise, die wir auch weiterhin an folgende E-Mail-Adresse erbitten:

fallsammlung.steuerrecht@uni-heidelberg.de

Wir danken Herrn Prof. Dr. Ekkehart Reimer, der nicht nur die Grundlage für viele Fälle gelegt hat, sondern auch mit zahlreichen Ideen und Anregungen wesentlichen Anteil an diesem Buch hat. Herrn Prof. Dr. Alexander Rust und Herrn Dr. Steffen C. Hörner danken wir ebenfalls für Anregungen zu einzelnen Fällen. Für ihre vielfältige Unterstützung bei der Erstellung der zweiten Auflage und insbesondere für hilfreiche Hinweise aus studentischer Sicht danken wir Frau stud. iur. Janina Brandau, Herrn stud. iur. Tobias Enneking, Frau stud. iur. Stella Langner, Herrn stud. iur. Lennart Neckenich, Herrn stud. iur. Daniel Reich, Herrn stud. iur. Sascha Pfister, Dipl.-Finanzwirt, und Frau Ref. iur. Bianca Wenzel, Dipl.-Finanzwirtin.

Heidelberg, im August 2015   Ruben Martini
                                                                                      Matthias Valta

Inhaltsverzeichnis

Fall 1: Ausgaben hier, Ausgaben dort 1
Einführungsfall zur Einnahme-Überschussrechnung; Abgrenzung Einkünfte aus Gewerbebetrieb § 15 EStG und aus selbständiger Tätigkeit § 18 EStG, Katalogberufe und Vergleichbarkeit; Einnahme-Überschussrechnung § 4 Abs. 3 EStG; Entfernungspauschale; Abzugs- und Aufteilungsverbot § 12 Nr. 1 EStG; notwendiges und gewillkürtes Betriebsvermögen; Absetzungen für Abnutzung (AfA); einheitlich kausales Veranlassungsprinzip für Betriebsausgaben und Werbungskosten; Übersicht Abgrenzung Gewinnermittlungsarten

Fall 2: Blühende Landschaft 19
Einführungsfall zum Betriebsvermögensvergleich und zum Bilanzsteuerrecht; Exkurs Grundzüge des Bilanzrechts; Einheitsbilanz; Personengesellschaft als Subjekt der Einkünfteermittlung; Aktivtausch; Aktivierungsverbot bei schwebenden Geschäften; Abzinsung; Bilanzverlängerung und Bilanzverkürzung; Einlagen und Entnahmen; außerbilanzielle Hinzurechnungen und Kürzungen; Exkurs Besteuerung der Gesellschafter

Fall 3: Max Maximal 43
Einkünfte aus nichtselbständiger Arbeit § 19 EStG; Werbungskosten für ein Aufbaustudium; Unterscheidung Zins- und Tilgungsanteil bei Darlehensraten; Werbungskosten für Promotion; Fahrgemeinschaft; Werbungskostenabzug bei beruflich bedingten Bewirtungen; Schmiergeschenk; Abfindungen; Bonusmeilen; Sonderausgaben; Vorsorgeaufwendungen: Kranken-, Renten- und Arbeitslosenversicherung; Tarifbegünstigung für außergewöhnliche Einkünfte; Abzug von der Steuerschuld bei haushaltsnahen Dienstleistungen

Fall 4: Immer Ärger mit der Miete 69
Sachleistungen und deren Neutralisierung durch fiktive Werbungskosten; Bestechung; Zu- und Abflussprinzip; Gebäude-AfA; Abgrenzung Herstellungskosten/ Erhaltungsaufwand; Liebhaberei und erhöhte AfA; 3-Objekte-Grenze; Fristenberechnung im Steuerrecht; Liebhaberei und § 42 AO bei Vermietung an nahe Angehörige; atypisch stille Gesellschaft

Fall 5: Die Heimkehr 93
Vorweggenommene Werbungskosten ohne vorherige Steuerpflicht in Deutschland; Dienstwagen und Entfernungspauschale; nachträgliche Einkünfte nach § 24 Nr. 2 EStG; Vermietung bei nahen Angehörigen; Werbungskostenabzug bei teilweise selbst genutztem Wohneigentum; Aufteilungs- und Abzugsverbot; Gebäude-AfA; Besteuerung von Dividenden und Aktienveräußerungen; Vererbbarkeit von Verlustvorträgen nach § 10d EStG; Parteispenden als Sonderausgaben und Abzug von der Steuerschuld

Fall 6: Radelnder Autokäufer 117
Gewerbesteuerliche Hinzurechnungen und Kürzungen; Abschluss des Warenkontos; Berücksichtigung Umweltprämie bei Anschaffungskosten; Betriebsbegriff; Gewerbesteueranrechnung; Gestaltung zwischen verschiedenen Veranlagungsformen

Fall 7: Tax Due Diligence 137
Besteuerung von Kapitalgesellschaften und ihrer Anteilseigner; Besteuerung von Dividenden und Anteilsveräußerungen im Körperschafts- und Einkommensteuerrecht; § 8b KStG; verdeckte Gewinnausschüttung bei Tantiemen; verdeckte Einlage; abgekürzter Zahlungsweg; Darlehensverzicht als verdeckte Einlage; Beiträge zu Gesellschafterversicherungen; Rückstellungen; Aktivierbarkeit und Abschreibung einer Internet-Domain; Anschaffungskosten bei § 17 EStG; Teileinkünfteverfahren

Fall 8: Frankfurter Schiedsrichterin 165
Zufluss kurz um Jahreswechsel § 11 Abs. 2 EStG; Überschusseinkünfte und Vermögenssphäre; Überschusseinkünfte und merkantiler Minderwert; Werbungskosten bei § 22 Nr. 3 EStG und Durchbrechungen des eigenen Verlustkreislaufs; Abgrenzung Veräußerungen und veräußerungsähnliche Vorgänge; Abzugsverbot bei Steuerfreiheit ohne Einnahmen; Realsplitting; Sonderausgaben; Unterhalt; außergewöhnliche Belastungen; künstliche Befruchtung als außergewöhnliche Belastung mit Einwirkung Verfassungsrecht

Fall 9: Neckarufertunnel 191
Besteuerung von Personengesellschaften und Kapitalgesellschaften; Aktivierbarkeit entgeltlich erworbener immaterieller Wirtschaftsgüter; ausschüttungsbedingte Teilwertabschreibung; Teilwertaufholung; mitunternehmerische Betriebsaufspaltung

Fall 10: Verlust eines Steuerberaters 211
Wertaufhellende Tatsachen; verdeckte Gewinnausschüttung bei Geschäftsführer-Vergütung; Disagio als aktiver Rechungsabgrenzungsposten; Zebragesellschaft; Einnahmen-Überschussrechnung § 4 Abs. 3 EStG; Umsatzsteuer als durchlaufender Posten; Verlustvortrag § 10d EStG; Mantelkauf § 8c KStG; Optionsrechte bei Abgeltungssteuer § 32d Abs. 2 Nr. 3, Abs. 6 EStG

Fall 11: Vielfältiger Elektromotorenbau 233
Besteuerung von Personengesellschaften und Kapitalgesellschaften; doppelstöckige Personengesellschaft; Bilanzrecht; Sonderbilanz; Ergänzungsbilanz; Aktivierbarkeit immaterieller Wirtschaftsgüter; Verdeckte Gewinnausschüttung

Fall 12: Forschende Pilotin 249
Internationales und Europäisches Steuerrecht; Anrechnung ausländischer Steuern; beschränkte Steuerpflicht; Kapitalverkehrsfreiheit; Doppelbesteuerungsabkommen; Steuerfreiheit von Stipendien; steuerliche Gemeinnützigkeit

Sachverzeichnis 267

Fall 1: Ausgaben hier, Ausgaben dort

Sachverhalt

Der in Walldorf ansässige ungelernte Unternehmensberater U hat sich vor ein paar Jahren selbständig gemacht. Als Autodidakt hat er während seiner Tätigkeit breite Kenntnisse erworben, die einem Diplom-Kaufmann vergleichbar sind. Sein Geschäft floriert; im Jahr 01 hat er 200.000 € an Beratungshonoraren vereinnahmt. Diesen Einnahmen standen folgende Ausgaben gegenüber:

- Kosten für die jährliche Miete eines repräsentativen Büros in der Frankfurt Innenstadt in Höhe von 30.000 €;
- Jahrespreis für die Bahn-Card 100 für die tägliche Fahrt zur Arbeit (DB, 1. Klasse, 110 Bahnkilometer pro einfachem Weg, was der kürzesten Straßenverbindung entspricht, 250 Arbeitstage pro Jahr) in Höhe von 6.890 €;
- Kosten in Höhe von insgesamt 8.000 € für die Reinigung des Büros und der Privatwohnung, die sich nicht näher aufschlüsseln lassen;
- Kosten in Höhe von 500 € für einen Handheld-Computer mit GPS-Navigationssystem, den U im März des Jahres 01 gekauft hatte. Der Computer dient betrieblichen Zwecken des U. Allerdings benutzt U den Computer zur Orientierung auch während seines dreiwöchigen Urlaubes in Nordfinnland. Die betriebsgewöhnliche Nutzungsdauer beträgt fünf Jahre;
- durch ordnungsgemäße Quittungen belegte Bewirtungskosten für ein Geschäftsessen in Höhe von angemessenen 3.000 €;
- Honorar in Höhe von 5.000 €, das U im Jahr 01 seinem Steuerberater als Gegenleistung dafür gezahlt hat, dass dieser ihm für das Vorjahr den Gewinn aus seiner Beratungstätigkeit berechnet hat.

U nimmt keine kaufmännische Buchführung vor und ermittelt seinen Gewinn als Überschuss der Einnahmen über die Ausgaben.

Rechtsanwältin R ist bei einer Großkanzlei als Arbeitnehmerin beschäftigt. Sie erhält im Jahr 01 ein Jahresbruttogehalt von 60.000 €. Da sie auch abends und am Wochenende arbeiten muss, hat sie für ihre eigene Steuererklärung nie Zeit und nimmt ebenfalls die Hilfe eines Steuerberaters in Anspruch. Im Jahr 01 zahlt sie ihm für die Berechnung ihres Nettogehalts 2.000 €.

Aufgabe

Ermitteln Sie jeweils die Summe der Einkünfte. Evtl. Entnahmen sind nicht zu berücksichtigen.

Das Jahr 01 ist ein fiktives Jahr, der Fall ist insgesamt nach dem Rechtsstand 2014 zu lösen. Alle Beteiligten wünschen eine möglichst niedrige Steuerbelastung.

Gliederung

Lösung 2
  A. Summe der Einkünfte des U 2
    I. Persönlicher Tatbestand 3
    II. Sachlicher Tatbestand 3
      1. Qualifikation 3
        a) Einkünfte aus Gewerbebetrieb 4
          aa) Positive Tatbestandsmerkmale 4
          bb) Negative Tatbestandsmerkmale 5
          cc) Zwischenergebnis 7
        b) Einkünfte aus selbständiger Arbeit 7
      2. Quantifizierung 7
        a) Gewinnermittlungsart 7
        b) Betriebseinnahmen 8
        c) Betriebsausgaben 8
          aa) Mietausgaben 9
          bb) Fahrt zur Arbeit 9
          cc) Aufwendungen für Reinigungsarbeiten 10
          dd) Ausgaben für den Computer 11
              (1) Betriebsvermögen 12
              (2) Höhe des Abzuges 14
          ee) Bewirtungskosten 14
          ff) Steuerberaterhonorar 15
  B. Summe der Einkünfte der R 16
    I. Persönlicher Tatbestand 16
    II. Sachlicher Tatbestand 16
      1. Qualifikation 16
      2. Quantifizierung 16
        a) Einnahmen 16
        b) Werbungskosten 16
  C. Gesamtergebnis 17

Lösung

A. Summe der Einkünfte des U

Die Summe der Einkünfte ergibt sich gemäß § 2 Abs. 3 EStG aus der Addition aller Einkünfte der sieben Einkunftsarten des § 2 Abs. 1 S. 1 EStG.

Zum Aufbau

Der Aufbau eines Gutachten bereitet im Steuerrecht regelmäßig weniger Schwierigkeiten als in anderen Rechtsgebieten, da insbesondere die §§ 1 und 2 EStG den steuerlichen Tatbestand detailliert strukturieren. Dementsprechend bietet es sich an, die Arbeit in einen persönlichen und in einen sachlichen Tatbestand zu gliedern.

Im Rahmen des persönlichen Tatbestandes wird untersucht, ob der Steuerpflichtige dem Grunde nach in Deutschland steuerpflichtig ist. Für natürliche Personen findet sich die diesbezüglich wichtigste Norm in § 1 Abs. 1 S. 1 EStG. Juristische Personen können nach den §§ 1 f. KStG der Körperschaftsteuer unterfallen.

Im sachlichen Tatbestand wird die Steuerpflicht der Höhe nach betrachtet. § 2 EStG strukturiert die Prüfung in aufeinander aufbauende Schritte und gibt den sich ergebenden Zwischensummen gesonderte Bezeichnungen (Einkünfte, Summe der Einkünfte, Gesamtbetrag der Einkünfte, Einkommen, zu versteuerndes Einkommen, tarifliche Einkommensteuer, festzusetzende Einkommensteuer). Die Fallfragen beziehen sich meistens auf eine dieser Zwischensummen, so dass der Aufbau des § 2 EStG sorgfältig zu beachten ist.

Zur Bestimmung der Summe der Einkünfte sind zwei Aufbauvarianten denkbar. So kann anhand der einzelnen Einkunftsarten des § 2 Abs 1 S. 1 EStG gegliedert werden. Dies bietet sich in den Fällen an, in denen auf eine Einkunftsart relativ wenige Geschäftsvorfälle entfallen und keine besonderen Schwierigkeiten bei der Zuordnung zu einer der Einkunftsarten (Qualifikationskonflikte) bestehen. Alternativ dazu ist auch der Aufbau nach Geschäftsvorfällen möglich. Diese Variante empfiehlt sich bei mehreren möglichen Einkunftsarten und daraus folgenden Qualifikationskonflikten.

Innerhalb der beiden Aufbauvarianten sind stets zunächst die einschlägigen Einkunftsarten zu klären (Qualifikation) und daran anschließend die Einkünfte zu ermitteln (Quantifizierung). Besonderes Augenmerk ist zu Beginn der Quantifizierung auf die Art der Einkünfteermittlung im Sinne des § 2 Abs. 2 S. 1 EStG zu legen. Es ist die Frage zu beantworten, ob die Einkünfte als Gewinn (§ 2 Abs. 1 S. 1 Nr. 1 EStG) oder als Überschuss der Einnahmen über die Werbungskosten (§ 2 Abs. 1 S. 1 Nr. 2 EStG) zu ermitteln sind. Innerhalb der Gewinneinkünfte gilt es ferner, die richtige Gewinnermittlungsart zu bestimmen.[1]

I. Persönlicher Tatbestand

U ist in Walldorf ansässig und hat hier seinen Wohnsitz im Sinne des § 8 AO. Damit ist er nach § 1 Abs. 1 S. 1 Alt. 1 EStG unbeschränkt einkommensteuerpflichtig.

II. Sachlicher Tatbestand

1. Qualifikation

Für eine Steuerbarkeit der Beraterhonorare des U müsste diese Tätigkeit zunächst unter eine der Einkunftsarten des § 2 Abs. 1 S. 1 EStG fallen.

---

[1] Vgl. Übersicht am Ende des Falles.

a) Einkünfte aus Gewerbebetrieb

Als Grundform der Gewinneinkünfte kommen zunächst die Einkünfte aus Gewerbebetrieb (§ 2 Abs. 1 S. 1 Nr. 2 i. V. m. § 15 Abs. 1 EStG) in Betracht. Dies sind in erster Linie Einkünfte aus gewerblichen Unternehmen, § 15 Abs. 1 S. 1 Nr. 1 EStG.

aa) Positive Tatbestandsmerkmale

Zu deren Bestimmung lässt sich die Legaldefinition des § 15 Abs. 2 S. 1 EStG heranziehen. U übt als Unternehmensberater eine selbständige und nachhaltige Betätigung aus. Er arbeitet mit Gewinnerzielungsabsicht und beteiligt sich am allgemeinen wirtschaftlichen Verkehr. Die vier positiven Voraussetzungen des § 15 Abs. 2 S. 1 EStG sind damit erfüllt.

Zur Vertiefung

Selbständigkeit bedeutet dabei das Handeln auf eigene Rechnung und Gefahr; es müssen Unternehmerrisiko getragen und Unternehmerinitiative entfaltet werden.[2] Dieses Merkmal grenzt die Einkünfte aus Gewerbebetrieb vor allem von den Einkünften aus nichtselbständiger Arbeit im Sinne des § 19 Abs. 1 S. 1 EStG ab.

Nachhaltigkeit ist gegeben, wenn die Tätigkeit auf Wiederholung angelegt ist.[3] Entscheidend ist allein die Absicht der wiederholten Ausübung. Eine tatsächliche Wiederholung ist nicht erforderlich. Dieses Merkmal grenzt die Einkünfte aus Gewerbebetrieb zu den sonstigen Einkünften aus Leistungen ab (§ 22 Nr. 3 EStG), die ausweislich der angeführten Beispiele (etwa gelegentliche Vermittlungen) auch vereinzeltes Tätigwerden ausreichen lassen.

Unter der Beteiligung am allgemeinen wirtschaftlichen Verkehr ist ein erkennbares Anbieten von Gütern oder Leistungen am Markt für Dritte zu verstehen.[4] Die Voraussetzung ist bereits dann erfüllt, wenn der Steuerpflichtige an jeden zu verkaufen oder zu leisten bereit ist, der die Kaufbedingungen erfüllt.[5] Auch dieses Merkmal dient vor allem der Abgrenzung zu den sonstigen Leistungen.

Die Gewinnerzielungsabsicht ist ein das Steuerrecht prägendes Prinzip und umfasst das Streben, innerhalb einer Totalperiode, d. h. von Beginn bis zur Beendigung der gewerblichen Tätigkeit, eine Betriebsvermögensmehrung im Sinne eines Totalgewinns zu erzielen.[6] Abgegrenzt wird damit zur steuerlich unbeachtlichen Liebhaberei.[7] Obwohl nur im Rahmen des § 15 Abs. 2 S. 1 EStG normiert,

---

[2] BFH v. 27.09.1988 – VIII R 193/83, BStBl. II 1989, 414; v. 31.07.1990 – I R 173/83, BStBl. II 1991, 66.

[3] BFH v. 10.12.1998 – III R 61/97, BStBl. II 1999, 390; v. 07.03.1996 – IV R 2/92, BStBl. II 1996, 369; v. 13.12.1995 – XI R 43–45/89, BStBl. II 1996, 232.

[4] BFH v. 19.02.2009 – IV R 10/06, BStBl. II 2009, 533.

[5] BFH v. 16.05.02 – III R 9/98, BStBl. II 2002, 571 (574 f).

[6] BFH v. 25.06.1984 – GrS 4/82, BStBl. II 1984, 751.

[7] Siehe dazu näher *Weber-Grellet*, DStR 1998, 873 ff.

ist die Einkünfteerzielungsabsicht Voraussetzung allen steuerbaren Handelns und kann bei jeder Einkunftsart – sofern der Sachverhalt entsprechende Anhaltspunkte bietet – zu problematisieren sein.

bb) Negative Tatbestandsmerkmale
Daneben sind aber auch die negativen Tatbestandsmerkmale des § 15 Abs. 2 S. 1 EStG zu beachten. Die Einkünfte des U sind dann nicht als gewerblich zu qualifizieren, wenn seine Betätigung entweder als Ausübung von Land- oder Forstwirtschaft im Sinne von § 13 EStG oder als Ausübung einer selbständigen Arbeit im Sinne von § 18 Abs. 1 EStG anzusehen ist.

> **Zur Vertiefung**
>
> Diese beiden Merkmale sind negative Voraussetzungen, die zur Bejahung des Gewerbebetriebes nicht vorliegen dürfen. Als weiteres ungeschriebenes negatives Tatbestandsmerkmal ist der Ausschluss einer bloßen privaten Vermögensverwaltung zu nennen, wenn dies im Fall angelegt ist.[8] Dies ermöglicht die Abgrenzung zu den §§ 17 Abs. 1 S. 1, 20, 21 Abs. 1 S. 1 sowie 22 Nr. 3, 23 EStG.

Einkünfte aus Land- und Forstwirtschaft scheiden im Fall des U offensichtlich aus. Bei den Einkünften des U könnte es sich aber um Einkünfte aus selbständiger Arbeit handeln. Das EStG enthält, anders als § 15 Abs. 2 S. 1 EStG für den Gewerbebetrieb, keine einheitliche Definition der selbständigen Arbeit. Allgemein kann diese Einkunftsart vom Gewerbebetrieb dergestalt abgegrenzt werden, dass sie wesentlich auf Ausbildung und Können, geistiger Arbeit und eigener Leistung beruht und der Einsatz von Kapital in den Hintergrund tritt.[9]

Wichtigster Unterfall der selbständigen Arbeit sind die freiberuflichen Tätigkeiten im Sinne des § 18 Abs. 1 Nr. 1 EStG. Hier tritt als zusätzliches Charakteristikum noch das persönliche Vertrauen hinzu, das dem Berufsträger typischerweise entgegengebracht wird. Häufig äußert sich das darin, dass seine Vergütung als „Honorar" und nicht als „Entgelt" bezeichnet wird.

> **Zur Vertiefung**
>
> § 18 Abs. 1 Nr. 1 S. 2 EStG unterscheidet dabei drei freiberufliche Tätigkeitsgruppen:
> - die selbständig ausgeübte wissenschaftliche, künstlerische, schriftstellerische, unterrichtende oder erzieherische Tätigkeit (sog. Tätigkeitsberufe),
> - die selbständige Tätigkeit der im Gesetz aufgezählten Berufe (sog. Katalogberufe) und
> - die selbständige Tätigkeit der den Katalogberufen ähnlichen Berufe.

---

[8] Als Gedächtnisstütze kann insoweit § 14 S. 1 und 3 AO dienen.
[9] Eine Hilfestellung bietet dabei der nicht unmittelbar einschlägige § 18 Abs. 1 Nr. 1 S. 3 Halbs. 2 EStG.

Daneben sind für die Annahme einer selbständigen Arbeit die positiven Merkmale des § 15 Abs. 2 S. 1 EStG zu erfüllen, was hier für die Beratungstätigkeit des U zutrifft.

Ferner müsste U eine freiberufliche Tätigkeit ausüben. In Betracht kommt zunächst die Ausübung eines Katalogberufs im Sinne des § 18 Abs. 1 Nr. 1 S. 2 EStG. So könnte U ein beratender Volks- oder Betriebswirt sein. Für diese Berufe ist jedoch grundsätzlich die entsprechende (Hochschul-)Ausbildung erforderlich.[10] U ist jedoch ungelernt, so dass er diese Anforderungen nicht erfüllen kann.

Zur Vertiefung

Auf ein Hochschulstudium kommt es aber für die Einkünfte aus selbständiger Arbeit insgesamt nicht zwingend an. Auch ein solides Selbststudium oder die Belegung von Fernkursen können genügen. In diesem Fall ist aber nur die Annahme eines einem Katalogberuf ähnlichen Berufs möglich.[11] Erforderlich ist dafür insbesondere, dass Erfahrungen und Kenntnisse in allen Kernbereichen des Katalogberufs nachgewiesen werden.[12]

Die Unternehmensberatung entspricht auch nicht einem Tätigkeitsberuf, so dass nur ein ähnlicher Beruf im Sinne des § 18 Abs. 1 Nr. 1 S. 2 a. E. EStG vorliegen kann. Hierbei ist die Ähnlichkeit mit einem bestimmten Katalogberuf erforderlich.[13]

Für U kommt eine Vergleichbarkeit mit dem Beruf der beratenden Volks- und Betriebswirte in Frage. Dafür ist auf die berufliche Tätigkeit und die Ausbildung abzustellen.[14] Ein Unternehmensberater verdient sein Geld typischerweise durch den Einsatz persönlicher Kenntnisse, nicht durch den Einsatz von Betriebsmitteln (Waren, Kapital) und ist dahingehend einem beratenden Betriebswirt vergleichbar. Allerdings besitzt der ungelernte U keinen akademischen Abschluss als Kaufmann oder Betriebswirt. Wissenschaftliche Kenntnisse setzen allerdings nicht unbedingt ein Hochschulstudium voraus.[15] Im Selbststudium erworbene Kenntnisse müssen jedoch auf dem Fachgebiet dem Niveau eines Hochschulabschlusses des Vergleichsberufs entsprechen.[16] Hier erwarb sich U als Autodidakt einem Dipl.-Be-

---

[10] Vgl. BFH v. 04.05.2000 – IV R 51/99, BStBl. II 2000, 616 (617 f.); v. 28.08.2003 – IV R 21/02, BStBl. II 2003, 919 (920).

[11] BFH v. 18.06.1980 – I R 109/77, BStBl. II 1981, 118; v. 21.02.1986 – III R 183–184/82, BFH/NV 1986, 603.

[12] St. Rspr., zuletzt BFH v. 16.09.2014 – VIII R 8/12, juris m.w.N.; zur früheren Rspr., die auch Spezialisierungen ausreichen ließ, siehe BFH v. 16.01.1974 – I R 106/72, BStBl. II 1974, 293; v. 25.04.1978 – VIII R 149/74, BStBl. II 1978, 565.

[13] Die Ähnlichkeit zu einer bestimmten Gruppe der Katalogberufe reicht nicht aus. Vgl. BFH v. 27.02.1992 – IV R 27/90, BStBl. II 1992, 826; *Wacker*, in: Schmidt, EStG, 34. Aufl. 2015, § 18 Rn. 125.

[14] Vgl. nur BFH v. 21.03.1996 – XI R 82/94, BStBl. II 1993, 100.

[15] BFH v. 22.01.1988 – III R 43–44/85, BStBl. II 1981, 118.

[16] BFH v. 11.08.1999 – XI R 47/98, BStBl. II 2000, 32; v. 14.06.2007 – XI R 11/06, BFH/NV 2007, 2091.

triebswirt vergleichbare, breite Kenntnisse. Er ist demnach sowohl in der Tätigkeit als auch in seiner Ausbildung einem beratenden Betriebswirt vergleichbar. Daher lässt sich hier das Vorliegen einer freiberuflichen Tätigkeit in Form eines ähnlichen Berufs annehmen.[17]

Zur Vertiefung

Natürlich gilt auch hier, dass nicht allein die Bezeichnung für die Qualifikation ausschlaggebend ist. Nicht jeder, der sich Unternehmensberater nennt, erzielt auch Einkünfte im Sinne des § 18 Abs. 1 Nr. 1 EStG. Wer fest in die Arbeitsabläufe eines Unternehmens eingegliedert ist, weisungsabhängig arbeitet und nur einen einzigen Auftraggeber hat, wird steuerlich als Arbeitnehmer behandelt (§ 2 Abs. 1 S. 1 Nr. 4 i. V. m. § 19 Abs. 1 S. 1 Nr. 1 EStG).

Ein EDV-Berater, der de facto vorrangig einfache Programmier- oder Einweisungstätigkeiten ausführt, gleicht eher einem Handwerker als einem Freiberufler und wird daher als Gewerbetreibender behandelt.[18] Dagegen soll die Entwicklung von anspruchsvoller Systemsoftware ingenieurähnlich sein und daher unter § 18 Abs. 1 Nr. 1 S. 2 EStG fallen. Wer primär Marketingtätigkeiten ausübt, soll ebenfalls kein Freiberufler sein.[19]

---

cc) Zwischenergebnis
U erzielt als Unternehmensberater keine Einkünfte aus Gewerbebetrieb im Sinne des § 15 Abs. 1 S. 1 Nr. 1 EStG

b) Einkünfte aus selbständiger Arbeit
U erzielt vielmehr Einkünfte aus selbständiger Arbeit im Sinne von §§ 2 Abs. 1 S. 1 Nr. 3, 18 EStG.[20]

2. Quantifizierung
Einkünfte sind damit der Gewinn, § 2 Abs. 2 S. 1 Nr. 1 EStG. Die dafür maßgeblichen Vorschriften befinden sich in den §§ 4 bis 7k EStG.

a) Gewinnermittlungsart
Der Gewinn bestimmt sich grundsätzlich nach § 4 Abs. 1 S. 1 EStG als Unterschiedsbetrag zwischen dem Betriebsvermögen am Schluss des Wirtschaftsjahres

---

[17] Angesichts des relativ knappen Sachverhalts wäre aber auch eine a. A. gut vertretbar.
[18] Vgl. BFH v. 11.12.1985 – I R 285/82, BStBl. II 1986, 484 (485 f.); FG München v. 11.11.1997 – 2 K 2376/96, EFG 1998, 575 f. (rkr.); *Wacker*, in: Schmidt, EStG, 34. Aufl. 2015, § 18 Rn. 155 „EDV-Entwickler".
[19] *Wacker*, in: Schmidt, EStG, 34. Aufl. 2015, § 18 Rn. 155 „Unternehmensberater" m.w.N.; a. A. FG Düsseldorf v. 26.04.1973 – V 124/68 G, EFG 1973, 492.
[20] Vgl. oben A.II.1.a)bb). Möglich gewesen wäre es natürlich auch, unmittelbar die Einkünfte aus selbständiger Arbeit zu prüfen. Zur besseren Darstellung der geschriebenen und ungeschriebenen Merkmale des § 15 Abs. 2 EStG wurde aber die vorliegende Variante gewählt.

und desjenigen am Schluss des vergangenen Wirtschaftsjahres. U ist kein Gewerbetreibender, so dass er sein Betriebsvermögen nicht gemäß § 5 Abs. 1 S. 1 EStG nach den Grundsätzen ordnungsmäßiger Buchführung (GoB) anzusetzen hat.[21] Zudem ist U als Freiberufler kein Kaufmann im Sinne des § 1 Abs. 1 HGB, so dass er handelsrechtlich nicht nach § 238 Abs. 1 S. 1 HGB zur Führung von Büchern verpflichtet ist. Für ihn bestehen damit – ungeachtet der Größe seines Geschäftsbetriebs – keine Buchführungspflichten nach §§ 140 f. AO.

Für U kommt damit nun sowohl der rein steuerrechtliche Betriebsvermögensvergleich nach § 4 Abs. 1 S. 1 EStG als auch die Einnahmen-Überschuss-Rechnung nach § 4 Abs. 3 EStG in Betracht. Zwischen diesen Gewinnermittlungsarten besteht ein Wahlrecht.[22] U führt nicht freiwillig Buch, sondern ermittelt seinen Gewinn als Überschuss der Betriebseinnahmen über die Betriebsausgaben. Er hat sein Wahlrecht zur Gewinnermittlung nach § 4 Abs. 3 S. 1 EStG[23] wirksam ausgeübt. Der Gewinn ist damit als Überschuss der Einnahmen über die Ausgaben zu ermitteln.

b) Betriebseinnahmen

Eine Begriffsbestimmung der Betriebseinnahmen enthält das EStG nicht. So ist auf die Definition der Betriebsausgaben des § 4 Abs. 4 EStG und die der Überschusseinnahmen des § 8 Abs. 1 EStG zurückzugreifen.[24] Betriebseinnahmen sind somit Zugänge von Wirtschaftsgütern in Geld oder Geldeswert, die durch den Betrieb veranlasst sind. Diesem Veranlassungsprinzip liegt ein kausales Verständnis dahingehend zugrunde, dass alle Zugänge, die auf der steuerlich relevanten Tätigkeit beruhen, als Einnahmen zu erfassen sind. Die 200.000 € an Beratungshonoraren beruhen auf der selbständigen Tätigkeit des U und stellen damit Betriebseinnahmen dar.

c) Betriebsausgaben

Als Betriebsausgaben sind gemäß § 4 Abs. 4 EStG alle Aufwendungen anzusehen, die durch die Tätigkeit des U als Unternehmensberater veranlasst sind. Dafür müssen die Aufwendungen objektiv mit dem Betrieb zusammenhängen und subjektiv dem Betrieb zu dienen bestimmt sein.[25]

---

[21] Sog. qualifizierter Betriebsvermögensvergleich.

[22] Zu den zeitlichen Grenzen dieses Wahlrechts vgl. *Wied*, in: Blümich, EStG/KStG/GewStG, Loseblatt, Stand: März 2015, § 4 EStG Rn. 134.

[23] Sog. Vier-Drei-Rechnung.

[24] BFH v. 10.06.1992 – I R 9/91, BStBl. II 1993, 41 (43); v. 18.05.1994 – I R 59/93, BStBl. II 1995, 54 (56); v. 26.09.1995 – VIII R 35/93, BStBl. II 1996, 273 (274); v. 27.05.1998 – X R 17/95, BStBl. II 1998, 619 (620 f.); v. 18.06.1998 – IV R 61/97, BStBl. II 1998, 621 (621 f.); *Wied*, in: Blümich, EStG/KStG/GewStG, Loseblatt, Stand: März 2015, § 4 EStG Rn. 522.

[25] Vgl. nur BFH v. 27.11.1989 – GrS 1/88, BStBl. II 1990, 160 (163 f.); v. 04.07.1990 – GrS 2–3/88, BStBl. II 1990, 817 (823 ff.); v. 29.10.1991 – VIII R 148/85, BStBl. II 1992, 647 (648 ff.); v. 15.04.1992 – III R 96/88, BStBl. II 1992, 819 (820 f.); *Stöcker*, in: Korn/Carlé/Stahl/Strahl, EStG, Loseblatt, Stand: Dezember 2014, § 4 Rn. 702. Bei Freiberuflern wird ferner verlangt, dass die Aufwendung der freiberuflichen Tätigkeit nicht wesensfremd ist, was im vorliegenden Fall nicht problematisch sein sollte. Vgl. dazu BFH v. 14.01.1982 – IV R 168/78, BStBl. II 1982, 345

aa) Mietausgaben

Das Mietobjekt dient ausschließlich der Erwerbstätigkeit des U und wurde auch für diesen Zweck von ihm angemietet. Die Ausgaben sind also durch seine steuerbare Tätigkeit veranlasst.

Jedoch erscheint hier der Umstand, dass das Büro auch repräsentativen Zwecken dient, bedenklich. Die Angemessenheit von Betriebsausgaben steht aber im Grundsatz nicht der Prüfung durch die Finanzbehörden offen. Es kommt allein auf den Veranlassungszusammenhang an. Ob der Steuerpflichtige gut oder schlecht wirtschaftet, ist allein Frage der Einkünfteerzielungsabsicht. Ausnahmen von diesem Grundsatz stellen § 4 Abs. 5 S. 1 Nr. 7 EStG (die Lebensführung berührende Aufwendungen) und § 12 Nr. 1 S. 2 EStG (Aufwendungen für die Lebensführung im Zusammenhang mit einer steuerbaren Tätigkeit) dar. Der dafür erforderliche Bezug zur privaten Lebensführung ist für die Miete des Büros aber nicht ersichtlich.

Die Miete ist mithin als Betriebsausgabe in voller Höhe (30.000 €) abzugsfähig.

bb) Fahrt zur Arbeit

Nach § 4 Abs. 5 S. 1 Nr. 6 EStG sind die Aufwendungen für die Wege zwischen Wohnung und Betriebsstätte grundsätzlich nicht als Betriebsausgaben abzugsfähig. Allerdings ist nach § 4 Abs. 5 S. 1 Nr. 6 S. 2 EStG die Regelung der sonst für die Überschusseinkünfte geltenden Entfernungspauschale auch im Rahmen der Gewinnermittlung zu berücksichtigen.

Somit bestimmen sich die Betriebsausgaben nach § 9 Abs. 1 S. 3 Nr. 4 S. 2 EStG.[26] Danach können pro Arbeitstag und Entfernungskilometer 0,30 € angesetzt werden. Maßgeblich ist nach § 9 Abs. 1 S. 3 Nr. 4 S. 4 Hs. 1 EStG grundsätzlich die kürzeste Straßenverbindung von 100 km. Da diese der von U tatsächlich genutzten Bahnstrecke entspricht, ist nicht darüber zu entscheiden, ob eine längere tatsächlich genutzte Strecke offensichtlich verkehrsgünstiger ist (§ 9 Abs. 1 S. 3 Nr. 4 S. 4 Hs. 2 EStG); es sind in jedem Fall 100 km pro Weg anzusetzen. Eine Verdoppelung (Hin- und Rückweg) lässt das Gesetz nicht zu.

Demnach kann U eine Entfernungspauschale von 30 € (= 100 * 0,30 €) pro Tag geltend machen. Bei 250 Arbeitstagen im Jahr ergibt sich daraus ein Betrag von 7.500 €. Dass U tatsächlich niedrigere Kosten (6.890 €) hat, hindert den Abzug der höheren Entfernungspauschale dem Grunde nach nicht.

Jedoch werden die nach der Pauschale ermittelten Betriebsausgaben auf einen Betrag von 4.500 € gedeckelt, § 9 Abs. 1 S. 3 Nr. 4 S. 2 Hs. 1 EStG.[27] Ausnahmen

---

(346); v. 26.04.2001 – IV R 14/00, BStBl. II 2001, 798 (800); v. 31.05.2001 – IV R 49/00, BStBl. II 2001, 828 (829).

[26] Für die verfassungsrechtliche Problematik der Entfernungspauschale des § 9 Abs. 2 EStG a.F., die einen Abzug wie Werbungskosten erst ab dem zwanzigsten Kilometer zuließ, siehe in Bezug auf die Folgerichtigkeit BVerfG v. 09.12.2008 – 2 BvL 1/07, 2 BvL 2/07, 2 BvL 1/08, 2 BvL 2/08, BGBl. I 2008, 2888; krit. *Wernsmann*, DStR 2007, 1149 ff. Für sonstige grundrechtliche Fragen vgl. *Sagmeister*, SteuerStud 2008, 71 ff.

[27] Für Pendler, die mit dem Pkw fahren, gilt diese Deckelung nicht, § 9 Abs. 1 S. 3 Nr. 4 S. 2 Hs. 2 EStG. Es bleibt aber auch für diese Pendler bei der Entfernungspauschale. Die Regelung führt also insbesondere nicht dazu, dass anstelle der Pauschale die tatsächlichen Kosten geltend gemacht

gelten jedoch für die Nutzung eines Kfz (§ 9 Abs. 1 S. 3 Nr. 4 S. 2 Hs. 2 EStG) und für öffentliche Verkehrsmittel (§ 9 Abs. 2 S. 2 EStG). Dabei gilt die Ausnahme des § 9 Abs. 2 S. 2 EStG nicht nur für die Differenz zwischen den nach der Pauschalregelung zu errechnenden Aufwendungen und den höheren Aufwendungen für die Benutzung öffentlicher Verkehrsmittel allgemein,[28] sondern auch für die Obergrenze von 4.500 €[29]. Im Ergebnis kann die Differenz zwischen den tatsächlichen Aufwendungen und dem Deckelungsbetrag daneben abgezogen werden. Es ergeben sich damit Betriebsausgaben in einer Gesamthöhe von 6.890 € (= 4.500 € + 2.390 €).

Zur Vertiefung

Der Deckelungsbetrag bezog sich ursprünglich auf den Preis für eine Netzkarte der Deutschen Bahn 1. Klasse. Sie sollte verhindern, dass Eisenbahn-Fernpendler unverhältnismäßig überkompensiert werden.[30] Die gleiche Funktion hat auch die heutige Regelung, auch wenn sie sich nicht mehr an dem Preis für eine Netzkarte orientiert: Fernpendler, welche die Bahn nutzen, erhalten im Ergebnis den dem objektiven Nettoprinzip entsprechenden vollen Abzug garantiert, profitieren aber oberhalb des Deckelungsbetrags nicht von einer möglichen Überkompensation durch die Pauschalierung.

cc) Aufwendungen für Reinigungsarbeiten
Fraglich ist, ob U auch die Aufwendungen für die Reinigungsarbeiten als Betriebsausgaben absetzen kann. Diese Ausgaben sind nämlich nur teilweise durch seine steuerbare Tätigkeit veranlasst. Die Reinigung der Privatwohnung berührt ausschließlich seine Privatsphäre; die darauf entfallenden Kosten wären auch ohne seine berufliche Tätigkeit angefallen. Zumindest der auf die Privatwohnung entfallende Teil der Ausgaben stellt daher mangels Veranlassungszusammenhang keine Betriebsausgabe gemäß § 4 Abs. 4 EStG dar. Diese Rechtsfolge wird noch einmal durch § 12 Nr. 1 EStG bestätigt. Danach sind Aufwendungen für den Haushalt des Steuerpflichtigen nicht abziehbar.
Die Vorschrift des § 12 Nr. 1 Satz 2 EStG steht aber einer Aufteilung von gemischt veranlassten Aufwendungen nicht entgegen, wenn diese anhand ihrer beruflichen und privaten Anteile trennbar sind. Gemischt veranlasste Aufwendungen dürfen aber insgesamt (also auch mit dem auf die steuerbare Tätigkeit entfallenden Teil) nicht abgezogen werden, wenn es an objektivierbaren Kriterien für eine Aufteilung fehlt.[31]

---

werden müssten oder dürften. Etwas anderes gilt insbesondere für Flugstrecken, § 9 Abs. 1 S. 3 Nr. 4 S. 3 EStG.
[28] Vgl. BMF v. 31.10.2013 – IV C 5 – S 2351/09/10002:002, BStBl. I 2013, 1376 Tz. 1.6 Beispiel 2.
[29] *Thürmer*, in: Blümich, EStG/KStG/GewStG, Loseblatt, Stand: März 2015, § 9 EStG Rn. 520.
[30] *Von Beckerath*, in: Kirchhof, EStG, 14. Aufl. 2015, § 9 Rn. 67.
[31] BFH v. 21.09.2009 – GrS 1/06, BStBl. II 2010, 672; v. 16.09.2014 – X R 32/12, BFH/NV 2015, 324.

> **Zur Vertiefung**
>
> Von diesem Aufteilungsgebot werden allerdings dann Ausnahmen gemacht, wenn die private oder berufliche Mitveranlassung von völlig untergeordneter Bedeutung ist (nicht mehr als 10 %).[32] In diesem Fall sind die Aufwendungen in voller Höhe entweder als abzugsfähig zu behandeln oder der Abzug insgesamt zu versagen.
>
> Das schon früher von der Rechtsprechung zunehmend mit Ausnahmen versehene[33] allgemeine Aufteilungs- und Abzugsverbot, das grundsätzlich auch bei einem Vorhandensein von objektivierbaren Aufteilungskriterien einen Abzug untersagte, wurde vom Großen Senat des BFH nicht aufrecht gehalten.[34] Ein Abzugsverbot gilt jedoch weiterhin für unverzichtbare Lebensführungsaufwendungen. Diese finden bereits im Rahmen des steuerlichen Existenzminimums, als Sonderausgaben oder außergewöhnliche Belastungen Berücksichtigung.[35]

Im vorliegenden Fall ist nicht ersichtlich und nach der Lebenserfahrung unwahrscheinlich, dass die private Mitveranlassung nicht ins Gewicht fällt. Laut Sachverhalt lassen sich die Aufwendungen für die Reinigungsarbeiten auch nicht ohne Weiteres in einen beruflichen und einen privaten Anteil zerlegen. Insbesondere muss eine proportionale Aufteilung nach Quadratmetern wegen der andersartigen Beanspruchung von Büroflächen einerseits und Wohnflächen anderseits ausscheiden. Die für die jeweiligen Räumlichkeiten benötigten Zeitanteile können nicht nachvollzogen werden. Mangels objektivierbarer Kriterien muss daher eine Aufteilung in einen betrieblich und einen privat veranlassten Teil ausscheiden. Die Reinigungskosten sind in ihrer gesamten Höhe nicht abziehbar.

dd) Ausgaben für den Computer

Nach der Grundkonzeption des § 4 Abs. 3 EStG könnten auch die Anschaffungskosten für Wirtschaftsgüter im Rahmen des Abflussprinzips sofort abzugsfähig sein. Gerade für die Anschaffung von langlebigen Wirtschaftsgütern gilt allerdings etwas anderes. Denn durch sie ist der Steuerpflichtige nicht ärmer geworden; er hat nur einen Vermögensgegenstand (Geld) gegen einen anderen (das Wirtschaftsgut) eingetauscht. Da die Ermittlung der Einkünfte einkommensteuerlich aber nie auf einer reinen Geldrechnung beruht, sondern andere zugeflossene geldwerte Vorteile gleichermaßen berücksichtigt werden, bleibt ein Tausch grundsätzlich gewinnneutral.[36]

Allerdings können Wirtschaftsgüter durch die Abnutzung im Laufe der Zeit an Wert verlieren. Diese Wertminderungen gleichen einem allmählichen Geldabfluss.

---

[32] BFH v. 21.09.2009 – GrS 1/06, BStBl. II 2010, 672.

[33] Vgl. nur BFH v. 29.06.1993 – VI R 53/92, BStBl. II 1993, 838 (840) für das gemeinsame Waschen von Berufswäsche und Privatwäsche.

[34] BFH v. 21.09.2009 – GrS 1/06, BStBl. II 2010, 672 in Abkehr von BFH v. 19.10.1970 – GrS 2/70, BStBl. II 1971, 17 (19 f.).

[35] Siehe näher BMF v. 06.07.2010 – IV C 3 – S 2227/07/10003:002, BStBl. I 2010, 614 Tz. 4.

[36] Vgl. auch zur Frage, ob § 9 Abs. 1 S. 3 Nr. 7 EStG eine rechtsbegründende Ausnahme darstellt *Loschelder*, in: Schmidt, EStG, 34. Aufl. 2015, § 9 Rn. 246 m.w.N.

Sie mindern das Betriebsvermögen des Steuerpflichtigen und können daher über die Jahre abgesetzt werden (sog. Absetzungen für Abnutzung, „AfA"), bis der Wert des Wirtschaftsguts insgesamt aufgezehrt ist.

So sind nach § 4 Abs. 3 S. 3 EStG die Regelungen über die Absetzung für Abnutzung, die Bewertungsfreiheit für geringwertige Wirtschaftsgüter (GWG) gemäß § 6 Abs. 2 EStG und die Bildung eines Sammelpostens gemäß § 6 Abs. 2a EStG zu befolgen, die alle Vorschriften über die zeitliche Absetzbarkeit der Anschaffungskosten enthalten.

(1) Betriebsvermögen
Voraussetzung ist aber zunächst, dass das erworbene Wirtschaftsgut überhaupt Teil des Betriebsvermögens des U geworden ist.

Zur Vertiefung

Ob ein Gegenstand zum Betriebsvermögen oder zum steuerlich grundsätzlich unbeachtlichen Privatvermögen gehört, bestimmt sich nach objektiven und subjektiven Kriterien.

In objektiver Hinsicht kommt es auf die potenziell-abstrakte Nutzbarkeit („Funktion") und die tatsächlich-konkrete Nutzung an. Bei Wirtschaftsgütern, die durch Tausch erworben und nicht gekauft wurden, ist die Zuordnung des hingegebenen Wirtschaftsguts entscheidend. Wenn das alte Wirtschaftsgut zum Betriebsvermögen gehörte, stellt das neue notwendiges Betriebsvermögen dar.[37]

In subjektiver Hinsicht kommt es auf den Zuordnungswillen des Steuerpflichtigen an. Jedes Wirtschaftsgut ist grundsätzlich genau einer Vermögenssphäre zugeordnet. Es gehört also entweder zum Betriebs- oder zum Privatvermögen. Eine Aufteilung kommt jedenfalls bei beweglichen Wirtschaftsgütern nicht in Betracht. Etwas anderes gilt für Grundstücke und Gebäude.[38] Außerdem besteht für alle Wirtschaftsgüter die Möglichkeit, dass ein Gegenstand im Laufe der Zeit die Sphäre wechselt, indem er durch Einlage vom Privat- in das Betriebsvermögen verbracht oder durch Entnahme (durch den Steuerpflichtigen selbst) oder Veräußerung (an einen Dritten) das Betriebsvermögen des Steuerpflichtigen verlässt und in ein Privatvermögen zurückverlagert wird.

Nach h.M. gibt es – primär auf objektiven Kriterien beruhende – zwingende Zuordnungen, wenn die Funktion oder die tatsächliche Verwendung des Gegenstandes ganz überwiegend oder sogar ausschließlich in eine der beiden Sphären fällt. Man spricht dann von notwendigem Betriebsvermögen bzw. notwendigem Privatvermögen.[39]

---

[37] BFH v. 11.11.1987 – I R 7/84, BStBl. II 1988, 424 (425); v. 09.08.1989 – X R 20/86, BStBl. II 1990, 128 (129).

[38] Hierzu *Heinicke,* in: Schmidt, EStG, 34. Aufl. 2015, § 4 Rn. 100 ff., 185 ff., 206 ff.; *Bode,* in: Kirchhof, EStG, 14. Aufl. 2015, § 4 Rn. 68.

[39] Vgl. nur BFH v. 02.10.03 – IV R 13/03, BStBl. II 2004, 985 (985 f.); v. 10.11.04 – XI R 32/01, BStBl. II 2005, 431 (432); *Heinicke,* in: Schmidt, EStG, 34. Aufl. 2015, § 4 Rn. 103; zur Kritik

In Fällen gemischt genutzter Wirtschaftsgüter hat der Steuerpflichtige dagegen ein begrenztes Zuordnungsrecht. Es betrifft diejenigen Wirtschaftsgüter, die nicht schon zum notwendigen Betriebsvermögen gehören, aber bestimmt und geeignet sind, den Betrieb zu fördern.[40] Wenn der Steuerpflichtige sich für die Zuordnung dieser Wirtschaftsgüter zum Betriebsvermögen entscheidet, werden sie gewillkürtes Betriebsvermögen. Damit gibt es letztlich drei Zonen. Die Verwaltung wendet zur Abgrenzung der drei Zonen speziell für gemischt genutzte Wirtschaftsgüter folgende Einordnungsregeln an.[41]

- Betriebliche Nutzung zwischen 0 und 9 %: Das Wirtschaftsgut stellt notwendiges Privatvermögen dar.
- Betriebliche Nutzung zwischen 10 und 50 %: Durch einen ausdrücklichen oder konkludenten Zuordnungsakt des Betriebsinhabers kann das Wirtschaftsgut dem Privat- oder Betriebsvermögen zugeordnet werden.
- Betriebliche Nutzung zwischen 51 und 100 %: Das Wirtschaftsgut stellt notwendiges Betriebsvermögen dar.

Für den Steuerpflichtigen hat die Zuordnung zum Betriebsvermögen meist sehr konkrete Vor- und Nachteile. So ist mindestens eine zeitlich gestreckte steuerliche Berücksichtigung der Anschaffungskosten bei abnutzbaren Wirtschaftsgütern über die AfA möglich. Auch ist die steuerliche Abziehbarkeit von Verlusten im Zeitpunkt der Realisation (Veräußerung oder Entnahme des Wirtschaftsguts; Veräußerung oder Aufgabe des Betriebs), aber u. U. auch schon vor der Realisation (Teilwertberichtigung gemäß § 6 Abs. 1 Nr. 1 S. 2 EStG) möglich. Ebenso kommt ein umsatzsteuerlicher Vorsteuerabzug in Betracht.

Nachteilig wirkt sich die Zuordnung zum Betriebsvermögen dagegen auf die Besteuerung von Wertzuwächsen im Zeitpunkt der Realisation (Veräußerung oder Entnahme des Wirtschaftsguts; Veräußerung oder Aufgabe des Betriebs) aus. Bei einer Zuordnung des Wirtschaftsguts zum Privatvermögen sind Wertzuwächse dagegen nur im Anwendungsbereich der §§ 17 Abs. 1 S. 1, 20 Abs. 2 S. 1 Nr. 1 EStG sowie als sonstige Veräußerungsgeschäfte im Sinne der §§ 22 Nr. 2, 23 EStG steuerbar.

Vorliegend wird der Handheld-Computer trotz der Verwendung auf der nur dreiwöchigen privaten Reise ganz überwiegend geschäftlich genutzt. Er ist daher als notwendiges Betriebsvermögen anzusehen. Damit sind die Kosten in Höhe von 500 € dem Grunde nach betrieblich veranlasst.

---

vgl. *Woerner,* StJB 1989/90, 207 ff.
[40] St. Rspr., vgl. nur BFH v. 07.04.1992 – VIII R 86/87, BStBl. II 1993, 21 (22); weitere Nachweise bei *Wied,* in: Blümich, EStG/KStG/GewStG, Loseblatt, Stand: 11/2014, § 4 EStG Rn. 366.
[41] Vgl. R 4.2 Abs. 1 S. 3 EStR; Für die (frühere) Problematik des gewillkürten Betriebsvermögens bei Gewinnermittlung nach § 4 Abs. 3 EStG vgl. BFH v. 02.10.2003 – IV R 13/03, BStBl. II 2004, 985; *Neumann,* SteuerStud 2005, 586 ff.; *Ramb,* SteuerStud 2006, 469 ff.

> **Zur Vertiefung**
>
> Dies bedeutet allerdings nicht, dass die private Nutzung des Computers steuerrechtlich zu ignorieren ist.[42] Die Klassifizierung als Betriebsvermögen ist nur die Grundweichenstellung. Auf einer zweiten Stufe wäre zu fragen, inwieweit sich die privaten Nutzungen steuerlich auswirken. Da hier geldwerte Vorteile, die aus der betrieblichen Sphäre stammen, in den Privatbereich überführt werden, liegt eine sog. Nutzungsentnahme vor. Diese stellt eine gewöhnliche Entnahme im Sinne des § 4 Abs. 1 S. 2 EStG dar und erhöht gemäß § 4 Abs. 1 S. 1 EStG den Gewinn.[43]

(2) Höhe des Abzuges
Nach § 6 Abs. 2 S. 1 EStG kann aus Gründen der Vereinfachung die Absetzung der vollen Anschaffungskosten im Jahr der Anschaffung vorgenommen werden, wenn der Wert des Wirtschaftsguts nicht mehr als 410 €[44] beträgt. Hier liegt der Computer mit einem Kaufpreis von 500 € über dieser Grenze.

In Betracht kommt aber die Bildung eines Sammelpostens gemäß §§ 4 Abs. 3 S. 3, 6 Abs. 2a S. 1 EStG. Wirtschaftsgüter im Wert von 150 € bis 1.000 € werden dabei nicht individuell abgeschrieben, sie gehen in dem Sammelposten für das entsprechende Anschaffungs- oder Herstellungsjahr auf.[45] Dieser ist nach § 6 Abs. 2a S. 2 EStG im Jahr der Bildung und in den folgenden vier Jahren mit jeweils einem Fünftel gewinnmindernd aufzulösen. Der Sammelposten wäre damit mit einem Aufwand von 100 € (= 500 €/5) gewinnmindernd aufzulösen. Dies gilt unabhängig von dem Anschaffungszeitpunkt.

Für die ebenfalls möglichen Absetzungen nach § 7 Abs. 1 S. 1 EStG ergibt sich angesichts der betriebsgewöhnlichen Nutzungsdauer von fünf Jahren ebenfalls ein jährliches Absetzungsvolumen von 100 €. U schaffte den Computer allerdings erst im März an. Damit stehen für die AfA im Jahr 01 nur 10/12 des Jahresbetrages zur Verfügung, § 7 Abs. 1 S. 4 EStG. Die Absetzung in gleichen Jahresbeträgen ist damit geringer als der Aufwand durch die Auflösung des Sammelpostens. U wird daher vom Wahlrecht des § 6 Abs. 2a EStG Gebrauch machen. Es ergibt sich damit ein Aufwand von 100 €.

ee) Bewirtungskosten
Grundsätzlich sind auch die Ausgaben für die Bewirtung der Auftraggeber durch die steuerbare Tätigkeit veranlasst und stellen daher Betriebsausgaben im Sinne

---

[42] Diese Prüfung ist allerdings im vorliegenden Fall nicht vom Bearbeitervermerk umfasst. Das Folgende dient daher nur der Vertiefung.
[43] Für Bewertungsfragen vgl. § 6 Abs. 1 Nr. 4 S. 1 Hs. 1 EStG; R 6.12 EStR; zur Nutzungsentnahme allgemein und vor allem dem streitigen Fall des Unfalls eines betrieblichen Pkw auf einer Privatfahrt *Hartman*, SteuerStud 2006, 294 ff.
[44] Netto, d. h. ohne evtl. gezahlte Umsatzsteuer. Für die Frage, ob dies eine Vorsteuerabzugsberechtigung erfordert vgl. Fall 4.
[45] Für Wirtschaftsgüter, deren Wert über 150 Euro, nicht aber über 410 Euro liegt, bestehen die Wahlrechte des § 6 Abs. 2 EStG und des § 6 Abs. 2a EStG nebeneinander.

des § 4 Abs. 4 EStG dar. Allerdings hat auch U an den Essen selbst teilgenommen. Die eigene Nahrungsaufnahme gehört aber zur privaten Lebensführung. Ein Teil der Ausgaben war daher auch privat veranlasst. Dem Abzug als Betriebsausgabe könnte also wieder das Aufteilungs- und Abzugsverbot des § 12 Nr. 1 EStG entgegenstehen.

Bei Bewirtungskosten wird die private Mitveranlassung aber bereits durch § 4 Abs. 5 S. 1 Nr. 2 EStG berücksichtigt. Die private Veranlassung der Geschäftsessen wird dadurch berücksichtigt, dass pauschal 30 % der Aufwendungen als nicht abziehbar gelten. Eine private Mitveranlassung über den bloßen Verzehr hinaus (wie z. B. Essen mit Geschäftsfreunden anlässlich eines Geburtstages) kann aber weiterhin zu einem Ausschluss der Abzugsfähigkeit nach § 12 Nr. 1 EStG führen.[46]

> **Zur Vertiefung**
> Auch in umgekehrter Richtung kann es zu Abweichungen von der Regelung des § 4 Abs. 5 S. 1 Nr. 2 EStG kommen. So sind nach § 4 Abs. 5 S. 2 EStG die Aufwendungen in voller Höhe abzugsfähig, wenn die Bewirtungsaufwendungen gerade den Gegenstand der unternehmerischen Tätigkeit des Steuerpflichtigen bilden (bspw. im Falle eines Gastwirts).

Nach § 4 Abs. 5 S. 1 Nr. 2 EStG sind zunächst die unangemessenen Aufwendungen als nicht abziehbare Betriebsausgaben auszuscheiden. Von den angemessenen Aufwendungen sind dann 70 % als Betriebsausgaben berücksichtigungsfähig.

Auch die formellen Voraussetzungen für den Abzug nach § 4 Abs. 5 S. 1 Nr. 2 Sätze 2 f. EStG sind angesichts der ordnungsgemäßen Quittungen erfüllt. Des Weiteren ist davon auszugehen, dass die Aufwendungen auch nach § 4 Abs. 7 S. 1 EStG einzeln und getrennt von den sonstigen Betriebsausgaben aufgezeichnet wurden.

Abzugsfähig sind daher 70 % der angemessenen 3.000 €, mithin 2.100 €.

ff) Steuerberaterhonorar
Betriebsausgaben sind gemäß § 4 Abs. 4 EStG Aufwendungen, die durch den Betrieb veranlasst sind.[47] Ohne seine Tätigkeit als Unternehmensberater hätte U seinen unternehmerischen Gewinn nicht ermitteln und somit keinen Steuerberater engagieren müssen. Seine Tätigkeit war also ursächlich für die Zahlung des Honorars. Die Ausgaben waren durch seinen Betrieb veranlasst und stellen daher Betriebsausgaben nach § 4 Abs. 4 EStG dar. Die Betriebsausgabendefinition ist also im Gegensatz zur Definition der Werbungskosten nicht final, sondern kausal formuliert, so dass es nicht schädlich ist, dass die Ausgaben den Einnahmen zeitlich nachfolgen.

---

[46] Vgl. § 4 Abs. 5 S. 3 EStG.
[47] Vgl. oben A.II.2.c).

> **Zur Vertiefung**
>
> Anders wäre der Fall zu beurteilen, wenn U den Steuerberater auch im Rahmen der Stufen des § 2 Abs. 3 ff. EStG hinzugezogen hätte. Dann hätte sich seine Tätigkeit teilweise auf die steuerliche Abziehbarkeit privater Aufwendungen (insbesondere: Altersentlastungsbetrag, Sonderausgaben und außergewöhnliche Belastungen) bezogen. Insoweit wären sie eindeutig privat veranlasst gewesen.[48]

B. Summe der Einkünfte der R

I. Persönlicher Tatbestand

Von einer unbeschränkten Steuerpflicht gemäß § 1 Abs. 1 S. 1 Alt. 1 EStG ist mangels gegenteiliger Angaben auszugehen.

II. Sachlicher Tatbestand

1. Qualifikation

R ist bei einer Rechtsanwaltskanzlei als Arbeitnehmerin weisungsgebunden beschäftigt. Sie kann Arbeitszeit, Arbeitsort und Arbeitstätigkeit nicht selbständig bestimmen. Daher erzielt sie Einkünfte aus nichtselbständiger Arbeit gemäß §§ 2 Abs. 1 S. 1 Nr. 4, 19 Abs. 1 S. 1 Nr. 1 EStG.[49]

2. Quantifizierung

Nach § 2 Abs. 2 S. 1 Nr. 2 EStG hat R ihre Einkünfte durch Überschuss der Einnahmen über die Werbungskosten zu ermitteln. Die Überschussermittlung richtet sich nach den §§ 8 bis 9a EStG.

a) Einnahmen
An Einnahmen im Sinne des § 8 Abs. 1 EStG erzielt R 60.000 €.

b) Werbungskosten
Bei Einnahmen aus nichtselbständiger Arbeit ist für Werbungskosten gemäß § 9a S. 1 Nr. 1 Buchst. a EStG der Arbeitnehmer-Pauschbetrag von 1.000 € abzuziehen, wenn nicht höhere Werbungskosten nachgewiesen werden. Dieser Nachweis könn-

---

[48] Für die privat veranlassten Steuerberaterkosten bestand bis zum VZ 2005 ein Sonderabgabenabzug nach § 10 Nr. 6 EStG a.F. Ab dem VZ 2006 können die privaten Steuerberaterkosten nicht mehr geltend gemacht werden, zur Verfassungsmäßigkeit der Nichtberücksichtigung siehe BFH v. 04.02.2010 – X R 10/08, BStBl. II 2010, 617. Allerdings lässt die Verwaltungspraxis in diesen Fällen eine pro-rata-Aufteilung zu. So ist im Rahmen einer sachgerechten Schätzung eine Zuordnung zu den Betriebsausgaben, Werbungskosten oder Kosten der Lebensführung vorzunehmen. Vgl. BMF v. 21.12.2007 – IV B 2-S 2144/07/0002, 2007/0586772, BStBl. I 2008, 256 Tz. 7; *Paus*, EStB 2008, 172 ff.

[49] Für eine nähere Definition des steuerrechtlichen Arbeitnehmerbegriffs vgl. § 1 Abs. 2 LStDV i.V.m. § 4 EStDV.

te hier mit den Steuerberatungskosten von 2.000 € gelingen. Gemäß § 9 Abs. 1 S. 1 EStG sind Werbungskosten Aufwendungen zur Erwerbung, Sicherung und Erhaltung der Einnahmen. Der Werbungskostenbegriff ist nach dem Wortlaut an sich final zu verstehen. Dadurch unterscheidet er sich vom Begriff der Betriebsausgaben, der nach § 4 Abs. 4 EStG kausal geprägt ist (Veranlassungsprinzip).

Die R zahlt das Honorar an ihren Steuerberater nicht, um in Zukunft Einnahmen zu erzielen. Die Aufwendung dient also nicht der Erwerbung, Sicherung oder Erhaltung der Einnahmen der R. Ihr zukünftiger Arbeitslohn ist von der Bezahlung der Steuerberaterkosten völlig unabhängig. Das Steuerberaterhonorar gehört daher nach dem Wortlaut des § 9 Abs. 1 EStG nicht zu den Werbungskosten. Zu einem anderen Ergebnis könnte aber eine verfassungskonforme Auslegung des Werbungskostenbegriffs führen.

R und U tätigen aufgrund ihrer steuerlichen Tätigkeit exakt die gleichen Ausgaben. Gründe für diese unterschiedliche Behandlung lassen sich nicht erkennen. Insofern spricht Art. 3 Abs. 1 GG für eine Gleichbehandlung dieser wesentlich gleichen Sachverhalte.

Bei der Auslegung der Abflussgrößen wird systematisch außerdem die Definition der Zuflussgrößen berücksichtigt. Betriebseinnahmen sind gesetzlich nicht definiert; Einnahmen sind nach § 8 Abs. 1 EStG alle Güter, die in Geld oder Geldeswert bestehen und dem Steuerpflichtigen im Rahmen einer der Einkunftsarten des § 2 Abs. 1 S. 1 Nr. 4 bis 7 EStG zufließen. Bei der Zuflussgröße wird also auch im Rahmen der Überschusseinkünfte vom Gesetz selbst auf den Veranlassungszusammenhang abgestellt. Für Werbungskosten kann nichts anderes gelten.

Damit lassen sich im Rahmen der gleichheitsrechtlichen Erwägungen zwei Vergleichspaare bilden (Vergleich mit den Gewinneinkünften; Vergleich mit den Einnahmen). Beide sprechen dafür, dass auch der Werbungskostenbegriff abweichend vom Wortlaut des § 9 Abs. 1 EStG kausal auszulegen ist. Als Betriebsausgaben und Werbungskosten werden daher Aufwendungen in Geld oder Geldeswert verstanden, die durch die steuerbare Tätigkeit veranlasst sind.

Daher kann auch die R – ebenso wie U – ihre Ausgaben für den Steuerberater als Werbungskosten abziehen. Diese Ausgaben betreffen nur die Ermittlung ihrer Einkünfte im Sinne des § 2 Abs. 1 und 2 EStG, sie waren also allein durch ihre steuerbare Tätigkeit und nicht privat veranlasst. Mit den abzugsfähigen 2.000 € gelingt demnach der Nachweis höherer Werbungskosten als der Arbeitnehmer-Pauschbetrag, so dass die tatsächlichen Werbungskosten anzusetzen sind.

C. Gesamtergebnis

Bei U stehen den Betriebseinnahmen von 200.000 € Ausgaben für die Miete in Höhe von 30.000 € gegenüber. Ebenfalls in voller Höhe abzugsfähig ist das Steuerberaterhonorar von 5.000 €. Die Reinigungskosten sind nicht abzugsfähig. Für die Kosten seiner Fahrten zur Arbeit ist die Entfernungspauschale und der die übersteigenden Aufwendungen für die Nutzung öffentlicher Verkehrsmittel mit insgesamt 6.890 € anzusetzen. Nur teilweise abzugsfähig sind die Bewirtungskosten mit

2.100 €. Dazu kommt noch die teilweise Auflösung des Sammelpostens in Höhe von 100 €. Insgesamt ergibt sich für U eine Summe der Einkünfte von 155.910 €.

Für R bestimmt sich die Summe der Einkünfte mit 58.000 € (= 60.000 €./. 2000 €).

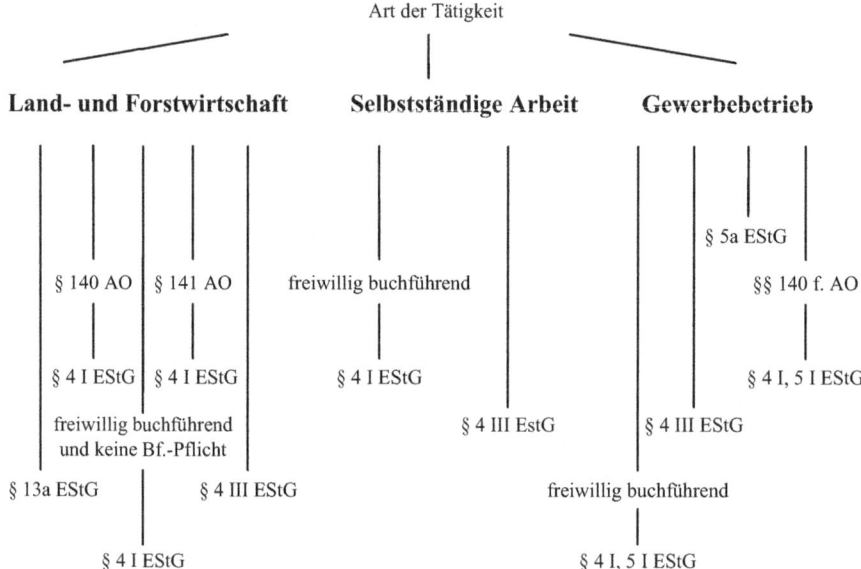

Fall 2: Blühende Landschaft

Sachverhalt

P und Q sind Gesellschafter der PotsBlitz-OHG, einer angesehenen Software-Schmiede in Potsdam. Die Eröffnungsbilanz der OHG zum 01.01.02 weist folgende Posten aus:

Aktiva	in Euro	Passiva	
Grund und Boden	500.000	Eigenkapital	200.000
Gebäude	300.000	Bankverbindlichkeiten	800.000
Betriebs- und Geschäftsausstattung (EDV-Anlage)	100.000		
Forderung aus Leistungen	40.000		
Kasse (Girokonto)	60.000		
Summe der Aktiva	**1.000.000**	**Summe der Passiva**	**1.000.000**

Im Jahr 02 verläuft das Geschäft sehr zufriedenstellend. Es kommt zu folgenden Geschäftsvorfällen:

1. Anfang Januar erbringt die OHG Werkleistungen bei einigen Stammkunden. Diese überweisen den geschuldeten Werklohn (580.000 €) Ende Januar auf das Girokonto der OHG.
2. Im Februar zahlt ein Kunde eine offene Rechnung in Höhe von 40.000 € für Serviceleistungen, die die OHG bereits im November 01 erbracht hat.
3. Mitte Februar kann die OHG einen Dienstvertrag mit einem namhaften deutschen Mobilfunkanbieter abschließen, in dem sie sich gegen Zahlung von jährlich 2.000.000 € dazu verpflichtet, die laufende Administration der Abrechnungssoftware des Mobilfunkbetreibers zu übernehmen. Der Vertrag hat eine Laufzeit von insgesamt 5 Jahren. Die für das Jahr 02 geschuldeten Leistungen hat die OHG bereits ordnungsgemäß erbracht.

4. Ende Februar werden die Räumlichkeiten der OHG gründlich saubergemacht. Die Reinigungsfirma stellt dafür 10.000 € in Rechnung, die die OHG Anfang März vom Girokonto begleicht.
5. Anfang März werden Zinsen in Höhe von 50.000 € für das Bankdarlehen fällig. Die Bank bucht diese Zinsen vom Girokonto der OHG ab.
6. Im April werden die bisherigen Büros, die sich in einem kleinen Reihenhaus der OHG in Babelsberg befinden, zu klein. Die OHG bezieht daher ein repräsentatives Gebäude am Schlosspark von Sanssouci. Dafür zahlt sie im Jahr 02 eine Miete von 400.000 € vom Girokonto.
7. Mitte April erwirbt die OHG ein neues Rechnersystem für 200.000 €.
8. Im Juni veräußert sie das Reihenhaus in Babelsberg, das das einzige Immobilienvermögen der OHG darstellt, und erzielt einen Veräußerungspreis von 1.000.000 €.
9. Im Juli wird die alte EDV-Anlage für 50.000 € verkauft.
10. Im August lassen sich P und Q jeweils 140.000 € vom Girokonto der OHG auf ihre privaten Konten überweisen.
11. Im September kaufen P und Q für die OHG zwei Laptops zum Preis von je 5000 €, die normalerweise 10.000 € kosten. Gleich darauf überführen sie die Laptops in ihr Privatvermögen.
12. Im Oktober hängen P und Q zwei private Ölgemälde mit einem Wert von je 10.000 € in ihren Büroräumen auf. Die beiden Gemälde werden in die Bilanz der OHG aufgenommen.
13. Im November registriert die OHG den Eingang der Zahlungen des Mobilfunkbetreibers für 02 in Höhe von 2.000.000 €.
14. Anfang Dezember erteilt ein Großkunde der OHG den Zuschlag für ein dringend benötigtes Softwareprojekt. Die OHG lässt sich die vorweihnachtlichen Sonderschichten etwas kosten, schließt die Arbeiten am 23.12.02 ab und berechnet dem Kunden 300.000 €. Dieser Betrag wird aber vereinbarungsgemäß erst am 01.02.03 bezahlt werden.

Aufgabe

Wie hoch ist der steuerliche Gewinn der OHG im Jahr 02? Absetzungen für Abnutzung (AfA) bleiben außer Betracht.

Die Jahre 01, 02 und 03 sind fiktive Jahre; der Fall ist insgesamt nach dem Rechtsstand VZ 2014 zu lösen.

Gliederung

Lösung 21
   A. Analyse des Bearbeitervermerks 21
   B. Exkurs: Grundzüge des Bilanzrechts 21
      I. Allgemeines 21
      II. Der Jahresabschluss 22
      III. Die Bilanz 23
      IV. Die Gewinn- und Verlustrechnung (vgl. § 275 HGB) 24
      V. Entnahmen und Einlagen 24

C. Steuersubjekt 25
D. Einkunftsqualifikation 26
E. Steuerobjekt 29
  I. Bilanzgewinn 31
    1. Januar: Werkleistungen gegen Werklohn; Tilgung der Forderungen 31
    2. Februar: Kunde begleicht offene Rechnung 32
    3. Mitte Februar: Abschluss des Fünf-Jahres-Vertrages 32
    4. Ende Februar/Anfang März: Reinigungsaufwendungen 33
    5. Anfang März: Zinszahlung 34
    6. April: Mietzahlung 35
    7. Mitte April: Anschaffung neuer Rechner 35
    8. Juni: Veräußerung von Grundstück und Gebäude 35
    9. Juli: Veräußerung der alten EDV-Anlage 36
    10. August: Überweisung auf Privatkonto 37
    11. September: Einkauf und Entnahme der Laptops 37
    12. Oktober: Ölgemälde 38
    13. November: Zahlung durch Mobilfunkbetreiber 39
    14. Dezember: Eilauftrag 39
    15. Zwischenergebnis: Handelsbilanzgewinn 40
  II. Außerbilanzielle Hinzurechnungen und Abzüge 40
  III. Ergebnis 40

Lösung

A. Analyse des Bearbeitervermerks

Gefragt ist nur nach dem steuerlichen Gewinn der OHG – also nach dem Gewinn, der gem. § 2 Abs. 2 Nr. 1 EStG der Besteuerung zugrundezulegen ist; nicht (genauer: nicht allein) nach dem handelsrechtlichen Gewinn.

B. Exkurs: Grundzüge des Bilanzrechts

I. Allgemeines
Sinn der Buchführung ist die Gewinnermittlung nach standardisierten Maßstäben. Sie dient der Publizität nach außen und innen (Transparenz des Handelsunternehmens für Gläubiger und Gesellschafter) und – wegen des Grundsatzes der Maßgeblichkeit der Handelsbilanz für das Steuerrecht, § 5 Abs. 1 S. 1 EStG – zugleich der Information des Steuerstaates über die wirtschaftliche Leistungsfähigkeit des Unternehmens.

Rechtsquellen des deutschen Bilanzrechts: §§ 4 Abs. 1, 5 EStG; 238 ff. HGB i. V. m. den gewohnheitsrechtlich entwickelten und gesetzlich anerkannten Grundsätzen ordnungsmäßiger Buchführung (sog. „GoB"; vgl. § 238 Abs. 1 S. 1 HGB).

Wichtige andere Bilanzierungsarten
- US-GAAP („generally accepted accounting principles")
- IFRS („international financial reporting standards")

Die IFRS wurden teilweise in das EU-Recht übernommen. Das EU-Recht verpflichtet bestimmte Konzerne zur Erstellung eines Konzernabschlusses nach den IFRS, vgl. § 315a HGB. Da die Besteuerung von Konzernen auch im Rahmen der Organschaft (vgl. § 14 KStG) auf den Einzelbilanzen der verbundenen Unternehmen beruht, haben die Abschlüsse nach den IFRS aber keine direkten Auswirkungen auf die Besteuerung.

> **Zur Vertiefung**
>
> Eine indirekte Rolle spielen die IFRS bei den Regelungen zur Begrenzung des Abzugs von Fremdkapitalzinsen als Betriebsausgaben (Zinsschranke) in den § 4h EStG, § 8a KStG. Eine Ausnahme von den Abzugsbeschränkungen wird nach § 4h Abs. 2 S. 1 Buchst. c EStG, § 8a Abs. 3 KStG gewährt, wenn die nach den IFRS zu ermittelnde Eigenkapitalquote des steuerpflichtigen Unternehmens der Durchschnittseigenkapitalquote des Konzerns entspricht oder höher ist.

II. Der Jahresabschluss

Dieser besteht nach § 242 Abs. 3 HGB aus der Bilanz und der Gewinn- und Verlustrechnung (GuV).

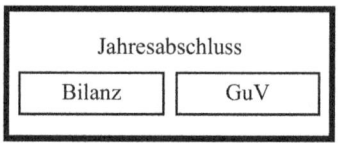

Die **Bilanz** bildet den Vermögensbestand zu einem Stichtag ab („Blitzlicht"). Die Bilanz zum 31.12. („Schlussbilanz") wird durch Fortschreibung der Bilanz vom 1.1. („Anfangsbilanz", identisch mit der Schlussbilanz des Vorjahres) entwickelt.

> **Zur Vertiefung**
>
> In der Praxis wird aber im Laufe des Geschäftsjahres nicht unmittelbar die Bilanz selber fortgeschrieben. Vielmehr zerlegt man sie am Jahresbeginn in eine Vielzahl von **Unterkonten**, die sog. **Bestandskonten**. Diese Bestandskonten werden dann fortgeschrieben und erst am Jahresende zur Schlussbilanz zusammengefasst. Für diese Unterkonten gelten aber prinzipiell dieselben Regeln wie für die Bilanz.

Die **Gewinn- und Verlustrechnung** stellt die Veränderungen des Eigenkapitals (= Betriebsvermögen im Sinne von § 4 Abs. 1 S. 1 EStG) dar. In der GuV werden daher die jeweiligen erfolgswirksamen (= gewinnwirksamen) Vorgänge abgebildet.

Zur Vertiefung
Auch die GuV wird durch Unterkonten vorbereitet, die sog. **Aufwands- und Ertragskonten**. Am Jahresende kommt es dann zu einer Zusammenfassung (Konsolidierung) der einzelnen Unterkonten in Bilanz bzw. GuV. Für diese Unterkonten gelten aber prinzipiell dieselben Regeln wie für die GuV.

III. Die Bilanz

Aktiva	Passiva
Vermögensgegenstände und Forderungen, bei denen der Kfm. einen anderen in Anspruch *nimmt*	Deckung der Vermögensgegenstände, insbesondere: Forderungen, für die der Kfm./Stpfl. in Anspruch *genommen wird*

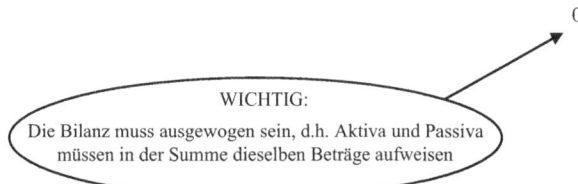

Die Passivseite der Bilanz stellt die Mittelherkunft, die Aktivseite der Bilanz die Mittelverwendung dar. Die Reihenfolge der Bilanzposten gliedert sich zur besseren Übersichtlichkeit auf der Aktivseite nach zunehmender Liquidität, auf der Passivseite nach zunehmender Dringlichkeit (vgl. § 266 HGB).

Ausgewogenheit der Bilanz Die Bilanz muss ausgewogen sein. Aktiva und Passiva müssen in der Summe dieselben Beträge aufweisen.

Besonderheiten der Passiva
- Verbindlichkeiten i. w. S.
- sonstige Posten, insbesondere Rückstellungen, passive Rechnungsabgrenzungsposten (RAP), Sonderposten mit Rücklageanteil
- „Eigenkapital": Nettobuchwert des Unternehmens, also die Differenz zwischen Aktiva und Passiva. Darin noch Sub-Unterscheidungen, u. a. in das gezeichnete Kapital, das als Grundkapital bei der AG bzw. als Stammkapital der GmbH als Haftungssumme erhalten werden muss und zum Schutz der Gläubiger nicht ausgeschüttet werden darf.

Das Eigenkapitalkonto bildet den Stand des Betriebsvermögens ab. Es wird in das Gewinn- und Aufwandskonto sowie das Privatkonto als Unterkonten aufgeteilt. Das Gewinn- und Aufwandskonto erfasst die betrieblich veranlassten Veränderungen, das Privatkonto die privat veranlassten Einlagen und Entnahmen (siehe sogleich).

Allgemeines: Wichtig ist immer – auch im Prüfungsaufbau – die Differenzierung:

- **Bilanzansatz** (= *Ob* und *Wann* der Aktivierung/Passivierung; §§ 246 ff. HGB, § 5 EStG) = Ansatz dem Grunde nach

vs.

- **Bilanzbewertung** (*Höhe* des Bilanzpostens, §§ 252 ff. HGB, § 6 EStG) = Ansatz der Höhe nach.

IV. Die Gewinn- und Verlustrechnung (vgl. § 275 HGB)

Die Gewinn und Verlustrechnung (kurz GuV) ist eine Abschrift des Gewinn- und Verlustkontos. Sie bildet wie dieses die betrieblich veranlassten Änderungen des Betriebsvermögens zusammenfassend ab. Die besondere betriebswirtschaftliche Wichtigkeit dieser Rechnung rechtfertigt es, sie gesondert neben der Bilanz aufzuführen. GuV und Bilanz bilden zusammen den Jahresabschluss (§ 242 Abs. 3 HGB) und sind auch für steuerliche Zwecke zusammen beim Finanzamt einzureichen (§ 60 Abs. 1 S. 2 EStDV) bzw. im Regelfall elektronisch nach amtlich vorgeschriebenem Datensatz zu übermitteln („e-Bilanz", § 5b EStG).

Aufwendungen	Erträge
Vermögensminderungen	*Vermögensmehrungen*
Sie verlangen nicht notwendig faktische Abflüsse im Sinne des Zu- und Abflussprinzips des EStG, die Verbindlichkeiten müssen bereits mit Entstehung verbucht werden	Sie verlangen nicht notwendig faktische Zuflüsse im Sinne des Zu- und Abflussprinzips des EStG, die Forderungen müssen bereits mit Entstehung verbucht werden
Ggf. *Jahresüberschuss*	Ggf. *Jahresfehlbetrag*

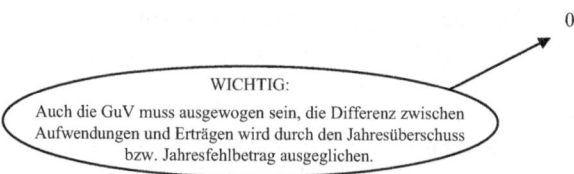

WICHTIG:
Auch die GuV muss ausgewogen sein, die Differenz zwischen Aufwendungen und Erträgen wird durch den Jahresüberschuss bzw. Jahresfehlbetrag ausgeglichen.

V. Entnahmen und Einlagen

Das Privatkonto, das sich in Entnahme- und Einlagekonto aufteilt, stellt ein Unterkonto des Eigenkapitalkontos dar. Entnahmen sind nach § 4 Abs. 1 S. 2 EStG privat veranlasste Vermögensminderungen, Einlagen nach § 4 Abs. 1 S. 8 EStG privat veranlasste Vermögensmehrungen.

Diese privat veranlassten Vermögensveränderungen dürfen sich aber nicht auf den Gewinn auswirken. Da Einlagen aber zunächst (auf der Ebene der Handelsbilanz, § 5 Abs. 1 EStG) das Eigenkapital vergrößern, müssen sie anschließend nach § 4 Abs. 1 S. 1 EStG bei der Ermittlung des steuerlichen Gewinns wieder abgezogen werden. Ohne diese Korrektur würde die Einlage in einer Betriebsvermögensmehrung resultieren und der Wert des eingelegten Gegenstands besteuert werden, obwohl dieser nicht im Unternehmen erwirtschaftet, sondern von außen zugeführt wurde.

Umgekehrt vermindern Entnahmen das Eigenkapital in der Handelsbilanz, werden aber bei der Gewinnermittlung nach § 4 Abs. 1 S. 1 EStG wieder hinzugezählt. Ohne diese außerbilanzielle Hinzurechnung könnte der Unternehmer Unternehmensgewinne durch die Betriebsvermögensminderung ohne steuerliche Belastung in sein Privatvermögen überführen.

Durch diese außer(handels)bilanziellen Modifikationen nach § 4 Abs. 1 S. 1 EStG erreicht der Steuergesetzgeber, dass Einlagen und Entnahmen auf Ebene der Gesellschaft einkommensteuerlich neutralisiert werden.

C. Steuersubjekt

Die OHG unterliegt als solche nicht der Einkommensteuer und auch nicht der Körperschaftsteuer, denn eine Steuerpflicht von Personengesellschaften (BGB-Gesellschaft, OHG, KG, Partnerschaft, EWIV) ist weder im EStG noch im KStG angeordnet. Die OHG ist weder im Katalog der Körperschaftsteuersubjekte nach § 1 Abs. 1 KStG aufgezählt, noch kommt eine Körperschaftsteuerpflicht nach § 1 Abs. 1 Nr. 5 i. V. m. § 3 Abs. 1 KStG als nichtrechtsfähige Personenvereinigung in Betracht, da ihr Einkommen gemäß § 15 Abs. 1 S. 1 Nr. 2 EStG bei den Gesellschaftern zu versteuern ist.

> **Zur Vertiefung**
>
> Darin liegt der größte Unterschied zu den **Kapitalgesellschaften** (GmbH, KGaA, AG), die juristische Personen sind und als solche der Körperschaftsteuer unterliegen. Bei den Personengesellschaften (sie sind keine juristischen Personen!) kommt es nur auf der Ebene der *Gesellschafter* zur (anteiligen) Besteuerung der Gewinne der Gesellschaft (§ 15 Abs. 1 S. 1 Nr. 2 EStG). Die Gewinne der Gesellschaft werden den einzelnen Gesellschaftern dabei anteilig zugerechnet – und zwar unabhängig davon, ob sie tatsächlich den Gesellschaftern zufließen oder im Gesellschaftsvermögen verbleiben.
>
> Anders ist es dagegen bei der **Gewerbesteuer**: Sie ist eine Objektsteuer auf den Gewerbebetrieb, keine Personensteuer. Daher sind dort auch Nicht-Personen (nämlich nach § 5 Abs. 1 S. 3 GewStG Personengesellschaften und andere Personenmehrheiten *als solche*) vollwertige Steuersubjekte.

Die OHG als solche ist daher nicht Steuersubjekt im eigentlichen Sinne. Einkommensteuerlich spricht man aber immerhin von einer **Teilrechtsfähigkeit** der Personengesellschaft. Denn wenngleich Personengesellschaften keine Einkommensteuer zahlen, sind sie doch **Subjekt der Einkunftserzielung** und **der Einkunftsermittlung**. Insofern ist die OHG auf den Stufen des § 2 Abs. 1 und 2 EStG zunächst genauso zu behandeln wie eine natürliche Person.

> **Zur Vertiefung**
>
> Demgegenüber werden die speziell auf die Bedürfnisse natürlicher Personen zugeschnittenen Absätze 3 bis 7 des § 2 EStG für die Personengesellschaften als solche nicht mehr geprüft. Sie betreffen vielmehr ausschließlich die **natürlichen Personen,** die (als Steuersubjekte im engeren Sinne) durch ihre Beteiligung an der Gesellschaft Einkünfte erzielen. Der hier laut Bearbeitervermerk zu ermittelnde Gewinn der OHG ist eine Einsatzgröße, die für die **nachgeordnete Einkunftsermittlung der Gesellschafter** maßgeblich und auch rechtlich bindend ist.
> (Einzelheiten: § 15 Abs. 1 S. 1 Nr. 2 EStG, §§ 180 Abs. 1 Nr. 2 Buchst. a, 182 Abs. 1, 171 Abs. 10 AO; die OHG wird Adressatin eines Bescheides über die einheitliche und gesonderte Gewinnfeststellung; dieser Bescheid ist ein sog. Grundlagenbescheid, vgl. auch den Ausblick am Ende dieses Falles).
> Nach der einkommensteuerlichen Behandlung der Gesellschafter ist hier aber nicht gefragt; sie bedarf daher keiner Erörterung in der Falllösung.

D. Einkunftsqualifikation

Fraglich ist daher zunächst, wie die Einkünfte der OHG zu qualifizieren sind. Grundsätzlich können Personenmehrheiten alle Einkünfte im Sinne des § 2 Abs. 1 EStG erzielen.

> **Zur Vertiefung**
>
> Eine Ausnahme gilt nur für die Einkünfte aus nichtselbständiger Arbeit: Denn nur Menschen können – als Arbeitnehmer, vgl. § 1 LStDV – einer „Beschäftigung" im Sinne des § 19 EStG nachgehen, nicht aber juristische Personen oder Personenmehrheiten.[1] Sie werden vielmehr stets als selbständige, d. h. unabhängige Einheiten angesehen, die nicht „beschäftigt" werden.
> Ausnahmefälle gehen immer auf das Dienstverhältnis einer natürlichen Person zurück (z. B. Pflichtbeiträge an Sozialversicherungsträger, Pensionszahlung als Vermächtnis an einen Verein).[2] Denkbar ist auch, dass eine Erbengemeinschaft,

---

[1] Vgl. *Pflüger*, in: Hermann/Heuer/Raupach, EStG, Loseblatt: Stand: 01/2014, § 19 Rn. 60.
[2] *Pflüger*, ebd.

der kurz nach dem Tod noch das letzte Gehalt des Erblassers zufließt, vorübergehend Einkünfte aus nichtselbständiger Arbeit erzielt (vgl. § 24 Nr. 2 EStG).

Für die Einkunftsqualifikation ist daher – wie bei natürlichen Personen – grundsätzlich der Inhalt der von der Personengesellschaft ausgeübten Tätigkeit entscheidend.

Ein wesentlicher Unterschied zu den natürlichen Personen liegt aber in der **Abfärberechtsprechung**, die in § 15 Abs. 3 Nr. 1 EStG nachträglich in Gesetzesform gegossen wurde. Sobald eine Personengesellschaft *auch* gewerbliche Einkünfte im Sinne des § 15 Abs. 1 Nr. 1 i. V. m. Abs. 2 EStG erzielt, färben diese Einkünfte auf alle anderen Einkünfte ab; die Personengesellschaft erzielt dann *nur* gewerbliche Einkünfte. Während bei natürlichen Personen verschiedene Einkunftsarten nebeneinander stehen können, wird dies bei Personengesellschaften durch die Abfärberegelung weitgehend verhindert, so dass diese nur eine Einkunftsart an ihre Gesellschafter weitergeben.

> **Zur Vertiefung**
>
> Die **Abfärberechtsprechung** wurde durch den Reichsfinanzhof im Jahr 1937 begründet,[3] u. a. da seinerzeit die einheitliche und gesonderte Gewinnfeststellung einer Personengesellschaft mit mehreren Einkunftsarten als praktisch schwer zu ermitteln und verfahrensrechtlich nicht umsetzbar galt.[4] Die Argumentation mit Ermittlungs- und Zuordnungsschwierigkeiten wird aber bereits dadurch entkräftet, dass diese Schwierigkeiten bei der Abgrenzung von Land- und Forstwirtschaft bzw. selbständiger Tätigkeit gegenüber vermögensverwaltenden Tätigkeiten in gleicher Weise auftreten müssten, dort aber eine Abfärberegelung fehlt.[5] Dennoch änderte sich die Rechtsprechung zur Abfärbewirkung nicht und wurde vom Gesetzgeber eher zufällig zusammen mit der Kodifizierung der „Gepräge"-Rechtsprechung (§ 15 Abs. 3 Nr. 2 EStG) in das EStG aufgenommen.[6] Das eigentliche Motiv für die Regelung dürfte daher in der Sicherung des Gewerbesteueraufkommens zu sehen sein.[7]
>
> Die Abfärberegelung sieht sich zu Recht **Kritik** ausgesetzt, da sie Personengesellschaften gegenüber dem Einzelunternehmer diskriminiert. Das BVerfG hält die angeblichen Schwierigkeiten bei der Gewinnzuordnung im Rahmen der einheitlichen und gesonderten Feststellungen jedoch ohne nähere Auseinandersetzung für einen hinreichenden Rechtfertigungsgrund.[8] Es verweist den Steuerpflichtigen auf Umgehungsmöglichkeiten (siehe sogleich). Zudem sieht das BVerfG in der Abfärberegelung ohne nähere Erläuterung eine dem Gesetz-

---

[3] RFH v.25.08.1937, RStBl. 1937, 1129 (1129 f.).
[4] Vgl. *Schild*, DStR 2000, 576 (576 f.).
[5] *Schulze-Osterloh*, in: FS-Raupach, 2006, S. 531 (538).
[6] Vgl. *Schild*, DStR 2000, 576 (576 f.).
[7] *Schulze-Osterloh*, in: FS-Raupach, 2006, 531 (538).
[8] BVerfG v. 26.10.2004 – 2 BvR 246/98, FR 2005, 139 (140) mit krit. Anm. Kanzler; Kritik ebenfalls bei Schulze-Osterloh, in: *FS-Raupach*, 2006, 531 (536 ff.); Drüen, GmbHR 2008, 393 (402).

geber freigestellte Annährung der Personengesellschaften an die Kapitalgesellschaften, die nach § 8 Abs. 2 KStG einheitlich nur Einkünfte aus Gewerbebetrieb haben.

In der **Praxis** wird die Abfärberechtsprechung mit richterlicher Einverständnis umgangen, indem gewerbliche und nichtgewerbliche Tätigkeiten in zwei verschiedene beteiligungsidentische Personengesellschaften getrennt werden.[9] Den Steuerpflichtigen bleibt jedoch der Aufwand zusätzlicher Beratungs- und Verwaltungskosten, so dass man der Umgehungsmöglichkeit schwerlich eine eingriffsmildernde oder rechtfertigende Kraft zubilligen kann.

Die Abfärberechtsprechung wird jedoch auch von den Steuerpflichtigen genutzt, um eigentlich nicht-gewerbliche Einkünfte in den Genuss von Vorteilen zu bringen, die nur den gewerblichen Einkünften vorbehalten sind (z. B. Berücksichtigung von Veräußerungsverlusten, Einbeziehung von Veräußerungsgewinnen in die Totalgewinnprognose bei der Liebhaberei, auf gewerbliche Einkünfte beschränkte Steuersubventionen).[10]

Nach neuerer Rechtsprechung lässt der BFH die Abfärbewirkung bei sehr geringen gewerblichen Einkünften nicht eintreten, da die Umqualifikation in solchen Fällen zu einem Verstoß gegen den Verhältnismäßigkeitsgrundsatz führen würde.[11] In mehreren Entscheidungen vom 27.08.2014 hat sich der 8. Senat des BFH auf eine **doppelte Bagatellgrenze** festgelegt:[12] eine Abfärbung tritt nicht ein, wenn die gewerblichen Umsätze 3 % der Gesamtnettoumsätze und zusätzlich den Betrag von 24.500 € im Veranlagungszeitraum nicht übersteigen. Die absolute Grenze von 24.500 € orientiert sich an dem Freibetrag des § 11 Abs. 1 S. 3 Nr. 1 GewStG,[13] obgleich jener freilich den Gewinn betrifft und nicht den hier der einfachen Ermittlung halber gewählten Umsatz.

Klausurtipp

Sofern erlaubt, kann ein Verweis auf § 11 Abs. 1 S. 3 Nr. 1 GewStG an § 15 Abs. 3 Nr. 1 EStG im Gesetzestext kommentiert werden. Dann muss man sich „nur" noch die Anknüpfung an die Gesamtnettoumsätze und die relative 3 % Grenze merken (z. B. über Eselsbrücke: 3 × 3: Abs. 3 Nr. 1 im § 15 EStG nur, wenn Abs. 3 Nr. 1 im § 11 GewStG absolut und 3 % relativ).

---

[9] So bereits der RFH v.25.08.1937 – VI A 449/37, RStBl. 1937, 1129 (1130); v.24.11.1937 – VI A 449/37, RStBl. 1938, 107 (108); vgl. mit weiteren Nennungen BFH v.13.11.1997 – IV R 67/96, BStBl. II 1998, 254 (256).
[10] Vgl. *Schild*, DStR 2000, 576 (576 f.).
[11] BFH v.11.08.1999 – XI R 12/98, BStBl. II 2000, 229, vgl. *Drüen*, FR 2000, 177; Wacker, in: Schmidt, EStG, 34. Aufl. 2015, § 15 Rn. 188; krit. Groh, DB 05, 2430.
[12] BFH v.27.08.2014 – VIII R 6/12, BFH/NV 2015, 597; BFH v.27.08.2014 – VIII R 41/11, BFH/NV 2015, 595; BFH v.27.8.2014 – VIII R 16/11, BFH/NV 2015, 592.
[13] Vgl. BFH v.27. 8.2014 – VIII R 6/12, BFH/NV 2015, 597; Wacker, in: Schmidt, EStG, 34. Aufl. 2015, § 15 Rn. 188.

Im vorliegenden Fall betreibt die OHG eine Software-Schmiede. Da über die persönliche Qualifikation der Gesellschafter (P und Q) nähere Angaben fehlen, kann nicht davon ausgegangen werden, dass sie in ihrer Person die Voraussetzungen des § 18 Abs. 1 Nr. 1 EStG erfüllen.

Zwar ist die Neuentwicklung von Software (anders als die bloße Anpassung von Standardsoftware an die Bedürfnisse des Kunden) an sich eine Tätigkeit, die die Voraussetzungen des § 18 EStG erfüllen kann. Andererseits verrichtet die OHG auch Routinetätigkeiten wie die laufende Administration von Software (vgl. Nr. 3 des Sachverhalts), die ihrem Inhalt nach unter § 15 Abs. 1 Nr. 1 und Abs. 2 EStG fallen. Ausweislich der hierfür bezogenen Vergütung tragen gerade diese Tätigkeiten wirtschaftlich einen erheblichen Teil zu Umsatz und Gewinn der OHG bei. Daher ist die Tätigkeit der OHG schon wegen der Abfärbewirkung des § 15 Abs. 3 Nr. 1 EStG als gewerbliche Tätigkeit anzusehen.

Mithin erzielt die OHG Einkünfte aus Gewerbebetrieb im Sinne des § 2 Abs. 1 S. 1 Nr. 2 i. V. m. § 15 Abs. 1 Nr. 1 S. 1 und Abs. 2 EStG.

E. Steuerobjekt

Steuergegenstand ist der Gewinn aus Gewerbebetrieb (§ 2 Abs. 2 S. 1 Nr. 1 EStG). Er bestimmt sich hier nach § 4 Abs. 1, § 5 EStG i. V. m. §§ 238 ff. HGB. Denn die OHG ist nach §§ 6 Abs. 1, 105 ff., 238 Abs. 1 HGB nach Handelsrecht und (akzessorisch: § 140 AO) auch nach Steuerrecht zur Führung von Büchern verpflichtet. Eine Gewinnermittlung nach § 4 Abs. 3 EStG kommt daher nicht in Betracht. Der handelsrechtliche Gewinn ist nach dem **Grundsatz der Maßgeblichkeit** die wichtigste Einsatzgröße für die Ermittlung des der Besteuerung zugrundeliegenden sog. „Steuerbilanzgewinns".

Zur Vertiefung

Die gängige Bezeichnung „Steuerbilanz" sollte nicht darüber hinwegtäuschen, dass nach dem überkommen Leitbild des EStG nur *eine* Bilanz aufzustellen ist, die Handelsbilanz (sog. *Einheitsbilanz*).

Auch die spezifisch steuerrechtlichen Vorschriften in den §§ 4 ff. EStG, die den handelsrechtlich ermittelten Bilanzgewinn weiter modifizieren, ändern formal nichts am **Grundsatz der Einheitsbilanz**. Denn nach der Vorstellung des Gesetzgebers sollen die spezifisch steuerrechtlichen Hinzurechnungen und Kürzungen des handelsbilanzrechtlichen Gewinns nicht die Aufstellung einer separaten Steuerbilanz erfordern; sie können vielmehr dem Finanzamt als Anhang zur Handelsbilanz eingereicht werden (vgl. dazu § 5b Abs. 1 S. 2 EStG für die elektronische Übermittlung und § 60 EStDV für die herkömmliche Übermittlung).

Die Modifikationen der Handelsbilanz durch das Steuerrecht sind aber weitreichend, da Handels- und Steuerbilanz **unterschiedliche Funktionen** verfolgen.

Die Handelsbilanz soll den Unternehmer, Anteilseigner und Gläubiger informieren, den Wert des Unternehmens und die Höhe des Gewinns zum Schutz von Anteilseignern und Gläubigern aber eher vorsichtig bewerten (Vorsichtsprinzip). Die vorsichtige Bewertung dient u. a. dem Gläubigerschutz durch die Kapitalerhaltung bei Kapitalgesellschaften, als nur das Eigenkapital ausgeschüttet werden darf, das nicht auf das Stammkapital entfällt. Die GoB des Handelsrechts setzen den Gewinn daher im Zweifel eher zu niedrig an.

Eine direkte Übernahme des handelsrechtlichen Ergebnisses durch das Steuerrecht hätte den Vorteil, dass der Fiskus nur unter denselben Bedingungen wie ein Gesellschafter Anteil am wirtschaftlichen Erfolg des Unternehmens nehmen würde. Die steuerrechtlichen Korrekturvorschriften spiegeln jedoch die Ansicht wieder, dass nur eine realistische Erfassung des Unternehmensgewinns unter weitgehender Ausblendung des Vorsichtsprinzips eine leistungsfähigkeitsgerechte Besteuerung des Unternehmens sicherstellt.

Angesichts der vielfältigen Modifikationen der Handelsbilanz durch die steuerlichen Korrekturvorschriften wird der Grundsatz der Maßgeblichkeit in der Reformdiskussion in Frage gestellt.[14] Ein kleiner Schritt weg von der Idee der Einheitsbilanz kann in der **Abschaffung der „umgekehrten Maßgeblichkeit"** durch das Bilanzrechtsmodernisierungsgesetz (BilMoG)[15] gesehen werden. Die umgekehrte Maßgeblichkeit bestimmte, dass die handelsrechtlichen Bilanzierungswahlrechte in Einklang mit den steuerrechtlichen Vorschriften ausgeübt werden (z. B. bei steuerrechtlichen Sonderabschreibungen). Dies diente nicht nur der Erhaltung der Einheitsbilanz, sondern stärkte auch die Eigenkapitalausstattung der Unternehmen, da sich mit den Sonderabschreibungen nicht nur der steuerliche, sondern auch der handelsrechtliche Gewinn verminderte, so dass die Vorteile der Steuersubvention nicht ausgeschüttet werden konnten.[16] Die Übernahme der steuerlichen Sondereffekte störte aber die Informationsaufgabe der Handelsbilanz und wurde deshalb zur Verbesserung der Aussagekraft und Angleichung an die IFRS abgeschafft.[17]

Die Idee der Einheitsbilanz könnte allerdings auch wieder Auftrieb gewinnen, wenn sich das deutsche Handelsrecht von dem Vorsichtsprinzip löst und dem US-amerikanischen Ideal des „true and fair view" folgt, das sich durch die IFRS weltweit verbreitet hat.[18] Erstreben sowohl Handels- als auch Steuerrecht eine „realistische" Darstellung der Unternehmenssituation ohne größere Vorsichtsab-

---

[14] Vgl. *Weber-Grellet*, ZRP 2008, 146.

[15] Gesetz zur Modernisierung des Bilanzrechts v.26.05.2009, BGBl. I S. 1102.

[16] Vgl. *Werth*, DStZ 2009, 493.

[17] Vgl. Begründung zum Gesetzentwurf der Bundesregierung zum BilMoG, BT-Drs. 16/10067, S. 1 (34).

[18] Der „true and fair view"-Grundsatz der US-GAAP und der IFRS darf nicht mit dem weniger weitgehenden, vorsichtigeren „true and fair view"-Prinzip der 4. EG Bilanzrichtlinie verwechselt werden, der über die richtlinienkonforme Auslegung auch Teil der HGB-GoB ist und im Rahmen der Maßgeblichkeit auf das Steuerrecht einwirken kann, vgl. *Hey*, in: Tipke/Lang, Steuerrecht, 21. Aufl. 2013, § 9 Rn. 93.

schläge, ist eine Einheitsbilanz mit vergleichsweise geringen steuerlichen Korrekturen denkbar.

Daneben ist auch das Problem der elektronischen Übermittlung der Bilanzen über amtlich vorgeschriebenen Datensatz zu berücksichtigen (§ 5b EStG). Der vorgeschriebene Datensatz zwingt dem Steuerpflichtigen eine „Taxonomie", eine bestimmte Art der Gliederung und Darstellung der Bilanz und GuV, auf, die inhaltlich nicht immer mit der Handelsbilanz zu vereinbaren ist.[19]

I. Bilanzgewinn

Nach den Regeln der §§ 238 ff.HGB wirken sich die im Sachverhalt genannten einzelnen Geschäftsvorfälle folgendermaßen aus:

1. Januar: Werkleistungen gegen Werklohn; Tilgung der Forderungen

Durch die Erbringung von Leistungen erwirbt die OHG zunächst eine Geldforderung gegen ihre Kunden, die als Vermögensgegenstand (Wirtschaftsgut) zu aktivieren ist. Da die OHG Bücher führt, gilt für sie das Zufluss-/Abflussprinzip nach § 11 Abs. 1 S. 5 EStG nicht. Nach § 252 Abs. 1 Nr. 4 Hs. 2, Nr. 5 HGB sind Forderungen zum Zeitpunkt ihrer Realisation zu aktivieren. Der Realisationszeitpunkt ist nicht mit dem Zeitpunkt der Rechnungsstellung und auch nicht mit dem Zeitpunkt der Erfüllung der Forderung identisch. Der Anspruch auf die Gegenleistung ist vielmehr dann realisiert, sobald die eigene Leistung im Wesentlichen erbracht ist (und kein schwebendes Geschäft mehr vorliegt). Mit der Erbringung der Leistung im Januar ist daher die Forderung zu aktivieren.

Dieser Vorgang ist erfolgswirksam. Auf der Seite der Aktiva erhöht sich der Bestand an Forderungen, auf der Seite der Passiva das Eigenkapital. Da sich die Bilanzsumme vergrößert, spricht man von einer Bilanzverlängerung.

Die Änderungen gegenüber der Eröffnungsbilanz sind fett gedruckt:

Aktiva	in Euro	Passiva	
Grund und Boden	500.000	Eigenkapital	**780.000**
Gebäude	300.000	Bankverbindlichkeiten	800.000
Betriebs- und Geschäftsausstattung (EDV-Anl.)	100.000		
Forderung aus Leistungen	**620.000**		
Kasse (Girokonto)	60.000		
Summe der Aktiva	**1.580.000**	**Summe der Passiva**	**1.580.000**

Dagegen stellt die Erfüllung der Forderung einen erfolgsneutralen Vorgang dar, der sich auf das Eigenkapital nicht auswirkt. Lediglich zwei Aktivposten werden ausgetauscht. Der Aktivposten Forderungen verringert sich in der gleichen Höhe wie

---

[19] Vgl. *Herzig/Briesemeister/Schäperclaus*, DB 2011, 1 ff; Gosch, in: Kirchhof, EStG, 14. Aufl. 2015, § 5b Rn. 1.

sich der Posten Girokonto erhöht. Einen solchen Vorgang nennt man **Aktivtausch**. Durch die Überweisung ändert sich die Bilanz wie folgt:

Aktiva	in Euro	Passiva	
Grund und Boden	500.000	Eigenkapital	780.000
Gebäude	300.000	Bankverbindlichkeiten	800.000
Betriebs- und Geschäftsausstattung (EDV-Anl.)	100.000		
Forderung aus Leistungen	620.000		
Kasse (Girokonto)	60.000		
Summe der Aktiva	**1.580.000**	**Summe der Passiva**	**1.580.000**

2. Februar: Kunde begleicht offene Rechnung

Auch die Bezahlung der offenen Rechnung in Höhe von 40.000 € ist ein erfolgsneutraler Vorgang. Die Einbuchung der Forderung hatte sich im vorigen Jahr schon erfolgswirksam ausgewirkt. Es liegt wiederum ein reiner Aktivtausch vor, der keinen Einfluss auf die Höhe des Eigenkapitals hat.

Die Bilanz sieht Ende Februar so aus:

Aktiva	in Euro	Passiva	
Grund und Boden	500.000	Eigenkapital	780.000
Gebäude	300.000	Bankverbindlichkeiten	800.000
Betriebs- und Geschäftsausstattung (EDV-Anl.)	100.000		
Forderung aus Leistungen	0		
Kasse (Girokonto)	680.000		
Summe der Aktiva	**1.580.000**	**Summe der Passiva**	**1.580.000**

3. Mitte Februar: Abschluss des Fünf-Jahres-Vertrages

Synallagmatische Verträge begründen zwar zivilrechtlich beiderseitige Erfüllungsansprüche; je nach Vertragsgestaltung entsteht der Anspruch auf die Vergütung in der Person des Leistungserbringers unabhängig davon, ob und wann die Dienste erbracht werden.

Bilanzrechtlich darf aber eine Forderung (hier: der Vergütungsanspruch der OHG) nur insoweit aktiviert werden, wie bereits die eigene Gegenleistung erbracht ist (Realisationsprinzip). Umgekehrt bedeutet dies, dass eine Forderung bei beiderseits noch nicht erfüllten Geschäften noch nicht aktiviert werden darf (**Aktivierungsverbot bei schwebenden Geschäften**). Daher darf die OHG hier die Forderung nur im Hinblick auf den „bereits verdienten", d. h. den ihr wirtschaftlich

Lösung

sicher zustehenden Teil des Vergütungsanspruchs aktivieren – also nur in Höhe von 2.000.000 € (der Vergütung für 02).

> **Zur Vertiefung**
>
> Auf die **zivilrechtliche Fälligkeit** kommt es dabei allerdings nicht an. Ist die Fälligkeit hinausgeschoben (d. h. die Forderung gestundet), ist sie allerdings grds. nicht mit ihrem Nennwert, sondern durch die Abzinsung niedriger zu bewerten.
>
> Da Geld zinsbringend angelegt werden kann, muss der Zinsvorteil, der bis zur Zahlung entsteht, beim Gläubiger bei den Aktiva (also gewinnverringernd), beim Schuldner bei den Passiva (also gewinnerhöhend) abgezogen werden. Anders gewendet: Geld, das ich heute erhalte, ist mehr wert als Geld, das ich erst morgen bekomme.

Für die Gegenforderung (hier: die Dienstleistungsverbindlichkeit der OHG) gilt Folgendes: Für das Jahr 02 besteht schon gar keine Dienstleistungsverpflichtung mehr; der Anspruch des Kunden ist durch Erfüllung erloschen (§ 362 BGB). Für die Jahre 03–06 besteht ebenfalls keine Passivierungspflicht, denn insoweit liegt wiederum ein schwebendes Geschäft vor.

Der Vorgang ist wiederum erfolgswirksam, da sich der Bestand an Forderungen und das Eigenkapital erhöht. Es ergibt sich folgende Bilanz:

Aktiva	in Euro	Passiva	
Grund und Boden	500.000	Eigenkapital	**2.780.000**
Gebäude	300.000	Bankverbindlichkeiten	800.000
Betriebs- und Geschäftsausstattung (EDV-Anl.)	100.000		
Forderung aus Leistungen	**2.000.000**		
Kasse (Girokonto)	680.000		
Summe der Aktiva	**3.580.000**	**Summe der Passiva**	**3.580.000**

4. Ende Februar/Anfang März: Reinigungsaufwendungen

Spiegelbildlich zu den Forderungen sind die Reinigungskosten als Verbindlichkeit zu passivieren, sobald die Reinigungsfirma ihre Reinigungsdienste erbracht hat. Die Reinigungskosten stellen einen Aufwand dar, es wurde kein Wirtschaftsgut angeschafft. Das Eigenkapital verringert sich um die Höhe der Verbindlichkeit. Die Höhe der Bilanzsumme bleibt aber gleich. Der Vorgang wirkt sich bilanziell folgendermaßen aus:

Aktiva	in Euro	Passiva	
Grund und Boden	500.000	Eigenkapital	2.770.000
Gebäude	300.000	Bankverbindlichkeiten	800.000
Betriebs- und Geschäftsausstattung (EDV-Anl.)	100.000	Verbindlichkeit Reinigung	10.000
Forderung aus Leistungen	2.000.000		
Kasse (Girokonto)	680.000		
Summe der Aktiva	**3.580.000**	**Summe der Passiva**	**3.580.000**

Die Tilgung der Verbindlichkeit Anfang März ist ein erfolgsneutraler Vorgang, das Eigenkapital wird dadurch nicht berührt. Das Girokonto wird verringert, um eine Verbindlichkeit zu tilgen. Da sich auch die Bilanzsumme verringert, spricht man von einer Bilanzverkürzung:

Aktiva	in Euro	Passiva	
Grund und Boden	500.000	Eigenkapital	2.770.000
Gebäude	300.000	Bankverbindlichkeiten	800.000
Betriebs- und Geschäftsausstattung (EDV-Anl.)	100.000	Verbindlichkeit Reinigung	0
Forderung aus Leistungen	2.000.000		
Kasse (Girokonto)	**670.000**		
Summe der Aktiva	**3.570.000**	**Summe der Passiva**	**3.570.000**

5. Anfang März: Zinszahlung

Auch die Zinszahlungen stellen wiederum einen Aufwand dar. Durch den Vorgang wird kein aktivierbares Wirtschaftsgut erworben, das Eigenkapital verringert sich. Die Darlehenszinsen werden hier sofort bezahlt, so dass sich der Bestand des Girokontos direkt verringert:

Aktiva	in Euro	Passiva	
Grund und Boden	500.000	Eigenkapital	2.720.000
Gebäude	300.000	Bankverbindlichkeiten	800.000
Betriebs- und Geschäftsausstattung (EDV-Anl.)	100.000		
Forderung aus Leistungen	2.000.000		
Kasse (Girokonto)	**620.000**		
Summe der Aktiva	**3.520.000**	**Summe der Passiva**	**3.520.000**

6. April: Mietzahlung

Die Zahlung der Miete für das Jahr 02 ist entsprechend den beiden vorhergehenden Vorgängen zu behandeln. Die Miete stellt wiederum einen Aufwand dar, das Eigenkapitalkonto wird also verringert. Durch die Zahlung mindert sich auch das Girokonto in gleicher Höhe. Dagegen wirkt sich die Miete für die zukünftigen Jahre in 02 noch nicht aus. Hierbei handelt es sich wieder um ein schwebendes Geschäft, bei dem die Gegenleistung noch nicht erbracht ist. Der Vorgang führt wiederum zu einer Bilanzverkürzung:

Aktiva	in Euro	Passiva	
Grund und Boden	500.000	**Eigenkapital**	**2.320.000**
Gebäude	300.000	Bankverbindlichkeiten	800.000
Betriebs- und Geschäftsausstattung (EDV-Anl.)	100.000		
Forderung aus Leistungen	2.000.000		
Kasse (Girokonto)	**220.000**		
Summe der Aktiva	**3.120.000**	**Summe der Passiva**	**3.120.000**

7. Mitte April: Anschaffung neuer Rechner

Bei diesem Vorgang wird ein aktivierbares Wirtschaftsgut angeschafft. Nach §§ 253 Abs. 1 S. 1 HGB, 6 Abs. 1 Nr. 1 S. 1 EStG sind die Rechner mit ihren Anschaffungskosten zu aktivieren. Gleichzeitig verringert sich das Girokonto um die Anschaffungskosten. Auf das Eigenkapital wirkt sich der Vorgang nicht aus, er ist also erfolgsneutral. Es liegt ein Aktivtausch vor:

Aktiva	in Euro	Passiva	
Grund und Boden	500.000	Eigenkapital	2.320.000
Gebäude	300.000	Bankverbindlichkeiten	800.000
Betriebs- und Geschäftsausstattung (EDV-Anl.)	**300.000**		
Forderung aus Leistungen	2.000.000		
Kasse (Girokonto)	**20.000**		
Summe der Aktiva	**3.120.000**	**Summe der Passiva**	**3.120.000**

8. Juni: Veräußerung von Grundstück und Gebäude

Die Veräußerung des Grundstückes und des Gebäudes hat Auswirkungen auf vier Bilanzposten. Zum einen müssen Grundstück und Gebäude aus der Bilanz herausgenommen werden, zum anderen erhöht sich durch den gezahlten Kaufpreis auch das Girokonto. Insoweit handelt es sich um einen Aktivtausch. Der Veräußerungserlös ist allerdings höher als der Buchwert. Das Grundstück war zwar im Wert gestiegen, durfte aber die ganze Zeit über nur mit den Anschaffungskosten bilanziert werden (§ 253 Abs. 1 S. 1 HGB, § 6 Abs. 1 Nr. 2 EStG).

Zur Vertiefung

Zudem unterliegen die Gebäude wie alle abnutzbaren Wirtschaftsgüter im Gegensatz zu den nicht-abnutzbaren Grundstücken der Afa, die den Bilanzwert des Gebäudes sinken lässt. Dieser typisierte Wertverlust muss sich im Verkaufswert aber nicht realisieren, so dass auch auf diese Weise stille Reserven entstehen können.

In Grundstück und Gebäude schlummerten also stille Reserven in Höhe von 200.000 €. Diese werden nun durch die Veräußerung realisiert. Insoweit ist der Vorgang erfolgswirksam, es wird ein Ertrag erzielt, der das Eigenkapital erhöht:

Aktiva	in Euro	Passiva	
Grund und Boden	0	Eigenkapital	2.520.000
Gebäude	0	Bankverbindlichkeiten	800.000
Betriebs- und Geschäftsausstattung (EDV-Anl.)	300.000		
Forderung aus Leistungen	2.000.000		
Kasse (Girokonto)	1.020.000		
Summe der Aktiva	**3.320.000**	**Summe der Passiva**	**3.320.000**

9. Juli: Veräußerung der alten EDV-Anlage

Durch die Veräußerung der alten EDV-Anlage erzielt die OHG einen Verlust. Die Anlagen haben noch einen Buchwert von 100.000 € und werden nun für 50.000 € verkauft. Durch diesen außerordentlichen Aufwand mindert sich das Eigenkapital in Höhe der Differenz zwischen Buchwert und Verkaufserlös. Die alte EDV-Anlage ist aus der Bilanz herauszunehmen, das Girokonto erhöht sich um den Verkaufserlös. Insgesamt führt der Vorgang zu einer Bilanzverkürzung:

Aktiva	in Euro	Passiva	
Grund und Boden	0	Eigenkapital	2.470.000
Gebäude	0	Bankverbindlichkeiten	800.000
Betriebs- und Geschäftsausstattung (EDV-Anl.)	200.000		
Forderung aus Leistungen	2.000.000		
Kasse (Girokonto)	1.070.000		
Summe der Aktiva	**3.270.000**	**Summe der Passiva**	**3.270.000**

10. August: Überweisung auf Privatkonto

Durch die Überweisung der 280.000 € wird Betriebsvermögen in Privatvermögen überführt, das Eigenkapital mindert sich durch private Veranlassung. Die Überweisungen stellen daher eine Entnahme nach § 4 Abs. 1 S. 2 EStG dar.

Entnahmen sind nach § 6 Abs. 1 Nr. 4 EStG mit dem Teilwert anzusetzen. Der Teilwert ist gemäß § 6 Abs. 1 Nr. 1 S. 3 EStG der Betrag, den ein potenzieller Erwerber für den Gegenstand zahlen würde, wenn er den gesamten Betrieb übernehmen würde und den Betrieb fortführen würde. Bei Geld ist der Teilwert immer der Nominalwert des Geldes. Der Vorgang führt zunächst zu einer Eigenkapitalminderung und damit zu einer Bilanzverkürzung. Der Handelsbilanzgewinn wird durch die Entnahme verringert.

Da die Eigenkapitalminderung aber nicht betrieblich veranlasst war, darf steuerlich durch die Entnahme kein Verlust entstehen. Nach § 4 Abs. 1 S. 1 EStG ist die Entnahme daher später dem Gewinn außerbilanziell wieder hinzuzurechnen.

Zur Vertiefung

Ohne die steuerrechtliche Hinzurechnung der Entnahme könnte der Unternehmer den Unternehmensgewinn unversteuert aus dem Betriebsvermögen des Unternehmens entnehmen und in sein Privatvermögen überführen. Siehe hierzu auch den Exkurs zum Bilanzrecht zu Beginn des Falles.

Aktiva	in Euro	Passiva	
Grund und Boden	0	Eigenkapital	2.470.000
Gebäude	0	Bankverbindlichkeiten	800.000
Betriebs- und Geschäftsausstattung (EDV-Anl.)	200.000		
Forderung aus Leistungen	2.000.000		
Kasse (Girokonto)	1.070.000		
Summe der Aktiva	**3.270.000**	**Summe der Passiva**	**3.270.000**

11. September: Einkauf und Entnahme der Laptops

Der Einkauf der beiden Laptops ist wieder ein erfolgsneutraler Vorgang. Der Bilanzposten Betriebs- und Geschäftsausstattung erhöht sich, gleichzeitig verringert sich der Posten Girokonto:

Aktiva	in Euro	Passiva	
Grund und Boden	0	Eigenkapital	2.190.000
Gebäude	0	Bankverbindlichkeiten	800.000
Betriebs- und Geschäftsausstattung (EDV-Anl.)	210.000		
Forderung aus Leistungen	2.000.000		
Kasse (Girokonto)	780.000		
Summe der Aktiva	**2.990.000**	**Summe der Passiva**	**2.990.000**

Die Überführung der Laptops aus dem Betriebsvermögen in das Privatvermögen stellt wieder eine Entnahme nach § 4 Abs. 1 S. 2 EStG dar.

Die Entnahmen sind nach § 6 Abs. 1 Nr. 4 EStG mit dem Teilwert anzusetzen. Die Laptops haben einen Wert von je 10.000 € (diesen Betrag müsste man ausgeben, um die Laptops wiederzubeschaffen). Daher beträgt ihr Teilwert je 10.000 €. Die stillen Reserven werden bei der Entnahme wie bei einer Veräußerung aufgedeckt. Es kommt zu einem Ertrag von 2 * 5000 €. Der Vorgang ist also erfolgswirksam. Gleichzeitig mindert die Entnahme das Eigenkapitalkonto aber um insgesamt 20.000 €. Insgesamt verringert sich das Eigenkapitalkonto daher um 10.000 €.

Bei der steuerlichen Gewinnermittlung sind die Entnahmen dem Gewinn nach § 4 Abs. 1 S. 1 EStG außerbilanziell wieder hinzuzurechnen.

Aktiva	in Euro	Passiva	
Grund und Boden	0	Eigenkapital	2.180.000
Gebäude	0	Bankverbindlichkeiten	800.000
Betriebs- und Geschäftsausstattung (EDV-Anl.)	200.000		
Forderung aus Leistungen	2.000.000		
Kasse (Girokonto)	780.000		
Summe der Aktiva	**2.980.000**	**Summe der Passiva**	**2.980.000**

Zur Vertiefung

Steuerlich günstiger wäre es also gewesen, die Laptops gleich privat und nicht für die OHG anzuschaffen, da private Veräußerungsgewinne grundsätzlich nicht der Einkommensteuer unterliegen (Ausnahmen: Steuerverstrickung nach §§ 17, 20 Abs. 2, 22 Nr. 2 i. V. m. 23 EStG) und dort auch keine Gewerbesteuer angefallen wäre.

12. Oktober: Ölgemälde

Die Ölgemälde werden aus dem Privatvermögen in das Betriebsvermögen überführt, es handelt sich also um Einlagen nach § 4 Abs. 1 S. 8 EStG. Einlagen sind das Spiegelbild zu den Entnahmen. Auch sie sind nach § 6 Abs. 1 Nr. 5 S. 1 Hs. 1 EStG mit dem Teilwert anzusetzen, dieser beträgt hier je 10.000 €. Privat veranlasst, erhöht sich hier zunächst das Eigenkapital. Bei der Gewinnermittlung nach § 4 Abs. 1 S. 1 EStG sind die Einlagen aber außerbilanziell wieder abzuziehen, da sie sonst den steuerbaren Gewinn verfälschen würden.

Zur Vertiefung

Ohne den steuerrechtlichen Abzug der Einlage müsste der Unternehmer deren Wert versteuern, obwohl sie außerhalb des Unternehmens erwirtschaftet wurde und in der Regel nicht steuerverstrickt ist. Durch die Einlage in das Betriebsvermögen des Unternehmens wird deren Gegenstand allerdings hinsichtlich aller zukünftigen Wertveränderungen steuerverstrickt.

Aktiva	in Euro	Passiva	
Grund und Boden	0	Eigenkapital	**2.200.000**
Gebäude	0	Bankverbindlichkeiten	800.000
Gemälde	**20.000**		
Betriebs- und Geschäftsausstattung (EDV-Anl.)	200.000		
Forderung aus Leistungen	2.000.000		
Kasse (Girokonto)	780.000		
Summe der Aktiva	**3.000.000**	**Summe der Passiva**	**3.000.000**

13. November: Zahlung durch Mobilfunkbetreiber

Die Zahlung durch den Mobilfunkbetreiber ist wiederum erfolgsneutral (wie die Tilgung der Werklohnforderung im Januar). Es kommt zu einem Aktivtausch. Die Forderung ist auszubuchen, das Girokonto erhöht sich dementsprechend.

Aktiva	in Euro	Passiva	
Grund und Boden	0	Eigenkapital	2.200.000
Gebäude	0	Bankverbindlichkeiten	800.000
Gemälde	20.000		
Betriebs- und Geschäftsausstattung (EDV-Anl.)	200.000		
Forderung aus Leistungen	**0**		
Kasse (Girokonto)	**2.780.000**		
Summe der Aktiva	**3.000.000**	**Summe der Passiva**	**3.000.000**

14. Dezember: Eilauftrag

Schließlich erwirbt die OHG durch die bereits im Dezember erbrachten Leistungen eine – aktivierbare – Forderung gegen ihren Kunden; der Zahlungszeitpunkt ist für die Realisation unerheblich. Dieser Geschäftsvorfall ist erfolgswirksam, erhöht also das Eigenkapital.

Aktiva	in Euro	Passiva	
Grund und Boden	0	Eigenkapital	**2.500.000**
Gebäude	0	Bankverbindlichkeiten	800.000
Gemälde	20.000		
Betriebs- und Geschäftsausstattung (EDV-Anl.)	200.000		
Forderung aus Leistungen	**300.000**		
Kasse (Girokonto)	2.780.000		
Summe der Aktiva	**3.300.000**	**Summe der Passiva**	**3.300.000**

15. Zwischenergebnis: Handelsbilanzgewinn

Das Betriebsvermögen (**Eigenkapital**) am Jahresende 02 beträgt 2.500.000 €. Abzüglich des Anfangsvermögens (Eigenkapital zum 01.01.02) von 200.000 € ergibt sich ein Handelsbilanzgewinn von 2.300.000 €.

II. Außerbilanzielle Hinzurechnungen und Abzüge

Nach § 4 Abs. 1 S. 1 EStG sind diesem Zwischenergebnis in einem (spezifisch steuerlichen) Anhang zur Handelsbilanz noch die Entnahmen hinzu- und die Einlagen abzurechnen.

Die Entnahmen betrugen 280.000 € (Überweisung auf Privatkonto) und 20.000 € (Überführung Laptops in Privatvermögen), insgesamt also 300.000 €. Die Einlagen beliefen sich auf insgesamt 20.000 € (Überführung Ölgemälde in Betriebsvermögen).

Per Saldo ergibt sich daraus eine Erhöhung des Handelsbilanzgewinns um eine außerbilanzielle Hinzurechnung in Höhe von 280.000 €.

III. Ergebnis

Daher beträgt der steuerliche Gewinn der OHG im Jahr 02 **2.580.000 €**.

Zur Vertiefung

Da dieser Fall noch zur Einführung in das Bilanzsteuerrecht dienen soll, endet die Falllösung entsprechend der beschränkten Aufgabenstellung an dieser Stelle. In einer Examensklausur wird der Weg der Besteuerung regelmäßig noch weiter zu den einzelnen Beteiligten an der Personengesellschaft zu verfolgen sein. Dies soll an dieser Stelle im Überblick dargestellt werden.

Verfahrensrechtlicher Zwischenschritt: Bescheid über die einheitliche und gesonderte Gewinnfeststellung

Auf der Basis des Gewinns der OHG ergeht nun zunächst ein sog. Bescheid über die gesonderte und einheitliche Gewinnfeststellung. Er ergeht **gesondert** von den Steuerbescheiden (Zahlungsbescheiden) der einzelnen Gesellschafter (§ 179 Abs. 1 i. V. m. § 180 Abs. 1 Nr. 2 Buchst. a AO), aber **einheitlich** insofern, als er grundsätzlich nicht jedem Gesellschafter, sondern nur einem von ihnen mit Wirkung für und gegen alle bekanntzugeben ist (§ 179 Abs. 2 S. 2 i. V. m. § 183 Abs. 1 AO). Dieser Feststellungsbescheid wird durch das Betriebsfinanzamt erlassen, in dessen Bereich die OHG ihre Geschäftsleitung hat. Der Bescheid enthält

- die Bestimmung der Einkunftsart (hier: Einkünfte aus Gewerbebetrieb),
- die Höhe des Gewinns der Gesellschaft (hier: 2.580.000 €),
- die Namen der Gesellschafter, auf die ein Gewinnanteil entfällt (hier: P und Q),
- die Höhe des auf jeden Gesellschafter entfallenden Gewinnanteils (hier: 1.290.000 €).

Der Feststellungsbescheid ist nach § 182 Abs. 1 AO für die einzelnen Steuerbescheide der Gesellschafter bindend. Das bedeutet: Wenn P oder Q Einwendungen gegen Art oder Höhe der ihnen aus ihrer Beteiligung an der OHG zugerechneten Einkünfte haben, müssen sie Einspruch gegen den Feststellungsbescheid (den sog. Grundlagenbescheid) erheben. Ein Einspruch gegen den konkreten Einkommensteuerbescheid (den sog. Folgebescheid) wäre insoweit unzulässig.

Besteuerung der Gesellschafter

Die sich aus der Gewinnfeststellung ergebenden **Gewinnanteile** werden dem P und dem Q nach § 15 Abs. 1 S. 1 Nr. 2 EStG bei ihren jeweiligen Einkünften aus Gewerbebetrieb hinzugerechnet.

In einem zweiten Schritt ist dem persönlichen Gewinnanteil eines Gesellschafters jeweils dessen **persönlicher Sonderbereich** hinzuzurechnen (§ 15 Abs. 1 S. 1 Nr. 2 a. E. EStG).[20] Hier handelt es sich um Rechtsgeschäfte des Gesellschafters mit der Personengesellschaft oder mit Bezug zur Personengesellschaft, z. B. Leistung von Diensten und Zurverfügungstellung von Wirtschaftsgütern, ohne dass diese direkt in das Betriebsvermögen eingelegt werden. Entgelte für solche Leistungen werden in Einkünfte aus Gewerbebetrieb umqualifiziert und die Wirtschaftsgüter als persönliches Betriebsvermögen steuerverstrickt.

Sinn dieser Regelungen ist eine Gleichbehandlung von Einzelunternehmer und Mitunternehmer in einer Personengesellschaft: der Einzelunternehmer kann keine Verträge mit sich selbst schließen, sondern muss alle Leistungen und Wirtschaftsgüter dem Betriebsvermögen zur Verfügung stellen. Der Mitunternehmer soll keine Vorteile daraus haben, dass er mit der teilrechtsfähigen Personengesellschaft Verträge schließen kann, die es ihm erlauben, Gegenstände dem Betrieb zur Verfügung zu stellen, diese aber formal nicht in das Gesellschaftsvermögen zu überführen. Durch die Erfassung und Zurechnung dieser Verträge im Sonderbereich eines Mitunternehmers werden die Gleichbehandlung und die transparente Besteuerung sichergestellt.

Der **Aufbau einer Klausur**, die nach den Einkünften eines Gesellschafter fragt, würde damit folgendermaßen aussehen:

Besteuerung des Gesellschafters:

Einkünfte aus der Mitunternehmerschaft
1. Persönlicher Gewinnanteil
   - Inzidentprüfung Gewinn der Mitunternehmerschaft (siehe Falllösung)
   - Berechnung des persönlichen Gewinnanteils (in der Regel nach der Beteiligungshöhe)
2. Sonderbereich des Mitunternehmers
   - Sonderbetriebseinnahmen und Sonderbetriebsausgaben
   - Veräußerungsgewinne von Sonderbetriebsvermögen
3. Zwischensumme: Einkünfte aus Mitunternehmerschaft

---

[20] Vgl. dazu *Birk/Desens/Tappe*, Steuerrecht, 17. Aufl. 2014, Rn. 1146 ff.

Fall 3: Max Maximal

Sachverhalt

Dr. rer. oec. Max Maximal, M.B.A., 39 Jahre alt, war im Jahr 01 Leiter der Einkaufabteilung eines großen deutschen Unternehmens, der U-AG.

1. Er erhielt brutto 160.000 € Jahresgehalt. Die Gehaltsabrechnung weist Arbeitnehmeranteile für die gesetzliche Rentenversicherung in Höhe von 13.500 €, für die gesetzliche Kranken- und Pflegeversicherung in Höhe von 8000 € und für die gesetzliche Arbeitslosigkeitsversicherung in Höhe von 1500 € aus. Nicht in der Bruttosumme enthalten sind hingegen die Arbeitgeberanteile in gleicher Höhe.
2. Im Jahr 00 hatte er ein MBA-Aufbaustudium abgeschlossen. Zur Finanzierung der horrenden Studiengebühren musste er einen Kredit aufnehmen, den er in fünf jährlichen Raten von 10.000 € zurückzahlt. Im Jahr 01 beträgt der Tilgungsanteil 6000 €.
3. Er unterhielt ein Gehalts- und Spesenkonto, von dem er – abgesehen von einer monatlichen Zahlung auf sein privates Girokonto – nur Zahlungen für die U-AG ausführt. So ging er mit der zugehörigen Kreditkarte für die Kosten seiner Dienstreisen in Vorlage. Die Kontoführungsgebühren beliefen sich 01 auf einen Betrag von 60 € und wurden von seinem Arbeitgeber als nach dessen Angaben „steuerfreier Auslagenersatz" erstattet.
4. M benutzte den eigenen PKW für Fahrten zum Arbeitsplatz und legte dabei 80 km einfache Strecke zurück. Eine Verbindung mit öffentlichen Verkehrsmitteln besteht nicht. Im Jahr 01 ist er an 210 Tagen zur Arbeit gefahren und hat für Benzin insgesamt 6000 € gezahlt. M unterhielt eine Fahrgemeinschaft mit N, einem Arbeitskollegen, der 3000 € p. a. dafür bezahlte, dass M ihn jeden Tag zur Arbeit mitnahm. Unzufrieden über die Entfernungspauschale grübelt M, ob er durch die Fahrgemeinschaft einen steuerlichen Vorteil erzielen kann.
5. Anfang Januar feierte M seinen Einstand als Leiter der Einkaufsabteilung mit einem Empfang, wie es bei der U-AG Sitte ist. Als Gäste waren nur Mitarbeiter zugelassen, die der Vorstand eingeladen hatte. Das Programm bestand entsprechend der Tradition aus einer Rede des Vorstandsvorsitzenden der U-AG und des M. Mit der Bewirtung beauftragte M ein Catering-Unternehmen, das ihm eine Rechnung über 3000 € stellte. Üblich sind bei solchen Empfängen 2000 €; M hatte jedoch exquisite Sonderwünsche.

6. Anfang April überwies M dem „Bock-Verlag" einen Druckkostenzuschuss in Höhe von 5000 €, damit seine Dissertation endlich entsprechend den Vorgaben der Promotionsordnung publiziert wurde. Der Promotionsordnung hätte alternativ auch die Einreichung von zwanzig spiralgebundenen Manuskriptkopien genügt, was nur Kosten von 100 € verursacht hätte.
7. Eines Tages im September bemerkte M auf der Heimfahrt von der Arbeit, dass der Tank schon fast leer war und verließ die übliche Route, um zu einer Tankstelle zu gelangen, er nahm einen Umweg von 10 km in Kauf. Dabei überfuhr er versehentlich eine rote Ampel, es kam zum Unfall. Sein Schaden beläuft sich auf Reparaturkosten in Höhe von 4700 €. Noch im selben Kalenderjahr ging die Überweisung der Vollkaskoversicherung in Höhe von 4700 € ein. Als M dies einem Kollegen aus der Steuerabteilung erzählt, meint dieser, dass M die Versicherungssumme versteuern müsse. M findet es unerhört, dass der Staat aus seinem Unfallschaden einen Vorteil haben soll.
8. Im Oktober standen im Unternehmen Neuverhandlungen mit Zulieferern an. Dabei nahm M von X, einem Zulieferer mit ungünstigem Angebot, einen neuen Laptop der Marke „Birne" im Wert von 1000 € an. Im Gegenzug erhielt X den Zuschlag.
9. Mitte Oktober lässt M die Veranda seines privaten Wohnhauses gründlich renovieren. Die Rechnung des Handwerkers über 4000 € enthält Materialkosten von 900 €, der Rest entfällt auf Arbeitskosten.
10. Als im Dezember Unregelmäßigkeiten bei den Verhandlungen mit X ans Licht kommen, erwägt die U-AG eine fristlose Kündigung des M. Da sich die internen Ermittlungen schwierig gestalten und die die Vorgänge nicht der Öffentlichkeit bekannt werden sollen, bietet die U-AG dem M schließlich am 28.12.01 einen Aufhebungsvertrag an, in dem M eine Abfindung in Höhe eines Bruttojahresgehaltes von 160.000 € zugesagt wird. M nimmt den Vertrag umgehend an und erhält noch am selben Tag ein Scheck. M reicht diesen am 05.01.02 bei seiner Bank ein. Die Wertstellung erfolgte am 07.01.02.
11. Im Laufe des Jahres 01 hat M zudem Bonus-Flugmeilen der Lufthansa erhalten, die er nach dem Arbeitsvertrag behalten darf. Der Wert entspricht zwei Freiflügen à 2000 €. Einen Freiflug nutzte M am 29.12.01, um den Jahreswechsel in New York feiern zu können und dabei den ganzen Ärger in Deutschland zu vergessen. Den zweiten Freiflug nutzte er am 05.01.02 zur Rückkehr nach Deutschland. M erhielt dabei Unterlagen, aus denen hervorgeht, dass die Lufthansa „die Steuer pauschal entrichtet habe".

Aufgabe

Wie hoch ist das zu versteuernde Einkommen des M im Jahr 01? Welche Tarifvorschriften sind anzuwenden (ohne Berechnung der Rechtsfolgen)? Kommen bei der festzusetzenden Einkommensteuer Abzüge von der Steuerschuld in Betracht? Entwerfen Sie die erbetenen Gutachten! Fehlende Informationen sind ggf. lebensnah zu ergänzen.

Fall 3: Max Maximal

Die Jahre 00, 01 und 02 sind fiktive Jahre, der Fall ist insgesamt nach dem Rechtsstand VZ 2014 zu lösen.

Die Rechtsfolgen eventuell einschlägiger Tarifermäßigungen sind nicht darzustellen.

Gliederung

Lösung 46
   A. Persönlicher Tatbestand 46
   B. Sachlicher Tatbestand 46
      I. Summe der Einkünfte (§ 2 Abs. 1, 2 EStG) 46
         1. Arbeitslohn 46
         2. Darlehensrate für MBA-Darlehen 46
         3. Gebühr für das Gehaltskonto 47
            a) Gebührenerstattung durch die U 47
            b) Gebührenzahlung an Bank 49
         4. Die Fahrgemeinschaft 49
            a) Mitnahmevergütung 49
               aa) Einkünfte aus nichtselbständiger Arbeit 49
               bb) Einkünfte aus Gewerbebetrieb 50
               cc) Einkünfte aus sonstigen Leistungen 50
            b) Werbungskostenabzug 50
         5. Der Empfang zum Einstand 52
         6. Druckkostenzuschuss 54
         7. Der Unfall 55
            a) Reparaturkosten 55
            b) Versicherungssumme 56
         8. Das Schmiergeschenk 57
            a) Einkünfte aus nichtselbständiger Arbeit 57
            b) Einkünfte aus sonstigen Leistungen 57
         9. Die Verandareparatur 57
         10. Die Abfindung 57
            a) Einkünfte aus nichtselbständiger Arbeit 57
            b) Zeitpunkt des Zuflusses 58
         11. Die Freiflüge 59
         12. Summe 60
      II. Gesamtbetrag der Einkünfte (§ 2 Abs. 3 EStG) 61
      III. Einkommen (§ 2 Abs. 4 EStG) 61
         1. Sonderausgaben 61
            a) Beiträge zur gesetzlichen Rentenversicherung 61
            b) Arbeitnehmeranteil an den Beiträgen zur gesetzlichen Kranken- und Pflegeversicherung 63
            c) Arbeitnehmeranteil zur gesetzlichen Arbeitslosigkeitsversicherung 63
         2. Außergewöhnliche Belastungen 64
         3. Zwischenergebnis 64
      IV. Zu versteuerndes Einkommen (§ 2 Abs. 5 EStG) 64
      V. Tarifliche Einkommensteuer 64
         1. Normaltarif 64
         2. Tarifermäßigung für die Abfindung 64
      VI. Festzusetzende Einkommensteuer (§ 2 Abs. 6 EStG) 66

Lösung

A. Persönlicher Tatbestand

M ist im Jahr 01 als natürliche Person mit Wohnsitz (§ 8 AO) in Deutschland gemäß § 1 Abs. 1 S. 1 EStG unbeschränkt einkommensteuerpflichtig. Sein Welteinkommen unterliegt der deutschen Steuerpflicht.
M ist nicht verheiratet, so dass er einzeln veranlagt wird.

B. Sachlicher Tatbestand

I. Summe der Einkünfte (§ 2 Abs. 1, 2 EStG)

1. Arbeitslohn

M ist als Leiter der Einkaufsabteilung der U-AG in deren Hierarchie eingegliedert und gegenüber dem Vorstand und mittelbar dem Aufsichtsrat weisungsgebunden. Sein Jahresgehalt gehört daher zu den Einkünften aus nichtselbständiger Arbeit nach § 2 Abs. 1 S. 1 Nr. 4 i. V. m. § 19 Abs. 1 S. 1 Nr. 1 EStG.

Die Höhe dieser Einkünfte wird gem. § 2 Abs. 2 S. 1 Nr. 2 EStG als Überschuss der Einnahmen über die Werbungskosten ermittelt. M erhält brutto 160.000 €. Der Arbeitgeber-Anteil zur Sozialversicherung ist zwar steuerbarer Arbeitslohn, aber nach § 3 Nr. 62 EStG steuerbefreit, so dass es auf den Zufluss nicht ankommt. Der Arbeitnehmer-Anteil fließt dem Steuerpflichtigen zu, bevor ihn der Arbeitgeber für Rechnung des Arbeitnehmers einbehält und zusammen mit dem Arbeitgeberanteil an die Sozialversicherungen abführt.

Somit hat M Einkünfte nach § 19 EStG in Höhe von 160.000 €.

2. Darlehensrate für MBA-Darlehen

Bei der von M geleisteten Tilgungs- und Zinszahlung könnte es sich um Werbungskosten handeln. Dann müssten diese Ausgaben durch seine berufliche Tätigkeit veranlasst sein.

Es könnte sich um Werbungskosten in Form von berufsbezogenen Fortbildungskosten handeln. Diese sind jedoch von den (Erst)Berufsausbildungskosten abzugrenzen, die nach § 12 Nr. 5 EStG zur privaten Sphäre gezählt werden und nach § 9 Abs. 6 EStG vom Werbungskostenabzug ausgenommen sind.[1] Da es sich um ein Aufbaustudium handelt, sind § 12 Nr. 5 EStG und § 9 Abs. 6 EStG nicht einschlägig. Aufbaustudien sind Fortbildungskosten und damit Werbungskosten, sofern ein regelmäßig gegebener einzelfallbezogener Zusammenhang mit der späteren Tätigkeit vorliegt.[2] Ein objektiver Zusammenhang mit dem späteren Beruf genügt dabei.

---

[1] § 9 Abs. 6 EStG diente der Klarstellung, nachdem BFH v. 28.07.2011 – VI R 7/10, BStBl II 2012, 557 in methodisch bemerkenswerter Weise den Wortlaut der Neuregelung gegen die gesetzgeberische Intention interpretierte.

[2] *Fischer*, in: Kirchhof, EStG, 14. Aufl. 2015, § 10 Rn. 48 f.

Dies ist angesichts des späteren Berufs in der Einkaufsabteilung der Fall. Zinsen zur Fremdfinanzierung der Werbungskosten sind nach dem insoweit deklaratorischen § 9 Abs. 1 S. 3 Nr. 1 EStG ebenfalls Werbungskosten.

Rechtslage ab 2015
§ 12 Nr. 5 EStG wurde durch Art. 5 Nr. 10b) und Art. 16 Abs. 2 des Zollkodex-Anpassungsgesetz vom 22.12.2014 (BGBl. I 2014, 2417) mit Wirkung zum 1.1.2015 aufgehoben. Ausweislich der Gesetzesbegründung erfolgte dies aus rein redaktionellen Gründen, da § 12 Nr. 5 EStG nach Einführung des § 4 Abs. 9 und § 9 Abs. 6 EStG Ende 2011 als Reaktion auf das BFH-Urteil VI R 7/10 vom 28.07.2011 keinen eigenständigen Regelungsgehalt mehr habe.[3] Dies trifft zu, § 12 Nr. 5 EStG hatte insofern nur noch klarstellenden Charakter,[4] so dass sich im Ergebnis nichts ändert.

Verfassungsrechtliche Problematik: Der BFH hat im Juli 2014 § 9 Abs. 6 EStG dem BVerfG in mehreren Parallelentscheidungen vorgelegt, da dieser gegen das objektive Nettoprinzip und daher gegen die folgerichtige Umsetzung des Leistungsfähigkeitsprinzips und damit Art. 3 GG verstieße.[5] Aufwendungen für die erstmalige Berufsausbildung seien geradezu „prototypisch" beruflich veranlasst, private Mitveranlassungen jedenfalls nicht in dem Ausmaße ersichtlich, dass sie noch als privat typisiert werden könnten.

Fraglich ist der Abfluss im Sinne des § 11 Abs. 2 S. 1 EStG. Kreditfinanzierte Ausgaben fließen im Zeitpunkt der Zahlung und nicht erst der Darlehenstilgung ab.[6] Somit ist der Tilgungsanteil der Rate in Höhe von 6.000 € schon im Jahr 00 abgeflossen und kann im Jahr 01 nicht mehr geltend gemacht werden. Der Zinsanteil bezieht sich jedoch auf die (Rest)Kapitalüberlassung auch noch im Jahr 01 und fließt daher im Jahr 01 ab.

Die Darlehensrate ist daher in Höhe des Zinsanteils von 4.000 € als Werbungskosten abziehbar.

3. Gebühr für das Gehaltskonto
Die Gebühr für das Gehaltskonto steht im Zusammenhang mit der Gehaltszahlung der U-AG an den M und damit auch mit dessen Einkünften aus nichtselbständiger Arbeit, § 2 Abs. 1 S. 1 Nr. 4 i. V. m. § 19 Abs. 1 S. 1 Nr. 1 EStG.

a) Gebührenerstattung durch die U
Die Gebührenerstattung ist durch das Arbeitsverhältnis veranlasst und daher nach § 8 Abs. 1 EStG als Einnahme steuerbar.

---

[3] Bt-Drs 18/3017, S. 44.
[4] BFH v. 28.07.2011 – VI R 7/10, BStBl II 2012, 557 (559 Rn. 18).
[5] BFH v. 17.07.2014 – VI R 8/12 –, BFHE 247, 64; BFH v. 17.07.2014 – VI R 2/12, BFHE 247, 25.
[6] *Seiler*, in: Kirchhof, EStG, 14. Aufl. 2015, § 11 Rn. 47 „Darlehen".

Die Erstattung könnte jedoch nach § 3 Nr. 50 EStG als Auslagenersatz steuerfrei sein.

Auslagen sind Zahlungen, die der Arbeitnehmer im alleinigen oder weit überwiegenden Interessen des Arbeitgebers tätigt. Keine Auslagen, sondern Werbungskosten liegen vor, wenn ein Interesse des Arbeitnehmers an den – beruflich veranlassten – Aufwendungen besteht.[7] Der Ersatz von Werbungskosten ist nicht steuerbefreit und somit steuerpflichtig.

M hat ein privates Interesse an der Führung eines Gehaltskontos, um das Gehalt vom Arbeitgeber empfangen zu können. Allerdings nutzt U das Konto nicht zur Verteilung seines Gehaltes, sondern behält dies einem weiteren privaten Konto vor. Im Übrigen dient das Konto allein den Interessen der U-AG, da die Reisekosten und Spesen von dieser erstattet werden. Dennoch verursacht der im Interesse des M stehende Transfer des Gehalts zu dessen Privatkonto einen Teil der Gebühren.

Fraglich ist, ob dieser kleine Anteil für die Steuerfreiheit nach § 3 Nr. 50 EStG unbeachtlich ist. Dafür spricht, dass selbst bei der Abgrenzung von Privat- und Erwerbssphäre (§ 12 Nr. 1 S. 2 EStG) kein Aufteilungs- und Abzugsverbot (mehr) gibt[8] und auch bei diesem Ausnahmen bei einem nur kleinen privaten Anteil gemacht wurden. Dies ist bei einer Transferkontobewegung auf das Privatkonto im Vergleich zu den Auslagenersatzbewegungen anzunehmen. Die Abgrenzung nach § 3 Nr. 50 EStG findet zudem innerhalb der Erwerbssphäre selbst statt. Daher liegt in Gänze steuerfreier Auslagenersatz vor.

Andere Auffassungen fragen nach der Bereicherung des Arbeitnehmers, die bspw. bei durchlaufenden Geldern fehle.[9] Dies sei nach den arbeitsrechtlichen Kostentragungsregeln zu ermitteln. Das Unterhalten eines Gehaltskontos ist als Holschuld zu qualifizieren, so dass nach dieser Ansicht kein Auslagenersatz vorliegt.[10] Der Ersatz von Reisekosten gehört hingegen arbeitsrechtlich zu den Pflichten des Arbeitsgebers.[11] Angesichts des geringen Anteils der Gehaltskontofunktion kann man jedoch auch nach dieser Ansicht steuerfreien Auslagenersatz nach § 3 Nr. 50 EStG annehmen.

Hinweis

A.A. sind jeweils gut vertretbar. Wichtig für die Bearbeitung war es, die zwei Funktionen als Reisekostenersatzkonto und als Gehaltskonto herauszuarbeiten und getrennt zu beurteilen und dann zu entscheiden, ob der geringe Anteil der Gehaltskontofunktionalität den Abzug verhindert.

---

[7] *V. Beckerath*, in: Kirchhof/Söhn/Mellinghoff, EStG, Loseblatt, Stand: 04/2015, § 3 Nr. 50 Rn. B 50/26.

[8] BFH v. 21.09.2009 – GrS 1/06, BStBl. II 2010, 672 in Abkehr von BFH v. 19.10.1970 – GrS 2/70, BStBl. II 1971, 17 (19 f.).

[9] *V. Beckerath*, in: Kirchhof, EStG, 14. Aufl. 2015, § 3 Rn. 131; *Hahn*, Institut Finanzen und Steuern, Grüner Brief Nr. 297, 1990, passim.

[10] *Hahn*, Institut Finanzen und Steuern, Grüner Brief Nr. 297, 1990, S. 69.

[11] *Hahn*, Institut Finanzen und Steuern, Grüner Brief Nr. 297, 1990, S. 63.

Somit ist die Gebührenerstattung nach § 3 Nr. 50 EStG steuerfreier Auslagenersatz.

b) Gebührenzahlung an Bank

Die Kontoführungsgebühr in Höhe von 60 € könnte als Werbungskosten nach § 9 Abs. 1 S. 1 EStG abziehbar sein. Um eine Gleichbehandlung mit den Gewinneinkunftsarten herzustellen, darf der Werbungskostenbegriff nicht final verstanden werden, wie es der Wortlaut „zur" nahelegt, sondern wie in § 4 Abs. 4 EStG kausal. Die Kontoführungsgebühren müssen beruflich veranlasst sein. Werden wie hier ausschließlich dienstliche Kontobewegungen durchgeführt, ist dies der Fall. Also liegen dem Grunde nach Werbungskosten vor.

Der Werbungskostenabzug ist jedoch nach § 3c Abs. 1 EStG ausgeschlossen, da die Gebührenzahlung an die Bank in einem direkten wirtschaftlichen Zusammenhang mit der steuerfreien Erstattung der Gebühren durch den Arbeitgeber steht. Andernfalls wäre der M steuerlich begünstigt: er würde durch den steuerfreien Auslagenersatz im Ergebnis nicht belastet und könnte zusätzlich seine Steuerlast mindern.

4. Die Fahrgemeinschaft

a) Mitnahmevergütung

aa) Einkünfte aus nichtselbständiger Arbeit

Bei der von N gezahlten Mitnahmevergütung kann es sich um Einnahmen im Rahmen von nichtselbständiger Arbeit handeln. Einnahmen sind alle geldwerten Vorteile, die dem Arbeitnehmer durch seine nichtselbständige Tätigkeit veranlasst zugeflossen sind. Dazu können auch Leistungen Dritter gehören, wenn sie durch das Arbeitsverhältnis veranlasst sind. (z. B. Trinkgeld, im Ergebnis aber steuerfrei gemäß § 3 Nr. 51 EStG).

Die Leistungen des N können in dieser Weise durch das Arbeitsverhältnis des M bei U veranlasst sein. Dafür spricht, dass sowohl M als auch N bei U arbeiten. Die Einnahmen aus der Mitnahme beruhen jedoch nicht auf dem Arbeitsverhältnis des M bei U, sondern auf einem eigenständigen Vertrag zwischen M und N.

Möglicherweise besteht aber ein steuerlich relevantes Arbeitsverhältnis zwischen N und M. Die Frage ist also, ob M gegenüber N als nichtselbständig anzusehen ist, d. h. dass Unternehmerinitiative und Unternehmerrisiko nicht gegeben sind (Wer *nicht* selbständig tätig ist, ist nichtselbständig tätig!). Unternehmerinitiative bedeutet die Gestaltungsfreiheit im Hinblick auf Art, Zeit, Umfang und Ort der Tätigkeit.[12] Unternehmerrisiko ist das Handeln auf eigene Rechnung und Gefahr, so dass Gewinne und Verluste in der Person des Handelnden entstehen und nicht abgewälzt werden können.[13]

Hier liegt es alleine in Ms Entscheidungsbereich, ob er morgens fährt und den N mitnimmt. Zudem stellt M das Auto und trägt damit das Risiko, dass dieses zerstört oder beschädigt wird. Somit sind Unternehmerrisiko und Unternehmerinitiative und damit eine selbständige Tätigkeit gegeben.

---

[12] *Jakob*, Einkommensteuer, 4. Aufl. 2008, Rn. 287.
[13] *Jakob*, Einkommensteuer, 4. Aufl. 2008, Rn. 287.

Die gezahlte Mitnahmevergütung fällt folglich nicht unter die Einkünfte aus nichtselbständiger Arbeit.

bb) Einkünfte aus Gewerbebetrieb

Es können aber Einkünfte aus Gewerbebetrieb vorliegen, § 2 Abs. 1 S. 1 Nr. 2 i. V. m. § 15 Abs. 1 S. 1 Nr. 1 EStG.

Einkünfte aus Gewerbebetrieb liegen vor, wenn es sich um eine selbständige, nachhaltige Betätigung handelt, die in der Absicht unternommen wird, Gewinn zu erzielen und sich als Beteiligung am allgemeinen Verkehr darstellt.

Hier handelt M selbständig und nachhaltig. Fraglich ist, ob er Gewinn erzielen will. Jedenfalls fehlt es hier am Merkmal der Beteiligung am allgemeinen wirtschaftlichen Verkehr. Sie erfordert, dass eine Tätigkeit am Markt für Dritte äußerlich erkennbar gegen Entgelt angeboten wird.[14] Die Mitfahrleistungen werden hier nur dem N und nicht äußerlich erkennbar an Dritte angeboten. Dies spricht gegen die Beteiligung am allgemeinen wirtschaftlichen Verkehr. Ausnahmen werden bei Leistungen an einen einzigen Kunden oder einen engen Kundenkreis gemacht, wenn es sich um eine typisch kaufmännische Betätigung handelt.[15] Das Mitnehmen in einer Fahrgemeinschaft ist jedoch nicht typisch kaufmännisch.

Somit fällt die gezahlte Mitnahmevergütung auch nicht unter die Einkünfte aus Gewerbebetrieb.[16]

cc) Einkünfte aus sonstigen Leistungen

Schließlich kann es sich noch um eine sonstige Leistung nach § 22 Nr. 3 EStG handeln. Die Mitnahmevergütung entfällt keiner der vorrangigen übrigen Einkunftsarten. Leistung ist jedes Tun, Unterlassen oder Dulden, das Gegenstand eines entgeltlichen Vertrags sein kann und eine Gegenleistung auslöst.[17] Das Mitnehmen im Auto ist ein Tun, das die Zahlung der 3.000 € auslöst. N erwartet im Gegenzug, dass M ihn für seinen Beitrag jeden Tag von der Arbeit abholt.

Die entgeltliche Mitnahme eines Kollegen ist jedenfalls dann eine Leistung im Sinne des § 22 Nr. 3 EStG,[18] wenn sie regelmäßig vorgenommen wird. Hiervon kann im vorliegenden Fall ausgegangen werden.

Somit erzielt M sonstige Einkünfte nach § 22 Nr. 3 EStG in Höhe von 3.000 €.

b) Werbungskostenabzug

Die Benzinkosten in Höhe von 6.000 € können sowohl bei Einkünften aus nichtselbständiger Arbeit als auch bei Einkünften aus sonstigen Leistungen Werbungskosten darstellen, da sie mit beiden im Zusammenhang stehen.

---

[14] BFH v. 28.10.1993 – IV R 66–67/91, DStR 1994, 1845 (1846).

[15] BFH v. 24.01.1990 – X R 44/88, BFH/NV 1990, 798; v. 06.03.1991 – X R 39/88, BStBl. II 1991, 631 (632 f.).

[16] So auch BFH v. 15.03.2004 – X R 58/91, BStBl. II 1994, 516.

[17] *Fischer*, in: Kirchhof, EStG, 14. Aufl. 2015, § 22 Rn. 66.

[18] BFH v. 15.03.2004 – X R 58/91, BStBl. II 1994 516; Übernahme des Urteils in die Verwaltungsauffassung: EStH 22.6; siehe auch *Birk/Desens/Tappe*, Steuerrecht, 17. Aufl. 2014, Rn. 799.

Die Werbungskosten sind somit aufzuteilen oder, wenn dies nicht möglich ist, bei der Einkunftsart abzuziehen, zu der eine engere Beziehung besteht.[19]

Zwei Aufteilungen sind denkbar. Zum einen könnte man eine gleichwertige Veranlassung der Benzinkosten durch das Arbeitsverhältnis des M bei U und der Mitnahme des N annehmen, so dass die Benzinkosten hälftig aufzuteilen sind.[20]

Zum anderen könnte man die Benzinkosten in erster Linie durch das Arbeitsverhältnis des M bei der U-AG veranlasst sehen. Denn M fährt in erster Linie zur U-AG, um selbst seinen Arbeitsplatz zu erreichen. Durch die Einnahmen nach § 22 Nr. 3 EStG sind lediglich die Mehraufwendungen veranlasst, die durch die Mitnahme einer weiteren Person objektiv verursacht sind, d. h. erhöhter Benzinverbrauch, höhere PKW-Abnutzung u. ä.

> **Zur Vertiefung**
>
> Vom BFH akzeptierte Lösung der Finanzverwaltung: Schätzung analog § 6 Abs. 3 BRKG a.F., der eine Entschädigung für die Mitnahme eines anderen Dienstreisenden von zuletzt 2 ct/km vorsah.[21] Die Kenntnis dieser Lösung wird in der Klausur nicht erwartet, da die Richtlinien und Schreiben der Finanzverwaltung nicht zur Verfügung stehen.

Die unterschiedlichen Aufteilungen haben aufgrund der Pauschalierung des Werbungskostenersatzes für die Fahrten von der Wohn- zur Arbeitsstätte nach § 9 Abs. 1 S. 3 Nr. 4 EStG erhebliche Auswirkungen.

Die Entfernung zur Arbeit beträgt 80 km. Entsprechend § 9 Abs. 1 S. 3 Nr. 4 EStG kann M 80 km steuerlich geltend machen: 80 km * 0,30 € * 210 Arbeitstage = 5.040 € Pauschale. Da M ein eigenes Kraftfahrzeug benutzt, gilt die Deckelung auf 4.500 € nach § 9 Abs. 1 S. 3 Nr. 4 S. 2 Hs.2 EStG nicht.

Bei einer hälftigen Aufteilung kann M 3.000 € Benzinkosten bei den sonstigen Einkünften geltend machen, bei seiner Tätigkeit aus nichtselbständiger Arbeit jedoch statt weiteren 3000 € die Pauschale nach § 9 Abs. 1 S. 3 Nr. 4 EStG. In der Summe könnte M daher Werbungskosten in Höhe von 8.040 € geltend machen. Zwar könnte man aufgrund von § 9 Abs. 3 EStG auch erwägen, auch hinsichtlich des Anteils der sonstigen Einkünfte die Entfernungspauschale anzuwenden. Aus der Perspektive der sonstigen Einkünfte handelt es sich bei den Benzinkosten aber nicht um den Weg zu einer Tätigkeitsstätte im Sinne des § 9 Abs. 1 Nr. 4 EStG, sondern um die Tätigkeit selbst.

Bei einer hauptsächlichen Zuordnung zu seinen Einkünften aus nichtselbständiger Arbeit kann M nur die Pauschale in Höhe von 5.040 € und zusätzlich die objektiven Mehrkosten für die Mitnahme ansetzen. Die Mehrkosten sind jedoch gering,

---

[19] BFH v. 15.03.2004 – X R 58/91, BStBl. II 1994, 516; vgl. *v. Bornhaupt*, in: Kirchhof/Söhn/Mellinghoff, EStG, Loseblatt, Stand: 04/2015, § 9 Rn. B 8.

[20] Für eine Aufteilung nach der Anzahl der Personen *Paus*, FR 1994, 741 (743 f.); *Jakob/Kobor/Zugmaier*, Die Examensklausur im Steuerrecht, 2. Aufl. 2005, S. 129 f.

[21] BMF v. 20.08.2001 – IV C 5 – S 2353 – 312/01, DStR 2001, 1662; vgl. BFH v. 15.03.2004 – X R 58/91, DStR 1994, 971 (972).

da das zusätzliche Gewicht eine nur unwesentliche Erhöhung von Benzinverbrauch und Verschleiß mit sich bringt.

> **Hinweis**
>
> Mitfahrerwerbungskosten nach der Lösung der Finanzverwaltung:
> 80 km * 0,02 € * 210 Arbeitstage = 336 €

Der hauptsächlichen Zuordnung der Werbungskosten zu den Einkünften aus nichtselbständiger Arbeit ist der Vorzug zu geben.

Zwar ist grundsätzlich von einer gleichberechtigten Veranlassung auszugehen, so dass ein Vorrangverhältnis nicht unterstellt werden darf.[22] Je nach Umständen des Einzelfalls kann es auch sein, dass ein Steuerpflichtiger ohne Mitfahrer und entsprechende Vergütung nicht mit dem Auto, sondern mit öffentlichen Verkehrsmitteln zur Arbeit fährt.[23] Angesichts der hohen Mitfahrvergütung liegt dies nicht fern.

Die Mitveranlassung der Kosten durch die Mitnahme des N ist aber nach den Umständen des Falles letztlich nur eine Zweitveranlassung bei Gelegenheit der Erstveranlassung durch die Fahrt zur Arbeit. Es gibt keine Anhaltspunkte dafür, dass M ohne die Fahrgemeinschaft des N nicht mehr mit dem Auto zur Arbeit fahren wird. Eine Alternativverbindung mit dem öffentlichen Nahverkehr besteht nicht und M ist angesichts seines Einkommens auch nicht auf die Mitfahrvergütung angewiesen.

Dieses Ergebnis lässt sich auch besser mit der Entfernungspauschale nach § 9 Abs. 1 S. 3 Nr. 4 EStG vereinbaren. Diese sieht für den Weg von der Wohnung zur Arbeitsstätte die Pauschalierung vor, die nur in bestimmten Ausnahmefällen nach § 9 Abs. 1 S. 3 Nr. 4 S. 3, Abs. 2 S. 2 EStG zu Gunsten eines Abzugs der tatsächlichen Werbungskosten durchbrochen wird. Die Pauschalierung soll nicht durch die Bildung von Fahrgemeinschaften umgangen werden können. Der Gesetzgeber hat vielmehr vorgesehen, dass jeder Teilnehmer der Fahrgemeinschaft die Entfernungspauschale ansetzen kann (vgl. offener Wortlaut „Arbeitsstätte aufsucht"). Ausgaben, die die Pauschale übersteigen, dürfen daher nicht bei den Einkünften aus sonstigen Leistungen abgezogen werden.

Somit kann M 5040 € Werbungskosten hinsichtlich der Fahrt zur Arbeit geltend machen.

> **Hinweis**
>
> A.A. gut vertretbar.

5. Der Empfang zum Einstand

Die Kosten für das Catering für den Empfang können ebenfalls Werbungskosten sein.

---

[22] Diesen Vorwurf macht *Paus*, FR 1994, 741 (743 f.) der Rechtsprechung des BFH.
[23] *Paus*, FR 1994, 741 (743 f.).

Lösung

Fraglich ist, ob der Empfang durch die berufliche Tätigkeit des M bei der U veranlasst ist. Es handelt sich bei den Kosten um Repräsentationsaufwendungen mit einer Nähe zum privaten Bereich, so dass das Abzugsverbot nach § 12 Nr. 1 S. 2 EStG in Betracht kommt.

Daher ist zu prüfen, ob die berufliche oder die private Veranlassung überwiegt. Nach früherer Rechtsprechung des BFH waren die Bewirtungsaufwendungen eines Arbeitnehmers mit festen Bezügen gegenüber anderen Mitarbeitern in der Regel von dessen privater Lebenssphäre bestimmt, wenn sie mit einem herausgehobenen persönlichen Ereignis in Verbindung standen.[24] Diese Vermutung stützte sich auf den Gedanken, dass Arbeitnehmer mit festen Bezügen durch die Bewirtung keine beruflichen Mehreinkünfte z. B. durch Geschäftsabschlüsse realisieren können, wie es bei Selbständigen der Fall ist. Daraus schlussfolgerte die Rechtsprechung, dass die Bewirtung alleine der Verbesserung des Betriebsklimas und damit von der privaten Sphäre nicht trennbaren gesellschaftlichen, zwischenmenschlichen Zwecken diene.[25] Somit wurde eine berufliche Veranlassung abgelehnt.

In einem Urteil aus dem Jahr 2007 löste sich der BFH ausdrücklich von dieser Rechtsprechung.[26] Veranstaltungen wie Dienstjubiläen können trotz auch privater Bedeutung hauptsächlich beruflich veranlasst sein. Aus dem Feststehen der Bezüge folgt keine Vermutung der Privatheit mehr. Insbesondere wenn der Rahmen der Veranstaltung durch den Arbeitgeber vorgegeben sei (Gästeliste, Programm) könne sich eine berufliche Veranlassung ergeben.

Die Einstandsfeier des M ist auf die Aufnahme seiner beruflichen Tätigkeit bezogen. Ein besonderer persönlicher Bezug (z. B. Geburtstag) fehlt. Das Abhalten der Feier war bei U Sitte und wurde dem M daher vorgegeben. Die U bestimmte als Arbeitgeberin zudem die Gäste – die sämtlich aus der beruflichen Sphäre stammten – und das Programm. Daher ist die Einstandsfeier als beruflich veranlasst anzusehen.

> **Hinweis**
>
> Ein aktuell beim BFH anhängiges Revisionsverfahren dürfte klären, inwieweit nach Abkehr vom Aufteilungs- und Abzugsverbot auch beruflich-private „Doppelanlass"-Feiern abzugsfähig sind.[27] Das FG[28] hat hier eine objektive Aufteilbarkeit (z. B. „nach Köpfen" „privater" und „beruflicher" Gäste) verneint, weil sich beide Veranlassungen überlagerten. Private Gäste auf einer beruflich veranlassten Feier ließen sich hingegen entsprechend aufteilen.

Gemäß § 9 Abs. 5 S. 1 EStG sind aber die Abzugsverbote des § 4 Abs. 5 EStG sinngemäß anzuwenden. Entsprechend § 4 Abs. 5 Nr. 2 EStG dürfen nur 70 von Hundert der nach der Verkehrsauffassung üblichen Aufwendungen abgezogen werden.

---

[24] BFH v. 04.12.1992 – VI R 59/92, BStBl. II 1993, 350.
[25] BFH v. 23.03.1984 – VI R 182/81, BStBl. II 1984, 557.
[26] BFH v. 11.01.2007 – VI R 52/03, BStBl. II 2007, 317.
[27] Az. des BFH: VI B 44/14.
[28] FG Baden-Württemberg v. 19.03.2014 – 1 K 3541/12, EFG 2015, 370.

Die für einen Empfang zum Einstand bei der U-AG üblichen Kosten liegen bei 2000 €. Der abzugsfähige Betrag beläuft sich auf 70 von Hundert davon und somit auf 1400 €.

6. Druckkostenzuschuss

Auch der Druckkostenzuschuss zur Veröffentlichung seiner Dissertation könnte Werbungskosten des M darstellen. Auch hier müsste eine berufliche Veranlassung gegeben sein. Dies ist grundsätzlich der Fall. Der BFH hat 2004 seine entgegenstehende Rechtsprechung aufgegeben, nach der Promotionskosten hauptsächlich der privaten Lebenssphäre zugeordnet werden können.[29] Er lässt eine generelle Absicht zur Erzielung steuerpflichtiger Einnahmen genügen. Der Doktortitel muss dabei nicht formale Berufszugangsschranke sein, es genügt, dass er den beruflichen Erfolg fördern kann.

Die Fortbildungswerbungskosten müssen aber von den (Erst)Berufsausbildungskosten abgegrenzt werden, die nach § 9 Abs. 6 EStG und § 12 Nr. 5 EStG der privaten Sphäre zugeordnet werden und daher nicht als Werbungskosten abgezogen werden dürfen.

Die Promotion darf folglich nicht integraler Bestandteil des Erststudiums sein. Eine Promotion setzt regelmäßig den vorherigen Abschluss eines Studiums voraus und ist von diesem getrennt.[30] Somit sind § 9 Abs. 6 EStG und § 12 Nr. 5 EStG nicht erfüllt.

> **Zur Vertiefung**
>
> Die Finanzverwaltung nimmt selbst bei einem grundständigen Studium mit einer Promotion als einzigem Abschluss an, dass die Promotion nicht Teil des Erststudiums ist.[31] Dies steht in einem Widerspruch zur Verwaltungsauffassung, dass ein Erststudium grundsätzlich mit einem berufsqualifizierenden Abschluss beendet wird.[32]
>
> Der Abzug der Promotionskosten als Werbungskosten setzt neben der Abgrenzung zu § 12 Nr. 5 EStG allgemein einen Bezug zur Einkunftserzielung voraus. Bei einem Hobbystudium und regelmäßig bei einem Seniorenstudium fehlt ein solcher Bezug, so dass Liebhaberei anzunehmen und der Werbungskostenabzug zu versagen ist.

Die Publikation war zum Führen seines Doktortitels notwendig. Sein Doktortitel der Wirtschaftswissenschaften hat Bezug zur Tätigkeit des M im Management eines Unternehmens und ist damit geeignet, seinen beruflichen Erfolg durch einen Ausweis besonderer Fachkunde zu fördern. Zwar hätte er dem Publikationserfordernis auch durch das Stellen von Kopieexemplaren für 100 € genügen können. Für die

---

[29] BFH v. 04.11.2003 – VI R 96/01, BStBl. II 2004, 891.
[30] BMF v. 22.09.2010 – IV C 4-S 2227/07/10002:002, BStBl. I 2010, 721 (724 Tz. 26).
[31] BMF v. 04.11.2005 – IV C 4-S 2227/07/10002:002, BStBl. I 2010, 721 (724 Tz. 26).
[32] BMF v. 04.11.2005 – IV C 4-S 2227/07/10002:002, BStBl. I 2010, 721 (723 Tz. 13).

Veranlassung kommt es aber grundsätzlich nicht auf die Erforderlichkeit an. Zudem ist eine ansprechende Publikation durch einen Verlag besonders geeignet, die berufliche Laufbahn des M zu fördern.

Somit ist der Druckkostenzuschuss in voller Höhe von 5.000 € abziehbar.

7. Der Unfall

Die Tatsache, dass M über eine rote Ampel fuhr, ist nach § 40 AO steuerrechtlich ohne Belang.

a) Reparaturkosten

Fraglich ist, ob M die Kosten der Reparatur als Werbungskosten gemäß § 9 Abs. 1 S. 1 EStG geltend machen kann.

Kosten eines Verkehrsunfalls könnten dann geltend gemacht werden, wenn sich der Unfall auf einer beruflich veranlassten Fahrt ereignet hat. Zwar legt der Wortlaut des § 9 Abs. 1 S. 1 EStG ein finales Element („zur") nahe, ist aber konform Art. 3 Abs. 1 GG wie bei § 4 Abs. 4 EStG kausal zu interpretieren.

Bei Umwegen kommt es darauf an, ob auch diese beruflich veranlasst sind. Dies ist beim Tanken der Fall.

> **Hinweis**
>
> A.A. vertretbar. Es ist aber schwierig zu begründen, dass das private Element (Entscheidung, wann man tankt) den beruflichen Bezug durchbricht.

§ 9 Abs. 2 S. 1 EStG bestimmt allerdings, dass die Entfernungspauschale „sämtliche Aufwendungen" abgilt. Nach dem Wortlaut ist somit ist ein Abzug der Verkehrsunfallkosten über die bereits geltend gemachte Entfernungspauschale hinaus abgeschlossen. § 9 Abs. 2 S. 1 EStG ist jedoch im Wege einer historisch-genetischen Reduktion einschränkend auszulegen. Unfallkosten entziehen sich als außergewöhnliche Ereignisse grundsätzlich einer Pauschalierung. Diese ältere Rechtsprechung wollte der Gesetzgeber trotz der weiten Fassung des Wortlautes nicht einschränken, da er im Gesetzgebungsverfahren auf die Einfügung eines entsprechenden ausdrücklichen Ausschlusses der Unfallkosten verzichtete.[33] Ein zwischenzeitlicher gesetzgeberischer Willenswandel, der in der Gesetzesbegründung zum StÄndG 07 zum Ausdruck kam,[34] wurde in der Gesetzesbegründung zum Gesetz zur Fortführung der Gesetzeslage 2006 bei der Entfernungspauschale wieder zurückgenommen.[35] Somit sind die Verkehrsunfallkosten abziehbar.

---

[33] Der ursprüngliche Gesetzentwurf sah eine Abgeltung auch ausdrücklich für Unfallkosten vor: BT-Drs 14/4435, Text S. 5, Begründung S. 9; dies wurde aber in der Beschlussempfehlung des Finanzausschusses abgelehnt und gestrichen BT-Drs. 14/4631, S. 11.

[34] BT-Drs. 16/1545, S. 14; zwischenzeitlich sich dem anschließend: BMF v. 01.12.2006 – IV C 5 – S 2351 – 60/06, DStR 2006, 2255 (2258).

[35] BT-Drs 16/12099, S. 6; so nun auch wieder BMF v. 31.10.2013 – IV C 5-S 2351/09/10002:002, BStBl. I 2013, 1376 (1381, Tz. 4).

> **Hinweis**
>
> A.A. angesichts des eindeutigen Wortlauts gut vertretbar.[36] Zweifelhaft ist zudem das zwischenzeitliche „Hin- und Her" des Gesetzgebers in den Gesetzesbegründungen. Diese sind nur eine Auslegungshilfe und dürfen nicht als eigene Normquelle missbraucht werden, so dass man vom Gesetzgeber aufgrund der zwischenzeitlichen Verwirrung auch fordern mag, die besonderen Regelungen zu den Unfallkosten in den Wortlaut einzuführen.

b) Versicherungssumme
Die Versicherungssumme ist durch den Unfall und somit mittelbar durch die berufliche Tätigkeit des M veranlasst. Die Versicherungssumme erscheint daher nach § 19 Abs. 1 EStG steuerbarer Werbungskostenersatz zu sein.[37]

> **Hinweis**
>
> Dieses Ergebnis ist vertretbar. Sofern man sich oben dafür entscheidet, den Wortlaut des § 9 Abs. 2 S. 1 EStG nicht historisch-genetisch zu reduzieren und die Unfallkosten dann gut vertretbar nicht neben der Entfernungspauschale anzusetzen, kann man die Einstufung als Werbungskostenersatz im Hinblick auf die unzureichende Berücksichtigung in der Entfernungspauschale in Zweifel ziehen.

Allerdings ist mit dem BFH von einem engen Veranlassungszusammenhang auszugehen, nachdem nur die Einnahmen bei § 19 EStG zu erfassen sind, die sich aus dem konkreten Dienstverhältnis mit dem Arbeitgeber und nicht aus eigenständigen rechtlichen und wirtschaftlichen Beziehungen zu Dritten ergeben.[38] M erhält den Ersatz seines Schadens nicht von seinem Arbeitgeber, sondern von einer von ihm privat abgeschlossenen KfZ-Versicherung. Dieser Versicherungsschluss bildet einen eigenen Veranlassungszusammenhang mit der Versicherungssumme.

Schließlich muss die Steuerbarkeit der Versicherungssumme im Zusammenhang mit der Abziehbarkeit der Versicherungsprämie betrachtet werden (Korrespondenzprinzip). Die Entfernungspauschale umfasst zwar grundsätzlich die Aufwendungen für die Versicherung, zumindest für die Wegstrecke zur Arbeit. Dennoch kann diese nicht angesetzt werden. Das Abzugsverbot nach § 12 Nr. 1 EStG verhindert mangels objektiver und klarer Aufteilungskriterien einen Abzug, da die Kaskoversicherung auch für Fahrten im Privatbereich gezahlt wird und der PKW an sich ja privat ist.

Die Versicherungssumme ist folglich nicht durch die nichtselbständige Tätigkeit veranlasst und damit nicht nach § 19 EStG steuerbar. Eine Steuerbarkeit aus anderen Gründen ist nicht ersichtlich.

---

[36] So auch *Bergkemper* in Hermann/Heuer/Raupach, 265 EL 2014, § 9 Rn. 539.
[37] Vergleiche FG München v. 18.03.1998 – 1 K 775/96, EFG 1998, 1083 (rkr.), das die Versicherungsleistung dem damals noch möglichen Werbungskostenabzug gegenrechnete.
[38] Vgl. *Krüger* in: Schmidt EStG, 34. Auflage. 2015, § 19 Rn. 45.

Somit stellt die Zahlung der Versicherung keine Einnahme des M da.

> **Hinweis**
> Bejaht man die Steuerbarkeit, ist eine Steuerbefreiung nach § 3 Nr. 13 oder Nr. 16 EStG anzuprüfen. § 3 Nr. 13 EStG erfasst jedoch nur Ersatzleistungen aus öffentlichen Kassen, § 3 Nr. 16 EStG nur Ersatzleistungen des Arbeitgebers.

8. Das Schmiergeschenk
a) Einkünfte aus nichtselbständiger Arbeit
Auch Leistungen Dritter zählen dazu, wenn diese durch die Tätigkeit veranlasst sind. Jedoch stellt sich die Frage, ob hier eine Veranlassung vorliegt.

Bei Leistungen, die ein Arbeitnehmer von dritter Seite erhält, um seine Dienstpflichten gegenüber dem AG zu verletzen, liegt eine solche Veranlassung gerade nicht vor.[39]

b) Einkünfte aus sonstigen Leistungen
Es liegen jedoch Einkünfte aus sonstigen Leistungen nach § 22 Nr. 3 EStG vor.[40] Auf die eventuelle Nichtigkeit des Vertrages gem. §§ 134, 138 BGB kommt es wegen §§ 40, 41 AO nicht an.[41]

M hat somit sonstige Einkünfte aus Leistungen nach § 22 Nr. 3 EStG in Höhe von 1.000 €. Die Freigrenze des § 22 Nr. 3 S. 2 EStG von 256 € ist überschritten, so dass die Einkünfte in voller Höhe anzusetzen sind.

9. Die Verandareparatur
Die Aufwendungen für die Renovierung der Veranda stehen in keinem Zusammenhang mit einer der Einkunftsarten des § 2 Abs. 1 EStG. Daher ist M ein Abzug dieser Aufwendungen von der einkommensteuerlichen Bemessungsgrundlage verwehrt. Dies wird deklaratorisch in § 12 Nr. 1 EStG bestätigt. Es handelt sich um einen Abfluss aus der Sphäre der Einkommensverwendung, nicht der Einkommenserzielung. M kann die Renovierungskosten also nicht von der Bemessungsgrundlage der Einkommensteuer abziehen.

10. Die Abfindung
a) Einkünfte aus nichtselbständiger Arbeit
Es kann sich um Einkünfte aus nichtselbständiger Arbeit handeln. Dazu muss die Abfindungszahlung durch die nichtselbständige Tätigkeit des M bei der U-AG ver-

---
[39] BFH v. 26.01.2000 – IX R 87/95, BStBl. II 2000, 396 (397); *Gröpl*, in: Kirchhof/Söhn/Mellinghoff, EStG, Loseblatt, Stand: 04/2015, § 8 Rn. B 106.
[40] BFH v. 26.01.2000 – IX R 87/95, BStBl. II 2000, 396 (397); *Fischer*, in: Kirchhof, EStG, 14. Aufl. 2015, § 22 Rn. 69.
[41] *Gröpl*, in: Kirchhof/Söhn/Mellinghoff, EStG, Loseblatt, Stand: 04/2015, § 8 Rn. B 106 „Schmiergelder".

anlasst sein. Die Abfindungszahlung dient der Beendigung der nichtselbständigen Tätigkeit. § 24 Nr. 1 Buchst. a EStG stellt klar, dass auch Entschädigungen für die Beendigung einer Tätigkeit Einkünfte nach § 2 Abs. 1 EStG und damit auch nach § 19 EStG sein können. Der Abfindungscharakter steht somit der Einordnung als Arbeitslohn nicht entgegen.

b) Zeitpunkt des Zuflusses
Nach dem Prinzip der Geldverkehrsrechnung des § 11 EStG, müssen dem Steuerpflichtigen die Einnahmen im speziellen Veranlagungszeitraum zugeflossen sein. Der Zeitpunkt des Entstehens der betreffenden Forderung (hier 28.12.01) ist dabei unerheblich.

Der Zufluss liegt vor, wenn der Steuerpflichtige die wirtschaftliche Verfügungsgewalt über die Einnahmen erlangt hat.[42]

Solange der Scheck noch nicht eingelöst ist, kann er noch immer widerrufen bzw. gesperrt werden. Ob der Scheck gedeckt ist, erweist sich letztendlich erst bei der Einlösung, also im Jahr 02.

Andererseits hat es der Gläubiger mit Empfang des Schecks in der Hand, den Leistungserfolg einseitig herbeizuführen. Ob der Scheck gedeckt ist, lässt sich bereits vor oder mit Empfang des Schecks durch eine Bankauskunft feststellen. Daher kann man regelmäßig von der Erlangung der Verfügungsmacht ausgehen, wenn der Scheck gedeckt und eine spätere Vorlage des Schecks bei der Bank geplant ist.[43]

Da der Scheck gedeckt war, ist die Abfindung dem M somit noch im Jahr 01 zugeflossen.

> **Hinweis**
>
> Diese Rechtsprechung des BFH ist zweifelhaft, wenn man vom Ausgangspunkt der wirtschaftlichen Verfügungsmacht ausgeht und die in der Argumentation dargestellten Unwägbarkeiten zwischen Scheckempfang und Einlösung berücksichtigt.[44] Daher ist es auch sehr gut vertretbar, den Zufluss erst mit Einlösung im Jahr 02 anzunehmen.
>
> Die Argumentation wäre dann umzudrehen: zuerst würde man mit dem BFH die einseitige Verfügungsmacht des Scheckempfängers betonen, um diese Auffassung dann mit einer Betonung der Unwägbarkeiten zwischen Scheckempfang und Einlösung abzulehnen. Auch in der Steuerrechtsklausur gilt die **allgemeine Argumentationsregel für Klausuren:** Nicht offen, sondern zielgerichtet argumentieren. Gegen das Argumentationsziel sprechende Argumente zuerst, für das Argumentationsziel sprechende Argumente zuletzt. Das für das gewünschtes Ergebnis überzeugendste Argument sollte das letzte Wort haben, um den Leser am

---

[42] *Seiler,* in: Kirchhof, EStG, 14. Aufl. 2015, § 11 Rn. 9.
[43] BFH v. 20.03.2001 – IX R 97/97, BStBl. II 2001, 482.
[44] Kritisch *Glenk,* in: Blümich, EStG/KStG/GewStG, Loseblatt, Stand: 04/2015, § 11 EStG Rn. 44; *Seiler,* in: Kirchhof, EStG, 14. Aufl. 2015, § 11 Rn. 22, 10.

Ende zu überzeugen, während das am Anfang aufgeführte stärkste Argument für die Gegenseite schon wieder in der Erinnerung verblasst.

> **Zur Vertiefung**
> Für Abfindungen bestand bis zum 01.01.2006 ein Freibetrag nach § 3 Nr. 9 EStG. Dieser war zwar auf eine Veranlassung der Auflösung durch den Arbeitgeber beschränkt gewesen, der BFH hatte dies aber auch dann angenommen, wenn der Arbeitnehmer mit einer Pflichtverletzung zur Auflösung beigetragen hatte, da das Zahlen einer Abfindung durch den Arbeitgeber dokumentiere, dass dieser kein Interesse an der Weiterführung hatte und damit die entscheidende Ursache für die Beendigung gesetzt habe.[45]

11. Die Freiflüge

Bei den Flugmeilen, die M erhalten hat, kann es sich um Einkünfte aus nichtselbständiger Arbeit handeln. Die Flugmeilen sind ein geldwerter Vorteil, die der M in zwei Flüge im Gesamtwert von 4.000 € umsetzen konnte.

Einkünfte aus nichtselbständiger Arbeit können auch von dritter Seite dem Arbeitnehmer anlässlich seines Arbeitsverhältnisses zugewandt werden. Daher ist eine Drittzuwendung durch die Lufthansa unschädlich.

Es stellt sich aber die Frage, ob die Flugmeilen auch tatsächlich aufgrund des Arbeitsverhältnisses zugewandt wurden. Sie entstanden zwar anlässlich der Dienstreise, beruhen aber auf einer besonderen Rechtsbeziehung zwischen Fluggesellschaften und Fluggästen, die Anreize zur stetigen Nutzung derselben Gesellschaft setzen soll. Diese Rechtsbeziehung ist unabhängig von der dienstlichen oder privaten Veranlassung der einzelnen Reise.[46] Diese Beziehung könnte den Veranlassungszusammenhang unterbrechen.

Dagegen spricht – wenn auch nicht zwingend – die arbeitsrechtliche Zuordnung der Flugmeilen aus Dienstreisen nach § 667 BGB analog zum Arbeitgeber,[47] so dass der Arbeitnehmer nur aufgrund arbeitsvertraglicher Weitergabe über diese frei verfügen darf. Damit entsteht in genauer Betrachtung eine Erwerbskette Lufthansa – Arbeitnehmer – Arbeitgeber – Arbeitnehmer.

Hiergegen kann man einwenden, dass der Arbeitgeber faktisch gezwungen ist, die Bonuspunkte dem Arbeitnehmer zu überlassen, da diese regelmäßig an den Passagier gebunden seien.[48] Dieses Argument überzeugt jedoch nicht, da der Arbeitgeber den Arbeitnehmer anweisen kann, die Bonuspunkte für dienstliche Zwecke zu nutzen.

---

[45] BFH v. 10.11.2004 – XI R 64/03, BStBl. II 2005, 181 (182).
[46] *Strömer*, BB 1993, 705.
[47] BAG v. 11.04.2006 – 9 AZR 500/05, BB 2006, 2137 (2139); die analoge Anwendung von § 667 BGB auf den Dienstvertrag ist das Gegenstück zur analogen Anwendung des Aufwendungsersatzanspruchs nach § 670 BGB.
[48] *Thomas*, DStR 1997, 305 (308 f.).

Somit ist letztlich auch steuerrechtlich von einer Veranlassung der Flugmeilen durch die nichtselbständige Tätigkeit auszugehen. Sie konnten nur durch die im Rahmen des Arbeitsverhältnisses getätigten Reisen erworben werden und entsprechen wirtschaftlich einem Rabatt und damit einer Reduktion der Werbungskosten. Die persönliche Bindung schränkt zwar die Verwendbarkeit des Rabattes für den Arbeitgeber ein, schließt ihn aber nicht aus der beruflichen Sphäre aus. Für diese Lösung spricht auch, dass der Gesetzgeber selbst in den § 3 Nr. 38, § 37a EStG einen Freibetrag und eine Pauschalbesteuerung für derartige Einkünfte aus Kundenbindungsprogrammen vorgesehen hat, die als zweiter Schritt nur bei einer Steuerbarkeit im ersten Schritt Sinn ergeben.[49]

Fraglich ist, wann der Wert der Flugprämien dem M nach § 11 Abs. 1 S. 1 EStG zugeflossen ist. Dazu muss er die wirtschaftliche Verfügungsgewalt erhalten. Als Zuflusszeitpunkt kommen sowohl der Erwerb der Bonusmeilen als auch die Inanspruchnahme einer konkreten Prämie in Betracht. Der bloße Meilenerwerb begründet keine direkte Verfügungsgewalt über eine Prämienleistung. Die Prämien wechseln in der Regel oder sind kontingentiert, so dass die Bonuspunkte zum Zeitpunkt des Zuflusses nicht sicher bewertet werden können. Zudem ist es ist in vielen Systemen üblich, dass die Anzahl an Bonuspunkten für eine gewisse Prämie nach gewisser Zeit steigt und/oder nicht eingelöste Bonuspunkte nach einer gewissen Zeit verfallen. Eine gesicherte wirtschaftliche Verfügungsgewalt ist damit erst mit dem Erhalt der Prämie gegeben,[50] was zudem eine sichere Grundlage für die Bewertung bietet.

M hat den Gegenwert der Bonusmeilen durch seine Flüge von und nach New York in Anspruch genommen. Allerdings fand nur der Hinflug im Jahr 01 statt. Somit ist dem M nur der Wert des Hinflugs nach § 11 Abs. 1 S. 1 EStG zugeflossen. Der Rückflug ist erst 02 zugeflossen. Die Ausnahmen des § 11 Abs. 1 S. 2f. EStG sind mangels regelmäßig wiederkehrender Leistung nicht einschlägig. Somit sind dem M nur 2.000 € zugeflossen.

Für die Prämien aus einem Bonusmeilenprogramm besteht die Steuerbefreiung gemäß § 3 Nr. 38 EStG, allerdings nur in Höhe eines Freibetrags (arg. „soweit") in Höhe von 1080 € jährlich. Vorliegend haben die Flugmeilen jedoch einen Wert von 2.000 €. Somit hätte M Einkünfte aus nichtselbständiger Arbeit in Höhe von 920 €.

Diese könnte jedoch schon durch eine pauschalierte Erhebung durch die Lufthansa nach § 37a EStG abgegolten sein. In der Bemerkung auf den Lufthansa-Unterlagen ist eine Benachrichtigung nach § 37a Abs. 2 S. 2 EStG zu sehen. Somit ist von einer wirksamen pauschalierten Entrichtung der Einkommensteuer durch die Lufthansa in Höhe von 2,25 % auszugehen. Die Einkünfte bleiben daher gemäß §§ 37a Abs. 2 S. 1, 40 Abs. 3 S. 3 EStG außer Ansatz.

12. Summe
Der M hat damit folgende Einnahmen aus § 19 EStG:

---

[49] *Birk/Desens*, Klausurenkurs, 3. Aufl. 2012, Rn. 190.
[50] Hessisches Ministerium der Finanzen v. 04.07.1997, DStR 1997, 1161; *Trzaskalik*, in: Kirchhof/Söhn/Mellinghoff, EStG, Loseblatt, Stand: April 2015, § 11 Rn. B 135 „Miles & More – Programme".

Lösung   61

- 160.000 € Arbeitslohn
- 160.000 € Abfindung
  = 320.000 € Einnahmen

abzüglich Werbungskosten:

- 4000 € MBA Darlehen
- 5040 € Fahrtkosten
- 4700 € Unfallkosten
- 1400 € Empfang
- 5000 € Druckkostenzuschuss
  = 20.140 € Werbungskosten

= insgesamt 299.860 € Einkünfte aus § 19 EStG
Sonstige Einkünfte nach § 22 Nr. 3 EStG: 1000 € Schmiergeschenk, 3000 € Mitnahmevergütung
Die Summe der Einkünfte beträgt damit 303.860 €.

> **Hinweis**
> Die Bildung von Zwischensummen ist ein positives Merkmal einer Klausur. Sie zeigt eine Übersicht über die Klausur und erzeugt ein praktisch verwertbares Endergebnis. Die vollständige rechtliche Prüfung hat aber Vorrang vor der Berechnung. Die gutachterliche Qualifizierung und abstrakte Quantifizierung (z. B. Einnahmen/Werbungskosten in voller Höhe bzw. nur bestimmte Positionen) ist Pflicht, die konkrete Zahlenangabe und gar die Summenbildung „Kür". Dementsprechend fallen Rechenfehler auch nicht nachteilig ins Gewicht.

II. Gesamtbetrag der Einkünfte (§ 2 Abs. 3 EStG)

Mangels Berechtigung des M für den Altersentlastungsbetrag und den Entlastungsbetrag für Alleinerziehende entspricht der Gesamtbetrag der Einkünfte der Summe der Einkünfte.

III. Einkommen (§ 2 Abs. 4 EStG)
1. Sonderausgaben
a) Beiträge zur gesetzlichen Rentenversicherung
Der Arbeitnehmeranteil zur Rentenversicherung in Höhe von 13.500 € kann nach § 10 Abs. 1 Nr. 2 Buchst. a EStG als Vorsorgeaufwendung dem Grunde nach abgezogen werden.

> **Hinweis**
> Der Betrag von 13.500 € wurde hier zur Vereinfachung gewählt. Zum Stand 2014 würde der Arbeitnehmeranteil für ein Bruttoeinkommen von 160.000 € bei

einer Beitragsbemessungsgrenze von 71.400 € (West) und einem Abgabensatz von 18,9 % tatsächlich 13.494,60 € betragen (71.400 € * 18,9 % = 13.494,60 €).

Der Arbeitgeberanteil zur Rentenversicherung in gleicher Höhe ist nach § 10 Abs. 1 Nr. 2 S. 2 EStG ausdrücklich hinzurechnen, obwohl er nach § 3 Nr. 62 EStG steuerfrei ist. Somit beträgt die Zwischensumme 27.000 €.

Diese Zwischensumme verringert sich wieder aus zwei Gründen:[51]
Erstens begrenzt § 10 Abs. 3 S. 1. EStG den Abzug auf 20.000 €. Dieser Betrag ist jedoch übergangsweise auf einen langsam ansteigenden prozentualen Anteil nach § 10 Abs. 3 S. 4 EStG begrenzt. Dieser beginnend 2005 bei 60 %, also 12.000 €, steigt dann jährlich 2 Punkte an, so dass er Rechtsstand 2014 78 % beträgt. Der Abzug ist damit auf 15.600 € gedeckelt.

Zweitens sind gemäß § 10 Abs. 3 S. 5 EStG die vollen[52] Arbeitgeberanteile abzuziehen, die sich auf 13.500 € belaufen.

Im Ergebnis sind die Beiträge zur gesetzlichen Rentenversicherung damit lediglich in Höhe von 2.100 € abziehbar.

Die Günstigerprüfung nach § 10 Abs. 4a EStG ändert daran nichts, da sie nur kleine Einkommen betrifft (Bruttolöhne bis ca. 12.000 bzw. 24.000 € bei Zusammenveranlagung).[53]

Rechtslage ab 2015

Die Deckelung nach § 10 Abs. 3 S. 1 EStG beträgt ab dem 1.1.2015 nicht mehr 20.000 €, sondern orientiert sich dynamisch am höheren Höchstbetrag zur knappschaftlichen Rentenversicherung (2015: auf den vollen Euro gerundet: 22.172 € bzw. 44.344 €; Berechnung: Beitragsbemessungsgrenze 89.400 € * 24,8 % = Arbeitgeber- und Arbeitnehmeranteil).

Zur Vertiefung

Im Zusammenhang wird nun auch deutlich, dass § 10 Abs. 1 Nr. 2 S. 2 EStG die nach § 3 Nr. 62 EStG steuerfreien Arbeitgeberbeiträge nur zur Berechnung der Deckelung des Sonderausgabenabzugs hinzurechnet. Der danach erfolgende Abzug nach § 10 Abs. 3 S. 5 EStG stellt sicher, dass der Steuerpflichtige nicht doppelt durch Steuerfreiheit auf der Einnahmenseite und Sonderausgabenabzug auf der Ausgabenseite begünstigt wird.

Die gestaffelte Erhöhung des Sonderausgabenabzugs findet ihr Spiegelbild in der gestaffelten Erhöhung des steuerbaren Anteils der Rentenauszahlungen für jeden neuen Rentenjahrgang („Kohorte") nach § 22 Nr. 1 S. 3 Buchst. a EStG. Durch beide Maßnahmen wird die Besteuerung stufenweise vom System der

---

[51] *Fischer,* in: Kirchhof, EStG, 14. Aufl. 2015, § 10 Rn. 24, 26.
[52] Vgl. BMF v. 24.02.2005 – IV C 3 – S 2255–51/05, BStBl. I 2005, 429 Tz. 37 ff.; *Fischer,* in: Kirchhof, EStG, 14. Aufl. 2015, § 10 Rn. 26.
[53] Vgl. *Heinicke,* in: Schmidt EStG, 34. Aufl. 2015, § 10 Rn. 194.

vorgelagerten Besteuerung (kein Abzug der Rentenbeiträge, dafür Steuerfreiheit der Renten) auf ein **System der nachgelagerten Besteuerung** umgestellt (Abzug der Rentenbeiträge, Besteuerung der Renten). Der Anlass für die Umstellung war ein Urteil des BVerfG, das die Gleichbehandlung von Beamtenpensionen, die auch zuvor nachgelagert besteuert wurden, und Renten angemahnt hatte.[54]

Die Entscheidung für eine einheitliche nachgelagerte Besteuerung hat aufgrund der wachsenden Lebenserwartung und der dadurch bedingten Steuermitfinanzierung der Rente aus dem Bundeshaushalt Aufkommensvorteile für den Staat. Der Bezieher einer gesetzlichen Rentenversicherung hat jedoch auf die Gesamtdauer gesehen spiegelbildlich Nachteile, so dass man im Systemwechsel auch eine faktische Rentenkürzung und einen Anreiz für vermehrte private Altersversorgung sehen kann.[55]

b) Arbeitnehmeranteil an den Beiträgen zur gesetzlichen Kranken- und Pflegeversicherung
Der Arbeitnehmeranteil ist nach § 10 Abs. 1 Nr. 3 Buchst. a bzw. b EStG in voller Höhe als Sonderausgabe abziehbar. Somit können weitere 8000 € als Sonderausgabe abgezogen werden.

Zur Vertiefung

Die frühere Deckelung auf 1.500 € wurde vom BVerfG als verfassungswidrig erachtet, da eine Basis-Kranken- und Pflegeversicherung auf Sozialhilfeniveau neben dem sächlichen Existenzminimums des Grundfreibetrags zum steuerfrei zu stellenden Existenzminimum gehört.[56] Das BVerfG sieht die Menschenwürdegarantie berührt, wenn der Staat dem Bürger das Einkommen zuerst entzieht, das er für die Bestreitung des eigenen Existenzminimums benötigt, so dass der Staat ihm dieses wieder als Transferleistung zurückgewähren muss. Das Urteil wurde vom Gesetzgeber im Bürgerentlastungsgesetz Krankenversicherung vom 16.07.2009 umgesetzt.[57]

c) Arbeitnehmeranteil zur gesetzlichen Arbeitslosigkeitsversicherung:
Der Arbeitnehmeranteil ist nach § 10 Abs. 1 Nr. 3a EStG dem Grunde nach abziehbar.
Ein Abzug ist nach § 10 Abs. 4 S. 4 EStG aber nur insoweit zulässig, als die Vorsorgeaufwendungen für die gesetzliche Kranken- und Pflegeversicherung nach § 10 Abs. 1 Nr. 3 den Betrag von 2.800 € pro Jahr nicht erreichen. Da diese schon mit 8.000 € abgezogen werden können, ist für einen Abzug der Beiträge zur Arbeitslosigkeitsversicherung kein Spielraum mehr.

---

[54] BVerfG v. 06.03.2003 – 2 BvL 17/99, BVerfGE 105, 73 ff.
[55] Vgl. *Djanani/Brähler/Lösel*, BB 2002, 965 (968 f.).
[56] BVerfG v. 13.02.2008 – 2 BvL 1/06, BVerfGE 120, 125 ff.; v. 13.2.2008, 2 BvR 1220/04, 2 BvR 410/05, BVerfGE 120, 169 ff.
[57] Guter Überblick über das Urteil, die Rechtsentwicklung und die Neuregelung bei *Wernsmann*, NJW 2009, 3681 ff.

2. Außergewöhnliche Belastungen
Außergewöhnliche Belastungen nach den §§ 33 ff. EStG sind nicht ersichtlich.

3. Zwischenergebnis
Vom Gesamtbetrag der Einkünfte in Höhe von 303.860 € sind Sonderausgaben in Höhe von 10.100 € abziehbar (2.100 € Beiträge zur Rentenversicherung, 8000 € Beiträge zur Krankenversicherung). Das Einkommen beträgt damit 293.760 €.

IV. Zu versteuerndes Einkommen (§ 2 Abs. 5 EStG)
Da M keine Kinder hat, kommt ein Abzug von Kinderfreibeträgen nach § 32 Abs. 6 EStG nicht in Betracht. Das zu versteuernde Einkommen beträgt damit ebenfalls 293.760 €.

V. Tarifliche Einkommensteuer
1. Normaltarif
Die tarifliche Einkommensteuer bemisst sich nach § 32a EStG, soweit nicht für Teile des Einkommens ein besonderer Tarif in Betracht kommt.

2. Tarifermäßigung für die Abfindung
Für die Abfindung kommt eine Tarifermäßigung nach § 34 Abs. 2 Nr. 2 EStG in Betracht.

Dazu muss es sich um eine Entschädigung nach § 24 Nr. 1 EStG handeln. Eine Entschädigung ist ein Ausgleich für den Verlust oder die Verringerung von Einnahmen oder Einnahmemöglichkeiten.[58]

Zur Vertiefung

§ 24 Nr. 1 EStG erfasst nur Schadenersatz, der wegen einer Verletzung der Erwerbsgrundlage als Kompensation für eine weggefallene oder verschlechterte Einnahmeposition geleistet wird. Schadenersatz wegen der Verletzung anderer Rechtsgüter (z. B. Gesundheit, Eigentum) ist bei beruflicher Veranlassung als Werbungskostenersatz steuerbar. § 3 EStG enthält jedoch eine Vielzahl an deklaratorischen (Klarstellung, da schon nicht steuerbar) oder konstitutiven Steuerbefreiungen.[59]

---

§ 24 Nr. 1 Buchst.a und b EStG unterscheiden sich nach dem zeitlichen Bezugspunkt.[60] § 24 Nr. 1 Buchst.a EStG bezieht sich auf die bisherige Einkünfteerzielung, § 24 Nr. 1 Buchst.b EStG hingegen final auf den zukünftigen Verzicht auf eine Einkünfteerzielung. Die Zahlung ist Teil eines Aufhebungsvertrages, der das Arbeitsverhältnis zwischen dem M und der U-AG beendet. Sie ist damit auf die bisherige Einkünfteerzielung bezogen und unterfällt somit § 24 Nr. 1 Buchst.a EStG.

---

[58] *Wacker*, in: Schmidt, EStG, 34. Aufl. 2015, § 24 Rn. 4.
[59] Überblick bei *Heinicke*, in: Schmidt, EStG, 34. Aufl. 2015, § 3 „Entschädigungen".
[60] *Mellinghoff*, in: Kirchhof, 14. Aufl. 2015, § 24 Rn. 14.

> **Zur Vertiefung**
> Als Fälle mit einem finalen Zukunftsbezug wurden u. a. Zahlungen für Wettbewerbsverbote oder Entschädigungen für die Verkleinerung eines Vertreterbezirks anerkannt.[61] Der BFH erfasst Abfindungen aufgrund von Arbeitsverhältnissen teilweise auch unter § 24 Nr. 1 Buchst.b ESG, wenn diese keinen inhaltlichen Bezug zum bestehenden Dienstverhältnis haben. Verkürzt gesagt: wird die Entschädigung nach den vergangenen Diensten bemessen (z. B. Pensionsabfindung, Abstandszahlung vorzeitige Vertragsauflösung) liegt § 24 Nr. 1 Buchst.a EStG vor, wird sie nach dem Ausgleich des zukünftigen Untätigkeit bemessen (Entschädigung für vorzeitiges Ausscheiden aus dem Dienst) § 24 Nr. 1 Buchst.b EStG.
> Die Abgrenzung ist relevant, da nur bei § 24 Nr. 1 Buchst.a EStG die Einnahmen „entgehen" müssen. Dies setzt eine Passivität des Steuerpflichtigen voraus: der Einnahmeausfall muss von dritter Seite veranlasst werden, eine Veranlassung durch den Steuerpflichtigen selbst genügt nur, wenn er dabei unter einem erheblichen rechtlichen, wirtschaftlichen und tatsächlichen Druck gestanden hat.[62]

Der Aufhebungsvertrag wurde durch ein Fehlverhalten des M verursacht. Dies lässt es zweifelhaft erscheinen, eine Zahlung an den Schädiger M als Entschädigung zu qualifizieren.[63] Der Wortlaut „entgangene" oder „entgehende" Einnahmen schließt eine freiwillige Mitwirkung aus.[64] Es bedarf somit entweder einer Veranlassung durch den Arbeitgeber,[65] oder der Steuerpflichtige muss bei seiner Veranlassungshandlung unter erheblichem rechtlichen, wirtschaftlichen und tatsächlichen Druck gestanden haben.[66]

Der Abschluss des Aufhebungsvertrages folgte auf Veranlassung der U-AG, die wegen der unsicheren Prozesslage und zur Vermeidung der Öffentlichkeit einen potentiellen Kündigungsprozess scheut. Die U-AG hat damit als Arbeitgeberin dokumentiert, dass sie kein Interesse an der Weiterführung hat und damit die entscheidende Ursache für die Beendigung gesetzt.[67] Zudem hat der M durch den Vergleich auf seine Rechte aus dem Arbeitsvertrag und die Möglichkeit einer Kündigungsschutzklage verzichtet. Ihm ist damit ein Rechtsverlust erwachsen, der durch die Zahlung ausgeglichen wird. Daher kann die Zahlung trotz des Fehlverhaltens des M als Entschädigung für entgangene Einnahmen aus dem Arbeitsvertrag im Sinne des § 24 Nr. 1 EStG qualifiziert werden.

---

[61] Vgl. Übersicht über die Kasuistik bei *Mellinghoff*, in: Kirchhof, 14. Aufl. 2015, § 24 Rn. 20.
[62] *Mellinghoff*, in: Kirchhof, 14. Aufl. 2015, § 24 Rn. 8.
[63] Vgl. FG Rheinland-Pfalz v. 04.06.2003 – 1 K 1690/01, DStRE 2004, 943 (944 f.); aufgehoben durch BFH v. 10.11.2004 – XI R 64/03, BStBl. II 2005, 181.
[64] *Sieker*, in: Kirchhof/Söhn/Mellinghoff, EStG, Loseblatt, Stand: 04/2015, § 34 Rn. B 78.
[65] *Gröpl*, in: Kirchhof/Söhn/Mellinghoff, EStG, Loseblatt, Stand: 04/2015, § 8 Rn. B 106 „Abfindung".
[66] *Mellinghoff*, in: Kirchhof, 14. Aufl. 2015, § 24 Rn. 8.; *Sieker*, in: Kirchhof/Söhn/Mellinghoff, EStG, Loseblatt, Stand: 04/2015, § 34 Rn. B 78.
[67] Vgl. BFH v. 10.11.2004 – XI R 64/03, BStBl. II 2005, 181 (182).

Die Einkünfte müssen außerordentlich sein. Dies ist durch § 34 Abs. 2 Nr. 2 EStG aufgrund der Einmaligkeit einer Schadenszufügung und Entschädigung indiziert.[68]

Die Einkünfte müssen zudem das zusammengeballte Ergebnis mehrerer Jahre darstellen, um dem Progressionshärten ausgleichenden Zweck des § 34 EStG zu genügen.[69] Die Entschädigung stellt jedoch nur den Ausgleich für ein weiteres Jahr dar.

Nach Ansicht des BFH ist ein mehrjähriger Bezug der Entschädigungssumme kein Erfordernis.[70] Ein konkreter Progressionsvorteil wird ebenso nicht verlangt, da auch Einkünfte in einer Höhe, die keinen Progressionsvorteil mehr brächten, zusammengeballt sein können.[71] Eine Erhöhung des Einkommens führt auch unabhängig vom Erreichen einer weiteren Progressionsstufe zur Erhöhung des Durchschnittssteuersatzes und damit zu einem ausgleichbaren Tarifnachteil.

Einer Auffassung nach ist zusätzlich erforderlich, dass die Entschädigung in einem anderen Veranlagungszeitraum angefallen ist als die entgangenen Einnahmen und dass durch diese Verschiebung ein Progressionsnachteil droht, der bei periodengerechter Besteuerung nicht angefallen wäre.[72]

Die Entschädigung ist 01 angefallen, das reguläre Jahresgehalt wäre 02 gezahlt worden. Fraglich ist, ob ein Progressionsnachteil vorliegt. Ohne die Abfindung befände sich M in der linearen Tarifzone nach § 32a Abs. 1 Nr. 4 EStG. Durch die Abfindung überschreitet das zu versteuernde Einkommen den Schwellenwert 250.731 € der Tarifstufe des § 32a Abs. 1 Nr. 5 EStG (sogenannte „Reichensteuer"). Diese Tarifstufe hat einen Grenzsteuersatz von 45 % statt von 42 %. Damit erleidet M einen Progressionsnachteil, so dass auch nach dieser Ansicht eine Außerordentlichkeit gegeben ist.

Somit kommt die Tarifermäßigung des § 34 EStG in Betracht. Als Rechtsfolge kommen grundsätzlich die Fünftelungsregel des § 34 Abs. 1 S. 2–4 EStG und der ermäßigte Steuersatz des § 34 Abs. 3 EStG in Betracht. Letzterer scheidet aber aus, da M noch nicht das 55. Lebensjahr erreicht hat.

VI. Festzusetzende Einkommensteuer (§ 2 Abs. 6 EStG)

In Betracht kommt eine Ermäßigung der Einkommensteuerschuld um 20 % seiner Renovierungskosten nach § 35a Abs. 3 EStG bis zu einem Maximalbetrag von 1.200 €. § 35a Abs. 3 EStG erfasst Handwerkerleistungen im Rahmen von Renovierungs-, Erhaltungs- und Erneuerungsmaßnahmen, keine Neubauten. M ließ eine vorhandene Veranda durch Handwerker renovieren. Somit sind die Voraussetzungen des § 35a Abs. 3 EStG dem Grunde nach gegeben.

---

[68] *Mellinghoff,* in: Kirchhof, EStG, 14. Aufl. 2015, § 34 Rn. 7.
[69] *Mellinghoff,* in: Kirchhof, EStG, 14. Aufl. 2015, § 34 Rn. 8.
[70] BFH v. 04.03.1998 – XI R 46/97, BStBl. II 1998, 787 (789).
[71] BFH v. 04.03.1998 – XI R 46/97, BStBl. II 1998, 787 (789); v. 17.12.1983 – III R 136/79, BStBl. II. 1983, 221 (222).
[72] *Sieker,* in: Kirchhof/Söhn/Mellinghoff, EStG, Loseblatt, Stand: 04/2015, § 34 Rn. B 92.

Lösung

Die Veranda gehört zu Ms inländischem Haushalt und ist damit auch gemäß § 35a Abs. 4 EStG in der Europäischen Union belegen. Eine anderweitige Abzugsmöglichkeit entsprechend der in § 35a Abs. 5 S. 1 EStG aufgeführten Regelungen besteht nicht.

Der Höhe nach kann M gemäß § 35a EStG Abs. 5 S. 2 EStG nicht die ganze Handwerkerrechnung mit den Materialkosten, sondern nur den Arbeitslohnanteil ansetzen.[73] Von den verbleibenden 3.100 € kann M 20 %, folglich 620 €, abziehen. Die Deckelung auf 1.200 € hat damit keine Auswirkung.

---

[73] BMF v. 3.11.2006 – IV C 4 – S 2296b – 60/06, DStR 2006, 2125 (2127 Tz. 24).

Fall 4: Immer Ärger mit der Miete

Sachverhalt

Der Gymnasiallehrer M ist deutscher Staatsangehöriger und wohnt in München. Sein Gehalt beträgt brutto 50.000 € im Jahr. Daneben erhält er von seinem Arbeitgeber unentgeltlich ein Abonnement der wöchentlich erscheinenden Zeitschrift „Praxis Unterricht am Gymnasium" (PUG). Im normalen Abonnement würde der monatliche Bezugspreis bei 48 € liegen.

Um auch auf Fortbildungen seinen Unterricht vorbereiten zu können, legt sich M im Juli 2014 ein Subnotebook für 487,90 € (inkl. 77,90 € USt) zu. Er nutzt den Computer ausschließlich beruflich.

Am Schuljahresende wendet sich ein Schüler, dessen Versetzung gefährdet ist, mit der Bitte an M, ob sich dieser gegen Bezahlung für eine Versetzung in die nächste Klassenstufe einsetzen könne. Der Schüler bezahlt ihm dafür 250 €. Ob M sich in der Klassenkonferenz für den Schüler einsetzte, oder ob dieser ohne Mitwirken des M versetzt wurde, lässt sich nicht feststellen.

In München vermietet M zwei Einfamilienhäuser. Die Einfamilienhäuser sind 2002 fertiggestellt und noch im gleichen Jahr von M zu einem Kaufpreis von je 2.000.000 € angeschafft worden. Davon entfallen auf den Grund und Boden jeweils 1.000.000 €. Pro Einfamilienhaus erhält er monatliche Mietzahlungen in Höhe von 2.000 €. Die Mietzahlungen sind jeweils am 01. des Monats fällig. Während grundsätzlich alle Mietzahlungen im Jahr 2014 pünktlich und vollständig an M gezahlt werden, überweist eine Familie die Dezembermiete erst am 05.01.2015. Eine andere Familie zahlt am 15.12.2014 mit einem ungedeckten Scheck, was sich jedoch erst Mitte Januar 2015 herausstellt, als M den Scheck vergeblich einzulösen versucht.

Im Januar 2014 lässt M für insgesamt 60.000 € das undichte Flachdach eines Gebäudes durch ein Walmdach ersetzen, wodurch die Gesamthöhe des Hauses um 3,50 m zunimmt. Der neu entstandene Dachraum wird mit Dachfenstern ausgestattet und erhält eine Wärmedämmung, so dass ein weiterer Ausbau zu Wohnzwecken möglich ist. Im März 2014 lässt M für 12.349,20 € in das andere Gebäude eine Einbauküche Marke „Köket" einbauen. Herd und Spüle werden allerdings aus der alten Küche übernommen. Die Einbauküche kann voraussichtlich zehn Jahre genutzt werden.

Am 26.12.2004 kaufte M ein Bürogebäude in den neuen Bundesländern für den Preis von 3.000.000 € (Anteil Grund und Boden 1.000.000 €), für das er hohe Sonderabschreibungen in Anspruch nehmen konnte. Am Montag, dem 27.12.2014, gelingt es ihm, den Bürokomplex für 4.000.000 € wieder zu verkaufen, nachdem er das Gebäude bereits zu fast 70 % abgeschrieben hat. Pro Jahr erzielt M Mieteinnahmen in Höhe von 50.000 €, für das Jahr 2014 ist von einer AfA in Höhe von 17.778 € auszugehen.

Des Weiteren schaffte sich M am 01.01.2014 eine am selben Tag fertig gestellte Ferienwohnung in Brasilien für 750.000 € an, die er nicht selbst nutzt, sondern ausschließlich fremdvermietet. Der Anteil von Grund und Boden beträgt 250.000 €. An Kosten für einen Hausmeisterdienst fallen 2014 insgesamt 3.000 € an. Obwohl M mit Mieteinnahmen in Höhe von 15.000 € gerechnet hat, erzielt er aufgrund des verregneten Sommers nur Einnahmen in Höhe von 7.178 €.

Der noch unverheiratete volljährige Sohn des M (S) studiert seit dem Sommersemester 2012 in Bochum Jura. M zahlt monatlich 600 € Unterhalt an S und vermietet ihm eine Eigentumswohnung in Uninähe für 300 € im Monat, die S aus seinem Unterhalt zahlt. Auf dem freien Markt hätte M für die Eigentumswohnung eine monatliche Miete in Höhe von 450 € erzielen können. M hat die Altbauwohnung aus den fünfziger Jahren zu Studienbeginn seines Sohnes vor 2 Jahren für 125.000 € erworben (Anteil Grund und Boden 25.000 €). Er beabsichtigt, die Wohnung auch nach dem Auszug seines Sohnes in Zukunft weiterzuvermieten.

M lebt seit mehreren Jahren von seiner schwedischen Ehefrau E geschieden. E ist nach der Scheidung wieder zurück nach Schweden gezogen. M zahlt ihr jedes Jahr einen Unterhalt von 25.000 €.

A, ein alter Schulfreund des M, betreibt eine kleine Schreinerei in München. Als A zeitweise in finanzielle Schwierigkeiten kommt, steigt M auf dessen Bitten als stiller Gesellschafter mit 20.000 € in das Schreinereigeschäft ein. Dafür wird M mit 10 % am Gewinn und bis zur Höhe seiner Einlage am Verlust des Unternehmens beteiligt. Für das Ende der Teilhaberschaft wird eine Abfindung nach dem anteiligen Unternehmenswert unter Einbeziehung des Geschäftswerts und der stillen Reserven für M vereinbart. Da M nicht die ganze Beteiligungssumme liquide verfügbar hatte, nahm er einen Kredit in Höhe von 10.000 € auf, für den er im Jahr 2014 600 € an Zinsen aufwenden musste. Der Gewinn der Schreinerei betrug 2014 20.000 €. M und A hatten zudem vereinbart, dass M als Vergütung für die Beratung des A und entstandene Aufwendungen eine pauschale monatliche „Aufwandsentschädigung" in Höhe von 300 € erhält.

Aufgabe

Das Einkommen des M ist für den Veranlagungszeitraum 2014 zu ermitteln.

M möchte sein Einkommen so gering wie möglich halten und die Unterhaltszahlungen an seine geschiedene Ehefrau steuerlich geltend machen. Seine Frau ist mit allem einverstanden. Es ist davon auszugehen, dass alle notwendigen Bescheinigungen eingeholt sind. Zwischen Deutschland und Brasilien besteht kein Abkommen zur Vermeidung der Doppelbesteuerung. § 34 c Abs 2 und 3 EStG und § 82b EStDV sind außer Betracht zu lassen. Evtl. Freibeträge oder Ermäßigungen in Bezug auf S sind nicht zu berücksichtigen. Die Fristberechnung im Steuerrecht richtet sich nach § 108 AO.

Gliederung

Lösung 71
  A. Persönlicher Tatbestand 71
  B. Sachlicher Tatbestand 72
    I. Summe der Einkünfte 72
      1. Einkünfte als Lehrer 72
        a) Qualifikation 72
        b) Quantifizierung 72
          aa) Einnahmen 72
          bb) Werbungskosten 72
        c) Zwischenergebnis 74
      2. Einkünfte aus den Schmiergeldzahlungen 74
      3. Einfamilienhäuser in München 76
        a) Qualifikation 76
        b) Quantifizierung 76
          aa) Einnahmen 76
          bb) Werbungskosten 78
        c) Zwischenergebnis 81
      4. Objekt in den neuen Bundesländern 81
        a) Vermietungstätigkeit 81
        b) Veräußerungsgewinn 82
      5. Ferienwohnung in Brasilien 83
        a) Qualifikation 83
        b) Quantifizierung 84
        c) Verlustausgleichsbeschränkungen 84
      6. Wohnung in Bochum 85
        a) Einkünfteerzielungsabsicht 85
        b) Vertrag zwischen nahen Angehörigen 85
        c) § 42 AO 86
        d) Zwischenergebnis 86
      7. Einkünfte aus der Beteiligung an der Schreinerei 87
        a) Qualifikation 87
        b) Quantifizierung 88
      8. Ergebnis 89
    II. Gesamtbetrag der Einkünfte 90
    III. Einkommen 90
      1. Sonderausgaben 90
      2. Außergewöhnliche Belastungen 90
    IV. Ergebnis 91

Lösung

A. Persönlicher Tatbestand

M ist als natürliche Person mit Wohnsitz (§ 8 AO) in Deutschland gemäß § 1 Abs. 1 S. 1 EStG unbeschränkt einkommensteuerpflichtig. Damit unterliegt er mit seinem Welteinkommen der deutschen Einkommensteuer.

Da M von seiner Ehefrau geschieden ist, kommt eine Zusammenveranlagung nach §§ 26, 26b EStG nicht in Betracht. Er wird daher einzeln veranlagt.

B. Sachlicher Tatbestand

I. Summe der Einkünfte
Zur Bestimmung der Summe der Einkünfte des M sind zunächst die Einkünfte aus den verschiedenen steuerlich relevanten Tätigkeiten des M in den Blick zu nehmen.

> **Hinweis**
> Hier bietet sich eine Gliederung nach Lebenssachverhalten an. Dieser ist es im Gegensatz zu der ebenfalls denkbaren Differenzierung nach Einkunftsarten möglich, Qualifikationskonflikte stringent darzustellen

1. Einkünfte als Lehrer
a) Qualifikation
Als Lehrer an einem Gymnasium übt M eine weisungsgebundene Tätigkeit aus. Er kann Arbeitsort und Arbeitszeit nicht selbständig bestimmen und erzielt somit Einkünfte aus nichtselbständiger Arbeit gemäß §§ 2 Abs. 1 S. 1 Nr. 4, 19 Abs. 1 S. 1 Nr. 1 EStG.

b) Quantifizierung
Die Einkünfte aus nichtselbständiger Arbeit bestimmen sich nach §§ 2 Abs. 2 S. 1 Nr. 2, 8–9a EStG als Überschuss der Einnahmen über die Werbungskosten.

aa) Einnahmen
Die Einnahmen in Form des Gehalts belaufen sich im Jahr 2014 auf 50.000 €. Es sind nach § 8 Abs. 1 S. 1 EStG jedoch auch Einnahmen in Geldeswert zu berücksichtigen, sofern sie durch die berufliche Tätigkeit veranlasst sind (Sachbezüge). M erhält die berufsbezogene Zeitschrift von seinem Arbeitgeber nur aufgrund seiner Tätigkeit als Lehrer. Das Abonnement ist damit beruflich veranlasst und damit zu den Einnahmen zu zählen.

Gemäß § 8 Abs. 2 S. 1 EStG ist das Abonnement der PUG mit dem um übliche Preisnachlässe geminderten üblichen Endpreis am Abgabeort anzusetzen. Damit ist pro Monat von zusätzlichen Einnahmen in Höhe des normalen Abonnementspreises von 48 € auszugehen,[1] was jährlichen Einnahmen von 576 € entspricht. Die Freigrenze des § 8 Abs. 2 S. 11 EStG von 44 € ist demnach überschritten.

Insgesamt beziffern sich damit die Einnahmen des M aus nichtselbständiger Arbeit mit 50.576 €.

bb) Werbungskosten
Bei Einkünften aus nichtselbständiger Arbeit ist nach § 9a S. 1 Nr. 1 Buchst. a EStG für Werbungskosten der Arbeitnehmer-Pauschbetrag von 1000 € abzuziehen, wenn nicht höhere Werbungskosten nachgewiesen werden.

---
[1] Dass die Finanzverwaltung nach R 8.1 Abs. 2 S. 9 LStR den üblichen Preisnachlass pauschal mit 4 % berücksichtigt, soll hier außer Betracht bleiben.

Lösung

In Betracht kommen hier zunächst die Kosten für das Subnotebook. Grundsätzlich können auch bei den Überschusseinkünften nach § 9 Abs. 1 S. 3 Nr. 7 EStG bei der Anschaffung von Wirtschaftsgütern die Anschaffungskosten nicht sofort, sondern nur über die AfA geltend gemacht werden.[2]

Da M an möglichst niedrigen Einkünften interessiert ist, kommt für das Subnotebook die Inanspruchnahme des Wahlrechts der sofortigen Abzugsfähigkeit als geringwertiges Wirtschaftsgut (GWG) nach § 6 Abs. 2 EStG in Betracht, das über § 9 Abs. 1 S. 3 Nr. 7 S. 2 EStG auch für die Überschussermittlung anzuwenden ist. Voraussetzung dafür ist grundsätzlich, dass die Anschaffungskosten den Betrag von 410 € nicht übersteigen. Somit würde das Subnotebook mit einem Kaufpreis von 487,90 € kein GWG darstellen. Die Anschaffungskosten sind allerdings nach § 6 Abs. 2 S. 1 EStG um den darin enthaltenen Vorsteuerbetrag zu vermindern. Damit übersteigen die Kosten des Notebooks grundsätzlich die schädliche Grenze nicht (487,90 €/1,19 * 0,19 = 410 €).

Problematisch erscheint allerdings, dass M hier mangels Unternehmereigenschaft nicht vorsteuerabzugsberechtigt ist, § 15 Abs. 1 S. 1 UStG i. V. m. § 2 Abs. 1 S. 1 UStG. Gemäß § 9b Abs. 1 EStG gehört für Zwecke der Einkommensteuer ein Vorsteuerbetrag nur zu den Anschaffungs- oder Herstellungskosten, soweit er bei der Umsatzsteuer abgezogen werden kann. Allerdings verweist § 6 Abs. 2 S. 1 EStG lediglich auf einen „enthaltenen Vorsteuerbetrag". Der im Klammerzusatz enthaltene Verweis auf § 9b Abs. 1 EStG bringt lediglich zum Ausdruck, dass der dort behandelte Vorsteuerbetrag nach § 15 UStG gemeint ist.[3] Es kommt demnach nicht auf die umsatzsteuerliche Abzugsfähigkeit an. Somit kann M – auch ohne Unternehmer im Sinne des UStG zu sein – die Kosten von 487,90 € einkommensteuerlich in voller Höhe 2014 geltend machen. Unerheblich ist, dass M das Notebook erst im Juli 2014 angeschafft hat. Da § 9 Abs. 1 S. 3 Nr. 7 S. 2 EStG nicht auf § 6 Abs. 2 S. 4 EStG verweist, ist das Notebook auch nicht in ein besonderes Verzeichnis aufzunehmen.

Hinsichtlich des Abonnements der Zeitschrift PUG ist es denkbar, die entsprechenden Kosten als (fiktive) Werbungskosten anzusetzen. Dies ergibt sich vor allem aus dem Vergleich mit der Situation, in der sich M die Zeitschrift selbst angeschafft hätte. Würde er von seinem Arbeitgeber Geld für das Abonnement zugewendet bekommen und die Zeitschrift in eigenem Namen abonnieren, so müsste er zwar ebenfalls 576 € als Einnahmen versteuern, hätte aber aufgrund der beruflichen Veranlassung Werbungskosten in gleicher Höhe. Wendet ihm nun der Arbeitgeber die Zeitschrift als Vorteil in Geldeswert zu, so muss M grundsätzlich den Vorteil als Einnahme versteuern, ohne dass ihm ein entsprechender Werbungskostenabzug zusteht. Die Situation stellt sich ähnlich der Situation des abgekürzten Zahlungs-

---

[2] Für die Frage, ob diese Vorschrift i. R. d. Überschusseinkünfte konstitutiven oder deklaratorischen Charakter hat vgl. BFH. v. 21.12.1982 – VIII R 215/78, BStBl. II 1983, 410 (411); vgl. auch *von Beckerath*, in: Kirchhof, EStG, 14. Auflage 2015, § 9 Rn. 136.

[3] So auch BFH v. 17.12.1974 – VIII R 66/71, BStBl. II 1975, 365; a. A. mit Verweis auf den Wortlaut des § 9b Abs. 1 EStG vertretbar.

wegs dar.[4] Es kann mithin keinen Unterschied machen, ob der Vorteil in Geldeswert besteht oder ein entsprechender Geldbetrag zur Anschaffung zugewendet wird. Zur Gleichstellung der beiden Situationen dürfen die Einnahmen allerdings nicht schlicht mit den fiktiven Werbungskosten saldiert werden; die Berücksichtigungsfähigkeit in Bezug auf Pauschbeträge bleibt erhalten. Somit ergeben sich hier zusätzliche fiktive Werbungskosten in Höhe von 576 €.[5] Demnach sind die tatsächlichen Werbungskosten in Höhe von 1063,90 € (=487,90 €+576 €) und nicht der Arbeitnehmer-Pauschbetrag anzusetzen.

c) Zwischenergebnis
Damit ergeben sich Einkünfte aus nichtselbständiger Arbeit in Höhe von 49.512,10 € (=50.000 €+576 €./. 487,90 €./. 576 €).

2. Einkünfte aus den Schmiergeldzahlungen

Daneben ist es denkbar, auch die Einnahmen des Schmiergeldes durch den Schüler als solche aus nichtselbständiger Arbeit zu verstehen. Eine mögliche Rechtswidrigkeit dieses Handelns[6] ist für Zwecke des Steuerrechts nach § 40 AO unbeachtlich. Es kann darin auch kein Verstoß gegen die Einheit der Rechtsordnung gesehen werden. Die Besteuerung des verbotswidrig erlangten Entgeltes legitimiert die Einkunftserzielungshandlung nicht. § 40 AO dient vielmehr dazu, den rechtswidrig Handelnden nicht besser zu stellen als den, der seine Einkünfte auf rechtmäßige Weise erzielt. Der rechtswidrig Handelnde soll sich (ähnlich wie bei § 817 S. 2 BGB) auch steuerrechtlich nicht auf die Rechtswidrigkeit seines eigenen Tuns berufen können. Daher sind auch Schmiergeldzahlungen grundsätzlich steuerbar.

Fraglich ist aber, ob die Zahlung zu den Einkünften aus nichtselbständiger Arbeit gehört. Der Veranlassungszusammenhang zwischen einem Dienstverhältnis und einem Vorteil besteht dann, wenn der Bezug sich im weitesten Sinne als Gegenleistung für die Zur-Verfügung-Stellung der individuellen Arbeitskraft darstellt.[7] Zwar stehen die Schmiergeldzahlungen auch im Zusammenhang mit der Tätigkeit als Lehrer. Sie stellen aber nicht die typische Frucht der Arbeit des Steuerpflichtigen für den Arbeitgeber dar. Die Zahlungen wurden gerade nicht als Gegenleistung für die arbeitsvertraglich geschuldete Leistung gezahlt. Eine mögliche Einflussnahme auf die Klassenkonferenz würde gegen den Willen des Arbeitgebers geschehen. Eine Qualifikation als Einkünfte aus nichtselbständiger Arbeit kann insbesondere auch angesichts der Haftung des Arbeitgebers für die Lohnsteuer gemäß § 42d

---

[4] Siehe dazu *Paus*, FR 2009, 449 ff.
[5] Denkbar ist auch die Annahme eines fiktiven Auslagenersatzes entsprechend § 3 Nr. 50 EStG. Jedoch wird es in der Regel an einem überwiegenden eigenbetrieblichen Interesse des Arbeitgebers mangeln. Die sofortige Abzugsfähigkeit ergibt sich hier aus §§ 9 Abs. 1 S. 3 Nr. 7 S. 2, 9 Abs. 2 EStG, da jede Zeitschrift – sofern überhaupt über mehr als ein Jahr nutzbar – für sich ein geringwertiges Wirtschaftsgut darstellt.
[6] Vgl. §§ 331 f. StGB.
[7] BFH v. 07.06.2002 – VI R 145/99, BStBl. II 2002, 829 (832); *Eisgruber*, in: Kirchhof, EStG, 14. Aufl. 2015, § 19 Rn. 68.

Abs. 1 Nr. 1 EStG, auch wenn das Gehalt von Dritten gezahlt wird, diesem nicht zugemutet werden.[8] Somit fallen die Zahlungen der Schüler an M nicht unter § 19 Abs. 1 S. 1 Nr. 1 EStG.

Für eine Qualifikation als Einkünfte aus Gewerbebetrieb im Sinne des § 15 Abs. 1 S. 1 Nr. 1 EStG ist nach § 15 Abs. 2 EStG eine Nachhaltigkeit der Betätigung erforderlich. Dieses Merkmal ist erfüllt, wenn die Tätigkeit von der Absicht getragen wird, sie zu wiederholen und daraus eine ständige Erwerbsquelle zu machen.[9] Zwar kann damit auch schon eine einmalige Tätigkeit nachhaltig ausgeführt werden, für eine beabsichtigte Wiederholung ergeben sich jedoch keine Hinweise. Die Begründung eines Gewerbebetriebs scheidet demnach aus.

Die einmalige Schmiergeldzahlung könnte aber als sonstige Einkünfte gemäß §§ 2 Abs. 1 S. 1 Nr. 7, 22 Nr. 3 EStG steuerbar sein. Anders als bei den Einkünften aus Gewerbebetrieb setzt der Begriff der Leistung nicht voraus, dass der Steuerpflichtige nachhaltig tätig wird. Vielmehr genügt ein einmaliges oder gelegentliches Tätigwerden.[10] Leistung ist dabei jedes Tun, Dulden oder Unterlassen, das Gegenstand eines entgeltlichen Vertrages sein kann und das eine Gegenleistung auslöst.[11]

Hier soll M in der Klassenkonferenz darauf hinwirken, dass der Schüler versetzt wird. Auf eine eventuelle zivilrechtliche Unwirksamkeit des Rechtsgeschäfts kommt es nach § 41 Abs. 1 S. 1 AO nicht an. Entscheidend für die Besteuerung ist allein die wirtschaftliche Gestaltung, wie sie die Beteiligten unter sich gelten lassen.[12] Das vereinbarte Verhalten des M kann danach Gegenstand eines entgeltlichen Vertrages sein und das Schmiergeld unter § 22 Nr. 3 EStG fallen[13].

Jedoch ist hier nicht klar, ob die vereinbarte Leistung von M auch in der Klassenkonferenz erbracht wird. Die tatsächliche Leistungserbringung oder gar der Leistungserfolg sind aber gar nicht erforderlich. Es genügt das Versprechen bzw. das Inaussichtstellen einer Leistung derart, dass schon dafür die Gegenleistung gezahlt wird.[14] Der Schüler zahlt im Voraus im Vertrauen auf die Leistungsbereitschaft des M. Demnach löst schon dessen Einverständnis als Leistung die Gegenleistung aus. Die Voraussetzungen des § 22 Nr. 3 EStG sind demnach erfüllt.

M nimmt dadurch 250 € ein. Die Einkünfte aus Leistungen sind aber nicht steuerpflichtig, sofern sie unter der Freigrenze des § 22 Nr. 3 S. 2 EStG von 256 € liegen. M erzielt damit aus dem Schmiergeld keine steuerpflichtigen sonstigen Einkünfte.

---

[8] *Macher*, NZA 2000, 1154.
[9] *Reiß*, in: Kirchhof, EStG, 14. Aufl. 2015, § 15 Rn. 24.
[10] Vgl. nur den gesetzlichen Beispielsfall der gelegentlichen Vermittlung.
[11] Mit BFH v. 21.09.2004 – IX R 13/02, BStBl. II 2005, 44 (45) wurde die seit BFH. v. 28. 11. 1969 – VI R 128/68, BStBl. II 1970, 185 (186) ständige Rspr. aufgegeben, nach der es darauf ankam, ob die Leistung um des Entgelts willen erbracht wurde. Hingegen hält *Fischer*, in: Kirchhof, EStG, 14. Aufl. 2015, § 22 Rn. 66 an diesem Erfordernis fest.
[12] BFH v. 20.03.2001 – IX R 97/97, BStBl. II 2001, 482 (483).
[13] BFH v. 26.01.2000 – IX R 87/95, BStBl. II 2000, 396 (397); FG Baden-Württemberg v. 29.04.1997 – 7 K 423/90, EFG 1998, 43 (44); *Macher*, NZA 2000, 1154; *Knobbe-Keuk*, DB 1972, 1130 (1132).
[14] *Weber-Grellet*, in: Schmidt, EStG, 34. Aufl. 2015, § 22 Rn. 132.

3. Einfamilienhäuser in München

a) Qualifikation

Zu prüfen ist, ob M durch die Vermietung seiner Gebäude Einkünfte aus Vermietung und Verpachtung gemäß § 2 Abs. 1 S. 1 Nr. 6, § 21 Abs. 1 S. 1 Nr. 1 EStG oder Einkünfte aus Gewerbebetrieb nach § 2 Abs. 1 S. 1 Nr. 2, § 15 Abs. 1 S. 1 Nr. 1 EStG erzielt. Letztere gehen nach § 21 Abs. 3 EStG den Einkünften aus Vermietung und Verpachtung vor.

Abgrenzungsmerkmal zwischen diesen beiden Einkunftsarten ist die private Vermögensverwaltung. Bei der Abgrenzung zwischen privater Vermögensverwaltung und Gewerbebetrieb ist auf das Gesamtbild der Verhältnisse und auf die Verkehrsauffassung abzustellen,[15] so dass auch die anderen von M gehaltenen Objekte in die Betrachtung einbezogen werden müssen. Hier hält M zwar insgesamt sechs Immobilien, er beschränkt sich aber auf die Vermietung und bietet keine zusätzlichen Leistungen an. Für die Ferienwohnung in Brasilien hat er zwar einen Hausmeisterdienst eingeschaltet, betreibt aber die Immobilie mangels anderer Dienstleistungen nicht etwa hotelmäßig und beschränkt sich damit auf die Fruchtziehung.

Bei einer typischen, auf Dauer angelegten Vermietungstätigkeit ist ohne Weiteres von einer Einkünfteerzielungsabsicht auszugehen.[16] Bezüglich der Einfamilienhäuser in München hat M seine Vermietungstätigkeit ohne Befristung angelegt, so dass Liebhaberei nicht anzunehmen ist.

b) Quantifizierung

Die Einkünfte aus Vermietung und Verpachtung sind nach § 2 Abs. 2 S. 1 Nr. 2 EStG als Überschuss der Einnahmen über die Werbungskosten zu ermitteln.

aa) Einnahmen

M erhält Mieteinnahmen in Höhe von monatlich 2.000 € pro Einfamilienhaus. Problematisch ist dabei, ob die Dezembermieten noch im Jahr 2014 zu berücksichtigen sind. Für Überschusseinkünfte gilt das Zuflussprinzip des § 11 Abs. 1 EStG. Gemäß § 11 Abs. 1 S. 1 EStG sind Einnahmen innerhalb des Kalenderjahres bezogen, in

---

[15] BFH v. 03.07.1995 – GrS 1/93, BStBl. II 1995, 617 (619).
[16] BFH v. 24.08.2006 – IX R 15/06, BStBl. II 2007, 256. Dies gilt nur dann nicht, wenn besondere Umstände oder Beweisanzeichen gegen das Vorliegen einer Einkunftserzielungsabsicht sprechen oder besondere Arten der Nutzung für sich allein Beweisanzeichen für eine private, nicht mit der Erzielung von Einkünften zusammenhängende Veranlassung sind. In diesem Fall ist die Einkunftserzielungsabsicht mittels einer Totalgewinnprognose gesondert zu überprüfen. Sofern nicht von einer zeitlich befristeten Vermietung auszugehen ist, ist nach der Finanzverwaltung ein Zeitraum von 30 Jahren zu Grunde zu legen, siehe BMF v. 08.10.2004 – IV C 3-S 2253-91/04, BStBl. I 2004, 933 (936), welches BMF v. 23.07.1992 – IV B 3-S 2253-29/922, BStBl. I 1992, 434 ersetzt, das noch von einer Nutzungsdauer von 100 Jahren ausging. Vgl. auch BFH v. 30.09.1997 – IX R 80/94 BStBl. II 1998, 771 (772); *Kulosa*, in: Schmidt, EStG, 34. Aufl. 2015, § 21 Rn. 12; zusammenfassend zu den Einkünften aus Vermietung und Verpachtung *Spindler*, DB 2007, 185.

dem sie dem Steuerpflichtigen zugeflossen sind. Unter Zufluss ist die Erlangung der wirtschaftlichen Verfügungsmacht zu verstehen.[17]

Die erst am 05.01.2015 erfolgte Überweisung fließt dem M nach der Grundaussage des § 11 Abs. 1 S. 1 EStG nicht mehr im Jahr 2014 zu. Allerdings gilt für Mietzahlungen als regelmäßig wiederkehrende Einnahmen die Sonderregelung des § 11 Abs. 1 S. 2 EStG. Danach gelten Mietzahlungen, die kurze Zeit nach Beendigung des Kalenderjahres, zu dem sie wirtschaftlich gehören, zugeflossen sind, als in diesem Kalenderjahr bezogen. Unter der kurzen Zeitspanne ist jedenfalls ein Zeitraum von bis zu 10 Tagen zu verstehen.[18] Neben der Zuordnung der Zahlung nach ihrer wirtschaftlichen Zugehörigkeit, die hier für die Dezembermieten gegeben ist, ist aber zusätzlich noch zu verlangen, dass die Zahlung auch kurz vor oder nach dem 31.12. fällig gewesen ist.[19] Durch die Regelung des § 11 Abs. 1 S. 2 EStG soll lediglich eine willkürliche Zuordnung zu einem Veranlagungszeitraum ausgeschlossen werden, wenn die Zahlung kurz vor oder nach dem Fälligkeitszeitpunkt erfolgt und sich ein neuer Veranlagungszeitraum dazwischen schiebt.[20] Würde man auf das Erfordernis des zahlungsnahen Fälligkeitszeitpunktes verzichten, so könnte selbst bei Fälligkeit Anfang des ersten Jahres und Zahlung im folgenden Jahr die Zuordnung der Zahlung zum ersten Jahr erfolgen.[21]

Zwar ist die Überweisung der Dezembermiete innerhalb des Zehntageszeitraums nach Beendigung des Kalenderjahres, zu dem sie gehört, zugeflossen. Allerdings war die Zahlung bereits am 01.12.2014 fällig. Damit ist die ungeschriebene Voraussetzung für die Ausnahmeregelung des § 11 Abs. 1 S. 2 EStG in Form einer zahlungsnahen Fälligkeit nicht erfüllt, es bleibt bei der Grundregel des § 11 Abs. 1 S. 1 EStG, wonach allein der Zuflusszeitpunkt am 05.01.2015 entscheidend ist. Eine Zuordnung der Zahlung zum Veranlagungszeitraum 2014 ist nicht möglich.[22]

---

[17] *Krüger*, in: Schmidt, EStG, 34. Aufl. 2015, § 11 Rn. 15; *Seiler*, in: Kirchhof, EStG, 14. Aufl. 2015, § 11 Rn. 9 f.

[18] BFH v. 24.07.1986 – IV R 309/84, BStBl. II 1987, 16 (17); *Krüger*, in: Schmidt, EStG, 34. Aufl. 2015, § 11 Rn. 27.

[19] BFH v. 09.05.1974 – VI R 161/72, BStBl. II 1974, 547 (549); *Seiler*, in: Kirchhof, EStG, 14. Aufl. 2015, § 11 Rn. 38; *Kulosa*, in: Schmidt, EStG, 34. Aufl. 2015, § 11 Rn. 27; *Kister*, in: Hermann/Heuer/Raupach, EStG, Stand: Januar 2015, § 11 Rn. 80; a.A FG Schleswig-Holstein v. 20.07.1972 – I 9/72, EFG 1972, 485.

[20] BFH v. 24.07.1986 – IV R 309/84, BStBl. II 1987, 16.

[21] BFH v. 23.09.1999 – IV R 1/99, BStBl. II 2000, 121 (122) betont diesbezüglich zwar, dass es auf die Fälligkeit nicht ankommt, bezieht sich dabei wohl aber nur auf das Tatbestandsmerkmal „wirtschaftliche Zugehörigkeit" und nicht auf das ungeschriebene zusätzliche Merkmal einer jahreswechselnahen Fälligkeit. So auch *Seiler*, in: Kirchhof, EStG, 14. Aufl. 2015, § 11 Rn. 39 f. mit Fn. 1; *Krüger*, in: Schmidt, EStG, 34. Aufl. 2015, § 11 Rn. 27 a. E. Es ist also zwischen der Begründung der wirtschaftlichen Zugehörigkeit, für die es auf die zivilrechtlich gestaltbare, bloß formale Fälligkeit nicht ankommt, und einem zusätzlichen ungeschrieben Tatbestandsmerkmal der jahreswechselnahen Fälligkeit (unabhängig vom Jahr der wirtschaftlichen Zugehörigkeit) zu unterscheiden, siehe näher *Glenk*, in: Blümich, EStG/KStG/GewStG, Loseblatt, Stand: November 2014, § 11 EStG Rn. 92.

[22] Eine andere Ansicht bezüglich des sich nicht aus dem Gesetzestext ergebenden Merkmals der Fälligkeit ist gut vertretbar.

Auch bei der Mietzahlung durch den ungedeckten Scheck stellt sich die Frage, ob der Betrag noch im Jahr 2014 zugeflossen ist. Ab dem Zeitpunkt der Übergabe kann der Empfänger den Scheck jederzeit einlösen und ist damit wirtschaftlich in der Lage, über den Betrag zu verfügen. Grundsätzlich ist also mit der Hingabe des Schecks auch der Zufluss des Betrages anzunehmen.[23] Bei einem ungedeckten Scheck erlangt der Empfänger mit Hingabe des Schecks jedoch nicht die wirtschaftliche Verfügungsmacht über den Scheckbetrag[24]. Die bezogene Bank würde bei sofortiger Vorlage des Schecks die Schecksumme wegen fehlender Deckung nicht auszahlen. Durch die Hingabe des ungedeckten Schecks ist die Dezembermiete dem M daher weder im Veranlagungszeitraum 2014 noch im Veranlagungszeitraum 2015 zugeflossen.

An Einnahmen aus den beiden Mietshäusern erzielt M folglich 44.000 € (= 2 * 11 * 2.000 €).

bb) Werbungskosten

Als Werbungskosten kann nach § 9 Abs. 1 S. 3 Nr. 7 EStG die AfA geltend gemacht werden. Begriffsnotwendig kann sie nur auf abnutzbare Wirtschaftsgüter entfallen (vgl. § 6 Abs. 1 Nr. 1 S. 1 EStG). Grund und Boden stellen ein nicht abnutzbares Wirtschaftsgut dar (vgl. § 6 Abs. 1 Nr. 2 S. 1 EStG). Auf diese kann daher keine regelmäßige AfA vorgenommen werden.[25] Der auf die Gebäude entfallende Kaufpreisanteil für jedes Grundstück als Bemessungsgrundlage der AfA beträgt jeweils 500.000 €. Da M seine Einkünfte so gering wie möglich halten möchte, kommt hier das Wahlrecht des Ansatzes der gegenüber der linearen Absetzungen nach § 7 Abs. 4 EStG (2 % der Anschaffungskosten) – über die Gesamtnutzungsdauer gesehen – höheren degressiven AfA nach § 7 Abs. 5 S. 1 Nr. 3 Buchst. b EStG. Die Gebäude sind im Inland belegen und im Jahr der Fertigstellung angeschafft worden. Der Kaufvertrag wurde im Jahr 2002 und damit nach dem 31.12.1995 und vor dem 01.01.2004 abgeschlossen. Die AfA beträgt somit im Jahr der Fertigstellung und den folgenden sieben Jahren (d. h. bis einschließlich 2009) 5 %. In den darauf folgenden sechs Jahren, d. h. auch 2014, beträgt die AfA 2,5 %, mithin 50.000 € (= 2,5 % * 2 * 1.000.000 €).

Neben dem Kaufpreis könnten auch die Aufwendungen für die Gebäude in die Berechnung der Absetzungen mit einzubeziehen sein. Die Bemessungsgrundlage der AfA sind nach § 7 Abs. 1 S. 1 EStG die Anschaffungs- oder Herstellungskosten. Somit ergibt sich auch im Rahmen der Überschusseinkünfte die Notwendigkeit, zwischen auf die Nutzungsdauer zu verteilenden Anschaffungs- oder Herstellungskosten und nach § 9 Abs. 1 S. 1 EStG sofort abzugsfähigem Erhaltungsaufwand abzugrenzen.

---

[23] BFH v. 20.03.2001 – IX R 97/97, BStBl. II 2001, 482; *Seiler*, in: Kirchhof, EStG, 14. Aufl. 2015, § 11 Rn. 10, 22.
[24] BFH v. 30.10.1980 – IV R 97/78, BStBl. II 1981, 305 (307); *Krüger*, in: Schmidt, EStG, 34. Aufl. 2015, § 11 Rn. 50 „Scheck".
[25] *Kulosa*, in: Schmidt, EStG, 34. Aufl. 2015, § 7 Rn. 22.

Die sofortige Abzugsfähigkeit der Kosten erscheint bei der Reparatur des Daches, bei der gleichzeitig neue Nutzfläche entsteht, fraglich. Herstellungskosten sind in Anlehnung an § 255 Abs. 2 S. 1 HGB die Aufwendungen, die durch den Verbrauch von Gütern und die Inanspruchnahme von Diensten für die Herstellung eines Vermögensgegenstands, seine Erweiterung oder für eine über seinen ursprünglichen Zustand hinausgehende wesentliche Verbesserung entstehen. Erhaltungsaufwendungen sind Aufwendungen zur Erhaltung oder Wiederherstellung der Substanz oder der Verwendungs- und Nutzungsmöglichkeit eines Wirtschaftsgutes, die dieses somit in ordnungsmäßigen Zustand halten sollen, seine Wesensart nicht ändern und in der Regel in ungefähr gleicher Höhe wiederkehren.[26]

Hier liegt durch die Aufstockung um 3,50 m zwar eine Erweiterung des Gebäudes vor, gleichzeitig wird aber auch das Dach abgedichtet. Die Abdichtung dient zweifellos dem Zweck, das Haus in einem ordnungsgemäßen Zustand zu halten. Der durch die Aufstockung entstandene potenzielle Wohnraum könnte jedoch eine gegenüber der Reparatur im Vordergrund stehende wesentliche Verbesserung des Wirtschaftsguts bewirkt haben. Ob eine solche vorliegt, richtet sich danach, ob die durch die Baumaßnahme bewirkten Veränderungen vor dem Hintergrund der betrieblichen Zielsetzung zu einer höherwertigen (verbesserten) Nutzbarkeit des Vermögensgegenstandes führen.[27] Durch den Anbau des Walmdaches entstand ein für Wohnzwecke ausbaufähiger Dachraum, der die Nutzungsmöglichkeiten des Einfamilienhauses in Bezug auf die von M vorgenommene Vermietung erweitert. Demnach liegen nachträgliche Herstellungskosten vor.[28] Diese sind der ursprünglichen Bemessungsgrundlage hinzuzurechnen.[29] Für die Höhe der AfA gilt der für die Veranlagungszeitraum der Herstellung maßgebliche Prozentsatz des § 7 Abs. 5 S. 1 Nr. 3 Buchst. b EStG.[30] Es ergibt sich damit eine zusätzlich AfA von 1.500 € (= 2,5 % * 60.000 €).

Durch den Neueinbau der Küche wurde das Gebäude nicht lediglich in einem ordnungsgemäßen Zustand erhalten, sondern aufgewertet. Ein Sofortabzug der Aufwendungen scheidet damit aus. Im Rahmen der Anschaffungskosten ist zwischen Kosten, die auf das Gebäude entfallen und somit im Rahmen des § 7 Abs. 4–6 EStG abzusetzen sind, und Anschaffungskosten für Wirtschaftsgüter, die nicht zum Gebäude gehören und daher eigenständig abzusetzen sind, zu unterscheiden. Zum Gebäude zählen die unselbständigen Gebäudeteile,[31] was sich ungeachtet der zivilrechtlichen Zuordnung danach richtet, ob diese nach der allgemeinen Verkehrsanschauung in einem einheitlichen Nutzungs- und Funktionszusammenhang mit

---

[26] *Kulosa*, in: Schmidt, EStG, 34. Aufl. 2015, § 6 Rn. 188, *Schindler*, in: Kirchhof, EStG, 14. Aufl. 2015, § 6 Rn. 56.
[27] BFH v. 25.09.2007 – IX R 28/07, BStBl. II 2008, 218; siehe auch *Heuermann*, in: Blümich, EStG/KStG/GewStG, Loseblatt, Stand: März 2015, § 21 EStG Rn. 301.
[28] Vgl. dazu auch BMF v. 18.07.2003 – IV C 3-S 2211-94/03, BStBl. I 2003, 386.
[29] R 7.3 Abs. 5 S. 1 EStR.
[30] BFH v. 20.01.1987 – IX R 103/83, BStBl. II 1987, 491.
[31] BFH v. 13.03.1990 – IX R 104/85, BStBl. II 1990, 514 (515).

dem Gebäude als solchem stehen[32]. Die Nutzung des Gebäudes besteht hier in der Vermietung. Für diese sind aber nur die Gegenstände erforderlich, die der Nutzbarkeit des Gebäudes zu Wohnzwecken dienen. Daran fehlt es, wenn Gegenstände über den Zweck des reinen Wohnens hinaus der Haushaltsführung dienen. Dies ist bei Einrichtungsgegenständen der Fall.[33] In der Regel wird bei der Miete eines Einfamilienhauses das Vorhandensein einer Einbauküche nicht erwartet. Dies gilt insbesondere vor dem Hintergrund, dass die Mieter oftmals bereits Eigentümer einer Einbauküche sind und diese auch im neuen Gebäude nutzen wollen. Allenfalls könnte zum reinen Wohnen noch die Spüle und der Herd[34] als erforderlich angesehen werden. Diese werden hier aber nicht neu eingebaut, sondern aus der alten Küche übernommen.

Da die Einbauküche somit nicht zum Gebäude gezählt werden kann, stellt sie ein eigenständiges Wirtschaftsgut dar, das nach § 7 Abs. 1 S. 1 EStG abzusetzen ist. Somit sind die Anschaffungskosten von 12.349,20 € auf die Nutzungsdauer von zehn Jahren zu verteilen. Die Anschaffung erfolgte hier aber erst im März, so dass gemäß § 7 Abs. 1 S. 4 EStG nur 10/12 der Jahres-AfA von 1.234,92 € anzusetzen sind. Durch den Einbau der Küche ergeben sich damit Werbungskoten in Höhe von 1.029,10 €.

Zur Vertiefung

Kein sofort abziehbarer Erhaltungsaufwand, sondern abzuschreibende Herstellungskosten liegen vor, wenn ein Gebäude im Ganzen:[35]
1. **wesentlich verbessert** wird, indem
   a. von den vier nutzwertbestimmenden Anlagen eines Gebäudes:
   – Heizungsinstallation
   – Sanitärinstallation
   – Elektroinstallation
   – Fenster
   mindestens *drei* deutlich in Funktionalität und Komfort gesteigert werden *und*
   b. der Gebrauchswert des Gebäudes sich damit im Standard um eine Stufe steigert (einfach auf mittel oder mittel auf sehr anspruchsvoll).
oder 2. **erweitert** wird, indem
   – unabhängig von ersetzenden Maßnahmen neue Teile mit überwiegendem Bezug zur Nutzung des Gebäudes hinzukommen, *oder*
   – bestehende Teile so funktionsverändert ausgebaut werden, dass sie als neu gelten (z. B. Dachgeschossausbau) oder die nutzbare Fläche erweitert wird (z. B. Wintergarten).

---

[32] BFH v. 26.11.1973 – GrS 5/71, BStBl. II 1974, 132, (135).
[33] BFH v. 13.03.1990 – IX R 104/85, BStBl. II 1990, 514 (515).
[34] Der Herd wird etwa in Berlin von Mietern als vorhanden vorausgesetzt, so dass sich dort ein Nutzungszusammenhang zur Vermietungstätigkeit ergäbe.
[35] Vgl. zu dieser Übersicht BMF v. 18.07.2003 – IV C 3-S 2211-94/03, BStBl. I 2003, 386; *Kulosa*, in: Schmidt, EStG, 34. Aufl. 2015, § 6 Rn. 171 ff., 181 ff.

Bei der Klausurbearbeitung ist folglich auf entsprechenden Sachverhaltsangaben zu achten (wie hier z. B. der Hinweis auf die Schaffung neuer Fläche, die durch Fenster und Dämmung für die Wohnnutzung geeignet ist).

c) Zwischenergebnis

M erzielt aus der Vermietung der Einfamilienhäuser folglich einen Verlust von 8.529,10 € (= 44.000 €./. 50.000 €./. 1.500 €./. 1.029,10 €).

4. Objekt in den neuen Bundesländern
a) Vermietungstätigkeit

Auch aus der Vermietung des Bürogebäudes erzielt M Einkünfte aus Vermietung und Verpachtung gemäß § 2 Abs. 1 S. 1 Nr. 6, § 21 Abs. 1 S. 1 Nr. 1 EStG.

Bedenken können hier jedoch dahingehend bestehen, dass M das ungeschriebene Merkmal des § 21 EStG in Form der Überschusserzielungsabsicht nicht erfüllt. Es könnten besondere Umstände gegen das Vorliegen einer – sonst bei Vermietung regelmäßig vorliegender – Einkunftserzielungsabsicht sprechen. Die Anschaffungskosten für das Gebäude betrugen hier 2.000.000 € (= 3.000.000 €./. 1.000.000 € für Grund und Boden). Somit stehen dem bisher geltend gemachten Abschreibungsvolumen von 1.400.000 € (= 70 % * 2.000.000 €) nur Einnahmen in Höhe von 500.000 € (= 10 * 50.000 €) gegenüber.

Allerdings ist zu beachten, dass bei Sonderabschreibungen die erhöhten Werbungskosten auf Lenkungsnormen beruhen. Der Steuergesetzgeber will durch diese Regelungen Investitionsanreize schaffen, indem der Steuerpflichtige hohe Werbungskosten bzw. Betriebsausgaben geltend machen kann. Dieser Lenkungszweck würde in sein Gegenteil verkehrt, wenn die Ausnutzung der Sonderabschreibungen zu einer Liebhaberei führte und damit mangels steuerlicher Berücksichtigung des Verlustes kein Anreiz mehr für eine entsprechende Tätigkeit entstünde.[36] Für die Totalgewinnprognose, die bei der Vermietung von bebauten Grundstücken ohnehin 30 Jahre beträgt,[37] ist deshalb nur die gewöhnliche AfA für Gebäude nach § 7 Abs. 4 EStG zu berücksichtigen.[38] Diese beträgt bezüglich des Bürogebäudes nach § 7 Abs. 4 S. 1 Nr. 2 Buchst. a EStG pro Jahr 40.000 € (= 2 % * 2.000.000 €). Bei Einnahmen in Höhe von jährlich 50.000 € kann daher von einem Überschuss und damit von einer Überschusserzielungsabsicht ausgegangen werden.

Auch im Jahr 2014 betragen die Einnahmen aus dem Bürogebäude 50.000 €, diesen stehen ausweislich des Sachverhalts Werbungskosten in Höhe der AfA von 17.778 € gegenüber. Die Einkünfte aus Vermietung und Verpachtung des Objektes belaufen sich somit auf 32.222 €.

---

[36] BFH v. 30.09.1997 – IX R 80/94, BStBl. II 1998, 771 (773); *Kulosa*, in: Schmidt, EStG, 34. Aufl. 2015, § 21 Rn. 29.

[37] Vgl. oben Fn. 16.

[38] BFH v. 30.09.1997 – IX R 80/94, BStBl. II 1998, 771 (773); v. 06.11.2001- IX R 97/00, BStBl. II 2002, 726 (729).

b) Veräußerungsgewinn

Zu prüfen ist weiterhin, ob M durch die Veräußerung des Gebäudes Einkünfte aus privaten Veräußerungsgeschäften nach § 22 Nr. 2, § 23 Abs. 1 S. 1 Nr. 1 EStG erzielt. Diese sind allerdings nach § 23 Abs. 2 EStG subsidiär zu Einkünften aus Gewerbebetrieb nach § 15 Abs. 1 S. 1 Nr. 1 EStG.

Abgrenzungsmerkmal ist wiederum die private Vermögensverwaltung. Für die Annahme eines Gewerbetriebs im Sinne des § 15 Abs. 2 EStG muss die Ausnutzung substanzieller Vermögenswerte durch Umschichtung gegenüber der für die private Vermögensverwaltung typische Nutzung von Grundbesitz im Sinne einer Fruchtziehung aus zu erhaltenden Substanzwerten in den Vordergrund treten.[39] In Zweifelsfällen kommt es darauf an, ob die Tätigkeit dem Bild entspricht, das nach der Verkehrsauffassung einen Gewerbebetrieb ausmacht[40].

Hier veräußert M nur ein Objekt, was ihn nach der Verkehrsauffassung noch nicht als Grundstückshändler erscheinen lässt. Für eine unbedingte Veräußerungsabsicht des M, die auch die private Vermögensverwaltung in den Hintergrund treten ließe, sind keine Anhaltspunkte ersichtlich. Auch wenn der Bürokomplex in kleineren Einheiten vermietet werden kann, stellt er doch nur ein Objekt dar, so dass M die von der Rechtsprechung gebildete Drei-Objekte-Grenze nicht überschreitet.[41]

> **Zur Vertiefung**
>
> Die Drei-Objekte-Grenze der Rechtsprechung[42]
> Keine nach Ablauf der Spekulationsfrist nicht steuerbare Veräußerungsgewinne im Sinne der §§ 22 Nr. 2, 23 Abs. 1 Satz 1 Nr. 1 EStG, sondern steuerbare gewerbliche Veräußerungsgewinne im Sinne des § 15 Abs. 1 S. 1 Nr. 1 EStG liegen vor, wenn
> - ein Steuerpflichtiger innerhalb von fünf Jahren mehr als drei Objekte anschafft und veräußert.
>
> Dies gilt
> - für bebaute Grundstücke ab Erwerb der Grundstücke,
> - für selbst bebaute Grundstücke ab Fertigstellung des ersten Gebäudes,
> - für Eigentumswohnungen, die durch Aufteilung eines Mehrfamilienhauses entstanden sind, fünf Jahre nach dessen Kauf. Bei umfangreichen Modernisierungen kommt es nicht auf das Kaufdatum an.

Nach dem Gesamtbild der Verhältnisse ist seine Tätigkeit daher als bloße Vermögensverwaltung einzuordnen. Somit kommen allein Einkünfte aus privaten Veräu-

---

[39] BFH v. 17.01.1973 – I R 191/72, BStBl. II 1973, 260 (261); v. 07.03.1996 – IV R 2/92, BStBl. II 1996, 369 (371).

[40] *Wacker*, in: Schmidt, EStG, 34. Aufl. 2015, § 15 Rn. 47.

[41] Vgl. nur BFH v. 10.12.2001 – GrS 1/98, BStBl. II 2002, 291 (292 f.); v. 21.06.2001 – III R 27/98, BStBl. II 2002, 537 (541); BMF v. 26.03.2004 – IV A 6 – S 2240–46/04, BStBl. I 2004, 434 (435).

[42] Vgl. *Wacker*, in Schmidt, EStG, 34. Aufl. 2015, § 15 Rn. 48 ff.

ßerungsgeschäften nach §§ 22 Nr. 2, 23 Abs. 1 S. 1 Nr. 1 EStG in Betracht.
Im Gegensatz zu den Gewinneinkünften sind Gebäude im Rahmen der sonstigen Einkünfte nicht zeitlich unbeschränkt steuerverstrickt. So liegt nach § 23 Abs. 1 S. 1 Nr. 1 EStG eine Steuerbarkeit nur vor, wenn der Zeitraum zwischen Anschaffung und Veräußerung des Gebäudes nicht mehr als zehn Jahre beträgt. Maßgeblich für die Fristberechnung ist jeweils der Zeitpunkt des obligatorischen Geschäfts.[43] Fristbeginn ist nach §§ 1, 108 Abs. 1 AO i. V. m. § 187 Abs. 1 BGB der 27.12.2004. Die Frist endet demnach gemäß §§ 1, 108 Abs. 1 AO i. V. m. § 188 Abs. 1 Var.1 BGB mit Ablauf des 26.12.2014. Damit läge ein Verkauf am 27.12.2014 außerhalb der Mindesthaltedauer.

Jedoch endet die Frist am zweiten Weihnachtstag, der in allen Bundesländer einen Feiertag darstellt.[44] Problematisch ist daher, ob die Frist nach § 108 Abs. 3 AO erst mit Ablauf des nächsten Werktages, also mit Ablauf des 27.12.2014 endet, so dass der Verkauf innerhalb des schädlichen Zeitraumes erfolgt wäre. Sinn und Zweck der Regelung des § 108 Abs. 3 AO ist aber der Schutz des Steuerpflichtigen. Er soll nicht gezwungen sein, an einem Feiertag eine bestimmte Handlung auszuführen, um eine ihm gegenüber laufende Frist zu wahren. Die Regelung des § 108 Abs. 3 AO soll damit nicht zur Ausdehnung von Steuertatbeständen führen. Bei den hier in Frage stehenden Spekulationsfristen des § 23 EStG handelt es sich um sog. uneigentliche Fristen,[45] also nicht um Fristen, innerhalb derer der Steuerpflichtige eine rechtserhebliche Handlung vornehmen muss, wenn er keinen Rechtsnachteil erleiden will. Auf uneigentliche Fristen soll § 108 Abs. 3 AO aber gerade keine Anwendung finden. Sein Anwendungsbereich ist teleologisch einzuschränken. Die Veräußerung des Gebäudes am 27.12.2014 ist daher nicht innerhalb des Zehnjahreszeitraumes erfolgt. Eine bewusste Überschreitung der gesetzlich eingeräumten Veräußerungsfristen stellt auch keine Steuerumgehung nach § 42 AO dar.[46]

Der Verkauf des Gebäudes am 27.12.2014 ist damit nicht steuerbar.

5. Ferienwohnung in Brasilien
a) Qualifikation
Auch aus der Vermietung seiner Ferienwohnung in Brasilien erzielt M grundsätzlich Einkünfte aus Vermietung und Verpachtung gemäß §§ 2 Abs. 1 S. 1 Nr. 6, 21 Abs. 1 S. 1 Nr. 1 EStG.

Die Vermietung der Ferienwohnung könnte jedoch auch gewerblicher Natur sein, so dass entsprechend der Subsidiaritätsregel des § 21 Abs. 3 EStG ausschließlich Einkünfte nach § 15 Abs. 1 S. 1 Nr. 1 EStG vorlägen. Dazu müsste die Vermietung im Hinblick auf die Art des vermieteten Objekts und die Art der Vermietung einem gewerblichen Beherbergungsbetrieb vergleichbar sein („hotel-

---

[43] BFH v. 17.12.1997 – X R 88/95, BStBl. II 1998, 343 (344); *Kube*, in: Kirchhof, EStG, 14. Aufl. 2015, § 23 Rn. 17.
[44] Vgl. auch die bundesweite Übersicht bei Beck-Texte im dtv, Arbeitsgesetze, Nr. 18b.
[45] FG Köln v. 02.06.1997 – 12 K 3682/96, EFG 1997, 1187; *Brandis*, in: Tipke/Kruse, AO, Loseblatt, Stand: Oktober 2014, § 108 AO Rn. 8.
[46] *Kube*, in: Kirchhof, EStG, 14. Aufl. 2015, § 23 Rn. 17.

mäßiges Angebot").[47] Dies ist insbesondere der Fall, wenn die Wohnung in einem Feriengebiet im Verbund mit einer Vielzahl gleichartig genutzter Wohnungen einer einheitlichen Wohnanlage liegt sowie die Werbung für kurzfristige Vermietung an laufend wechselnde Mieter und die Verwaltung einer Feriendienstorganisation übertragen wird.[48] Indizien für eine gewerbliche Tätigkeit sind zudem eine Hotel- oder Pensionsräumen ähnliche Ausstattung der Wohnungen, die jederzeitige Bereithaltung zur Vermietung ohne Voranmeldung und ein Wohnungszustand, der die sofortige Vermietung auch dann zulässt, wenn Buchungen nicht vorliegen.[49] Bei einem derartigen „hotelmäßigen", kurzfristigen Angebot kann auch eine einzelne Ferienwohnung ohne Bezug zu einer einheitlichen Wohnanlage einen Gewerbebetrieb begründen.[50]

Im Sachverhalt finden sich keine Anhaltspunkte für einen „hotelmäßigen" Betrieb. Das Einschalten eines Hausmeisterdienstes allein, solange dieser keine hotelmäßigen Dienstleistungen erbringt und die Ferienwohnung nicht zur kurzfristigen Vermietung an laufend wechselnde Mieter bewirbt, reicht nicht aus. Somit bleibt es bei Einkünften aus Vermietung und Verpachtung nach § 21 Abs. 1 S. 1 Nr. 1 EStG.

Bei ausschließlicher Fremdvermietung einer Ferienwohnung ist zudem ohne Weiteres von einer Überschusserzielungsabsicht des Steuerpflichtigen auszugehen[51]. Dabei ist unerheblich, ob dieser die Ferienwohnung in Eigenregie vermietet oder mit der Vermietung einen Dritten beauftragt[52].

b) Quantifizierung

Die Einnahmen aus der Vermietung der Ferienwohnung in Brasilien betragen 7178 €, die Werbungskosten setzen sich aus 3.000 € für den Hausmeisterdienst und der AfA zusammen. Letztere beläuft sich nach § 7 Abs. 4 S. 1 Nr. 2 Buchst. a EStG auf 2 % der Anschaffungskosten des Gebäudes, also auf 2 % von 500.000 € (750.000 €./.250.000 €), was 10.000 € entspricht. Eine AfA nach § 7 Abs. 5 S. 1 Nr. 3 Buchst. c EStG kommt nicht in Betracht, da die Ferienwohnung nicht in einem Mitgliedsstaat der Europäischen Union belegen ist. Insgesamt erzielt M somit negative Einkünfte in Höhe von 5.822 € (= 7.178 €./.13.000 €).

c) Verlustausgleichsbeschränkungen

Ein Verlustausgleich mit anderen Einkünften ist jedoch nach § 2a Abs. 1 S. 1 Nr. 6 Buchst. a EStG ausgeschlossen, da die Ferienwohnung in Brasilien, also außerhalb der EU belegen ist. Somit kann M die aus Brasilien stammenden negativen Einkünfte nicht mit positiven inländischen Einkünften verrechnen.

---

[47] *Drüen*, in: Kirchhof/Söhn/Mellinghoff, EStG, Loseblatt, Stand: 06/2012, § 21 Rn. D7 f.
[48] BFH v. 13.11.1996 – XI R 31/95, BStBl. II 1997, 247 (249).
[49] BFH v. 14.01.2004 – X R 7/02, BFH/NV 2004, 945.
[50] BFH v. 13.11.1996 – XI R 31/95, BStBl. II 1997, 247 (249).
[51] BFH v. 30.09.1997 – IX R 80/94, BStBl. II 1998, 771 (773); *Jakob*, Einkommensteuer, 4. Aufl. 2008, Rn. 434.
[52] BFH v. 06.11.2001 – IX R 97/00, BStBl. II 2002, 726 (728).

6. Wohnung in Bochum

a) Einkünfteerzielungsabsicht

Auch durch die Vermietung der Wohnung in Bochum erzielt M dem Grunde nach Einkünfte aus Vermietung und Verpachtung gemäß §§ 2 Abs. 1 S. 1 Nr. 6, 21 Abs. 1 S. 1 Nr. 1 EStG.

Jedoch könnte es die Vermietung in Höhe von 2/3 (= 300 €/450 €) der ortsüblichen Miete an der Einkünfteerzielungsabsicht fehlen lassen. Jedoch kann dafür die Herabsetzung der Miete aus persönlichen Gründen allein nicht ausreichen. Das zeigt die Existenz der Regelung des § 21 Abs. 2 EStG. Diese wäre nicht notwendig, wenn bei Mieterabsetzungen die Steuerbarkeit insgesamt entfallen würde[53].

Beträgt nach § 21 Abs. 2 EStG das Entgelt für die Überlassung einer Wohnung zu Wohnzwecken bei auf Dauer angelegter Wohnungsvermietung mindestens 66% der ortsüblichen Miete, gilt die Wohnungsvermietung insgesamt als entgeltlich. Beträgt das Entgelt weniger als 66%, so ist die Nutzungsüberlassung in einen entgeltlichen und einen unentgeltlichen Teil aufzuteilen.[54]

Demnach ist das Entgelt hier nicht nach § 21 Abs. 2 EStG in einen entgeltlichen und einen unentgeltlichen Teil aufzuspalten. Die mit der verbilligten Vermietung zusammenhängenden Werbungskosten können in voller Höhe abgezogen werden. Den Einnahmen in Höhe von 3.600 € (= 12 * 300 €) stehen hier Werbungskosten in Form der AfA nach §§ 9 Abs. 1 S. 3 Nr. 7, 7 Abs. 4 S. 1 Nr. 2 Buchst. a, Abs. 5a EStG in Höhe von 2.000 € (= 2% * 100.000 €) gegenüber. Die degressive AfA des § 7 Abs. 5, 5a EStG kann von M nicht in Anspruch genommen werden, da angesichts der Eigenschaft des Altbaus eine Anschaffung im Jahr der Fertigstellung ausscheidet. M erzielt einen Überschuss in Höhe von 1.600 € (= 3.600 €./.2.000 €).

b) Vertrag zwischen nahen Angehörigen

Problematisch ist aber, ob das Mietverhältnis zwischen Vater und Sohn auch steuerrechtlich anerkannt werden kann. So fehlt es bei Verträgen unter nahen Angehörigen oft an einem natürlichen Interessengegensatz. Schon aufgrund des Gleichheitsgebots wie auch des besonderen Schutzes der Ehe und Familie (Art. 3 Abs. 1 und Art. 6 Abs. 1 GG) müssen derartige Verträge aber grundsätzlich zulässig sein.

Vor diesem Hintergrund müssen Verträge zwischen nahen Angehörigen für ihre steuerliche Anerkennung besondere Anforderungen erfüllen. Sie müssen ernsthaft gewollt sein, wofür die zivilrechtliche Wirksamkeit ein Indiz darstellt, tatsächlich durchgeführt worden sein und einem Fremdvergleich standhalten.[55]

Der zivilrechtlichen Wirksamkeit des Mietvertrags zwischen M und S stehen angesichts der Volljährigkeit des Sohnes keine Bedenken entgegen, er ist damit ernsthaft gewollt. Der Vertrag ist auch entsprechend der Vereinbarung tatsächlich durchgeführt worden. Die vereinbarte Miete hält einem Fremdvergleich jedoch

---

[53] *Drüen*, in: Kirchhof/Söhn/Mellinghoff, EStG, Loseblatt, Stand: Juni 2012, § 21 EStG Rn. C7.
[54] Siehe zur früheren Rechtsprechung BFH v. 05.11.2002 – IX R 48/01, BStBl. II 2003, 646 (649), die ab 75% von einer Einkünfteerzielungsabsicht ausging, zwischen 56 und 75% eine Überschussprognose forderte und im Übrigen eine Aufteilung in entgeltlich/unentgeltlich zuließ.
[55] BFH v. 13.07.1999 – VIII R 29/97, BStBl. II 2000, 386 (388); *Hamndan*, DStZ 2008, 113.

nicht stand. Von einem fremden Dritten hätte eine höhere Miete in Höhe von 450 € verlangt werden können.

Der Fremdvergleichsmaßstab bei Mietverträgen wird aber durch die Vorschrift des § 21 Abs. 2 EStG erheblich eingeschränkt. Da grundsätzlich zwischen fremden Dritten ein Mietzins unterhalb der ortsüblichen Marktmiete nicht vereinbart wird, ist § 21 Abs. 2 EStG als Sondervorschrift für Mietverhältnisse unter nahen Angehörigen zu deuten.[56] Solange der Mietzins oberhalb der 66 % Grenze des § 21 Abs. 2 EStG liegt, ist die steuerliche Anerkennung daher nicht aus Gründen des Fremdvergleiches zu versagen.

c) § 42 AO

Zu prüfen ist aber, ob der Mietvertrag nicht einen Missbrauch von rechtlichen Gestaltungsmöglichkeiten nach § 42 Abs. 1 S. 1 AO darstellt. Ein Gestaltungsmissbrauch ist anzunehmen, wenn die rechtliche Gestaltung nur der Steuerminderung dienen soll und nicht durch wirtschaftliche oder sonst beachtliche außersteuerliche Gründe zu rechtfertigen ist.[57] M hätte hier den Unterhaltsanspruch seines unverheirateten Sohnes gemäß § 1612 Abs. 2 S. 1 BGB auch durch Naturalunterhalt erfüllen können, indem er ihm die Wohnung zur Nutzung überlassen hätte. In diesem Fall hätte er mangels Einkünften keine Werbungskosten geltend machen können. Es spricht daher einiges dafür, die Zahlung von Barunterhalt bei gleichzeitiger Rückzahlung als Mietzins als ausschließlich steuerlich motiviert anzusehen.

Allerdings steht es auch Angehörigen frei, ihre Rechtsverhältnisse untereinander steuerlich möglichst günstig zu gestalten. Eltern können die Art der Unterhaltsgewährung gegenüber ihren unverheirateten Kindern nach § 1612 Abs. 2 S. 1 BGB selbst bestimmen. Entscheiden sie sich für Barunterhalt, werden sie durch die Zahlung frei. Das Kind könnte sich auch bei anderen Personen eine Wohnung mieten, während die Eltern wiederum ihre Wohnung an einen Dritten vermieten. In diesem Fall würden die Mietverhältnisse jeweils steuerlich anerkannt. Auch vor dem Hintergrund des Art. 6 Abs. 1 GG erscheint es geboten, Mietverhältnisse auch unter Familienangehörigen steuerlich anzuerkennen.[58] Für die Anerkennung spricht auch der Vergleich mit Fällen, in denen vermögende Eltern ihren Kindern so viel Geld zuwenden, dass diese die Miete aus den Erträgen des geschenkten Vermögens aufbringen. Hier ist die Abzugsfähigkeit der Werbungskosten für die Wohnung bei den Eltern ohne Weiteres zu bejahen. Ein Gestaltungsmissbrauch im Sinne des § 42 Abs. 1 S. 1 AO muss daher verneint und das Mietverhältnis zwischen M und S steuerlich anerkannt werden.

d) Zwischenergebnis

M erzielt Einkünfte aus Vermietung und Verpachtung gemäß §§ 2 Abs. 1 S. 1 Nr. 6, 21 Abs. 1 S. 1 Nr. 1 EStG aus der Vermietung der Wohnung in Bochum in Höhe von

---

[56] *Mellinghoff*, in: Kirchhof, EStG, 14. Aufl. 2015, § 21 Rn. 79 (zur alten Rechtslage).
[57] *Drüen*, in: Tipke/Kruse, AO, Loseblatt, Stand: Oktober 2010, § 42 Rn. 15 ff.
[58] BFH v. 19.10.1999 – IX R 39/99, BStBl. II 2000, 224 (226); s. a. *Jakob*, Einkommensteuer, 4. Aufl. 2008, Rn. 438; a. A. noch BFH. v. 23.02.1988 – IX R 157/84, BStBl. II 1988, 604 (606).

1600 €. Die Unterhaltszahlungen an seinen Sohn sind nach § 12 Nr. 1 EStG nicht abzugsfähig.

7. Einkünfte aus der Beteiligung an der Schreinerei

Schließlich könnte M steuerbare Einkünfte aus der Beteiligung an dem Schreinereiunternehmen des A erzielt haben.

a) Qualifikation

Einkünfte aus einer Beteiligung als stiller Gesellschafter werden grundsätzlich nach § 20 Abs. 1 Nr. 4 EStG als Einkünfte aus Kapitalvermögen erfasst. Dies gilt jedoch nach § 20 Abs. 1 Nr. 4 S. 1 Hs. 2 EStG nicht, wenn der Gesellschafter als Mitunternehmer anzusehen ist. Das Betreiben einer Schreinerei ist ein Gewerbebetrieb nach § 15 Abs. 2 EStG, so dass M Einkünfte aus einer gewerblichen Mitunternehmerschaft nach § 15 Abs. 1 S. 1 Nr. 2 EStG erzielt haben könnte.

Damit M als Mitunternehmer im Sinne des § 15 Abs. 1 S. 1 Nr. 2 EStG anzusehen ist, müsste ein zivilrechtliches Gesellschaftsverhältnis vorliegen, in dem M Mitunternehmerrisiko trägt und ein gewisses Mindestmaß an Mitunternehmerinitiative entfaltet.[59] Da die Mitunternehmerschaft nur einen Typusbegriff darstellt, kann ein geringes Unternehmerrisiko durch eine hohe Unternehmerinitiative wertend ausgeglichen werden und umgekehrt.

Als zwischen M und A bestehendes zivilrechtliches Gesellschaftsverhältnis, das von § 15 Abs. 1 S. 1 Nr. 2 erfasst wird, kommt auch die stille Gesellschaft in Frage. Diese ist zwar nicht ausdrücklich genannt, sie ist jedoch in § 230 HGB normiert und anerkannt, so dass sie als „andere Gesellschaft" im Sinne des § 15 Abs. 1 S. 1 Nr. 2 EStG anzusehen ist.

Unter dem Unternehmerrisiko versteht man die unmittelbare Teilhabe am unternehmerischen Erfolg oder Misserfolg.[60] Dieser ergibt sich aus dem zivilrechtlichen Vermögensrechten und -pflichten eines Gesellschafters. Ein stiller Gesellschafter ist mit seiner Einlage am Verlust beteiligt, § 232 Abs. 2 S. 1 HGB. Bei einer Auseinandersetzung der Gesellschaft erhält er dem gesetzlichen Modell entsprechend gemäß § 235 Abs. 1 HGB lediglich seine Einlage zurück. Dem grundsätzlich dispositiven Recht des HGB nach ist der typisch stille Gesellschafter daher nicht an den stillen Reserven und am Geschäftswert der Gesellschaft beteiligt. Diese Form der stillen Gesellschaft genügt daher nicht den Anforderungen des § 15 Abs. 1 S. 1 Nr. 2 EStG hinsichtlich des Mitunternehmerrisikos, wie auch die Existenz des § 20 Abs. 1 Nr. 4 S. 1 EStG zeigt. Anders sieht es jedoch bei dem von der Grundkonzeption des HGB abweichenden atypisch stillen Gesellschafter aus, der auch an den stillen Reserven und am Geschäftswert (positiv wie negativ) beteiligt ist.[61] M hat neben der Verlustbeteiligung einen über die Einlage hinausgehenden Abfindungsanspruch auf den anteiligen Unternehmenswert inklusive der stillen Reserven. Er ist damit durchaus den anderen in § 15 Abs. 1 S. 1 Nr. 2 EStG normierten Fällen

---

[59] Vgl. dazu BFH v. 13.07.1993 – VIII R 50/92, BStBl. II 1994, 282 (285).
[60] *Jakob*, Einkommensteuer, 4. Aufl. 2008, Rn. 1046.
[61] BFH v. 27.05.1993 – IV R 1/92, BStBl. II 1994, 700 (701).

von Mitunternehmern vergleichbar. Damit trägt er als atypisch stiller Gesellschafter hinreichendes Unternehmerrisiko.

Schließlich muss M auch die Möglichkeit haben, Unternehmerinitiative, also Teilhabe an unternehmerischen Entscheidungen zu entfalten. Hierzu zählen Geschäftsführungs- und Vertretungsbefugnisse sowie Stimm- und Kontrollrechte. Die diesbezüglichen gesetzlichen Mindestanforderungen sind den gesetzlichen Regelungen der in § 15 Abs. 1 S. 1 Nr. 2 EStG aufgeführten KG zu entnehmen. So sind für das Vorliegen von Mitunternehmerinitiative den Kontrollrechten eines Kommanditisten nach den §§ 164 ff. HGB vergleichbare Rechte hinreichend. M bleibt als stillem Gesellschafter mangels besonderer gesellschaftsvertraglicher Regelung nur das Kontrollrecht nach § 233 HGB. Da dies jedoch dem Kontrollrecht des Kommanditisten nach § 166 HGB entspricht, genügt es der in § 15 Abs. 1 S. 1 Nr. 2 EStG mit der Aufzählung der KG zum Ausdruck kommenden Wertung. Somit ist M als Mitunternehmer anzusehen. Seine Gewinnanteile sind daher nach § 15 Abs. 1 S. 1 Nr. 2 EStG als Einkünfte aus Gewerbebetrieb zu qualifizieren.

b) Quantifizierung
Die Höhe der Einkünfte aus der gewerblichen Mitunternehmerschaft ist nach § 15 Abs. 1 S. 1 Nr. 2 EStG zweistufig zu bestimmen. Neben den anteiligen Gesellschaftsgewinn treten Sonderbetriebseinnahmen und Sonderbetriebsausgaben.

Der Gewinnanteil des M für das Jahr 2014 beträgt 2.000 €.

Als Sonderbetriebseinnahme kommt die „Aufwandsentschädigung" in Betracht. Diese wurde dem M von A als zusätzliche Vergütung im Wert von 3.600 € zugewendet und in der Bilanz der Schreinerei als gewinnmindernde Betriebsausgabe berücksichtigt. Dem scheint es auf den ersten Blick zu entsprechen, die Vergütung bei M als Einnahme eines eigenständigen Gewerbebetriebes „Beratung des A" nach § 15 Abs. 1 S. 1 Nr. 1 EStG oder als sonstige Leistung im Sinne des § 22 Nr. 3 EStG zu erfassen. Diese Konstruktion wäre aber nur einer Körperschaft angemessen, die eigene Rechtssubjektivität hat und daher – mit Korrekturen hinsichtlich verdeckter Gewinnausschüttungen und verdeckter Einlagen – frei Verträge mit den Gesellschaftern schließen kann. Die Mitunternehmerschaft soll aber in ihrer Transparenz dem Einzelunternehmer gleichgestellt sein. Dieser kann keinen „Unternehmerlohn" steuermindernd geltend machen, sondern muss seine Vergütung aus dem versteuerten Gewinn entnehmen.[62] Dementsprechend muss die gewinnmindernde Berücksichtigung der Vergütung in der Bilanz der Mitunternehmerschaft nach § 15 Abs. 1 S. 1 Nr. 2 Hs. 2 EStG korrigierend in der Sonderbilanz des M berücksichtigt werden. Somit ist dem Gewinnanteil des M eine Sonderbetriebseinnahme von 3.600 € hinzuzurechnen.

Umgekehrt sind auch die Aufwendungen, die M im Rahmen seiner Mitunternehmerbeteiligung trägt, als Sonderbetriebsausgaben abzugsfähig. Insbesondere fallen darunter Aufwendungen auf das Sonderbetriebsvermögen des Mitunternehmers.

---

[62] *Wacker*, in: Schmidt, EStG, 34. Aufl. 2015, § 15 Rn. 561.

Lösung

Zur Vertiefung

Im Rahmen der Sonderbilanz wird zwischen Sonderbetriebsvermögen I (der Gesellschaft unmittelbar dienendes Vermögen) und Sonderbetriebsvermögen II (dem Gesellschaftsanteil dienend) unterschieden. Das Darlehen wäre damit passives Sonderbetriebsvermögen II. Nutzt der Gesellschafter eigene – d. h. nicht eingelegte – Wirtschaftsgüter für die Gesellschaft oder für seinen Gesellschaftsanteil, gehören diese als Sonderbetriebsvermögen zu seinem Betriebsvermögen und sind damit auch steuerverstrickt.

Beispiel: Hätte M dem A und der Schreinerei bspw. ein Grundstück zur Verfügung gestellt, wäre dieses als Sonderbetriebsvermögen I steuerverstrickt und könnte auch nach Ablauf der Frist der §§ 22 Nr. 3, 23 Abs. 1 S. 1 Nr. 1 EStG nicht steuerfrei veräußert werden. Die durch das Grundstück erzielten Vermietungseinkünfte wären nach § 21 Abs. 3 EStG wegen Nutzung von Betriebsvermögen nicht mehr als Einkünfte nach § 21 EStG, sondern als Einkünfte im Sinne des § 15 Abs. 1 S. 1 Nr. 2 EStG zu qualifizieren.

Das Darlehen für die Finanzierung der Beteiligung stellt als der Mitunternehmerstellung dienend Sonderbetriebsvermögen II dar. Die Zinsraten sind folglich als Sonderbetriebsausgaben abziehbar.

Somit sind vom Gewinnanteil des M Sonderbetriebsausgaben in Höhe von 600 € abzuziehen. Die Abzugsbeschränkung für Zinsen gemäß § 4h Abs. 1 S. 1 EStG kommt hier schon allein aufgrund der *de minimis* Ausnahme des § 4h Abs. 2 S. 1 Buchst. a EStG nicht in Betracht.[63]

Damit betragen die Einkünfte des M aus der Mitunternehmerschaft 5.000 € (= 2000 € + 3600 €./.600 €).

8. Ergebnis

Zur Errechnung der Summe der Einkünfte nach § 2 Abs. 3 EStG sind alle positiven und negativen Einkünfte der einzelnen Einkunftsarten zu saldieren. Dies stellt sich wie folgt dar.

Einkünfte aus nichtselbständiger Arbeit	+49.512,10 €
Vermietung Einfamilienhäuser	./. 8529,10 €
Vermietung Bürogebäude	+3.2.222 €
Vermietung Wohnung in Bochum	+1.600 €
Mitunternehmerschaft	+5.000 €

Die aufgrund der Ferienwohnung in Brasilien entstandenen Verluste können nach § 2a Abs. 1 S. 1 Nr. 6 Buchst. a EStG nicht mit anderen Einkünften verrechnet werden.

Die Summe der Einkünfte beträgt folglich 79.805 €.

---

[63] Daneben ist auch die Eigenschaft einer Mitunternehmerstellung als Betrieb zweifelhaft. Vgl. dazu *Heuermann*, in: Blümich, EStG/KStG/GewStG, Loseblatt, Stand: 04/2015, § 4h EStG Rn. 4.

II. Gesamtbetrag der Einkünfte

Der Gesamtbetrag der Einkünfte ist mit der Summe der Einkünfte identisch. Weder ein Altersentlastungsbetrag noch ein Abzug nach § 13 Abs. 3 EStG kommen hier in Betracht.

III. Einkommen

Um das Einkommen zu ermitteln, ist nach § 2 Abs. 4 EStG der Gesamtbetrag der Einkünfte um die Sonderausgaben gemäß § 10 EStG und die außergewöhnlichen Belastungen gemäß § 33 EStG zu kürzen.

1. Sonderausgaben

Als Sonderausgaben könnten die Unterhaltszahlungen des M an seine geschiedene Ehefrau nach §§ 10 Abs. 1 Nr. 1 EStG[64] i. V. m. § 1a Nr. 1 EStG als Ausnahmevorschrift zu § 12 Nr. 2 EStG bis zu einer Höhe von 13.805 € abzugsfähig sein. Es sind nach § 10 Abs. 1 Nr. 1 EStG nur Unterhaltsleistungen an einen unbeschränkt steuerpflichtigen geschiedenen Ehegatten abzugsfähig, E ist jedoch mangels Wohnsitzes (§ 8 AO) oder gewöhnlichen Aufenthalts (§ 9 AO) in Deutschland nicht unbeschränkt einkommensteuerpflichtig. § 1a Abs. 1 Nr. 1 EStG lässt jedoch unter den dort angegebenen Voraussetzungen Unterhaltsleistungen auch an nicht unbeschränkt steuerpflichtige Personen zum Abzug zu.

M besitzt die deutsche Staatsangehörigkeit, ist also Staatsangehöriger eines Mitgliedstaates der Europäischen Union und ist aufgrund seines inländischen Wohnsitzes nach § 1 Abs. 1 EStG in Deutschland unbeschränkt steuerpflichtig. Die geschiedene Ehefrau als nicht unbeschränkt einkommensteuerpflichtige Empfängerin der Unterhaltsleistungen hat ihren Wohnsitz in Schweden, also im Hoheitsgebiet eines Mitgliedstaates der Europäischen Union. Die Besteuerung der Unterhaltszahlungen beim Empfänger ist laut Sachverhalt durch eine Bescheinigung der zuständigen ausländischen Steuerbehörde nachgewiesen, so dass die Voraussetzungen des § 1a Abs. 1 Nr. 1 EStG hier vorliegen.

Die geschiedene Ehefrau hat die nach § 10 Abs. 1 Nr. 1 EStG notwendige Zustimmung erteilt. Die Abzugsfähigkeit der Unterhaltszahlungen ist jedoch auf 13.805 € begrenzt. Weitere Sonderausgaben lassen sich aus dem Sachverhalt nicht entnehmen. Die tatsächlichen Sonderausgaben übersteigen damit den Sonderausgaben-Pauschbetrag nach § 10c S. 1 EStG, der lediglich 36 € beträgt.

2. Außergewöhnliche Belastungen

Aus dem Sachverhalt ergeben sich keine allgemeinen außergewöhnlichen Belastungen nach § 33 EStG. Der den Betrag von 13.805 € übersteigende Unterhalt an E könnte aber als außergewöhnliche Belastung in einem besonderen Fall nach § 33a Abs. 1 S. 1 EStG zu berücksichtigen sein. Jedoch gilt auch für diese typisierte außergewöhnliche Belastung die Grundregel des § 33 Abs. 2 S. 2 Hs. 1 EStG. Danach bleiben Aufwendungen, die dem Grunde nach zu den Sonderausgaben gehören, bei den außergewöhnlichen Belastungen außer Betracht. Der Unterhalt an

---

[64] Ab dem VZ 2015: § 10 Abs. 1a Nr. 1 EStG.

E kann demnach nicht im Rahmen des § 33a Abs. 1 S. 1 EStG abgezogen werden. Die Freibeträge der §§ 32 Abs. 6 S. 1, 33a Abs. 2 S. 1 EStG sind ausweislich des Bearbeitervermerks nicht zu berücksichtigen.

Das Einkommen des M nach § 2 Abs. 4 EStG beträgt somit 66.000 € (= 79.805 €./.13.805 €).

IV. Ergebnis

M erzielt im Veranlagungszeitraum 2014 ein Einkommen von 66.000 €.

Fall 5: Die Heimkehr

Sachverhalt
S wuchs als Sohn eines US-amerikanischen Soldaten und einer deutschen Krankengymnastin in Deutschland auf. Während sein Vater in den Militäreinrichtungen arbeitet, tätigt seine Mutter Krankengymnastik-Hausbesuche und stellt darüber einfache Einnahmen-Ausgaben-Listen auf. S hat eine ältere Schwester Y. Nach einem erfolgreichen Studium der Betriebswirtschaft in Mannheim verließ er Deutschland, um das Herkunftsland seines Vaters kennenzulernen. In den USA absolvierte er ein MBA-Aufbaustudium und arbeitete dort bis Ende 2013 als Manager eines mittelständischen Unternehmens zur Schrauben- und Gewindeherstellung.

Anfang 2013 fasst S den Entschluss, nach Deutschland zurückzukehren. Um seine Berufstätigkeit in Deutschland wieder aufnehmen zu können, bewirbt er sich im Laufe des Jahres 2013 bei insgesamt 16 Unternehmen mit Sitz in Deutschland und reist zu einigen Bewerbungsgesprächen für jeweils wenige Tage dorthin. Dabei entstehen ihm Aufwendungen in Höhe von 4.000 €. Zugleich absolviert er ein deutsches Fernstudium, um sich auf den neuesten Stand der deutschen Betriebswirtschaftslehre sowie des deutschen Wirtschafts- und Steuerrechts zu bringen. Die Aufwendungen für das Fernstudium betragen 1.000 €. Diese Aufwendungen wurden von den US-Steuerbehörden nicht berücksichtigt, so dass S sie 2010 in Deutschland geltend machen möchte.

Die Bewerbungsgespräche haben Erfolg, so dass S zum 01.01.2014 nach Deutschland übersiedelt und eine Tätigkeit bei der M-AG, einem mittelständischen Schrauben- und Gewindeherstellungsunternehmen, aufnimmt. Das Jahresgehalt des S beträgt 100.000 €. S wird zudem ein Dienstwagen (Listenpreis 50.000 €) zur Verfügung gestellt, den er neben den Fahrten zwischen Wohnung und seinem Büro bei der M-AG auch unbeschränkt privat nutzen kann. S pendelt an 200 Tagen zur Arbeit. Die Entfernung beträgt bei Nutzung der Landstraße 20 km. Da S hier oft im Stau steht, nutzt er fast ausschließlich die Autobahn. Dadurch verlängert sich die Strecke zwar um 5 km, S spart aber ein Drittel der Fahrtzeit.

Anfang Mai verunglücken die Eltern von S und Y bei einem Autounfall tödlich. Bei Sichtung der Unterlagen ihrer Eltern stellen S und Y fest, dass ihre Eltern aufgrund wirtschaftlicher Schwierigkeiten in den vergangenen Jahren noch ungenutzte Verlustvorträge in Höhe von 40.000 € haben. S und Y betrachten diese Verlustvorträge als Teil ihres Erbes, zumal sie Nachlassverbindlichkeiten ihrer Eltern übernehmen mussten. S möchte seinen Anteil von 20.000 € für das Jahr 2014 steuermindernd nutzen.

Zudem fallen S und Y offene Rechnungen der Mutter an ihre Patienten in Höhe von 5000 € in die Hände. S treibt daraufhin seinen Anteil von 2.400 € erfolgreich bei den Patienten ein. Eine offene Rechnung eines Lieferanten seiner Mutter für krankengymnastische Hilfsmittel wie Matten, Bänder und Massagebälle in Höhe von 400 € begleicht er ebenfalls. Die Matten kosten 140 €, die Bänder 50 € und die Massagebälle 5 €.

S erbt zudem 1% der Aktien der X-AG. Diese hatten seine Eltern im November 2007 zum Preis von 150.000 € erworben. Im Juli 2014 erhält S eine Dividendenzahlung in Höhe von 5.000 €.

Anfang August wird das von S bewohnte Haus zum Verkauf angeboten. Da S sich in dem Haus sehr wohl fühlt, möchte er es erwerben. Dazu veräußert er die Aktien der X-AG zu einem günstigen Kurs und erlöst dabei 200.000 €. Zur weiteren Finanzierung nimmt S bei seiner Schwester Y ein Darlehen in Höhe von 100.000 € auf. Der Zinssatz beträgt marktübliche 4,5% p. a., die Zinsraten sind monatlich zu entrichten. Eine Kündigung ist ohne besondere Frist jederzeit möglich. Sicherungen werden keine bestellt. Der Gesamtkaufpreis des 2002 erstellten Hauses beträgt 300.000 € (Anteil Grund und Boden: 100.000 €). Der Kauf wird auf den 01.09.2014 vollzogen, den durch das Darlehen finanzierten Kaufpreisanteil überweist S von einem gesonderten Konto, auf dem sich allein das Darlehen der Y befand. S bewohnt weiterhin eine der beiden in Fläche und Zuschnitt identischen Wohnungen, die andere vermietet er ab 01.09.2014 an Y für 400 € monatlich. Marktüblich wären 800 € gewesen.

S möchte die Darlehenszinsen vollständig als Werbungskosten geltend machen, da er sich nur mit dem Darlehen den Kauf eines Zweifamilienhauses und damit die Vermietungsmöglichkeit habe leisten können. Zudem hatte ihn sein Anlageberater bei der Kaufentscheidung darauf hingewiesen, dass es seines Wissens günstige Abschreibungsraten von 5% pro Jahr für vor dem 01.01.2004 hergestellte Häuser gebe und nach dieser Vorschrift auch bei Kauf gegen Ende des Jahres die ganze Jahres-AfA im Kaufjahr steuerlich geltend gemacht werden könne.

Ende November spendet S einer Partei 5.000 €. Er erhält eine Spendenquittung und möchte diesen Betrag möglichst weitgehend steuerlich geltend machen.

Aufgabe
Wie hoch ist das Einkommen des S im Jahr 2014?
Rechtsstand ist das Jahr 2014. Nicht zu prüfen sind Fragen des Erbschaftsteuer- und Verfassungsrechts sowie Vertrauensschutzerwägungen aufgrund von Rechtsprechungsänderungen.

Gliederung

Lösung	95
A. Persönlicher Tatbestand (§ 1 EStG)	95
B. Sachlicher Tatbestand (§ 2 Abs. 1, 2 EStG)	96
I. Managertätigkeit bei der M-AG	96
1. Einkünftequalifizierung	96

2. Einkünftequantifizierung	96
a) Arbeitslohn	96
b) Dienstwagennutzung	96
c) Zwischenergebnis	99
3. Werbungskosten	99
a) Arbeitssuche und Fernstudium 2014	99
b) Fahrt zur Arbeit	99
c) Pauschbetrag	99
d) Zwischenergebnis	100
II. Krankengymnastik-Tätigkeit der Mutter	100
III. Vermietung der Wohnung an Y	100
1. Qualifizierung	100
a) Anerkennung von Verträgen zwischen Verwandten	101
b) § 42 AO	101
2. Quantifizierung	102
a) Einnahmen	102
b) Werbungskosten	102
aa) Darlehenszinsen	102
bb) AfA	105
(1) Erhöhte AfA nach § 7 Abs. 5 EStG	105
(2) Sonstige Tatbestände für erhöhte AfA (§§ 7a-k EStG)	105
(3) Regelmäßige AfA nach § 7 Abs. 4 EStG	106
(4) Abzug der anteiligen Privatnutzung	107
cc) Abzugsbeschränkung wegen Liebhaberei?	107
c) Ergebnis zu § 21 EStG	108
IV. Dividenden	108
V. Aktienveräußerung	108
1. Qualifizierung	108
2. Quantifizierung	108
C. Summe der Einkünfte und Gesamtbetrag der Einkünfte (§ 2 Abs. 3 EStG)	109
D. Einkommen (§ 2 Abs. 4 EStG)	109
I. Intertemporärer Verlustausgleich nach § 10d EStG	109
1. Arbeitssuche 2013	109
2. Fernstudium 2013	110
3. Verlustvorträge seiner Eltern	111
4. Ergebnis	114
II. Sonderausgaben	114
1. Parteispende	114
2. Pauschbetrag	115
III. Außergewöhnliche Belastungen	115
IV. Ergebnis	115

Lösung

A. Persönlicher Tatbestand (§ 1 EStG)

S ist im Jahr 2014 als natürliche Person mit Wohnsitz (§ 8 AO) in Deutschland gemäß § 1 Abs. 1 S. 1 EStG unbeschränkt einkommensteuerpflichtig. Sein Welteinkommen unterliegt der deutschen Steuerpflicht.

S ist nicht verheiratet, so dass nur eine Einzelveranlagung in Betracht kommt (§ 25 Abs. 3 S. 1 EStG).

B. Sachlicher Tatbestand (§ 2 Abs. 1, 2 EStG)

I. Managertätigkeit bei der M-AG

1. Einkünftequalifizierung

Die Manager-Tätigkeit bei der M-AG könnte als nichtselbständige Tätigkeit nach §§ 2 Abs. 1 S. 1 Nr. 4, 19 EStG zu qualifizieren sein. Eine nichtselbständige Tätigkeit ist insbesondere dann anzunehmen, wenn der Steuerpflichtige in den geschäftlichen Organismus des Arbeitgebers eingegliedert und dort weisungsgebunden ist (vgl. § 1 Abs. 2 S. 2 LStDV).[1] S hat als Manager Führungsaufgaben, ist also selbst in gewissem Umfang weisungsberechtigt. Wenn er im mittleren Management arbeitet, was der Sachverhalt nahelegt, hat er jedoch seinerseits den Weisungen seiner Vorgesetzten, insbesondere des Vorstands zu folgen. So kann er Arbeitsort und Arbeitszeit nicht vollständig selbständig bestimmen. Selbst wenn S Mitglied des Vorstandes wäre, sind er und seine Kollegen gegenüber dem Aufsichtsrat in gewissem Maße weisungsgebunden, so dass er selbst in diesem Falle nichtselbständig tätig wäre.[2] S erzielt somit Einkünfte aus nichtselbständiger Arbeit gemäß §§ 2 Abs. 1 S. 1 Nr. 4, 19 EStG.

2. Einkünftequantifizierung

a) Arbeitslohn
S erzielt für seine Tätigkeit als Manager einen Arbeitslohn von 100.000 €.

b) Dienstwagennutzung
Zu den Einkünften aus nichtselbständiger Arbeit könnte auch die Dienstwagennutzung zählen. Die Erlaubnis zur Dienstwagennutzung ist durch die nichtselbständige Tätigkeit des S veranlasst und kann daher einen geldwerten Vorteil nach § 8 Abs. 1 EStG darstellen. Die Nutzung eines Dienstwagens für dienstliche Angelegenheiten bereichert S nicht. Er darf den Dienstwagen aber auch privat zu Fahrten zur und von der Arbeit und andere Fahrten benutzen. Die Nutzungsvorteile sind gemäß § 8 Abs. 2 S. 2 i. V. m. § 6 Abs. 1 Nr. 4 S. 2 EStG pauschal mit 1 % des Bruttolistenpreises pro Kalendermonat anzusetzen. Ein Ansatz der tatsächlichen Aufwendungen scheidet mangels entsprechender Nachweise und eines Fahrtenbuchs aus (§ 8 Abs. 2 S. 4 EStG).[3] Damit ergeben sich $50.000/100 \times 12 = 6.000$ €.

Für die Fahrten zwischen der Wohnung und seinem Büro bei der M-AG kann sich der Betrag nach § 8 Abs. 2 S. 3 EStG nochmals um 0,03 % des Listenpreises

---

[1] Vgl. *Drenseck*, in Schmidt, EStG, 34. Aufl. 2015, § 19 Rn. 26; *Jakob*, Einkommensteuer, 4. Aufl. 2008, Rn. 286.

[2] *Jakob*, Einkommensteuer, 4. Aufl. 2008, Rn. 288.

[3] Jedenfalls aufgrund dieser Möglichkeit, die tatsächlichen Kosten nach § 8 Abs. 2 S. 4 EStG nachzuweisen, ist die sehr grob typisierende und pauschalierende 1 %-Regelung des § 8 Abs. 2 S. 2 EStG verfassungsgemäß, so jüngst wieder BFH v. 13.12.2012 – VI R 51/11, BStBl II 2013, 385.

Lösung

für jeden Entfernungskilometer zwischen Wohnung und erster Tätigkeitsstätte im Sinne des § 9 Abs. 4 EStG pro Monat erhöhen. Das Büro des S ist eine ortsfeste betriebliche Einrichtung bei der M-AG (§ 9 Abs. 4 S. 1 EStG). Mangels besonderer Angaben zu arbeitsrechtlichen Weisungen ist davon auszugehen, dass er dort typischerweise arbeitstäglich tätig werden soll (§ 9 Abs. 4 S. 4 Nr. 1 EStG) und ihr somit dauerhaft zugeordnet ist. Somit ist das Büro die erste Tätigkeitsstätte des M und eine Erhöhung nach § 8 Abs. 2 S. 3 EStG geboten. Fraglich ist, welche Entfernung maßgeblich ist: die 20 km der kürzesten, aber verkehrstechnisch ungünstigen Straßenverbindung, oder die 25 km der längeren, aber verkehrstechnisch günstigeren Straßenverbindung. § 8 Abs. 2 EStG selbst enthält keine ausdrückliche Regelung: die Entfernung könnte nach der kürzesten, der verkehrsgünstigsten oder schlicht nach der regelmäßig tatsächlich gefahrenen Strecke zu bemessen sein.

Für die Frage des korrespondierenden Werbungskostenabzugs findet sich in § 9 Abs. 1 S. 3 Nr. 4 S. 4 EStG eine ausdrückliche Regelung: demnach wäre grundsätzlich die kürzeste Straßenverbindung – also 20 km – anzusetzen, eine längere jedoch, wenn diese offensichtlich verkehrsgünstiger ist und vom Arbeitnehmer regelmäßig genutzt wird. Die Nutzung der Autobahn ist zwar 5 km länger, erspart dem S durch die Mehrspurigkeit und die höheren Geschwindigkeiten aber ein Drittel Fahrtzeit und ist nicht so stauanfällig, so dass sie offensichtlich verkehrsgünstiger ist. Nach dieser Regelung könnte sich S auf die 25 km berufen.

Fraglich ist jedoch, ob diese Regelung auch bei der Bemessung der Dienstwagennutzung anzusetzen ist. In § 8 Abs. 2 EStG findet sich kein Verweis auf § 9 Abs. 1 S. 3 Nr. 4 EStG. Systematisch kommt eine analoge Anwendung des § 9 Abs. 1 S. 3 Nr. 4 S. 4 EStG im Rahmen des § 8 EStG in Betracht, damit eine Symmetrie zwischen Besteuerung des Nutzungsvorteils und Ansetzen der Nutzung im Rahmen der Werbungskosten hergestellt werden kann. Angesichts des offenen und auslegungsfähigen Wortlauts des § 8 Abs. 2 EStG ist jedoch fraglich, ob überhaupt eine Regelungslücke besteht. Zugleich ist zweifelhaft, ob es überhaupt einen Grundsatz der Symmetrie zwischen Sachbezugswert und Werbungskostenansatz gibt.[4] Jedenfalls würde eine analoge Anwendung des § 9 Abs. 1 S. 3 Nr. 4 S. 4 EStG im Rahmen des § 8 EStG für den Steuerpflichtigen belastend wirken. Belastende Analogien verstoßen jedoch auch außerhalb des auf das Strafrecht bezogenen Art. 103 Abs. 2 GG gegen das rechtsstaatliche Prinzip des Vorbehalts des Gesetzes.

Nicht unter das Analogieverbot fällt jedoch die systematische Auslegung einer Rechtsnorm. § 8 Abs. 2 S. 3 EStG umfasst auch innerhalb der Wortlautgrenze eine Auslegung, die der Regelung des § 9 Abs. 1 S. 3 Nr. 4 S. 4 EStG entspricht. Zwar ist eine Symmetrie zwischen Sachbezugswert und Werbungskostenansatz nicht zwingend. Beide Werte können durch eine gesetzgeberische Entscheidung unterschiedlich bemessen werden. Hier fehlt es jedoch an einer gesetzgeberischen Entscheidung zu einer abweichenden Bemessung des Sachbezugswerts. In diesem Fall ist davon auszugehen, dass der Gesetzgeber ein und dieselbe Größe, nämlich die Entfernungskilometer, sowohl beim Sachbezugswert als auch beim Werbungskostenersatz gleich bemessen möchte. Demnach wäre die Entfernung nach § 8 Abs. 2 S. 3 EStG entsprechend des in § 9 Abs. 1 S. 3 Nr. 4 S. 4 EStG zum Ausdruck kommenden Bewertungsansatzes zu berechnen und würde 25 km betragen.

---

[4] A.A. FG Köln v. 22.05.2003 – 10 K 7604/98 (rkr.), DStRE 2003, 1078 (1079).

Die Finanzverwaltung legt § 8 Abs. 2 S. 3 EStG ohne Heranziehung des § 9 Abs. 1 S. 3 Nr. 4 S. 4 EStG eigenständig so aus, dass die kürzeste Wegstrecke maßgeblich ist.[5] Demnach beträgt die Entfernung 20 km.

> **Hinweis**
>
> Angesichts des offenen Wortlauts sind beide Auslegungen vertretbar.
> Da die Verwaltungsvorschriften den Bearbeitern nicht zur Verfügung stehen, kann eine Kenntnis der Auffassung der Finanzverwaltung nicht erwartet werden. § 9 Abs. 1 S. 3 Nr. 4 S. 4 EStG darf jedoch nur im Rahmen einer systematischen Auslegung herangezogen werden, die Annahme einer Analogie ist wie dargelegt falsch.
> Das FG Köln beschäftigte sich in einem rechtskräftigen Urteil aus dem Jahr 2003 mit dem Problem.[6] Es lehnt einen zwingenden Grundsatz der Symmetrie zwischen Sachbezugswert und Werbungskostenansatz ab. Dies sagt jedoch wie im Gutachten dargelegt nichts über die mögliche systematische Auslegung des § 8 Abs. 2 EStG aus. Leider trifft auch das Urteil keine Entscheidung darüber, wie § 8 Abs. 2 S. 3 EStG auszulegen ist.
> Das Gericht löst den Fall über den Grundsatz der Selbstbindung der Verwaltung durch Verwaltungsvorschriften. Da die Verwaltungsvorschriften bei der Bearbeitung nicht zur Verfügung stehen, können die folgenden Ausführungen nicht erwartet werden. In einem Merkblatt für Arbeitgeber hat die Verwaltung die kürzeste Wegstrecke für maßgebend erklärt.[7] Auf dieses Merkblatt wird auch in H 8.1 (9–10) LStH 2008 verwiesen. Die Finanzverwaltung bindet sich bei der Ausübung von Ermessen im Hinblick auf Art. 3 Abs. 1 GG selbst, wenn sie die Ermessensausübung durch Verwaltungsvorschriften als im Voraus festgelegte Verwaltungspraxis determiniert. Im Steuerrecht soll diese aus dem allgemeinen Verwaltungsrecht bekannte Figur auch auf Pauschalisierungsentscheidungen ausgedehnt werden. Das FG Köln sieht in der Verwaltungsvorschrift eine entsprechende Pauschalisierungsentscheidung, die die Finanzverwaltung auf den Ansatz der kürzesten Wegstrecke binde.[8] Ob sich die Verwaltung auch hinsichtlich Pauschalierungsentscheidungen, die ja nicht im Ermessensspielraum sondern im eigentlich eindeutigen Tatbestand Auswirkungen haben, selbst binden kann, und dass dies eine gerichtliche Überprüfung ausschließen soll, ist dogmatisch sehr fraglich. In Betracht kommen eher Vertrauensschutzerwägungen.
> Für das weitere Gutachten wird der Auffassung der Finanzverwaltung gefolgt. Somit sind für die Wege zwischen Wohnung und Arbeitsstätte 15 € × 20 × 12 = 3.600 € anzusetzen.

---

[5] H 8.1 (9–10) LStH 2015 unter Verweis auf das Merkblatt für den Arbeitgeber zu den Rechtsänderungen beim Steuerabzug vom Arbeitslohn ab 01.01.1996 und zur Auszahlung des Kindergeldes ab 01.01.1996, BMF v. 01.11.1995 – IV B 6 – S 2330–109/95, BStBl. I 1995, 719 Tz. 30.
[6] FG Köln v. 22.05.2003, 10 K 7604/98 (rkr.), DStRE 2003, 1078 (1079).
[7] BMF v. 01.11.1995 – IV B 6 – S 2330–109/95, BStBl. I 1995, 719 Tz. 30.
[8] FG Köln v. 22.05.2003, 10 K 7604/98 (rkr.), DStRE 2003, 1078 (1079).

Insgesamt ist die Dienstwagennutzung folglich mit 9.600 € anzusetzen. Die Freigrenze von 44 € monatlich nach § 8 Abs. 2 S. 11 EStG kommt von vorneherein nicht zum Ansatz, da sie sich nur auf die sonstigen Sachbezüge nach § 8 Abs. 2 S. 1 EStG bezieht.

c) Zwischenergebnis
S bezieht aus seiner Managementtätigkeit Einkünfte nach § 19 EStG in Höhe von 109.600 €.

3. Werbungskosten
a) Arbeitssuche und Fernstudium 2014
Fraglich ist, ob S seine Aufwendungen für die Arbeitssuche im Jahr 2013 als vorweggenommene Werbungskosten im Jahr 2014 geltend machen kann. Aufwendungen für die Arbeitssuche sind als vorweggenommene Werbungskosten grundsätzlich nach § 9 EStG abzugsfähig. Nach § 11 Abs. 2 EStG sind die Ausgaben aber im Kalenderjahr abzusetzen, in denen sie geleistet wurden. Die Ausgaben wurden im Jahr 2013 geleistet. Demnach müssen die Werbungskosten im Jahr 2013 angesetzt werden. Eine Berücksichtigung im Jahr 2014 kommt daher nur per Verlustvortrag nach § 10d EStG in Betracht.

Hinweis

Auf eine Anprüfung der Kosten aus dem Jahr 2013 kann auf Einkünfteebene auch verzichtet werden, entscheidend ist die Inzidentprüfung im Rahmen des § 10d EStG zwischen Gesamtbetrag der Einkünfte und Einkommen.

b) Fahrt zur Arbeit
S muss täglich 25 km zur Arbeit fahren. Nach § 9 Abs. 1 S. 3 Nr. 4 EStG werden die dadurch entstehenden Werbungskosten mit einer Entfernungspauschale von 0,30 € pro Kilometer abgegolten. Die Entfernung ist nach § 9 Abs. 1 S. 3 Nr. 4 S. 4 Hs. 1 EStG grundsätzlich nach der kürzesten Wegstrecke zu bemessen, also der 20 km langen Route über die Landstraße. Danach könnte S Werbungskosten in Höhe von $20 \times 0{,}30 \times 200 = 1.200$ € ansetzen. Gemäß § 9 Abs. 1 S. 3 Nr. 4 S. 4 Hs. 2 EStG kann jedoch ausnahmsweise eine verkehrsgünstigere längere Route zu Grunde gelegt werden. Die Nutzung der Autobahn ist zwar 5 km länger, erspart dem S durch die Mehrspurigkeit und die höheren Geschwindigkeiten aber ein Drittel Fahrtzeit und ist nicht so stauanfällig, so dass sie offensichtlich verkehrsgünstiger ist. Somit ist die maßgebliche Entfernung mit 25 km zu bemessen. Damit ergeben sich Werbungskosten in Höhe von $25 \times 0{,}30 \times 200 = 1.500$ €.

c) Pauschbetrag
Da die Werbungskosten des S die 1.000 € Grenze der Werbungskostenpauschale nach § 9a S. 1 Nr. 1 Buchst. a EStG übersteigen, ist diese ohne Belang.

d) Zwischenergebnis

Von den 109.600 € gehen Werbungskosten in Höhe von 1500 € ab.

II. Krankengymnastik-Tätigkeit der Mutter

Das Erbringen von selbständigen krankengymnastischen Leistungen fällt unter die Katalogtatbestände des § 18 Abs. 1 Nr. 1 S. 2 EStG. Die Leistungen wurden allerdings nicht von S selbst, sondern von seiner Mutter erbracht. Für die Steuerbarkeit ist es jedoch grundsätzlich notwendig, dass der Einkünfteerzielungstatbestand persönlich erfüllt wird.

Fraglich ist daher, ob die Einkünfte nicht noch bei der Mutter angefallen sind und daher eventuell im Rahmen des Nachlasses zu besteuern sind. Die Mutter erfüllt den Einkünfteerzielungstatbestand des § 18 Abs. 1 Nr. 1 S. 2 EStG. Die Forderungen an die Patienten wären nur dann vor Zahlung steuerwirksam, wenn die Mutter periodengerecht bilanziert. Eine Verpflichtung zum Führen einer Bilanz nach §§ 238 ff. HGB oder §§ 140 ff. AO ist aber nicht ersichtlich. Die Mutter führt hingegen eine einfache Einnahmen-Überschuss-Rechnung, so dass sie konkludent eine Gewinnermittlung nach § 4 Abs. 3 EStG gewählt hat. Somit bemisst sich ihr Gewinn nach § 4 Abs. 3 EStG und dem Zuflussprinzip des § 11 EStG. Die offenen Forderungen waren ihr zum Zeitpunkt ihres Todes noch nicht zugeflossen und fielen daher nicht bei ihr an.

Der Zufluss erfolgte wiederum beim Sohn S, der den Einkünfteerzielungstatbestand jedoch nicht verwirklicht hat.

In diesem Fall „gespaltener Tatbestandsverwirklichung" ist § 24 Nr. 2 EStG anzuwenden, der den von der Mutter verwirklichten Erwerbstatbestand des § 18 Abs. 1 EStG dem beim Erben S als Rechtsnachfolger verwirklichten Zuflusstatbestand personell zurechnet.[9] Für die sachliche Steuerpflicht, insbesondere die Einkunftsart bleiben die Verhältnisse des Rechtsvorgängers maßgebend.[10] Somit sind die Einkünfte aus den Krankengymnastik-Hausbesuchen von S nach § 18 Abs. 1, 24 Nr. 2 EStG als Betriebseinnahmen zu versteuern, obwohl er selbst keine krankengymnastische oder andere freiberufliche Tätigkeit ausgeübt hat.

Entsprechend kann S aber auch die von ihm bezahlte Rechnung für krankengymnastische Hilfsmittel in Höhe von 400 € als Betriebsausgaben abziehen. Da der Wert der einzelnen Wirtschaftsgüter 410 € nicht überschreitet, ist ein Sofortabzug nach § 6 Abs. 2, 4 Abs. 3 S. 3 EStG möglich. Eine Poolabschreibung nach § 6 Abs. 2a EStG scheidet mangels Überschreiten der 150 € Grenze aus.

Somit hat S Einkünfte nach § 18 Abs. 1, 24 Nr. 2 EStG in Höhe von 2400 €/400 € = 2.000 €.

III. Vermietung der Wohnung an Y
1. Qualifizierung

Die Mieteinnahmen sind Einkünfte aus Vermietung und Verpachtung nach § 2 Abs. 1 S. 1 Nr. 6, 21 EStG.

---

[9] *Mellinghoff*, in: Kirchhof, EStG, 14. Aufl. 2015, § 24 Rn. 44.
[10] *Mellinghoff*, in: Kirchhof, EStG, 14. Aufl. 2015, § 24 Rn. 45.

a) Anerkennung von Verträgen zwischen Verwandten

Dem Abschluss eines Mietvertrags zwischen Bruder und Schwester könnte wegen der aus der besonderen Nähebeziehung entspringenden Missbrauchs- und Gestaltungsanfälligkeit die steuerliche Anerkennung versagt werden.

Allerdings dürfen Familienangehörige aufgrund des Schutzes von Ehe und Familie in Art. 6 Abs. 1 GG keine steuerrechtlichen Nachteile im Hinblick auf ihre Verwandtschaft erleiden.[11] Daher ist der Vertrag anzuerkennen, wenn der Vertragsinhalt ernsthaft gewollt ist, was durch die zivilrechtliche Wirksamkeit und die weitgehende tatsächliche Durchführung indiziert wird, und einem Fremdvergleich standhält.[12]

Anhaltspunkte für eine zivilrechtliche Unwirksamkeit gibt es nicht. Y bewohnt tatsächlich die Wohnung und zahlt Miete. Allerdings entspricht der Mietzins nicht dem marktüblichen Niveau, er hält dem Fremdvergleich also nicht stand. Bei § 21 EStG besteht jedoch die Sondersituation, dass der Gesetzgeber nach § 21 Abs. 2 EStG auch Mietverträge mit einer nicht marktüblichen Miete ausdrücklich anerkennt. Somit kann Familienangehörigen nicht verwehrt werden, was Dritten ausdrücklich erlaubt ist. Eines Fremdvergleichs bedarf es hier also nicht.[13] Somit ist der Mietvertrag, vorbehaltlich der besonderen Rechtsfolgen des § 21 Abs. 2 EStG und der steuerrechtlichen Liebhaberei, grundsätzlich anzuerkennen.

Schließlich ist auch die Finanzierung über ein Darlehen der Y nicht zu beanstanden, da es S grundsätzlich frei steht, wie er sein Haus finanziert. Darlehensverträge zwischen Bruder und Schwester sind nach den bereits beim Mietvertrag dargestellten allgemeinen Prinzipien steuerlich anzuerkennen. So wurde auch der Darlehensvertrag wirksam geschlossen und durchgeführt. Die Konditionen entsprechen bis auf die fehlende Besicherung den marktüblichen Bedingungen. Bedenkt man allerdings, dass zwischen Bruder und Schwester ein besonderer Einblick in die jeweiligen finanziellen Verhältnisse besteht und der Vertrag jederzeit kündbar ist, erscheint eine Besicherung entbehrlich. Somit ist der Vertrag anzuerkennen.

b) § 42 AO

Ein Anerkennungsverbot könnte sich darüber hinaus aus dem Verbot missbräuchlicher Gestaltungen nach § 42 AO ergeben. Für eine derartige Gestaltung, die ohne wirtschaftlichen Grund allein der Steuerersparnis dient, gibt es jedoch keine hinrei-

---

[11] BVerfG v. 12.03.1985 – 1 BvR 571/81, BVerfGE 69, 188 (205 f.). Das BVerfG erklärte eine Rechtsprechung des BFH für verfassungswidrig, die eine Ehe zwischen Gesellschaftern als Indiz für eine Betriebsaufspaltung ansah.

[12] Vgl. BFH v. 27.11.1989 – GrS 1/88, BStBl. II. 1990, 160 („Oder-Konto"); aus jüngerer Zeit: BFH v. 11.03.2003 – IX R 55/01, BStBl. II. 2003, 627 (629 f.) (Vermietung einer Wohnung zwischen Ehegatten). Kurze Übersicht bei *Birk*, Steuerrecht, 17. Aufl. 2014, Rn. 339. Den Anforderungen der zivilrechtlichen Wirksamkeit und tatsächlichen Durchführung werden in Folge des BVerfG-Beschlusses zum „Oder-Konto": BVerfG v. 07.11.1995 – 2 BvR 802/90, BStBl. II. 1996, 34 nur noch Indizcharakter zugemessen.

[13] Im Ergebnis: BFH v. 24.08.2004 – IX R 28/03, BFH/NV 2005, 50 f.; v. 22.07.2003 – IX R 59/02, BStBl. II 2003, 806 f.

chenden Anhaltspunkte. Insbesondere besteht zwischen S und Y keine Unterhaltspflicht, die S zu einer unentgeltlichen Überlassung der Wohnung zwingen würde.

> **Zur Vertiefung**
>
> Die Rechtsprechung des BFH akzeptiert mittlerweile auch im Fall einer Unterhaltspflicht weitgehend eine Vermietung der Wohnung vom Unterhaltsschuldner an den Unterhaltsberechtigten. Dies gilt auch dann, wenn die Miete aus dem Barunterhalt bestritten oder gar mit diesem verrechnet wird, da es dem Unterhaltsempfänger bei Barunterhalt freistehe, sich eine andere Wohnung zu mieten, und der Unterhaltsschuldner die Wohnung ohne steuerliche Nachteile auch an fremde Dritte vermieten könne.[14]

2. Quantifizierung

a) Einnahmen

Die Mieteinnahmen betragen $4 \times 400\ € = 1.600\ €$.

b) Werbungskosten

aa) Darlehenszinsen

Als Werbekosten fallen die Darlehenszinsen an Y in Höhe von 4.500 € jährlich an. Darauf entfallen für 2014 vier monatliche Raten in Höhe von insgesamt 1.500 €.

Die Darlehenszinsen werden allerdings auf den Vermögensstamm „Haus" gezahlt, nicht auf die aus der Quelle „Vermietung" fließenden Mieteinnahmen. Im strengen Sinn der Quelleneinkünfte läge daher kein Veranlassungszusammenhang vor. § 9 Abs. 1 S. 3 Nr. 1 EStG lockert das Zusammenhangserfordernis für Schuldzinsen auf einen wirtschaftlichen Zusammenhang, der in der Finanzierung eines Hauses zur späteren Vermietung gegeben ist.

Der Darlehensvertrag ist wie bereits dargestellt steuerlich auch anzuerkennen.

Da S jedoch nur eine der beiden Wohneinheiten vermietet und die andere Wohneinheit selbst nutzt, stellen die auf die selbstgenutzte Wohnung entfallenden Aufwendungen keine Werbungskosten, sondern eine nach § 12 Nr. 1 EStG nicht abzugsfähige Einkommensverwendung dar.

Daher kommt eine Aufteilung der Werbungskosten in Betracht. Der Aufteilung könnte jedoch ein aus § 12 Nr. 1 S. 2 EStG ableitbares Abzugs- und Aufteilungsverbot bei gemischt erwerbsmäßig-privat veranlassten Aufwendungen entgegenstehen. Für ein solches Aufteilungsverbot lässt sich zum einen der Wortlaut heranziehen „auch wenn sie zur Förderung des Berufs oder der Tätigkeit des Steuerpflichtigen erfolgen." Zum anderen vermindert ein Aufteilungsverbot den missbräuchlichen Abzug privater Aufwendung durch Vermischung mit beruflichen Aufwendungen auf einfach zu vollziehende Weise.

---

[14] BFH v. 19.10.1999 – IX R 39/99, BStBl. II. 2000, 224 f.; Überblick bei *Ratschow*, in: Klein, AO, 12. Aufl. 2014, § 42 Rn. 123.

Eine solche Auslegung überdehnt jedoch den Wortlaut der Vorschrift. Satz 2 bezieht sich nur auf Aufwendungen der Lebensführung und beschränkt sich weiter auf Aufwendungen, welche die wirtschaftliche oder gesellschaftliche Stellung mit sich bringt. Der Aussagegehalt von Satz 2 besteht daher nur aus der Feststellung, dass private Aufwendungen nicht durch eine berufliche Mitveranlassung abzugsfähig werden.[15]

Zudem muss sich die Auslegung des § 12 Nr. 1 EStG systematisch am objektiven Nettoprinzip als Grundentscheidung des EStG und verfassungskonform am Leistungsfähigkeitsprinzip nach Art. 3 Abs. 1 GG orientieren.[16] Demnach muss die Abzugsfähigkeit von Werbungskosten der Grundsatz und deren Verbot die im Einzelfall erforderliche Ausnahme sein. Daher sind Aufwendungen entsprechend ihrer beruflichen und privaten Veranlassung notfalls durch Schätzung aufzuteilen und nur der private Teil vom Abzug auszuschließen.

Ein vollständiges Abzugsverbot ist nur dann erforderlich, wenn sich die berufliche und private Sphäre nicht nach objektiven Kriterien trennen lassen oder die berufliche Veranlassung von völlig untergeordneter Bedeutung ist. Nur in diesem Fall besteht die Gefahr der missbräuchlichen Verlagerung von privaten Aufwendungen in die berufliche Sphäre, die gleichheitswidrige Privilegierungen bestimmter Steuerpflichtiger mit berufsnahen Privataufwendungen befürchten lässt.[17]

Auch mögliche Ermittlungsschwierigkeiten in der Praxis rechtfertigen kein Aufteilungsverbot.[18] Die allgemeinen verfahrensrechtlichen Regelungen verorten die Beweislast letztlich beim Steuerpflichtigen. Lässt sich die berufliche Veranlassung dem Grunde nach unter Ausschöpfung geeigneter Amtsermittlungsmaßnahmen des Finanzamts und des Finanzgerichts nicht ermitteln, ist der Abzug zu versagen. Besteht nur ein Ermittlungsdefizit der Höhe nach ist unter Berücksichtigung aller Umstände nach §§ 162 AO, 96 Abs. 1 S. 1 FGO zu schätzen.

> **Zur Vertiefung**
>
> Bereits vor dem Beschluss des Großen Senats 1/06 vom 21.09.2009 hat die Rechtsprechung Ausnahmen vom Aufteilungsverbot gemacht, wenn die private Mitveranlassung unbedeutend und eine Aufteilung nach objektiven Kriterien möglich war (so schon der Große Senat im Jahr 1970).[19]
>
> Die Bedeutung des neuen Beschlusses des Großen Senates liegt daher vor allem darin, dass er die vorherige Ausnahme zur Regel macht. Somit ist die Praxis nicht mehr auf die Kasuistik der Ausnahmen angewiesen und die Argumentations- und Beweislastlage des Steuerpflichtigen erleichtert. Zudem wurde die steuerrechtliche Dogmatik in begrüßenswerter Weise berichtigt und entschlackt.

---

[15] BFH v. 21.09.2009 – GrS 1/06, DStR 2010, 101 (102); der BFH belegt diese Auslegung auch historisch mit den Gesetzesmaterialien aus dem Jahr 1935.
[16] BFH v. 21.09.2009 – GrS 1/06, DStR 2010, 101 (102).
[17] BFH v. 21.09.2009 – GrS 1/06, DStR 2010, 101 (103).
[18] BFH v. 21.09.2009 – GrS 1/06, DStR 2010, 101 (104).
[19] BFH v. 19.10.1970 – GrS 2/70, BStBl. II 1971, 17.

Grundsätzlich lässt sich die private und die erwerbsbezogene Nutzung des Gebäudes aufgrund der identischen Fläche und Größe der beiden Wohnungen klar und transparent trennen. Somit wäre eine Aufteilung der Darlehenszinsen dergestalt möglich, dass S die Hälfte der Zinsen als Werbungskosten für die Vermietung abziehen kann, während die andere Hälfte auf die private Selbstnutzung der Wohnung entfällt und daher eine nicht abzugsfähige Einkommensverwendung darstellt.

S möchte die Darlehenszinsen jedoch voll dem Kaufpreisanteil der vermieteten Wohnung zuordnen. Dazu müsste die Darlehenssumme abgrenzbar ausschließlich in die vermietete Wohnung geflossen sein. Die Rechtsprechung ermöglicht eine derartige steuergünstige Zuordnung, wenn das Haus in Gebäudeteile aufteilbar ist, die eigenständige Wirtschaftsgüter bilden können, der Steuerpflichtige die Gebäudeteile objektiv erkennbar ihrer zukünftigen Nutzung zugeordnet hat und die Kosten für den Gebäudeteil gesondert ausgewiesen werden können und auch gesondert ausgewiesen sind.[20] Diese gesondert ausgewiesenen Kosten müssen dann auch tatsächlich aus der Darlehenssumme gezahlt werden.

Diese Grundsätze werden auch für die Anschaffung von gemischt-genutzten Gebäuden angewendet.[21] Dabei ist der zivilrechtlich einheitliche Kaufpreis entsprechend dem Verhältnis der Vermietungs- und Selbstnutzungsflächen aufzuteilen. In einem zweiten Schritt sind die beiden Teile der Anschaffungskosten getrennt zu finanzieren. Der auf die zu vermietende Wohnung entfallende Teil ist getrennt durch das Darlehen zu begleichen, der auf die selbstgenutzte Wohnung entfallenden Anteil durch die Eigenmittel.

Eine abgeschlossene Wohnung kann als Gebäudeteil ein eigenes Wirtschaftsgut bilden (so kann sie als Eigentumswohnung verselbständigt werden).[22] In der Festlegung der einen Wohnung als beibehaltene Privatwohnung und in der sogleich erfolgenden Vermietung der anderen Wohnung kann man auch eine hinreichende objektiv erkennbare Nutzungszuordnung sehen.

Eine Aufteilung des zivilrechtlichen Kaufpreises von 300.000 € ist angesichts der identischen Wohnungsflächen hälftig vorzunehmen. Demnach entfallen auf die vermietete Wohnung 150.000 €. Das Darlehen wurde von einem gesonderten Konto überwiesen, so dass die auf die vermietete Wohnung entfallenden Anschaffungskosten in Höhe des Darlehens getrennt beglichen wurden. Dass S einen Anteil von 50.000 € aus Eigenmitteln finanziert, schadet nicht, da S grundsätzlich Finanzierungsfreiheit hat und eine Verwendung der zum Werbungskostenabzug berechtigten Summe auf die zu vermietende Wohnung gesichert ist.

Damit kann S entsprechend seinem Wunsch die gesamten Darlehenszinsen als Werbungskosten absetzen, für das Jahr 2014 also 1500 €.

---

[20] BFH v. 27.10.1998 – IX R 44–95, DStR 1999, 272 (273).
[21] *Loschelder,* in: Schmidt, EStG, 34. Aufl. 2015, § 9 Rn. 142.
[22] Vgl. auch die Erwähnung der Wohnung als Gebäudeteil in BFH v. 27.10.1998 – IX R 44–95, DStR 1999, 272 (274), im entschiedenen Fall selbst handelte es sich um eine Doppelhaushälfte.

> **Hinweis**
> Für eine gute Bewertung kommt es nicht zwingend auf die genaue Kenntnis der Rechtsprechung an. Es genügt, dass erkannt wird, dass nur hinsichtlich der vermieteten Wohnung Werbungskosten entstehen, die Aufwendungen für die eigene Wohnung hingegen eine nicht abziehbare Einkommensverwendung darstellen. Sodann muss sich der Bearbeiter im Spannungsfeld von Missbrauchsverhinderung, insbesondere des Abzugs- und ehemaligen Aufteilungsverbots nach § 12 Nr. 1 S. 2 EStG, und Finanzierungsfreiheit begründet für eine Lösung entscheiden.

bb) AfA

Zu den Werbungskosten zählen aufgrund § 9 Abs. 1 S. 3 Nr. 7 EStG auch Absetzungen für Abnutzung (AfA). AfA sind nur auf abnutzbare Wirtschaftsgüter möglich, so dass der Wert des als solches nicht abnutzbaren Grundstücks außer Betracht bleiben muss.

(1) Erhöhte AfA nach § 7 Abs. 5 EStG

In Betracht kommt der Ansatz der wirtschaftlich günstigen erhöhten AfA-Beträge nach § 7 Abs. 5 EStG. Das Wohnhaus des S wurde 2002 von einem Dritten erstellt und 2014 von S erworben.[23] Zwar fällt das Gebäude dem Erstellungsdatum nach unter § 7 Abs. 5 S. 1 Nr. 3 Buchst. b EStG, Voraussetzung für den Ansatz der höheren AfA aufgrund des Herstellungsdatums ist allerdings, dass der Steuerpflichtige das Gebäude selbst als Bauherr hergestellt hat.[24] In Betracht kommt daher nur ein erhöhter AfA-Satz aufgrund Anschaffung im Jahr der Fertigstellung. S hat das Haus aber nicht im Jahr der Fertigstellung 2002, sondern erst zwölf Jahre später, im Jahr 2014, angeschafft. Zudem muss das Anschaffungsdatum für eine Anwendung des § 7 Abs. 5 EStG vor dem 01.01.2006 liegen. Daher kommt eine degressive AfA nach § 7 Abs. 5 EStG nicht in Betracht.

Damit entfällt auch die Anwendung des § 7 Abs. 5 S. 3 EStG, der dem S durch Derogation des § 7 Abs. 1 S. 4 EStG den von ihm laut Sachverhalt ausdrücklich gewünschten vollen Abzug der Jahres-AfA gewährt hätte.

(2) Sonstige Tatbestände für erhöhte AfA (§§ 7a-k EStG)

Erhöhte AfA nach § 7g Abs. 5 EStG kommt nicht in Betracht, da diese nur bewegliche Wirtschaftsgüter erfasst. Die weiteren Vorschriften zur erhöhten AfA nach §§ 7h und i EStG sind mangels entsprechender Hinweise im Sachverhalt (Sanierungsgebiet, Baudenkmal) nicht einschlägig.

---

[23] Die Begriffe Herstellung und Anschaffung werden in § 9a EStDV für Zweifelsfälle zeitlich näher bestimmt. Das Jahr der Herstellung ist danach das Jahr der Fertigstellung, das Jahr der Anschaffung das Jahr der Lieferung.

[24] Vgl. *Lambrecht*, in: Kirchhof, EStG, 14. Aufl. 2015, § 7 Rn. 94.

(3) Regelmäßige AfA nach § 7 Abs. 4 EStG

Da es keinen einschlägigen Tatbestand für den Ansatz erhöhter AfA gibt, ist die regelmäßige AfA nach § 7 Abs. 4 EStG anzuwenden. Die regelmäßige AfA auf den Hauswert von 200.000 € beträgt nach § 7 Abs. 4 S. 1 Nr. 2 Buchst. a EStG jährlich 2 %, also 4000 €.

Fraglich ist, ob S im Jahr 2014 die volle Jahres-AfA in Anspruch nehmen kann.

Gemäß § 7 Abs. 1 S. 4 EStG vermindert sich der Absetzungsbetrag im Jahr der Anschaffung um jeweils ein Zwölftel für die vor Anschaffung verstrichenen Monate. Demgemäß beträgt die AfA für die vier Restmonate von 2014 1333 €. Zu prüfen ist, ob § 7 Abs. 1 S. 4 EStG im Rahmen des § 7 Abs. 4 EStG Anwendung findet.

Gegen eine Anwendung kann angeführt werden, dass § 7 Abs. 4 EStG eine Sonderregelung zu § 7 Abs. 1 EStG darstellt, was auch durch Beginn des § 7 Abs. 4 EStG dargestellt wird „… abweichend von Absatz 1 …". Zudem wird in § 7 Abs. 2 S. 3 EStG ausdrücklich die Geltung des § 7 Abs. 1 S. 4 EStG angeordnet. Eine solche ausdrückliche Anordnung fehlt jedoch in § 7 Abs. 4 EStG. Dass dies kein Zufall sein kann, sieht man daran, dass § 7 Abs. 4 S. 1 Hs. 2 EStG die Geltung des § 7 Abs. 1 S. 5 EStG ausdrücklich anordnet. Hätte der Gesetzgeber auch eine Geltung der Monatsregelung des § 7 Abs. 1 S. 4 EStG im Bereich des § 7 Abs. 4 EStG gewollt, hätte er wie für § 7 Abs. 1 S. 5 EStG einen Verweis eingefügt.

Diese Argumentation überzeugt jedoch nicht vollständig. Dass § 7 Abs. 4 EStG eine Sonderregelung zu § 7 Abs. 1 EStG ist, bedeutet nicht zwingend, dass § 7 Abs. 1 EStG nicht gilt, ganz im Gegenteil baut § 7 Abs. 4 EStG auf dem Grundtatbestand des § 7 Abs. 1 EStG auf. Dies wird auch durch den Wortlaut bestätigt. § 7 Abs. 4 EStG bestimmt, dass „abweichend von Absatz 1 als Absetzung für Abnutzung die folgenden Beträge … abzuziehen" sind. Die Abweichung von Absatz 1 beschränkt sich also auf die Beträge, der übrige Regelungsinhalt des § 7 Abs. 1 EStG ist in § 7 Abs. 4 EStG als übernommen mitzudenken. Der Verweis in § 7 Abs. 2 S. 3 EStG auf § 7 Abs. 1 S. 4 EStG fügt sich in dieses Bild. Im Gegensatz zu § 7 Abs. 4 EStG baut § 7 Abs. 2 EStG nicht auf § 7 Abs. 1 EStG auf, sondern steht mit einer eigenen AfA-Methode parallel zu diesem. Daher bedarf es des Verweises in § 7 Abs. 2 S. 3 EStG, da § 7 Abs. 1 S. 4 EStG nicht wie bei § 7 Abs. 4 EStG automatisch mit übernommen wird.

Der Verweis auf § 7 Abs. 1 S. 5 EStG in § 7 Abs. 4 S. 1 Hs. 2 EStG ist daher eigentlich überflüssig und kann nur zur Klarstellung dienen. Dieser Klarstellung bedarf die Geltung des § 7 Abs. 1 S. 4 EStG nicht, da man sie auch im Vergleich von § 7 Abs. 4 und § 7 Abs. 5 EStG aus den unterschiedlichen Formulierungen „jährlich" (§ 7 Abs. 4 EStG) und „im Jahr der Fertigstellung" (§ 7 Abs. 5 EStG) herauslesen kann. Mit der von § 7 Abs. 1 und 4 EStG auffällig abweichenden Formulierung „im Jahr der Fertigstellung" wollte der Gesetzgeber den vollen Abzug der Jahres-AfA verdeutlichen, was er nachträglich durch die Anfügung von § 7 Abs. 5 S. 3 EStG klargestellt hat. Diese Klarstellung wäre nach Ansicht der Gegenauffassung völlig sinnlos.

Somit ist § 7 Abs. 1 S. 4 EStG auch im Rahmen des § 7 Abs. 4 EStG anzuwenden.[25] Demgemäß beträgt die AfA für die vier Restmonate von 2014 1.333 €.

> **Hinweis**
>
> A.A. angesichts der guten Argumentationsmöglichkeiten sehr gut vertretbar. Die systematische Auslegung ist in beide Richtungen möglich und offen. Die Standardkommentare sprechen sich, wie in den Fußnoten nachgewiesen, ohne nähere Begründung für die hier vertretene Lösung aus.

(4) Abzug der anteiligen Privatnutzung
Da S jedoch nur eine der beiden Wohneinheiten vermietet und die andere Wohneinheit selbst nutzt, darf er als Werbungskosten auch nur die Hälfte der AfA geltend machen. Wie bereits oben bei den Darlehenszinsen dargestellt, lässt sich dem Abzugsverbot privat veranlasster Aufwendungen in § 12 Nr. 1 EStG kein Aufteilungsverbot entnehmen. Eine Aufteilung ist daher möglich und geboten, wenn beide Sphären klar und eindeutig trennbar sind und der erwerbsmäßige Anteil nicht von untergeordneter Bedeutung ist, so dass es keine Gefahr missbräuchlicher Abzüge privater Aufwendungen gibt. Somit kann S für 2014 regelmäßige AfA in Höhe von 666 € geltend machen.

Somit bleibt es bei Darlehenszinsen in Höhe von 1.500 € und AfA in Höhe von 666 €. Die Werbungskosten betragen daher dem Grunde nach 2.166 €.

cc) Abzugsbeschränkung wegen Liebhaberei?
Allerdings entspricht die Miete nur zwei Dritteln der üblichen Marktmiete, so dass ein Abzugsverbot aufgrund Liebhaberei in Betracht kommt.

Für die verbilligte Vermietung sieht § 21 Abs. 2 EStG eine Aufteilung in einen entgeltlichen und einen unentgeltlichen Teil vor, die nach § 21 Abs. 2 EStG ab einem Unterschreiten von 66% der örtlichen Marktmiete eintritt. Da die Vermietung der Wohnung an Y zur Hälfte der örtlichen Marktmiete erfolgt, ist sie in einen entgeltlichen und unentgeltlichen Teil aufzuteilen. Der Werbungskostenabzug ist nur noch in Höhe des entgeltlichen Teils, also zur Hälfte gestattet. S kann daher nur 1083 € als Werbungskosten nach § 21 Abs. 2 EStG ansetzen.

> **Hinweis**
>
> Grundsätzlich ist die Prüfung der „Liebhaberei" bereits eine Frage der Einkunftsqualifikation: liegen überhaupt steuerbare Einkünfte vor? Um die dabei notwendige Totalgewinnprognose anstellen zu können, muss man jedoch die Einkünfte quantifizieren können. Um eine Inzidentprüfung der Einkunftsquantifizierung im Rahmen der Einkunftsqualifikation zu vermeiden, kann man die

---

[25] So ohne nähere Begründung *Kulosa*, in: Schmidt, EStG, 34. Aufl. 2015, § 7 Rn. 152; *Lambrecht*, in: Kirchhof, EStG, 14. Aufl. 2015, § 7 Rn. 88.

Liebhaberei daher auch im Anschluss an die Quantifizierung prüfen. Im Bereich des § 21 EStG findet sich mit § 21 Abs. 2 EStG zudem eine Spezialregelung der Liebhaberei, die Rechtsfolgen erst auf Ebene der Quantifizierung zeitigt (Aufteilung der Einkünfte).

c) Ergebnis zu § 21 EStG
S hat Einnahmen in Höhe von 1.600 € und abziehbare Werbungskosten in Höhe von 1.083 €. Demnach betragen die Einkünfte aus der Vermietung der Wohnung 517 €.

IV. Dividenden
S erhält eine Dividendenzahlung in Höhe von 5000 €. Dividenden sind nach § 20 Abs. 1 Nr. 1 EStG als Einkünfte aus Kapitalvermögen steuerbar.

Von diesen ist der Sparer-Pauschbetrag in Höhe von 801 € nach § 20 Abs. 9 abzuziehen.

Die Dividende ist daher mit 4.199 € als Einkunft aus Kapitalvermögen anzusetzen.

Die Dividendenzahlung unterliegt nach §§ 43 Abs. 1 Nr. 1, 43a Abs. 1 Nr. 1 EStG einem Kapitalertragsteuerabzug von 25 %. Die Steuer ist dadurch gemäß § 43 Abs. 5 EStG abgegolten.

V. Aktienveräußerung
1. Qualifizierung
S veräußert 1 % der Aktien an der X-AG. Der Veräußerungsgewinn könnte nach § 17 Abs. 1 S. 1 EStG als Einkünfte aus Gewerbebetrieb zu qualifizieren sein. S war zum Zeitpunkt der Veräußerung zu 1 % an der X-AG beteiligt. Somit sind die Voraussetzungen des § 17 Abs. 1. S. 1 EStG erfüllt.

2. Quantifizierung
Nach § 17 Abs. 2 S. 1 EStG bemisst sich der Gewinn aus dem Unterschied zwischen dem Veräußerungserlös einerseits und den Anschaffungskosten und den Werbungskosten andererseits.

Zudem muss das Teileinkünfteverfahren nach § 3 Nr. 40 Buchst. c und § 3c Abs. 2 EStG beachtet werden. S erzielte einen Veräußerungspreis von 200.000 €. Nach § 3 Nr. 40 Buchst. c EStG ist dieser nur zu 60 % anzusetzen, also 120.000 €.

Die zuzurechnenden Anschaffungskosten der Eltern betrugen 150.000 €. Nach § 3c Abs. 2 S. 1 EStG sind auch die Anschaffungskosten nur zu 60 % anzusetzen, also mit 90.000 €.

Somit beträgt der Veräußerungsgewinn 120.000 € – 90.000 € = 30.000 €. Im Ergebnis sind nach § 17 Abs. 1 S. 1 EStG 30.000 € als Veräußerungsgewinn steuerpflichtig.

C. Summe der Einkünfte und Gesamtbetrag der Einkünfte (§ 2 Abs. 3 EStG)

Die Summe der Einkünfte beträgt damit 108.100 € (Manager-Tätigkeit)+2000 € (Krankengymnastik der Mutter)+517 € (Vermietung)+4199 € (Dividenden)+30.000 € (Aktienveräußerung)=144.816 €.

> **Zur Vertiefung**
>
> Hätte der S statt Gewinnen Verluste aus der Dividendenveräußerung erlitten, wäre bei der Bestimmung des Gesamtbetrags der Einkünfte Vorsicht geboten gewesen. Die Verluste hätten gemäß § 20 Abs. 6 S. 2 EStG nicht mit den übrigen Einkünften verrechnet werden dürfen.

S steht weder der Altersentlastungsbetrag, der Entlastungsbetrag für Alleinerziehende noch § 13 Abs. 3 EStG zu, so dass der Gesamtbetrag der Einkünfte ebenfalls 144.816 € beträgt.

D. Einkommen (§ 2 Abs. 4 EStG)

I. Intertemporärer Verlustausgleich nach § 10d EStG

1. Arbeitssuche 2013

Wie bereits festgestellt, sind Kosten für die Arbeitssuche 2013 grundsätzlich als vorweggenommene Werbungskosten nach §§ 19, 9 EStG absetzbar. Sie könnten daher über den intertemporären Verlustausgleich nach § 10d Abs. 2 EStG als Verlustvortrag im Veranlagungszeitraum 2014 zu berücksichtigen sein.

Fraglich ist aber, ob S 2013 überhaupt den persönlichen Steuertatbestand als Voraussetzung der Eröffnung des sachlichen Steuertatbestands erfüllte.

S hatte vor dem 01.01.2014 weder Wohnsitz (§ 8 AO) noch gewöhnlichen Aufenthalt (§ 9 AO) in Deutschland, so dass eine unbeschränkte Steuerpflicht zu diesem Zeitpunkt noch nicht gegeben war.

In Betracht kommt eine beschränkte Steuerpflicht nach § 1 Abs. 4, 49 Abs. 1 Nr. 4 Buchst. a EStG. Dazu müsste § 49 Abs. 1 Nr. 4 Buchst. a neben vergangenen und gegenwärtigen auch zukünftige Einkünfte aus nichtselbständiger Arbeit im Inland erfassen. Der Wortlaut der Vorschrift spricht aber nur die vergangene („worden ist") und die gegenwärtige („verwertet wird") Arbeit an, nicht die zukünftige.[26] Daher lässt sich eine beschränkte Steuerpflicht nicht begründen. Eine Steuerpflicht des S ist damit für 2013 gar nicht eröffnet. Eine Feststellung des Verlustvortrags nach § 10d Abs. 4 setzt zudem eine Veranlagung voraus, die aber ebenfalls an der nicht bestehenden Steuerpflicht scheitert.

---

[26] FG München v. 27.07.2007 – 8 K 3952/05, EFG 2007, 1677; BFH v. 27.04.2005 – I R 112/04, BFH/NV 2005, 1756.

Das Scheitern einer Verlustfeststellung nach § 10d EStG bedeutet aber nicht, dass die vorweggenommenen Werbungskosten unberücksichtigt bleiben müssen. Diese Verluste sind trotzdem Verluste im Sinne des § 10d EStG und daher in dem darauffolgenden Veranlagungszeitraum zu berücksichtigen, für den eine Steuerpflicht besteht und der Steuerpflichtige entsprechend verrechenbare positive Einkünfte erzielt.[27] Dem steht § 11 Abs. 2 EStG nicht entgegen, da diese Vorschrift nur buchhalterische Hilfsfunktionen hat, um die Werbungskosten zeitlich zu terminieren.[28] Wichtiger ist das dem deutschen EStG immanente Prinzip der Netto-Besteuerung, wie es insbesondere in § 9 EStG zum Ausdruck kommt.

Damit sind die Aufwendungen für die Arbeitssuche in Höhe von 4.000 € über § 10d Abs. 2 EStG im Veranlagungszeitraum 2014 zu berücksichtigen.

Hinweis

A.A. vertretbar. Wichtig ist, dass die fehlende persönliche Steuerpflicht im Jahr 2013 geprüft und erkannt und i. V. m. § 11 Abs. 2 EStG problematisiert wird.

2. Fernstudium 2013

Entsprechend können auch die Aufwendungen für das Fernstudium über § 10d Abs. 2 EStG im Jahr 2014 zu berücksichtigen sein. Dies setzt aber voraus, dass die Studienaufwendungen überhaupt als Werbungskosten berücksichtigt werden können. Nach § 9 EStG können auch vorweggenommene Aufwendungen, die durch eine spätere nichtselbständige Tätigkeit veranlasst sind, als Werbungskosten berücksichtigt werden. Das Fernstudium des S baut auf seiner bisher ausgeübten Tätigkeit auf und vermittelt ihm spezifische Kenntnisse, die er für seinen Arbeitsplatzwechsel nach Deutschland benötigt. Nach diesen allgemeinen Wertungen ist daher ein hinreichender Veranlassungszusammenhang gegeben.

Die Berücksichtigung von Bildungsaufwendungen wird durch § 12 Nr. 5 EStG und § 9 Abs. 6 EStG eingeschränkt. § 12 Nr. 5 EStG und § 9 Abs. 6 EStG erfassen jedoch nur die erstmalige Berufsausbildung bzw. das erstmalige Studium. Das Fernstudium der deutschen Betriebswirtschaftslehre und des deutschen Wirtschaftsrechts baut auf der vorherigen Berufsausbildung des S auf, insbesondere auf dessen BWL-Studium in Mannheim. Daher dient das Fernstudium nicht der erstmaligen Berufsausbildung, sondern ist als Aufbau- oder Auffrischungsstudium zu werten. Dessen Kosten sind abzugsfähige Fortbildungskosten.[29] § 12 Nr. 5 EStG und § 9 Abs. 6 EStG sind nicht einschlägig.

---

[27] FG München v. 27.07.2007 – 8 K 3952/05, EFG 2007, 1677, Anmerkung von *Stahl*, Steuer-Seminar 2006, Heft 56, 21; vergleiche auch BFH v. 22.09.2005 – IX R 21/04, BStBl. II 2007, 158 und v. 27.05.2006 – IX R 50/05, BFH/NV 2006, 1836.

[28] FG München v. 27.07.2007 – 8 K 3952/05, EFG 2007, 1677.

[29] Vgl. *Loschelder*, in: Schmidt, EStG, 34. Aufl. 2015, § 12 Rn. 59.

Damit sind auch die Aufwendungen für das Fernstudium in Höhe von 1.000 € über § 10d Abs. 2 EStG im Veranlagungszeitraum 2014 zu berücksichtigen.

Rechtslage ab 2015

§ 12 Nr. 5 EStG wurde durch Art. 5 Nr. 10 b) und Art. 16 Abs. 2 des Zollkodex-Anpassungsgesetz vom 22.12.2014 (BGBl. I 2014, 2417) mit Wirkung zum 1.1.2015 aufgehoben. Ausweislich der Gesetzesbegründung erfolgte dies aus rein redaktionellen Gründen, da § 12 Nr. 5 EStG nach Einführung des § 4 Abs. 9 und § 9 Abs. 6 EStG Ende 2011 als Reaktion auf das BFH-Urteil VI R 7/10 vom 28.07.2011 keinen eigenständigen Regelungsgehalt mehr habe.[30] Dies trifft zu, § 12 Nr. 5 EStG hatte insofern nur noch klarstellenden Charakter,[31] so dass sich im Ergebnis nichts ändert.

Verfassungsrechtliche Problematik: Der BFH hat im Juli 2014 § 9 Abs. 6 EStG dem BVerfG in mehreren Parallelentscheidungen vorgelegt, da dieser gegen das objektive Nettoprinzip und daher gegen die folgerichtige Umsetzung des Leistungsfähigkeitsprinzips und damit Art. 3 GG verstieß.[32] Aufwendungen für die erstmalige Berufsausbildung seien geradezu „prototypisch" beruflich veranlasst, private Mitveranlassungen jedenfalls nicht in dem Ausmaße ersichtlich, dass sie noch als privat typisiert werden könnten.

3. Verlustvorträge seiner Eltern

S möchte zudem seinen Anteil an den Verlustvorträgen der Eltern in Höhe von 20.000 € steuermindernd geltend machen.

Hinweis

Die nachfolgenden Passagen geben die überzeugende Argumentation des Beschlusses des Großen Senats des BFH vom 17.12.2007, GrS 2/04,[33] wieder, der eine Rechtsprechungsänderung gegen eine Übertragbarkeit des Verlustvortrags beinhaltet. Die Kenntnis der Urteilsargumentation ist zu honorieren, aber nicht erforderlich. Wichtig ist es, dass die bestehenden gesetzlichen Regelungen (§§ 10d EStG, 45, 37 AO und 1922 BGB) analysiert werden, zwischen Erblasserschulden und Verlustvorträgen differenziert wird und in Auseinandersetzung mit dem objektiven Nettoprinzip eine Lösung begründet wird. Da § 24 Nr. 2 EStG bereits zuvor in der Falllösung zu behandeln war, gehört ein Bezug zu der

---

[30] Bt-Drs 18/3017, S. 44.
[31] BFH v. 28.07.2011 – VI R 7/10, BStBl II 2012, 557 (559 Rn. 18).
[32] BFH v. 17.07.2014 – VI R 8/12 –, BFHE 247, 64; BFH v. 17.07.2014 – VI R 2/12, BFHE 247, 25.
[33] BFH v. 17.12.2007 – GrS 2/04, DStR 2008, 545 (553); Vorlagebeschluss des XI. Senats: BFH v. 28.07.2004 – XI R 54/99, BStBl. II 2005, 262; vgl. auch *Müller-Francken*, StuW 2004, 109; *Birnbaum*, DB 2008, 778.

Fallgruppe „gespaltener Tatbestandsverwirklichungen" zu den Anforderungen an eine sehr gute Arbeit.

§ 10d EStG selbst trifft keine Regelung zur interpersonellen Übertragbarkeit der Verlustvorträge.

Grundsätzlich müssen Einkünfte wie Aufwendungen dem Steuerpflichtigen persönlich zurechenbar sein. Er muss den Tatbestand verwirklichen und seine persönliche Leistungsfähigkeit soll bemessen werden. Der Abzug von Drittaufwand ist daher grundsätzlich nicht möglich.

Eine Ausnahme könnte sich im Erbfall aber bei den Verlustvorträgen nach § 10d EStG ergeben. Nach § 1922 BGB tritt der Erbe in die Rechtsposition des Erblassers ein. § 45 AO i. V. m. § 37 AO sind bezüglich der Rechtsnachfolge im Steuerschuldverhältnis restriktiver, insbesondere ordnen sie nicht den Übergang der Verlustvorträge nach § 10d EStG an. Dennoch nimmt die Rechtsprechung an, dass der Erbe weitgehend in die steuerlichen Rechte und Pflichten des Erblassers eintritt („Fußstapfentheorie").[34]

Dies ändert jedoch nichts daran, dass höchstpersönliche Rechte von der Rechtsnachfolge ausgeschlossen sind. Die Verlustvorträge könnten als höchstpersönlich zu qualifizieren sein.

Die Einkommensteuer knüpft als Personensteuer zur Bemessung der individuellen Leistungsfähigkeit immer nur strikt an eine Person an. Mögen Steuerschulden als Rechtsfolgen des Steuerschuldverhältnisses übergehen, sind dennoch die Tatbestandsverwirklichungen von Erblasser und Erbe weiterhin streng zu trennen. Zu unterscheiden sind auch die Verbindlichkeiten des Erblassers, die im Grundsatz verkehrsfähige negative Wirtschaftsgüter darstellen und für die der Erbe in der Regel haftet, und dessen Verlustvorträge, die unlösbar mit der Person des Einkünftebeziehers verbundene Besteuerungsgrundlagen darstellen. Zwar hat der BFH in seiner früheren Rechtsprechung die wirtschaftliche Belastung des Erben mit Nachlassverbindlichkeiten zur Voraussetzung für den Übergang der Verlustvorträge nach § 10d EStG gemacht.[35] Diese Rechtsprechung ist jedoch mit dem Urteil des Großen Senats als letztlich verfehlt obsolet geworden.

Die strikte Personenbezogenheit und Nichtfungibilität der in den Verlustvorträgen verkörperten negativen Leistungsfähigkeit zeigt sich auch daran, dass man „positive Leistungsfähigkeit" im Sinne von Einkünften oder Einkunftsquellen nicht auf andere Steuerpflichtige übertragen kann. So ist es für den Verlustvortrag anerkannt, dass er weder gesondert noch in Verbindung mit der Verluste verursachenden Einkunftsquelle per Rechtsgeschäft unter Lebenden übertragen werden kann.[36]

---

[34] Vgl. BFH v. 17.06.1997 – IX R 30/95, BStBl. II 1997, 802 f.; v. 20.3.2002 – II R 53/99, BStBl. II 2002, 441. Der Große Senat lässt die Frage offen, da sie letztlich nicht entscheidungserheblich ist: BFH v. 17.12.2007 – GrS 2/04, DStR 2008, 545 (553).

[35] BFH v. 17.02.1961 – VI 66/59 U, BStBl. II 1961, 230; v. 05.05.1999 – XI R 1/97, BStBl. II 1999, 653.

[36] BFH v. 17.12.2007 – GrS 2/04, DStR 2008, 545 (548).

Lösung

Mangels gesetzlicher Anordnung kann für den Übergang von Todes wegen nichts anderes gelten.

Die übergehenden Erblasserschulden als fungible Wirtschaftsgüter schmälern zwar den Vermögenszuwachs des Erben, dem wird aber im Rahmen der Erbschaftsteuer leistungsfähigkeitsgerecht Rechnung getragen. Die Reduzierung des übergehenden Vermögens ist einkommensteuerlich neutral.[37] Laufende Zinsen für übernommene Kredite kann der Erbe bei sich für die Zukunft fortlaufend geltend machen.

Ein Übergang der Verlustvorträge lässt sich auch nicht unter Berufung auf das sogenannte Totalitätsprinzip erreichen, nachdem sich die Leistungsfähigkeit des Steuerpflichtigen nach seinem Lebenseinkommen bemessen muss und entsprechende Verzerrungen durch die Abschnittsbesteuerungen ausgeglichen werden müssen.[38] Zwar wurde der Erblasser vor dem Hintergrund einer Lebenseinkommensbesteuerung bei Bestehen von Verlustvorträgen „überbesteuert". Diese Überbesteuerung beim Erblasser kann jedoch nicht durch eine Übertragung der Verlustvorträge auf den Erben ausgeglichen werden, da dieser dann nicht mehr nur anhand seines Lebenseinkommens, sondern auch anhand des Lebenseinkommens des Erblassers im Ergebnis „unterbesteuert" wird.[39]

Für einen Übergang der Verlustvorträge lässt sich auch nicht § 24 Nr. 2 EStG geltend machen. § 24 Nr. 2 EStG erfasst Sonderfälle der gespaltenen Tatbestandsverwirklichung aufgrund des Zu- und Abflussprinzips (§ 11 EStG). In diesen hat der Erblasser den Einkünfteerzielungstatbestand zwar schon erfüllt, bis zu seinem Tode fehlt es aber an dessen Komplettierung durch den Zuflusstatbestand. Da weder Erbe noch Erblasser den Steuertatbestand verwirklichen, entstünde ohne die Regelung des § 24 Nr. 2 EStG eine Besteuerungslücke. Aus dieser besonderen Zurechnungsvorschrift zur Schließung einer Besteuerungslücke lässt sich daher kein allgemeines Prinzip ableiten. Zudem hat der Erblasser im Falle des Verlustvortrags den Steuertatbestand bei sich vollständig erfüllt, es fehlt daher schon an einer vergleichbaren Situation gespaltener Tatbestandsverwirklichung.[40]

Selbiges gilt für die BFH-Rechtsprechung zum Sonderausgabenabzug von vom Erben nachträglich erhobener Kirchen- oder Vermögenssteuer des Erblassers: Hier wird die Regelung des § 24 Nr. 2 EStG auf einen ähnlichen Fall gespaltener Tatbestandsverwirklichung im Sonderausgabenbereich erstreckt.[41]

Die Heranziehung des Übergangs der stillen Reserven vom Erben auf den Erblasser nach § 6 Abs. 3 EStG als Vergleich scheitert daran, dass auch in diesem Fall eine gespaltene Tatbestandsverwirklichung vorliegt. Zwar wurde die Grundlage der stillen Reserven beim Erblasser gelegt, der Realisierungstatbestand steht aber noch aus und kann frühestens beim Erben folgen. Zudem nimmt § 6 Abs. 3 EStG eine

---

[37] BFH v. 17.12.2007 – GrS 2/04, DStR 2008, 545 (549).
[38] So Begründungsansätze des I. Senats in: BFH v. 16.05.2001 – I R 76/99, BStBl. II 2002, 487 (488 f.); v. 22.10.2003 – XI R 54/99, BStBl. II 2004, 414 (415).
[39] BFH v. 17.12.2007 – GrS 2/04, DStR 2008, 545 (549).
[40] BFH v. 17.12.2007 – GrS 2/04, DStR 2008, 545 (549).
[41] BFH v. 17.12.2007 – GrS 2/04, DStR 2008, 545 (549 f.).

Sonderstellung ein, als er entsprechend seinem wirtschaftspolitischen Zweck nur den unentgeltlichen Übergang eines ganzen Betriebs erfasst. Schon der Übergang einzelner Wirtschaftsgüter wird abweichend als Entnahme beim Erblasser besteuert. Schließlich ist die Buchwertverknüpfung des § 6 Abs. 3 EStG streng an das Steuerobjekt Betrieb geknüpft und begünstigt daher nicht immer alle Erben, sondern nur die Erben des Betriebs oder den entsprechenden Vermächtnisnehmer.[42]

Generell nicht mit Gesamtrechtsnachfolgen aufgrund Erbfalls zu vergleichen sind die Gesamtrechtsnachfolgen durch Umwandlungen der für sich gesehen potentiell unsterblichen Unternehmen, so dass auch keine Schlüsse aus Normen des UmwStG gezogen werden können, die wie § 12 Abs. 3 UmwStG den Abzug von Verlusten eines Vorgängerunternehmens erlauben.[43]

Eine Anordnung der Übertragbarkeit aufgrund Gewohnheitsrechts ist trotz der langjährigen Rechtsprechung abzulehnen, da diese Rechtsprechung stetiger Kritik ausgesetzt war, so dass die neben der tatsächlichen Übung erforderliche Überzeugung der Rechtmäßigkeit als Voraussetzung der Gewohnheitsrechtsbildung fehlt.[44]

Somit ist als Ergebnis festzuhalten, dass der Verlustvortrag als persönliches Besteuerungsmerkmal bereits seiner Natur nach nicht auf andere Personen übertragbar ist. Eine diesem Grundsatz entgegenstehende gesetzliche Anordnung fehlt. Analogien zu anderen Vorschriften scheitern an der fehlenden Vergleichbarkeit der Regelungssituation.

Damit kann S die Verlustvorträge seiner Eltern nicht für seine Besteuerung verwenden.

Zur Vertiefung

Der BFH gewährte bei seiner Rechtsprechungsänderung für bis zur Veröffentlichung des Urteils entstandene Erbfälle Vertrauensschutz.

4. Ergebnis

S kann Verlustvorträge in Höhe von 5.000 € geltend machen. Die Abzugsbeschränkung nach § 10d Abs. 2 S. 1 EStG tritt erst ab einer Million Euro ein und ist daher ohne Belang.

Somit ergibt sich eine Zwischensumme von 144.816–5000 € = 139.816 €.

II. Sonderausgaben
1. Parteispende

Gemäß § 10b Abs. 2 S. 1 EStG können Parteispenden bis zu einer Höhe von 1.650 € als Sonderausgaben abgesetzt werden.

---

[42] BFH v. 17.12.2007 – GrS 2/04, DStR 2008, 545 (550).
[43] BFH v. 17.12.2007 – GrS 2/04, DStR 2008, 545 (551).
[44] BFH v. 17.12.2007 – GrS 2/04, DStR 2008, 545 (551) gegen *Laule/Bott*, DStR 2002, 1373 (1377), die tatsächlich argumentieren, dass Meinungen im „Schrifttum" unbeachtlich seien, da sie am „Steuerrechtsverhältnis" nicht direkt beteiligt sind.

Gemäß § 10b Abs. 2 S. 2 EStG ist aber die Steuerermäßigung nach § 34g EStG vorrangig, so dass diese inzident zu prüfen ist. § 34g S. 1 EStG ermöglicht einen Abzug von Zuwendungen an politische Parteien von der Steuerschuld. Die Ermäßigung beträgt 50 % der Zuwendung, wird jedoch nur bis zu einer Höhe von 825 € gewährt.

Fraglich ist, wie hoch der Betrag ist, den § 34g EStG im Sinne des § 10b Abs. 2 EStG gewährt. In Betracht kommt der Anrechnungshöchstbetrag von 825 €. Für eine derartige Anrechnung als Rechtsfolge wird allerdings tatbestandlich der doppelte Betrag an Spenden, 1650 €, verbraucht. Damit ist trotz des nicht ganz eindeutigen Wortlauts der Sonderausgabenabzug nach § 10b Abs. 2 EStG erst ab 1650 € zu gewähren.[45] Da S 5000 € gespendet hat, bleiben ihm für den Sonderausgabenabzug noch 3350 €, von denen er bis zum Höchstbetrag des § 10b Abs. 2 EStG 1650 € geltend machen kann.

Hinweis

A.A. wegen des nicht eindeutigen Wortlauts vertretbar.

Somit kann S den Höchstbetrag des Sonderausgabenabzugs von 1650 € geltend machen.

2. Pauschbetrag
Da S Sonderausgaben in Höhe von 1650 € absetzen kann, kommt es auf den Sonderausgaben-Pauschbetrag nach § 10c S. 1 EStG nicht an.

III. Außergewöhnliche Belastungen
Außergewöhnliche Belastungen nach §§ 33–33b EStG sind nicht ersichtlich.

IV. Ergebnis
Das Einkommen des S beträgt 139.816 € – 1.650 € = 138.166 €.

---

[45] *Heinicke*, in: Schmidt, EStG, 34. Aufl. 2015, § 34g Rn. 5; *Geserich*, in: Kirchhof/Söhn/Mellinghoff, EStG, Loseblatt, Stand: Januar 2015, § 10b Rn. C 53 f.; *Brandt*, in: Hermann/Heuer/Raupach, EStG, Loseblatt, Stand: April 2010, § 10b Rn. 128.

Fall 6: Radelnder Autokäufer

Sachverhalt

A betreibt als Einzelunternehmer zwei Schnellrestaurants im niedersächsischen Fischerhude. Diese erfordern nach Art und Umfang einen in kaufmännischer Weise eingerichteten Geschäftsbetrieb. Für die gemieteten Grundstücke zahlt A insgesamt 65.000 € im Jahr. Auch die komplette bewegliche Einrichtung hat A gemietet. Dafür werden 30.000 € im Jahr fällig. Zum Aufbau der Restaurants hat A ein Darlehen aufgenommen, für das Zinsen von 50.000 € fällig werden. Er hat als Franchisenehmer mit einer großen Schnellrestaurantkette einen Vertrag abgeschlossen, nach dem er für die Nutzung deren Namens im Jahr 50.000 € zahlen muss. Für Personalkosten werden ebenfalls 50.000 € fällig. Das Wareneinkaufskonto wies zum 01.01.01 einen Anfangsbestand von 500.000 € auf. A nahm im Laufe des Jahres Wareneinkäufe von 1.000.000 € vor. Zum 31.12.01 befanden sich Waren mit dem Einkaufspreis von 500.000 € im Lager. Das Warenverkaufskonto enthält an Warenverkäufen zu Verkaufspreisen im Haben 2.006.250 €.

A kauft sich privat im Januar 01 einen italienischen Kleinwagen. Gleichzeitig lässt er sein seit über 15 Jahren auf ihn zugelassenes privates Fahrzeug verschrotten. Dafür erhält er eine staatliche Umweltprämie von 2.500 € und gleichzeitig eine vom Hersteller gewährte Sonderförderung von ebenfalls 2.500 €. Die Abwicklung übernimmt der Händler, so dass vom Listenpreis in Höhe von 9.500 € nur ein Restkaufpreis von 4500 € verbleibt. Im Kaufvertrag findet sich folgende Regelung:

> Es wird ausdrücklich darauf hingewiesen, dass der Kaufvertrag zu dieser Vereinbarung bei Ablehnung der Umweltprämie und bei Entfall der daran gebundenen Sonderförderung des Herstellers trotzdem rechtskräftig ist und vom Kunden der volle vereinbarte Fahrzeugpreis ohne Berücksichtigung dieser Prämien zu entrichten ist.

Der Autohersteller stellt seine Sonderförderung unter folgende Bedingungen:

> Die Sonderförderung erhalten alle privaten Käufer (Einzelabnehmer, natürliche Personen), die die Bedingungen der Umweltprämie der Bundesregierung erfüllen und ihr altes Auto von einem zertifizierten Verwerter verschrotten lassen. Dies muss mit einem Beleg des zertifizierten Verwertungsbetriebes nachgewiesen werden. Darüber hinaus ist es Bedingung, dass der Halter des Altwagens gleich dem Käufer des Neuwagens ist.

Noch im Januar überlegt es sich A anders und beginnt, den Kleinwagen nun doch ausschließlich betrieblich zu nutzen. Die betriebsgewöhnliche Nutzungsdauer des Wagens beträgt vier Jahre.

Neben seinen Restaurants betreibt der umtriebige A ebenfalls in Fischerhude ein Fahrradgeschäft. Zur besseren Außenwirkung hat er die Firma des Unternehmens in das Handelsregister eintragen lassen. Aufgrund des schlechten Wetters läuft der Absatz aber nicht wie geplant mit Gewinn. Vielmehr erlöst A nur 10.000 €, denen Kosten von 12.000 € gegenüber stehen.

Da A gerne mit dem Fahrrad zu seinen Restaurants fährt, verwendet er ein Fahrrad, das er für sein Fahrradgeschäft Anfang des Jahres 01 angeschafft hat, seit Mitte Januar 01 ausschließlich für die Fahrten zwischen seinen beiden Gaststätten. Der Wert dieses Fahrrads ist in der Bilanz des Fahrradgeschäfts mit 1.000 € aufgeführt und entspricht dem Verkehrswert. Ein Erwerber der Restaurants würde jedoch auch bei Weiterführung des Betriebs nichts mit dem Fahrrad anfangen können. Die betriebsgewöhnliche Nutzungsdauer beträgt vier Jahre.

Unabhängig von seinen sonstigen wirtschaftlichen Betätigungen erzielt A im Jahr 01 negative Einkünfte aus Vermietung und Verpachtung in Höhe von 100.000 €.

Im Januar des Jahres 02 lernt A die Dipl.-Psych. F kennen, die als psychologische Psychotherapeutin arbeitet. Die beiden heiraten schon im Mai desselben Jahres. Zu allem Überfluss erwirtschaften nun auch die Restaurants keinen Gewinn mehr. Zusammen mit dem Fahrradgeschäft und den Einkünften aus Vermietung und Verpachtung ergibt sich ein Verlust von 20.000 €. Überfordert mit der neuen Situation bittet A den Steuerberater S um eine möglichst günstige Gestaltung. Auf Nachfrage erklärt er, dass

- seine Frau aus ihrer Praxis im Jahr 02 Einkünfte von 12.000 € erzielt hat und
- dass sie im selben Jahr an die Versorgungskasse der Psychotherapeuten Beiträge von 5.000 € erbracht hat.

Aufgabe

Jahr 01: In welcher Höhe wird die Gemeinde die Gewerbesteuer festsetzen? Kommen für A Steuerermäßigungen nach dem EStG in Betracht? Wenn ja, wie hoch sind diese?

Jahr 02: Was wird S den Eheleuten raten?

Die Jahre 01 und 02 sind fiktive Jahre; der Fall ist insgesamt nach dem Rechtsstand 2014 zu lösen. A wünscht eine möglichst niedrige Steuerbelastung. § 7 Abs. 2 EStG ist nicht anzuwenden. Der Flecken Ottersberg, zu dem Fischerhude gehört, hat keinen gewerbesteuerlichen Hebesatz bestimmt. Die §§ 32a Abs. 1, 32c EStG sind im Jahr 01 ohne weitere Abzüge unmittelbar auf die Summe der Einkünfte anzuwenden. Die Günstigerprüfung des § 10 Abs. 4a EStG ist zu vernachlässigen. A und F haben den Antrag nach § 10d Abs. 1 S. 5 EStG für das Jahr 02 in voller Höhe gestellt.

Auszug aus der Richtlinie zur Förderung des Absatzes von Personenkraftwagen

1.1 Förderziel
Die Bundesregierung hat sich zum Ziel gesetzt, mit Hilfe einer Umweltprämie die Verschrottung alter und den Absatz neuer Personenkraftwagen zu fördern.

Dadurch werden alte Personenkraftwagen mit hohen Emissionen an klassischen Schadstoffen durch neue, effizientere und sauberere Fahrzeuge ersetzt. Damit wird ein Beitrag zur Reduzierung der Schadstoffbelastung der Luft geleistet bei gleichzeitiger Stärkung der Nachfrage.
[...]
2.2 Antragsberechtigung und Zuwendungsempfänger/-in
Antragsberechtigt sind Privatpersonen, auf die ein Neufahrzeug [...] zugelassen wird und die ein Altfahrzeug [...] verschrotten. Zwischen dem Halter/der Halterin des Altfahrzeugs und der Person, auf die das Neufahrzeug zugelassen wird, muss Personenidentität bestehen. Zuwendungsempfänger/-in ist der Antragsteller/die Antragstellerin.

Gliederung

Lösung	120
A. Jahr 01	120
I. Festzusetzende Gewerbesteuer	120
1. Schnellrestaurants	120
a) Steuergegenstand	120
b) Gewinn nach EStG	120
aa) Gewinnermittlungsart	120
bb) Roherfolg	121
cc) Erwerb des Kraftfahrzeugs	121
(1) Einlage	121
(2) AfA	125
dd) Zugang des Fahrrads	125
(1) Einlage	125
(2) AfA	127
ee) Sonstiger Aufwand	127
ff) Zwischenergebnis	128
c) Hinzurechnungen/Kürzungen	128
d) Gewerbeertrag	129
e) Steuermessbetrag	129
f) Ergebnis	129
2. Fahrradgeschäft	129
a) Steuergegenstand	129
b) Gewinn nach EStG	129
aa) Gewinnermittlungsart	130
bb) Aufwand/Ertrag	130
cc) Abgang des Fahrrads	130
dd) Zwischenergebnis	130
c) Hinzurechnungen/Kürzungen	130
d) Ergebnis	131
3. Vermietung und Verpachtung	131
II. Steuerermäßigung	131
B. Jahr 02	133
I. Wahlmöglichkeit	133
II. Einkünfte	134
III. Zusammenveranlagung	135
IV. Einzelveranlagung	135
V. Ergebnis	135

Lösung

A. Jahr 01

I. Festzusetzende Gewerbesteuer
Die Gewerbesteuer wird aufgrund der Anwendung des Hebesatzes auf den Steuermessbetrag festgesetzt, § 16 Abs. 1 GewStG. Der Steuermessbetrag ist nach § 11 Abs. 1 S. 2 GewStG aus dem Gewerbeertrag zu berechnen, der sich gemäß § 7 S. 1 GewStG zunächst nach dem Gewinn im Sinne des EStG bestimmt.

1. Schnellrestaurants
a) Steuergegenstand

Der Steuergegenstand der Gewerbesteuer ist nach § 2 Abs. 1 S. 1 GewStG jeder stehende Gewerbebetrieb, soweit er im Inland betrieben wird. Zur Definition des Begriffs des Gewerbebetriebs ist nach § 2 Abs. 1 S. 2 GewStG auf die einkommensteuerliche Definition des § 15 Abs. 1 S. 1 Nr. 1, Abs. 2 EStG zu verweisen. Aus dem objektsteuerartigen Charakter der Gewerbesteuer ergibt sich auch, dass im Falle von mehreren selbständigen Betrieben jeder Betrieb für sich zu besteuern ist.[1] Ein Betrieb ist selbständig, wenn er eine eigenständige wirtschaftliche Einheit bildet und nicht nur unselbständiger Teil eines anderen Betriebs ist.[2]

Angesichts der Verschiedenheit der Geschäftsmodelle sind die Schnellrestaurants und der Fahrradladen als jeweils selbständige Gewerbebetriebe zu behandeln.[3] Die unter der gleichen Marke betriebenen Restaurants bilden eine wirtschaftliche Einheit, so dass sie einen einzigen Gewerbebetrieb bilden.

b) Gewinn nach EStG

Durch das Betreiben der Schnellrestaurants erzielt A Einkünfte aus Gewerbebetrieb gemäß § 15 Abs. 1 S. 1 Nr. 1, Abs. 2 EStG.

aa) Gewinnermittlungsart

Der Betrieb des A erfordert einen in kaufmännischer Weise eingerichteten Geschäftsbetrieb, so dass A als Kaufmann handelsrechtlich gemäß § 1 Abs. 2, 238 Abs. 1 S. 1 HGB zur Führung von Büchern verpflichtet ist. Dieser Pflicht schließt sich das Steuerrecht mit § 140 AO an, so dass A seinen Gewinn gemäß §§ 4 Abs. 1 S. 1, 5 Abs. 1 S. 1 EStG im Rahmen des qualifizierten Betriebsvermögensvergleichs zu ermitteln hat. Dies bedeutet – vorbehaltlich steuerrechtlicher Sonderregelungen – grundsätzlich die Maßgeblichkeit der Handelsbilanz für das Steuerrecht.

---

[1] Dies gilt nach R 2.4 Abs. 1 S. 2 GewStR 2009 auch dann, wenn die Betriebe in der gleichen Gemeinde liegen.

[2] R 2.1 Abs. 1 S. 4 GewStR 2009.

[3] Denkbar wäre es hier auch, auf die verschiedenen Betriebsbegriffe, die sich im Rahmen der einkommensteuerlichen Entnahme herausgebildet haben, einzugehen. Vgl. dazu unten A.I.1.b)dd)(1).

bb) Roherfolg

Zunächst steht die Behandlung der Salden des Wareneingangs- und des Warenausgangskontos in Frage. Die Konten stellen sich wie folgt dar.

Soll	Wareneinkaufskonto	Haben	
Anfangsbestand zu Einkaufspreisen	500.000	Endbestand gemäß Inventur zu Einkaufspreisen	500.000
Wareneinkäufe zu Einkaufspreisen	1.000.000	Saldo: Wareneinsatz (Aufwand)	*1.000.000*
Saldo: Umsatzerlöse (Ertrag)	*2.006.250*	Warenverkäufe zu Verkaufspreisen	2.006.250

Der Roherfolg ergibt sich hier aus der Gegenüberstellung von im Warenverkaufskonto ermittelten Umsatzerlösen und dem im Wareneinkaufskonto errechneten Wareneinsatz.[4] Somit ergibt sich ein Ertrag von 1.006.250 € (= 2.006.250 €./. 1.000.000 €).[5]

cc) Erwerb des Kraftfahrzeugs

Auch der Erwerb des Fahrzeugs könnte Auswirkungen auf den Gewinn haben. Hier spielt sich der Erwerb des Kleinwagens zunächst im grundsätzlich unbeachtlichen privaten Bereich ab.

(1) Einlage

Noch im Januar beginnt A jedoch, den Wagen rein betrieblich zu nutzen. Dies könnte als Zugang im Anlagevermögen zu werten sein. Jedoch sollen private Einflüsse keinen Einfluss auf die Betriebsvermögensmehrung und damit auf den steuerlichen Gewinn haben. So ist nach § 4 Abs. 1 S. 1 a. E. EStG das Betriebsvermögen um den Wert der Einlagen zu vermindern. Nach § 4 Abs. 1 S. 8 Hs. 1 EStG sind Einlagen alle Wirtschaftsgüter, die der Steuerpflichtige dem Betrieb im Laufe des Wirtschaftsjahres zugeführt hat.

Die Einlage erfordert eine den Einlagewillen dokumentierende konkludente oder ausdrückliche Einlagehandlung des Steuerpflichtigen (Widmungsakt).[6] Der Einlagewillen besteht in dem Willen, das Wirtschaftsgut fortan nicht mehr zur Erzielung privater Einnahmen oder zu einkommensteuerlich irrelevanten Zwecken einzusetzen, sondern betrieblich zu nutzen.[7] Hier ändert A seine Meinung und will den Kleinwagen künftig ausschließlich betrieblich nutzen. Diesen Willen tut er durch

---

[4] *Schenk*, Buchführung, 2. Aufl. 2007, S. 93.
[5] Ob man den Ertrag nach der Nettomethode (Abschluss des Wareneinkaufskontos über das Warenverkaufskonto) oder nach der Bruttomethode (direkte Buchung der Salden des Wareneinkaufs- und des Warenverkaufskontos auf das GuV-Konto) berechnet, macht im Ergebnis keinen Unterschied.
[6] *Wied*, in: Blümich, EStG/KStG/GewStG, Loseblatt, Stand: April 2015, § 4 EStG Rn. 506.
[7] Vgl. für den Entnahmewillen *Wied*, in: Blümich, EStG/KStG/GewStG, Loseblatt, Stand: April 2015, § 4 EStG Rn. 465.

die betriebliche Nutzung nach außen kund. Somit hat er das Fahrzeug wirksam eingelegt.

Folgend stellt sich die Frage nach der Bewertung der Einlage als Grundlage für die Bemessung der AfA. Gemäß § 5 Abs. 6 EStG sind hierbei nicht primär die handelsrechtlichen, sondern vorrangig die originär steuerlichen Bewertungsvorschriften heranzuziehen. Für die Einlage findet sich zunächst § 6 Abs. 1 Nr. 5 S. 1 Hs. 1 EStG, wonach der Teilwert anzusetzen ist. Dies gilt nach § 6 Abs. 1 Nr. 5 S. 1 Hs. 2 Buchst. a EStG jedoch für Wirtschaftsgüter, die bis zu drei Jahre vor dem Zuführungszeitpunkt angeschafft wurden, nur bis zur Höhe der Anschaffungskosten.

Hier fallen sowohl die Anschaffung als auch die Einlage in den Januar 01, so dass der Ansatz niedrigerer Anschaffungskosten in Frage kommt. Ausgangspunkt für die Bestimmung der Anschaffungskosten ist der Listenpreis in Höhe von 9.500 €. Jedoch könnten davon die staatliche Umweltprämie und die vom Hersteller gewährte Sonderförderung abzuziehen sein. Dann wären die Anschaffungskosten lediglich mit dem Restkaufpreis in Höhe von 5.000 € anzusetzen. Dies ist jedoch dann nicht möglich, wenn sich sowohl die Umweltprämie als auch die Sonderförderung des Herstellers auf den Altwagen beziehen und ggf. bei diesem einen Veräußerungserlös darstellen.[8]

Welche Lösung hier vorzuziehen ist, muss sich an der Auslegung des Begriffs der Anschaffungskosten orientieren. Nach einem engen Verständnis umfassen die Anschaffungskosten nur Aufwendungen, die erforderlich sind, um das Wirtschaftsgut zu erwerben und in die eigene Verfügungsmacht zu überführen.[9] Dies bedeutet, dass die gewährten Umweltprämien dem Altfahrzeug zuzuordnen wären. Der Automobilhändler kann zwar die Abwicklung der Verschrottung übernehmen, Begünstigter der staatlichen Umweltprämie ist aber allein die Privatperson. Sie wird nicht vom Händler, sondern vom Staat ausgezahlt, was zusätzlich zur Möglichkeit des Kunden, das Kraftfahrzeug selbst gegen Nachweis verschrotten zu lassen, Bedenken hinsichtlich der Qualifikation der Prämien als Gegenleistung für die Übereignung des Neufahrzeugs mit sich bringt. Eine ähnliche Problematik ergibt sich bei den Prämien der Hersteller. Diese werden nicht vom Händler, sondern von den Herstellern gewährt und stehen ebenfalls in einem engen Verhältnis zur Verschrottung des Altfahrzeugs. Der Kaufvertrag ist nicht etwa durch die Gewährung der Prämien auflösend bedingt. Nach einem solchen Verständnis würde damit der volle Kaufpreis ohne Anrechnung eventueller Prämien als Anschaffungskosten heranzuziehen sein.

Dem kann ein weites Verständnis dahingehend entgegen gesetzt werden, dass zu den Anschaffungskosten alle Wirtschaftsgüter gehören, die der Steuerpflichtige

---

[8] Ein eventueller Veräußerungsgewinn wäre bei A angesichts des Überschreitens der Mindesthaltedauer beim alten Kfz gemäß § 23 Abs. 1 S. 1 Nr. 2 EStG nicht steuerbar. Auch stellt die Einlage beweglicher Wirtschaftsgüter einer Veräußerung nach § 23 Abs. 1 S. 5 Nr. 1 EStG nicht gleich; vgl. dazu *Martini/Roth*, FR 2009, 846 (848 f.).

[9] So für § 6 Abs. 1 Nr. 1 EStG BFH v. 19.04.1977 – VIII R 44/74, BStBl. II 1977, 600; *Weber-Grellet*, in: Schmidt, EStG, 34. Aufl. 2015, § 23 Rn. 75; zum handelsrechtlichen Begriff der Anschaffungskosten des § 255 HGB als Ausgangspunkt für die steuerrechtliche Betrachtung vgl. *Morck*, in: Koller/Roth/Morck, HGB, 7. Aufl. 2011, § 255 Rn. 1 ff.; *Schubert/Gadek*, in: Beck Bil-Komm, 9. Aufl. 2014, § 255 Rn. 20 ff.

anlässlich des Erwerbs des Wirtschaftsgutes oder im wirtschaftlichen Zusammenhang mit ihm aufwendet. Dazu gehören auch Beträge, die nicht vom Erwerber, sondern von Dritten an den Veräußerer gezahlt werden.[10] Es werden somit auch solche Aufwendungen erfasst, die aufgrund eines gesonderten Vertrages geleistet werden oder die nicht in einem Vertrag fixiert sind. Rabatte und Skonti mindern die Anschaffungskosten, sofern sie in Anspruch genommen werden.[11] Bei Bestehen eines Rechtsanspruchs mindern auch Rabatte von dritter Seite die Anschaffungskosten.[12] Die Frage, ob Anschaffungskosten vorliegen, ist demnach weniger nach rechtlichen, sondern nach wirtschaftlichen Gesichtspunkten zu entscheiden.[13]

Letztendlich muss dieses Verständnis des Begriffs der Anschaffungskosten entscheidend sein. Es kann nicht allein auf das synallagmatische Verhältnis zwischen Veräußerer und Erwerber ankommen. Für steuerliche Zwecke muss jede Steigerung der Leistungsfähigkeit in den Blick genommen werden, so dass nicht danach zu unterscheiden ist, ob der Veräußerungspreis allein von Seiten des Erwerbers stammt oder lediglich aus ursächlich mit dem Veräußerungsvorgang zusammenhängenden Zahlungen Dritter besteht. Somit sind alle Zahlungen, die im wirtschaftlichen Zusammenhang mit dem Erwerb stehen, in die Berechnung der Anschaffungskosten einzubeziehen. Mit anderen Worten müssten die Prämien, um Anschaffungskosten darzustellen, dem neuen Fahrzeug zuzuordnen sein. Dabei ist insbesondere bei nachlaufenden Zuschüssen der mit diesem Anreiz verfolgte Zweck in den Blick zu nehmen.[14] Diesbezüglich ergeben sich bei der staatlichen Prämie und den Prämien der Hersteller unterschiedliche Gesichtspunkte.

Die staatliche Prämie soll nach Nr. 1.1 der Richtlinie u. a. der Förderung des Absatzes neuer umweltfreundlicherer Fahrzeuge dienen, was auf den ersten Blick der Beziehung zum Neufahrzeug den Vorrang gibt. Jedoch ist ihre Ausgestaltung einer einfachen staatlichen Subvention nicht vergleichbar. Vielmehr wird sie nicht bedingungslos gewährleistet, sondern an die Verschrottung eines Altfahrzeuges gebunden. Die eigentliche Zwecksetzung im Sinne einer Umweltfreundlichkeit, die sich schon in der vom Bund gewählten Bezeichnung als „Umweltprämie" niederschlägt, kann nicht die Anschaffung von neuen Kraftfahrzeugen, sondern nur die Stilllegung alter, nicht den heutigen Umweltstandards entsprechender Fahrzeuge sein. Dass auch die Anschaffung eines neuen Fahrzeuges durch die gewährte Prämie begünstigt wird, ist zwar beabsichtigt, würde aber über den Umweg einer möglichen Minderung der Anschaffungskosten, was eine mittelbare Besteuerung der Prämie bedeutet, steuerlich konterkariert.

---

[10] *Wernsmann*, in: Kirchhof/Söhn/Mellinghoff, EStG, Loseblatt, Stand: April 2014, § 23 Rn. D 4.
[11] Vgl. dazu auch § 255 Abs. 1 S. 3 HGB; *Morck*, in: Koller/Roth/Morck, HGB, 7. Aufl. 20011, § 255 Rn. 3.
[12] Vgl. für die parallele Problematik im Rahmen von § 6 Abs. 1 Nr. 1 S. 1 EStG *Schindler*, in: Kirchhof, EStG, 14. Aufl. 2015, § 6 Rn. 47.
[13] BFH v. 16.08.1962 – I 286/60 U, BStBl. III 1962, 518; *Schindler*, in: Kirchhof, EStG, 14. Aufl. 2015, § 6 Rn. 37.
[14] *Martini/Roth*, FR 2009, 846 (848); *Nieland*, DStZ 1986, 216; *Großfeld/Hannöver*, BB 1990, 1597 (1598).

Auch nach einem wirtschaftlichen Verständnis ist der gewährte Betrag zumindest teilweise als Entschädigung für die Verschrottung des Altfahrzeugs anzusehen. Deren Kosten müssen vom Antragsteller selbst übernommen werden. Ferner kommt es auf den Wert des Altfahrzeugs nicht an, so dass es zu erheblichen Unterschieden zwischen dem wirklichen Wert des verschrotteten Fahrzeugs und der Prämie kommen kann. Wenn man die 2500 € als bloßen Zuschuss zum Kauf eines Neuwagens verstünde, ließe man die Tatsache außer Acht, dass ein Wirtschaftsgut seitens des Antragstellers aufgegeben wird. Somit ist dieser von staatlicher Seite gesetzte finanzielle Anreiz dem alten Fahrzeug zuzuordnen und nicht im Rahmen der Anschaffungskosten des Neufahrzeuges zu berücksichtigen.[15]

Für die Förderung durch die Hersteller stellt sich noch mehr als bei der staatlichen Prämie die Frage der Zugehörigkeit, da sie schließlich vom Produzenten des neu angeschafften Wagens gewährt wird. Für jenen als privates Unternehmen kann im Sinne einer Umweltförderung kaum im Vordergrund stehen, alte, nicht den umwelttechnischen Standards entsprechende Fahrzeuge aus dem Verkehr zu ziehen. Vielmehr wird für die Autohersteller Ziel sein, den Absatz neuer Fahrzeuge ihrer Marke zu steigern. Die staatliche Umweltprämie wird lediglich als Anlass für groß angelegte Rabattaktionen genutzt. Die Bindung an die Bedingungen der Richtlinie erklärt sich mit der sonst folgenden Missbrauchsgefahr. Es soll sichergestellt werden, dass die Werbewirksamkeit der Aktionen nicht durch die ungerechtfertigte Inanspruchnahme der Prämien den umweltfreundlichen Charakter verliert. Nach den Zielen der Zuschussgeber sind damit diese finanziellen Kaufanreize im Gegensatz zu den vom Staat gewährten dem Neuwagen zuzuordnen und mindern dessen Anschaffungskosten. Somit sind die Anschaffungskosten und damit auch der Wert der Einlage mit 7000 € zu berechnen.

Nach § 6 Abs. 1 Nr. 5 S. 2 EStG sind die Anschaffungs- oder Herstellungskosten abnutzbarer Wirtschaftsgüter um Absetzungen für Abnutzung zu kürzen, die auf den Zeitraum zwischen der Anschaffung oder Herstellung des Wirtschaftsguts und der Einlage entfallen. Damit könnten die auf den Januar entfallenden AfA abzuziehen sein. A nutzte in dieser Zeit das Kfz aber rein privat. Es war keiner Einkunftsart zuzuordnen, so dass er auch keine AfA geltend machen konnte. Entscheidend ist damit die Frage, ob nur die vom Steuerpflichtigen tatsächlich mit steuerrechtlicher Wirkung in Anspruch genommenen AfA den Wertansatz der Einlage mindern[16] oder ob es unerheblich ist, dass sich die AfA steuerrechtlich ausgewirkt haben[17].

Durch den Ansatz der fortgeführten Anschaffungskosten soll nach dem Gesetzeszweck verhindert werden, dass nach der Einlage in das Betriebsvermögen erneut einkommensmindernd AfA angesetzt werden können.[18] Diese Gefahr besteht bei einer Nutzung außerhalb der Einkunftsarten aber gerade nicht. Darüber hinaus lag

---

[15] *Martini/Roth*, FR 2009, 846 (851).
[16] So wohl BFH v. 15.11.2002 – XI B 2/02, BFH/NV 2003, 466; vgl. auch BFH v. 07.10.1965 – IV 230/65 U, HFR 1966, 171.
[17] BFH v. 20.04.2005 – X R 53/04, BStBl. II 2005, 698; R 6.12 Abs. 1 S. 2 EStR 2002; *Kulosa*, in: Schmidt, EStG, 34. Auflage 2015, § 6 Rn. 559.
[18] BT-Drs. 8/3688, S. 16.

die vorherige Nutzung hier unter einem Monat. Eine solche Zeitspanne lässt das Gesetz in § 7 Abs. 1 S. 4 EStG, nach dem allein der Anschaffungsmonat und nicht der Tag entscheidend ist, auch sonst unberücksichtigt. Somit sind die Anschaffungskosten nicht um eine auf die private Nutzung entfallende AfA zu mindern.[19] Der Wert des Fahrzeuges bei Einlage beträgt daher 7.000 €.

(2) AfA
Gemäß § 5 Abs. 6 EStG sind für die Zeit der Nutzung nach der Einlage die Vorschriften über die Absetzungen für Abnutzung zu befolgen; nach § 7 Abs. 1 S. 1 EStG sind die Anschaffungskosten von abnutzbaren Wirtschaftsgütern über die Gesamtnutzungsdauer zu verteilen. Nach dem obigen Ergebnis ist das Fahrzeug mit 7.000 € zu bewerten. Die betriebsgewöhnliche Nutzungsdauer beträgt vier Jahre. Die linearen AfA für das gesamte Jahr 01 betragen damit 1.750 €.

dd) Zugang des Fahrrads
Auch die Nutzung des Fahrrades für Zwecke der Schnellrestaurants könnte Auswirkungen auf den Gewinn haben.

(1) Einlage
Handelsrechtlich wirkt sich der Zugang des Fahrrads auf das Eigenkapital aus.[20] Die bilanzielle Bewertung unentgeltlich geleisteter Vermögenszugänge von Gesellschaftern erfolgt anhand fiktiver Anschaffungskosten. Das sind die Kosten, die die Gesellschaft bei Dritten hätte aufwenden müssen, um den Vermögensgegenstand zu erwerben.[21] Somit ergibt sich handelsrechtlich ein Ertrag von 1.000 €.

Dieses Ergebnis könnte steuerrechtlich im Rahmen einer Einlage zu korrigieren sein. Dies hätte zur Folge, dass die Betriebsvermögensmehrung um den Wert der Einlage zu vermindern wäre, § 4 Abs. 1 S. 1 a. E. EStG.[22] Der Vorgang würde letztendlich neutral gestellt. Durch die Nutzung zu den Fahrten zwischen den Schnellrestaurants hat A seinen Willen dokumentiert, das Fahrrad nicht mehr für das Fahrradgeschäft, sondern für seine Restaurants zu nutzen.

Hier ergibt sich allerdings die Besonderheit, dass das Wirtschaftsgut nicht aus der privaten Sphäre stammt, sondern aus dem Fahrradgeschäft, mit dem A ebenfalls Gewinneinkünfte erzielt. Deshalb könnte es sich bei der Einlage um betriebsfremdes Vermögen handeln.[23] Anderes ergäbe sich, wenn die Restaurants und das Fahr-

---

[19] Vgl. *Martini/Roth*, FR 2009, 846 (851).
[20] Ob dies durch die Erfassung in der Kapitalrücklage gemäß § 272 Abs. 2 Nr. 4 HGB oder schlicht im Rahmen der GuV erfolgt, kann für Zwecke des Steuerrechts dahinstehen.
[21] Der nach *Förschle/Hoffmann*, Beck Bil-Komm., 9. Aufl. 2015, § 272 HGB Rn. 405 zu verfolgende Ansatz der effektiven Anschaffungskosten von Null würde die steuerlichen Korrekturvorschriften obsolet machen.
[22] Für die Definition der Einlage siehe oben A.I.1.b)cc)(1).
[23] Vgl. *Bode*, in: Kirchhof, EStG, 14. Aufl. 2015, § 4 Rn. 92, 100 ff.

radgeschäft des A nur einen einzigen Betrieb darstellten.[24] In diesem Fall würde das Fahrrad nicht der außerbetrieblichen Sphäre entstammen.

> **Zur Vertiefung**
>
> Vor allem im Rahmen der Entnahme und der Einlage werden zur Bestimmung der betriebsfremden Zwecke verschiedene Betriebsbegriffe vertreten.
>
> So fasst der *weite Betriebsbegriff* sämtliche Einzelbetriebe eines Steuerpflichtigen unabhängig von der Einkunftsart zu einem einheitlichen Betrieb zusammen. Einlagen und Entnahmen kann es damit nicht zwischen Betrieben geben, sondern nur im Zusammenhang mit der privaten Sphäre des Steuerpflichtigen. Nach dem *mittleren Betriebsbegriff* bilden alle Einzelbetriebe derselben Einkunftsart einen Betrieb. Der *enge Betriebsbegriff* sieht jedes organisatorisch selbständige Gebilde als einen Betrieb an.[25]
>
> Die Rechtsprechung hingegen verfolgt ein finales Verständnis des Betriebsbegriffs, das sich vor allem für Zwecke der Entnahme anbietet. So wird für das Vorliegen einer Entnahme allein darauf abgestellt, ob die steuerliche Erfassung der stillen Reserven sichergestellt ist.[26]

Die Grundregel zur Bewertung von Einlagen findet sich in § 6 Abs. 1 Nr. 5 EStG, wonach sie steuerlich mit dem Teilwert zu erfassen sind. Der Begriff des Teilwerts ist durch die Fiktion der Betriebsfortführung und des Betriebserwerbs im Ganzen gekennzeichnet, § 6 Abs. 1 Nr. 1 S. 3 EStG. Hier könnte ein Erwerber der Schnellrestaurants nichts mit dem Fahrrad anfangen, was einen Teilwert von 0 € bedeutete. Ist für die Einlage kein Betrag anzusetzen, so ist im Ergebnis der handelsrechtliche Zugang in Höhe der fiktiven Anschaffungskosten, der nach § 5 Abs. 1 S. 1 EStG zunächst das steuerrechtliche Betriebsvermögen bestimmt, nicht zu korrigieren.

Jedoch hält das Steuerrecht für den Fall des Transfers von Wirtschaftsgütern zwischen Betrieben eine Sonderregelung bereit. Für den Fall einer Überführung eines Wirtschaftsguts von einem Betriebsvermögen in ein anderes ist dieses gemäß § 6 Abs. 5 S. 1 EStG mit dem Wert, der sich nach den Vorschriften über die Gewinnermittlung ergibt (Buchwert), zu bewerten, wenn die Besteuerung der stillen Reserven sichergestellt ist.[27]

---

[24] Dies wäre nach dem sog. weiten Betriebsbegriff und dem sog. mittleren Betriebsbegriff der Fall.

[25] Vgl. den Überblick bei *Wehrheim/Nickel*, BB 2006, 1361 (1363).

[26] BFH v. 07.10.1974 – GrS 1/73, BStBl. II 1975, 168 (170); zur Kritik in der Literatur vgl. *Heinicke*, in: Schmidt, 34. Auflage 2015, § 4 Rn 25 ff. m. w. N.

[27] Diese Regelung wäre nicht erforderlich, wenn jeder Steuerpflichtige nur einen Betrieb ohne Ansehung der Einkunftsart unterhalten würde. Es kann dabei *Reiß*, StbJb 2002, 300 (305) aber nicht dahingehend gefolgt werden, dass § 6 Abs. 5 S. 1 EStG eine überflüssige Regelung enthalte, die deklaratorisch festhielte, dass mangels Gewinnrealisationstatbestand auch keine Aufdeckung der stillen Reserven zu erfolgen habe. So auch *Wehrheim/Nickel*, BB 2006, 1361 (1364). Einen Anwendungsbereich hat die Regelung weiterhin für den mittleren und den engen Betriebsbegriff. Entgegen *Wehrheim/Nickel*, BB 2006, 1361 (1364) ist eine Einlage bei Wechsel zwischen den Einkunftsarten weiter denkbar, so dass § 6 Abs. 5 S. 1 EStG nicht zwingend den engen Betriebsbegriff zugrunde legt.

Zwar sind die Schnellrestaurants und das Fahrradgeschäft organisatorisch völlig getrennt,[28] was die Annahme getrennter Betriebe nahe legt. Jedoch wird sowohl im Falle einer Einlage, als auch bei Annahme nur eines Betriebs der Buchwert fortgeführt. Nähme man nur einen Betrieb an, läge schon kein Realisationstatbestand vor. Bei zwei getrennten Betrieben erlaubt § 6 Abs. 5 S. 1 EStG die Buchwertfortführung. Ob beide jeweils einen Betrieb darstellen, kann damit dahinstehen.[29] In jedem Fall ist die Einlage des Fahrrads mit 1.000 € zu bewerten. Der zunächst ermittelte handelsrechtliche Gewinn in Höhe von 1.000 € wird somit ausgeglichen. Der Zugang des Fahrrads wirkt sich nicht auf das steuerliche Ergebnis aus.

(2) AfA
Jedoch könnte sich durch die Abnutzung des Fahrrads eine Gewinnminderung ergeben. Gemäß § 7 Abs. 1 S. 1 EStG i. V. m. § 5 Abs. 6 EStG sind die Anschaffungskosten von abnutzbaren Wirtschaftsgütern grundsätzlich über die Gesamtnutzungsdauer zu verteilen. Dies gilt nach § 6 Abs. 1 Nr. 2 EStG jedoch nicht für Umlaufvermögen, das grundsätzlich mit dem Anschaffungs- oder Herstellungskosten ohne die Berücksichtigung der AfA zu bewerten ist. Das Anlagevermögen hingegen ist mit den um die AfA verminderten Anschaffungs- oder Herstellungskosten zu bewerten, § 6 Abs. 1 Nr. 1 EStG. Das Umlaufvermögen umfasst zum Verbrauch oder zur sofortigen Veräußerung bestimmte Wirtschaftsgüter, während das Anlagevermögen dazu bestimmt ist, dem Betrieb dauerhaft zu dienen.[30]

Im Rahmen des Fahrradgeschäfts war das Fahrrad zur Veräußerung bestimmt. Die Nutzung beim Betrieb der Schnellrestaurants dient allerdings dauerhaft dem Betrieb, so dass das Fahrrad von Umlaufvermögen zu Anlagevermögen umgewidmet wurde.[31] Demnach sind AfA im Sinne des § 7 Abs. 1 S. 1 EStG vorzunehmen. Bei einer betriebsgewöhnlichen Nutzungsdauer von 4 Jahren ergibt sich ein Absetzungsvolumen von 250 €. Angesichts der Umwidmung im Januar sind keine Minderungen im Sinne des § 7 Abs. 1 S. 4 EStG zu berücksichtigen.

ee) Sonstiger Aufwand
Daneben ist auch der sonstige Aufwand zu berücksichtigen. Die Miete für das Grundstück (65.000 €) und die Büroausstattung (30.000 €) sowie die Personal- (50.000 €) und Franchisekosten (50.000 €) stellen zweifellos Betriebsausgaben im Sinne des § 4 Abs. 4 EStG dar.

Auch die Zinsen in Höhe von 50.000 € sind dem Grunde nach betrieblich veranlasst. Einem Abzug könnte aber § 4h Abs. 1 S. 1 EStG entgegen stehen. Nach dieser sog. Zinsschranke sind Zinsen in voller Höhe bis zum Betrag des Zinsertrags

---

[28] Auch das oben unter A.I.1.a) Ausgeführte legt die Annahme von zwei getrennten Betrieben nahe.
[29] Nicht zu beanstanden wäre es hier auch, ohne Eingehen auf die verschiedenen Betriebsbegriffe allein auf § 6 Abs. 5 S. 1 EStG abzustellen.
[30] *Merkt*, in: Baumbach/Hopt, HGB, 36. Aufl. 2014, § 247 Rn. 5.
[31] Eine solche Umwidmung wird unproblematisch für möglich gehalten, vgl. BFH v. 02.02.1972 – II R 10/67, BStBl. II 1972, 578 (581).

abzugsfähig, darüber hinaus nur in Höhe von 30 % des EBITDA[32]. Unabhängig von der Frage, wie hoch im vorliegenden Fall der Zinsertrag ist, kommt § 4h Abs. 1 S. 1 EStG schon nach § 4h Abs. 2 S. 1 Buchst. a EStG nicht zur Anwendung, wenn der den Zinsertrag übersteigende Zinsaufwand weniger als drei Mio. Euro beträgt. Auch wenn A keine Zinserträge hat, fällt der Zinsaufwand unter diese *de minimis* Ausnahme, so dass die 50.000 € in voller Höhe abzugsfähig sind.

ff) Zwischenergebnis
Der einkommensteuerliche Gewinn aus dem Betrieb der Schnellrestaurants stellt sich demnach wie folgt dar.

Roherfolg	+ 1.006.250 €
AfA Kleinwagen	./. 1.750 €
AfA Fahrrad	./. 250 €
Miete Grundstück	./. 65.000 €
Miete Büroausstattung	./. 30.000 €
Personalkosten	./. 50.000 €
Franchisekosten	./. 50.000 €
Zinsen	./. 50.000 €

Somit beträgt der einkommensteuerliche Gewinn aus dem Betrieb der Schnellrestaurants 759.250 €.

c) Hinzurechnungen/Kürzungen
Der Gewerbeertrag besteht aus dem einkommensteuerlichen Gewinn, vermehrt um die Hinzurechnungen gemäß § 8 GewStG und vermindert um die Kürzungen gemäß § 9 GewStG.

In Betracht kommen hier allein Hinzurechnungen. Nach § 8 Nr. 1 GewStG ist dem Gewinn ein Viertel der 100.000 € übersteigenden Summe aus verschiedenen Betriebsausgaben hinzuzurechnen. Aufgrund von § 8 Nr. 1 Buchst. a GewStG sind zunächst als Entgelte für Schulden die Zinsen in Höhe von 50.000 € für die Gewährung des Darlehens zum Aufbau der Restaurants einzubeziehen. § 8 Nr. 1 Buchst. d GewStG bestimmt, dass auch 1/5 der Miete für bewegliche Wirtschaftsgüter in die Summe der zuzurechnenden Betriebsausgaben fällt. Daher ist die Miete für die Büroausstattung mit 6.000 € (= 30.000 € * 1/5) zu berücksichtigen. Ferner sind nach § 8 Nr. 1 Buchst. e GewStG 1/2 der Miete für unbewegliche Wirtschaftsgüter, hier also 32.500 € (= 65.000 € * 1/2), einzubeziehen. Die Franchisegebühren sind als Entgelt für die Überlassung des Rechts, unter einem bestimmten Namen tätig zu werden, gemäß § 8 Nr. 1 Buchst. f GewStG mit 12.500 € (= 50.000 € * 1/4) einzurechnen. Es ergibt

---

[32] *Earnings before interest, taxes, depreciation and amortization*, also des um Zinsaufwendungen und Abschreibungen erhöhten und um Zinserträge geminderten Gewinns vor Steuern.

Lösung

sich damit eine Summe von 101.000 € (= 50.000 € + 6.000 € + 32.500 € + 12.500 €). Damit sind 250 € (= (101.000 €./. 100.000 €) * 1/4) hinzuzurechnen.

d) Gewerbeertrag
Es ergibt sich damit ein Gewerbeertrag im Sinne des § 7 S. 1 GewStG von 759.500 € (= 759.250 € + 250 €).

e) Steuermessbetrag
Der Steuermessbetrag ergibt sich durch Anwendung der Steuermesszahl – gemäß § 11 Abs. 2 GewStG 3,5 % – auf den auf volle 100 € nach unten abgerundeten Gewerbeertrag. Eine Abrundung ist hier nicht erforderlich. Allerdings ist für A als natürliche Person ein Freibetrag von 24.500 € abzuziehen, § 11 Abs. 1 S. 3 Nr. 1 GewStG. Der Steuermessbetrag berechnet sich damit auf 25.725 € (= (759.500 €./. 24.500 €) * 3,5 %).

f) Ergebnis
Die Gewerbesteuer wird anhand der Multiplikation des Steuermessbetrages mit dem Hebesatz der Gemeinde bestimmt, § 16 Abs. 1 GewStG. Hat eine Gemeinde wie der Flecken Ottersberg keinen Hebesatz durch Satzung bestimmt, so beträgt er gemäß § 16 Abs. 4 S. 2 GewStG 200 %. Die Gewerbesteuer der Schnellrestaurants beträgt folglich 51.450 € (= 25.725 € * 200 %).

> **Zur Vertiefung**
>
> Der Gewerbesteuermessbetrag wird durch das Finanzamt festgesetzt, §§ 184, 155 f. AO. Dieser Verwaltungsakt ist Grundlagenbescheid im Sinne des § 171 Abs. 10 S. 1 AO, der für den Gewerbesteuerbescheid der Gemeinde (§ 16 Abs. 1 GewStG) bindend ist (sog. Folgebescheid). Einwendungen, die den Gewerbeertrag betreffen, sind demnach gegen den Grundlagenbescheid geltend zu machen

2. Fahrradgeschäft
Auch für den Betrieb des Fahrradgeschäfts könnte Gewerbesteuer anfallen.

a) Steuergegenstand
Das Geschäft stellt einen Gewerbebetrieb im Sinne des § 2 Abs. 1 S. 1 GewStG dar.[33]

b) Gewinn nach EStG
Für den Gewerbeertrag ist zunächst wieder der Gewinn nach dem EStG entscheidend, § 7 S. 1 GewStG. Für die dafür erforderliche Qualifikation als Einkünfte aus Gewerbebetrieb gemäß § 15 Abs. 1 S. 1 Nr. 1, Abs. 2 EStG könnte es A an der Gewinnerzielungsabsicht fehlen. Diese erfordert die Absicht, in der Zeit von der

---
[33] Siehe oben unter A.I.1.a).

Gründung bis zur Veräußerung oder Aufgabe des Betriebs ein positives Gesamtergebnis zu erzielen.[34] Hier tritt zwar aktuell ein Verlust ein, es kommt aber auf die subjektive Absicht an. A beabsichtigt, auf Dauer mit seinem Betrieb einen Gewinn zu erzielen. Dem Bestehen einer solchen Absicht stehen auch keine objektiven Anhaltspunkte entgegen. Eine anfängliche Verlustperiode lässt noch keine negative Aussage über den Totalgewinn zu. Damit liegen auch für das Fahrradgeschäft Einkünfte aus Gewerbebetrieb vor.

aa) Gewinnermittlungsart
Schon aufgrund der Kaufmannseigenschaft kraft Eintragung ist A gemäß §§ 4 Abs. 1 S. 1, 5 Abs. 1 S. 1 EStG i. V. m. § 140 AO i. V. m. §§ 2 S. 1, 238 Abs. 1 S. 1 HGB zur Gewinnermittlung mittels des qualifizierten Betriebsvermögensvergleichs verpflichtet. Dies bedeutet vorbehaltlich steuerrechtlicher Sonderregelungen die Maßgeblichkeit der Handelsbilanz für das Steuerrecht.[35]

bb) Aufwand/Ertrag
Ausweislich der Sachverhaltsangaben ergibt sich zunächst ein Verlust von 2.000 € (= 10.000 €./.12.000 €).

cc) Abgang des Fahrrads
Dieses Ergebnis könnte jedoch in Bezug auf den Abgang des Fahrrads zu korrigieren sein. Handelsrechtlich stellt sich der Abgang als Aufwand in Höhe des Buchwertes dar. Steuerrechtlich könnte eine Entnahme vorliegen und somit der steuerliche Wert des Fahrrades gemäß § 4 Abs. 1 S. 1 EStG außerbilanziell wieder hinzuzurechnen sein. Abweichend von der Teilwertbewertung § 6 Abs. 1 Nr. 4 EStG wäre hier gemäß § 6 Abs. 5 S. 1 EStG der Buchwert ausschlaggebend. Somit stünde dem handelsrechtlichen Aufwand von 1.000 € eine steuerrechtliche Korrektur von ebenfalls 1.000 € entgegen, so dass der Vorgang keine Auswirkungen auf den Gewinn hätte.

Auch wenn man in der Überführung in das Betriebsvermögen der Schnellrestaurants mangels Betriebsfremdheit keine Entnahme erblickte, wäre der Vorgang schon mangels Gewinnrealisierung steuerneutral.[36] Damit ist der Abgang des Fahrrads einkommensteuerlich nicht zu berücksichtigen.

dd) Zwischenergebnis
Es ergibt sich damit ein Verlust von 2.000 €.

c) Hinzurechnungen/Kürzungen
Für das Fahrradgeschäft sind keine gewerbesteuerrechtlichen Hinzurechnungen oder Kürzungen ersichtlich.

---

[34] Zur sog. Totalgewinnprognose siehe BFH v. 25.06.1984 – GrS 4/82, BStBl. II 1984, 751 (766); v. 24.11.1988 – IV R 37/85, BFH/NV 1989, 574 (575).
[35] Siehe näher oben A.I.1.b)aa).
[36] Vgl. zu dieser Problematik oben A.I.1.b)dd)(1).

d) Ergebnis
Mangels Gewerbeertrag wird der Flecken Ottersberg keine Gewerbesteuer festsetzen.

3. Vermietung und Verpachtung
Die Vermietungstätigkeit des A stellt mangels Zusammenhang mit seinen gewerblichen Tätigkeiten keinen Gewerbebetrieb im Sinne des § 2 Abs. 1 S. 1 GewStG dar, sondern allein private Vermögensverwaltung.

II. Steuerermäßigung
Gemäß § 35 Abs. 1 S. 1 EStG ermäßigt sich die tarifliche Einkommensteuer um eine typisierte Gewerbesteuerbelastung. Die Ermäßigung beträgt nach § 35 Abs. 1 S. 1 Nr. 1 EStG bei gewerblichen Unternehmen im Sinne des § 15 Abs. 1 S. 1 Nr. 1 EStG das 3,8-fache des in dem entsprechenden gewerbesteuerlichen Erhebungszeitraum festgesetzten Gewerbesteuermessbetrages. Es ergibt sich demnach nur für die Schnellrestaurants ein Betrag von 97.850 € (= 25.750 € * 3,8). Dieser Betrag ist aber auf die tarifliche Einkommensteuer begrenzt, die anteilig auf die gewerblichen Einkünfte entfällt. Die Berechnung dieses Ermäßigungshöchstbetrags stellt sich gemäß § 35 Abs. 1 S. 2 EStG wie folgt dar:

$$\frac{\text{Summe der positiven gewerblichen Einkünfte}}{\text{Summe aller positiven Einkünfte}} \cdot \text{geminderte tarifliche Steuer}$$

Der Zähler des Bruchs erfordert nach einem rein textlichen Verständnis allein die Summe der positiven gewerblichen Einkünfte. Gewerbliche Einkünfte werden nach § 35 Abs. 1 S. 3 EStG als der Gewerbesteuer unterliegende Gewinne definiert. Es wäre demnach nur der Gewinn in Höhe von 759.250 € aus den Schnellrestaurants zu berücksichtigen. Der Verlust aus dem Fahrradgeschäft stellt keine positive gewerbliche Einkunft dar. Ein horizontaler Verlustausgleich innerhalb der Einkunftsart bliebe A für Zwecke der Berechnung des Ermäßigungshöchstbetrages verwehrt.[37] Wäre ein solches Verständnis nicht beabsichtigt, hätte auf die „positive Summe der gewerblichen Einkünfte" abgestellt werden müssen.[38]

Die Gesetzesbegründung spricht jedoch von einer Saldierung der Gewinne und Verluste aller Gewerbebetriebe und Beteiligungen an Mitunternehmerschaften des Steuerpflichtigen.[39] Auch würde eine Versagung des horizontalen Verlustausgleichs zu widersinnigen Ergebnissen führen.

---

[37] So *Schmidt/Schwind*, NWB 2008, 329 (337).
[38] *Schmidt/Schwind*, NWB 2008, 329 (336).
[39] BT-Drs. 16/7036, S. 15.

Zur Vertiefung

Beispiel zur Ermittlung des Ermäßigungshöchstbetrages des § 35 Abs. 1 S. 2 EStG bei Versagung des horizontalen Verlustausgleichs.

Gewinn Gewerbebetrieb	11.000.000 €
Verlust Gewerbebetrieb	21.000.000 €
Gewinn selbständige Arbeit	100.000 €
Summe der positiven Einkünfte	100.000 €
Einkommensteuer[40]	33.761 €
Ermäßigungshöchstbetrag[41]	337.610 €

Es würde also hier ein Ermäßigungshöchstbetrag gewährt, obwohl aufgrund des horizontalen Verlustausgleichs auf die Einkünfte aus Gewerbebetrieb überhaupt keine Einkommensteuer gezahlt wurde.[42]

Damit ist der Bezug auf die positiven Einkünfte im Zähler dahingehend zu verstehen, dass nur im Falle positiver Einkünfte aus Gewerbebetrieb nach horizontalem Verlustausgleich eine Berücksichtigung im Rahmen des Ermäßigungshöchstbetrages erfolgen kann. Die Verwendung des Begriffs der Einkünfte im Nenner legt nahe, dass die Einkünfte im Sinne des § 2 Abs. 1 EStG gemeint sind, also jene nach horizontalen und vertikalen Verlustausgleich.[43] Im vorliegenden Fall beträgt der Zähler damit 757.250 € (= 759.250 €./.2.000 €). Der Nenner bezieht die Einkünfte aus Vermietung und Verpachtung ein und berechnet sich mit 657.250 € (= 757.250 €./.100.000 €).

Die tarifliche Steuer beträgt gemäß § 32a Abs. 1 S. 2 Nr. 5 EStG 280.001 €[44]. Der Höchstbetrag selbst berechnet sich mit 322.602,90 € (= (757.250 €/657.250 €) *280.001 €).

Die in Betracht kommende Ermäßigung von 97.850 € liegt unter diesem Betrag und kann damit grundsätzlich in voller Höhe geltend gemacht werden. Allerdings ist die Steuerermäßigung zur Vermeidung von Überkompensationen auf die tatsächlich gezahlte Gewerbesteuer beschränkt, § 35 Abs. 1 S. 5 EStG. Diese liegt hier bei 51.450 €[45], so dass die Ermäßigung auch nur in dieser Höhe möglich ist.

---

[40] Ledig, keine Abzüge. Nach § 32a Abs. 1 S. 2 Nr. 4 EStG beträgt die Einkommensteuer 0,42 * 100.000 Euro./.8239.

[41] Der Ermäßigungshöchstbetrag ergibt sich aus (1.000.000 Euro/100.000 Euro) * 33.761 Euro.

[42] *Blaufus/Hechtner/Hundsdoerfer*, BB 2008, 80 (81).

[43] *Blaufus/Hechtner/Hundsdoerfer*, BB 2008, S. 80, 81; gegen einen Verlustausgleich BMF v. 24.02.2009 – IV C 6 – S 2296 – a/08/10002, BStBl. I 2009, 440 Tz. 16; vgl. zur vorherigen Fassung des § 35 EStG BFH v. 27.09.2006 – X R 25/04, BStBl. II 2007, 694.

[44] Abgerundet auf den nächsten vollen Euro-Betrag gemäß § 32a Abs. 1 S. 6 EStG.

[45] S. o. A.I.1.f).

B. Jahr 02

I. Wahlmöglichkeit

Da A und F unbeschränkt steuerpflichtig sind und nicht dauernd getrennt leben, besteht für sie nach § 26 Abs. 1 S. 1 EStG im Jahr der Eheschließung das Wahlrecht zwischen der Einzelveranlagung (§ 26a EStG)[46] und der Zusammenveranlagung (§ 26b EStG).

> **Zur Vertiefung**
>
> § 26 Abs. 1 S. 1 EStG gibt den Steuerpflichtigen ein verfahrensrechtliches Wahlrecht zwischen Einzelveranlagung und Zusammenveranlagung, sofern beide Ehegatten unbeschränkt steuerpflichtig sind (§ 26 Abs. 1 S. 1 Nr. 1 EStG) und nicht dauernd getrennt leben (§ 26 Abs. 1 Nr. 2 EStG). Diese Voraussetzungen müssen zu irgendeinem Zeitpunkt im VZ vorliegen (§ 26 Abs. 1 S. 1 Nr. 3 EStG).
>
> *Einzelveranlagung* (§ 26a EStG): Hierbei erfolgt eine isolierte Betrachtung jedes Ehegatten, als bestünde die Ehe nicht. Nach § 26 Abs. 2 S. 1 EStG werden die Ehegatten einzeln veranlagt, wenn einer der Ehegatten die Einzelveranlagung wählt.
>
> *Zusammenveranlagung* (§ 26b EStG): Auf den ersten Stufen des Einkommensteuertatbestandes (Erwerbssphäre) ergeben sich hier keine Abweichungen von der Einzelveranlagung. Ab der Stufe des § 2 Abs. 3 EStG („die Einkünfte", § 26b EStG) greift jedoch die Fiktion des § 26b EStG, wonach jedem der beiden Ehegatten auch die Einkünfte des anderen Ehegatten zugerechnet und sie sodann gemeinsam als (ein) Steuerpflichtiger behandelt werden. Auf Ebene des Tarifs ist das Splitting-Verfahren des § 32a Abs 5 EStG anzuwenden. Die tarifliche Einkommensteuer beträgt das Zweifache des Steuerbetrags, der sich für die Hälfte des gemeinsam zu versteuernden Einkommens nach dem Grundtarif des § 32a Abs 1 S. 2 EStG ergibt. Insbesondere bei großen Einkommensunterschieden zwischen den Ehegatten ergeben sich dadurch Progressionsvorteile.
>
> Die Ehegatten haften für die Steuerschuld als Gesamtschuldner. Diese Veranlagungsform ist nach § 26 Abs. 3 EStG bei Nichtausübung des Wahlrechtes durchzuführen. Bei Sachverhalten mit (EU-)Auslandsberührung kann sich nach § 1a Abs. 1 Nr. 2 EStG, sofern ein Ehegatte Unionsbürger (oder EWR-Bürger) und unbeschränkt steuerpflichtig ist, auch der andere Ehegatte auf Antrag zum Zwecke der Zusammenveranlagung als unbeschränkt steuerpflichtig behandeln lassen.
>
> *Dauernd getrennt lebende oder geschiedene Ehegatten*: Hier bestehen keine Wahlmöglichkeiten nach §§ 26 ff. EStG, sondern eine zwingende steuerliche Trennung. Bezogen auf die persönliche Steuerpflicht, d. h. den persönlichen Status des Steuerpflichtigen, wird die Existenz der Ehe ausgeblendet (siehe getrennte Veranlagung). Besonderheiten gegenüber Unverheirateten ergeben sich z. B. beim begrenzten Abzug von Unterhaltsaufwendungen als Sonderausgaben aus

---

[46] Früher: getrennte Veranlagung.

Sicht des leistenden Ehegatten, sog. Realsplitting nach § 10 Abs. 1 Nr. 1 EStG[47]. Auch bei Sachverhalten mit (EU-)Auslandsberührung ist das Realsplitting nach § 1a Abs. 1 Nr. 1 EStG möglich. Für den empfangenden Ehegatten richtet sich die Steuerbarkeit der Unterhaltsaufwendungen nach § 22 Nr. 1a EStG.

Eingetragene Lebenspartnerschaft: Der ab dem 19.07.2013 geltende § 2 Abs. 8 EStG stellt für Zwecke des EStG die eingetragene Lebenspartnerschaft der Ehe gleich. Eingetragenen Lebenspartnern stehen daher das Wahlrecht des § 26 EStG und somit insbesondere der bei Zusammenveranlagung anzuwendende Splittingtarif des § 32a Abs. 5 EStG zu. Die früheren, allein auf Ehegatten anwendbaren Regelungen waren mit Art. 3 Abs. 1 GG unvereinbar, soweit sie eingetragenen Lebenspartnern anders als Ehegatten nicht die Möglichkeit der Zusammenveranlagung und die damit verbundene Anwendung des Splitting-Verfahrens eröffnen. Eingetragene Lebenspartner, deren Veranlagung noch nicht bestandskräftig ist, können mit Wirkung ab dem Inkrafttreten des LPartG (01.08.2001) unter den für Ehegatten geltenden Voraussetzungen eine Zusammenveranlagung und die Anwendung des Splittingverfahrens beanspruchen.[48]

II. Einkünfte

Auch bei der Zusammenveranlagung nach § 26b EStG sind die Einkünfte der Ehegatten zunächst getrennt zu ermitteln, so dass sich hier noch keine Unterschiede zwischen den beiden Veranlagungswahlrechten entstehen. A erzielt negative Einkünfte in Höhe von 20.000 €.

Bei F erscheint die Qualifikation der Einkünfte problematisch. In Betracht kommen Einkünfte aus selbständiger Arbeit im Sinne des § 18 Abs. 1 Nr. 1 EStG. Die Tätigkeit einer psychologischen Psychotherapeutin ist jedoch nicht bei den Katalogberufen des § 18 Abs. 1 Nr. 1 S. 2 EStG aufgezählt. Umfasst sind aber auch den Katalogberufen ähnliche Berufe. Eine Ähnlichkeit ist dabei im Hinblick auf einen bestimmten Katalogberuf festzustellen. Es muss eine Vergleichbarkeit in Bezug auf Ausbildung und beruflicher Tätigkeit bestehen.[49] Hier kommt die ärztliche Tätigkeit eines psychiatrischen Psychotherapeuten in Betracht. Genau wie dieser weist A als Psychologin ein Hochschulstudium auf und hat ebenso die Zusatzausbildung Psychotherapie absolviert. Damit stellt sich ihre Tätigkeit als vergleichbar dar. Sie unterfällt durch die Ausübung eines ähnlichen Berufs dem § 18 Abs. 1 Nr. 1 S. 2 a. E. EStG und erzielt Einkünfte aus selbständiger Arbeit. Die Einkünfte betragen ausweislich des Sachverhalts 12.000 €.

---

[47] Ab VZ 2015: § 10 Abs. 1a Nr. 1 EStG.
[48] BVerfG v. 07.05.2013 – 2 BvR 909/06, 2 BvR 1981/06, 2 BvR 288/07, BVerfGE 133, 377. Für nicht eingetragene Lebensgemeinschaften vor dem Inkrafttreten des LPartG ist eine Zusammenveranlagung nicht möglich, BFH v. 26.06.2014 – III R 14/05, BStBl. II 2014, 829; Verfassungsbeschwerde anhängig unter 2 BvR 1910/14.
[49] *Wacker*, in: Schmidt, EStG, 34. Aufl. 2015, § 18 Rn. 125.

III. Zusammenveranlagung

Im Falle der Zusammenveranlagung werden gemäß § 26b EStG die Einkünfte, die die Ehegatten erzielt haben, zusammengerechnet und den Ehegatten gemeinsam zugerechnet. Sodann sind die Ehegatten gemeinsam als ein Steuerpflichtiger zu behandeln. Dies bedeutet, dass im Rahmen eines vertikalen Verlustausgleichs die negativen Einkünfte des A mit den positiven der F verrechnet werden. Es verbleiben damit negative Einkünfte von 8.000 € (= 12.000 €./.20.000 €). A und F möchten die Möglichkeit des Verlustrücktrags nach § 10d Abs. 1 S. 1 EStG ausweislich ihres Antrags, nach § 10d Abs. 1 S. 5 EStG von der Anwendung des Rücktrags in voller Höhe abzusehen, nicht wahrnehmen.

Mögliche Sonderausgaben der F nach § 10 Abs. 1 Nr. 2 Buchst. a EStG für die private Altersvorsorge können nach dem System der §§ 2 Abs. 4, 10d EStG nicht vorgetragen werden und gehen bei mangelnder Ausgleichsfähigkeit verloren.[50] Somit ergäben sich bei der Wahl der Veranlagung nach § 26b EStG gemäß § 10d Abs. 2 S. 1 EStG vortragbare Verluste in Höhe von 8.000 €.

IV. Einzelveranlagung

Bei der Einzelveranlagung werden den Ehegatten gemäß § 26a Abs. 1 S. 1 EStG jeweils die von ihnen bezogenen Einkünfte zugerechnet. Sonderausgaben werden grundsätzlich nur bei dem Ehegatten abgezogen, der sie geleistet hat. Das Einkommen jedes Ehegatten wird nach dem Grundtarif des § 32a Abs. 1 EStG versteuert.[51]

Dies bedeutet hier für A einen nach § 10d Abs. 2 S. 1 EStG vortragbaren Verlust von 20.000 €. F kann von ihrem Gesamtbetrag der Einkünfte gemäß § 10 Abs. 1 Nr. 2 Buchst. a EStG Sonderausgaben in Höhe von 5.000 € abziehen, so dass sich ein zu versteuerndes Einkommen von 7.000 € ergibt. Dieses liegt unter dem Grundfreibetrag und unterliegt daher auch nach dem Grundtarif einer Einkommensteuer von 0 €, § 32a Abs. 1 S. 2 Nr. 1 EStG. Somit ergibt sich im Vergleich zur Zusammenveranlagung ein höherer vortragbarer Verlust bei gleicher Steuerbelastung.

V. Ergebnis

Damit wird S den Eheleuten zur Einzelveranlagung raten.

---

[50] *Heinicke*, in: Schmidt, EStG, 34. Aufl. 2015, § 10d Rn. 17.
[51] *Seiler*, in: Kirchhof, EStG, 14. Aufl. 2015, § 26a Rn. 5.

Fall 7: Tax Due Diligence

Sachverhalt

Anton Angele (A) und Erika Engele (E) sind verheiratet und leben in einer gemeinsamen Wohnung in Heidelberg. A hat im Jahr 01 für 1 Mio. € sämtliche Anteile an der M-GmbH erworben und ist zugleich deren angestellter Geschäftsführer.

Die M-GmbH, die ihren Sitz und ihre Geschäftsleitung in Mannheim hat, fertigt Spezialmaschinen und veräußert sie an gewerbliche Kunden. Die M-GmbH hält sämtliche Anteile an der in Tübingen ansässigen T-GmbH, die ein Zulieferunternehmen betreibt. Ferner hält die M-GmbH einige kleinere Portfolio-Beteiligungen.

Im Jahr 05 weist die Handelsbilanz der M-GmbH einen Gewinn von 50.000 € aus. Darin sind u. a. enthalten:

Erträge
1. Dividenden in Höhe von 10.000 €, die die M-GmbH aus ihrer 100-prozentigen Beteiligung an der T-GmbH auf der Grundlage eines von der T-GmbH im Mai 05 getroffenen Gewinnverwendungsbeschlusses erhalten hat;
2. Gewinne in Höhe von 20.000 € aus der Ende November 05 vollzogenen Veräußerung aller Anteile an der T-GmbH;
3. Gewinne in Höhe von 5.000 € aus der Veräußerung eines Pakets von 0,1 % der Anteile eines DAX-Unternehmens im Dezember 05. Das Paket hatte die M-GmbH vor mehreren Jahren als Kapitalanlage erworben und seither unverändert in ihrem Portfolio gehalten.

Aufwendungen
1. Aufwendungen in Höhe von 25.000 € für eine Tantieme (gewinnabhängiges Gehalt) des A. Dieser Zahlung liegt eine Klausel des Geschäftsführervertrags zugrunde, nach der A als Geschäftsführergehalt keinerlei festes Grundgehalt, sondern – variabel – 50 % des im Vorjahr erzielten Handelsbilanzgewinns der M-GmbH erhält, maximal jedoch 50.000 €;
2. Mietaufwand in Höhe von 20.000 € für ein unbebautes Geschäftsgrundstück, das A der M-GmbH für die Zeit vom 01.01. bis 31.12.05 verbilligt vermietet hat

und das der M-GmbH als Abstellfläche diente. Auf dem freien Markt hätte die M-GmbH für das Grundstück eine Miete in Höhe von 30.000 € zahlen müssen;
3. Zinsaufwand in Höhe von 15.000 € für ein Darlehen über 200.000 €, das die E der M-GmbH Ende 04 zu einem kapitalmarktüblichen Zinssatz gewährt hat. Auf Bitten des A hat E gegenüber der M-GmbH mit Wirkung zum 31.12.05 erklärt, auf die Rückzahlung des Darlehens zu verzichten. In ihrer Handelsbilanz hat die M-GmbH den Darlehensverzicht der E durch eine Erhöhung ihrer Kapitalrücklage dargestellt. Die M-GmbH war weder im Zeitpunkt der Darlehensgewährung noch im Zeitpunkt des Verzichts in wirtschaftlichen Schwierigkeiten, sondern verfügte – auch ohne das Darlehen – stets über ausreichende Liquidität;
4. Aufwendungen in Höhe von 10.000 € für eine Lebensversicherung auf den Tod des A, die die M-GmbH abgeschlossen hat und für die sie auch bezugsberechtigt ist;
5. Gewerbesteueraufwand in Höhe von 5.950 € für die im Jahr 05 festgesetzte gezahlte Gewerbesteuer für das Jahr 04;
6. Aufwendungen in Höhe von 1.000 € für den Kauf des Internet-Domain-Namens „www.spezialmaschinen.de". Diesen Betrag musste die M-GmbH aufwenden, um die Internetadresse von einem privaten Investor zu erwerben. Der Domain-Name ist bei einer dafür zuständigen Stelle registriert und kann technisch nur einmal vergeben werden. Die Registrierung bewirkt, dass bei Eingabe des Domainnamens in einem Internet-Browser eine auf einem Server gespeicherte Internetseite aufgerufen wird. Die Registrierung beruht auf einem Vertrag (siehe Anlage zum Sachverhalt);
7. Zinsaufwand in Höhe von 5000 € für ein auslaufendes Darlehen, mit dem die M-GmbH ursprünglich den Erwerb der T-GmbH finanziert hatte;
8. Absetzungen für Abnutzung in Höhe von 200 € für ein gebrauchtes Notebook. Das Notebook hat A der M-GmbH im Juli 05 zum Preis von 950 € verkauft; der Teilwert betrug 1.200 €. Die Restnutzungsdauer des Notebooks beläuft sich auf drei Jahre. A hatte das Notebook neu im Juli 03 für 2.000 € erworben.

Teil A: Körperschaftsteuerrecht
Anfang 06 beschließt A, seine Anteile an der M-GmbH an einen US-amerikanischen Investor zu veräußern. Dieser Investor möchte sich u. a. der steuerlichen Situation der M-GmbH versichern. Da die M-GmbH für das Jahr 05 noch nicht zur Körperschaftsteuer veranlagt worden ist, bittet der Investor Sie im Rahmen der sog. „tax due diligence" um ein Gutachten zur voraussichtlichen Körperschaftsteuerbelastung der M-GmbH für das Jahr 05.

Teil B: Einkommensteuerrecht
Kurz darauf erscheint auch A bei Ihnen. Er möchte wissen, wie hoch die Summe seiner Einkünfte im Jahr 05 war. Auf Nachfrage teilt A mit,

- dass er getrennt von E veranlagt wird,
- dass ihm im Zusammenhang mit dem an die M-GmbH vermieteten Grundstück im Jahr 05 keinerlei Kosten entstanden sind und
- dass er das Notebook bis zur Veräußerung an die M-GmbH ausschließlich privat genutzt habe.

Außerdem bittet A Sie um ein kurzes Gutachten zu der Frage, welche einkommensteuerlichen Konsequenzen sich für ihn ergäben, wenn er seine Anteile an der M-GmbH im April 06 zu einem Preis von 1.250.000 € an den US-amerikanischen Inverstor veräußerte.

Anlage: Domainvertrag zwischen der M-GmbH und der Registrierungsstelle

§ 1 Registrierung

(1) Die M-GmbH (Domaininhaber) übermittelt der Registrierungsstelle den Registrierungsauftrag. Mit der erfolgreichen Registrierung kommt der Vertrag zu Stande.
(2) Die Registrierung besteht in der Aufnahme der Domain und ihrer technischen Daten in die Nameserver für die Top Level Domain „.de" (Konnektierung).

§ 4 Übertragung

(1) Die Domain ist übertragbar. Die Registrierungsstelle registriert die Domain für den künftigen Domaininhaber, wenn der Domaininhaber den Vertrag kündigt und zugleich der künftige Domaininhaber unter Vorlage eines Nachweises der Übertragung einen Antrag stellt.
(2) Die Domain kann nicht übertragen werden, wenn eine Übertragungssperre besteht. Die Registrierungsstelle richtet eine Übertragungssperre ein, wenn ein Dritter dies unter Angabe einer Berechtigung am Domainnamen beantragt. Die Übertragungssperre lässt die Registrierung unberührt und hindert die weitere Benutzung der Domain durch den Domaininhaber nicht. Die Domainsperre ist auf sechs Monate befristet. Sie wird auf Antrag des Dritten um jeweils weitere sechs Monate verlängert, wenn dieser eine fortdauernde gerichtliche Rechtsverfolgung nachweist.

§ 8 Kündigung

(1) Der Domainvertrag wird auf unbestimmte Zeit geschlossen. Er kann vom Domaininhaber ohne Einhaltung einer Frist jederzeit gekündigt werden.
(2) Die Registrierungsstelle kann den Vertrag nur aus wichtigem Grund kündigen. Ein wichtiger Grund liegt insbesondere vor, wenn der Domain-Name zur Verfolgung strafbarer Zwecke benutzt wird oder dem Domain-Inhaber die Berechtigung zur Benutzung des Domain-Namens durch rechtskräftiges Urteil aberkannt wird.

Aufgabe
Entwerfen Sie die erbetenen Gutachten! Fehlende Informationen sind ggf. lebensnah zu ergänzen. Gewerbe- und umsatzsteuerliche Fragen bleiben außer Betracht.
Die Jahre 01, 04, 05, 06 sind fiktive Jahre, der Fall ist insgesamt nach dem Rechtsstand VZ 2014 zu lösen.

Gliederung

Lösung 141
  A. Besteuerung der M-GmbH (Körperschaftsteuer für das Jahr 05) 141
    I. Persönlicher Tatbestand 141
    II. Sachlicher Tatbestand 141
      1. Dividende der T-GmbH 141
      2. Veräußerung der Anteile an der T-GmbH 142
        a) Grundsatz 142
        b) Anwaltliche Beratungskosten 142
        c) Finanzierungskosten 143
      3. Veräußerung der Portfolio-Beteiligung 144
      4. Tantieme des A 145
      5. Miete des Geschäftsgrundstücks 146
      6. Zinsaufwand zu Gunsten der E trotz nachfolgendem Forderungsverzicht 147
        a) Behandlung des Zinsaufwands 147
          aa) Zinsschranke 147
          bb) Verdeckte Gewinnausschüttung 148
        b) Darlehensverzicht als verdeckte Einlage? 148
          aa) Abgrenzung zum unbeachtlichen Drittaufwand 148
          bb) Einlagefähigkeit des Darlehensverzichts 148
              (1) Allgemeine Grundsätze 148
              (2) Beschränkung durch die Rechtsprechung auf
                  eigenkapitalersetzende Darlehen 149
      7. Beiträge zur Lebensversicherung 151
      8. Für das Jahr 04 gezahlte Gewerbesteuer 152
      9. Kauf der Internet-Domain 153
        a) Aktivierbares Wirtschaftsgut 153
        b) AfA? 155
      10. Anschaffungskosten für das gebrauchte Notebook 156
        a) Differenz zwischen Teilwert und Anschaffungskosten als
          verdeckte Einlage 156
        b) AfA 157
      11. Zusammenstellung 158
    III. Freibeträge 158
    IV. Steuersatz 158
    V. Ergebnis zu Teil A 159
  B. Teil B: Einkommensteuerrecht 159
    I. Besteuerung des A für das Jahr 05 159
      1. Tantieme 159
      2. Mieteinnahmen 160
      3. Veräußerung bzw. Einlage des Notebooks 161
      4. Ergebnis 161
    II. Besteuerung des A für das Jahr 06 161
      1. Veräußerungspreis 161
      2. Historische Anschaffungskosten 161
        a) Verbilligte Vermietung 162
        b) Darlehensverzicht der E 162
        c) Verbilligter Verkauf des Notebooks 162
      3. Teileinkünfteverfahren 162
      4. Freibetrag (§ 17 Abs. 3 EStG) 163
      5. Keine außerordentlichen Einkünfte 163
      6. Ergebnis 163

Lösung

A. Besteuerung der M-GmbH (Körperschaftsteuer für das Jahr 05)

Die Körperschaftsteuerbelastung der M-GmbH für das Jahr 05 richtet sich nach den Vorschriften des KStG (subsidiär des EStG) über den persönlichen und sachlichen Steuertatbestand, insbesondere über die Bemessungsgrundlage, ferner nach den Vorschriften über die Freibeträge und den Steuersatz.

I. Persönlicher Tatbestand
Die M-GmbH ist in Deutschland unbeschränkt körperschaftsteuerpflichtig (§§ 1 Nr. 1 KStG, 10, 11 AO).

II. Sachlicher Tatbestand
Bemessungsgrundlage der Körperschaftsteuer ist nach § 7 Abs. 1 KStG das zu versteuernde Einkommen. Es ergibt sich, wenn man das Einkommen im Sinne der §§ 8 ff. KStG um die unter Umständen zu gewährenden Freibeträge der §§ 24, 25 KStG mindert (§ 7 Abs. 2 KStG).

Das Einkommen wird gem. § 8 Abs. 1 S. 1 KStG nach den besonderen Vorschriften des KStG, subsidiär nach den Vorschriften des EStG und gemäß § 8 Abs. 2 KStG, §§ 15, 4 Abs. 1 i. V. m. 5 Abs. 1 S. 1 EStG nach den Vorschriften des Handelsbilanzrechts (§§ 238 ff. HGB) ermittelt.

Grundsätzlich sind daher die Ergebnisse des handelsrechtlichen Jahresabschlusses auch für das Steuerrecht zugrunde zu legen (Grundsatz der Maßgeblichkeit der Handelsbilanz für die steuerliche Gewinnermittlung).

Das setzt zunächst voraus, dass die M-GmbH die Vorschriften der §§ 238 ff. HGB eingehalten hat (siehe dazu die nachfolgenden Einzelpunkte).

Vor allem aber wird zu prüfen sein, ob nicht spezifisch steuerrechtliche Modifikationen eingreifen, die dazu führen, dass die steuerliche Bemessungsgrundlage ausnahmsweise vom Handelsbilanzgewinn abweicht. Sedes materiae für derartige Modifikationen können die §§ 8 ff. KStG, die §§ 4 ff. EStG oder ungeschriebene Grundsätze des Steuerbilanzrechts (vor allem Aktivierungsgebote und Passivierungsverbote) sein.

1. Dividende der T-GmbH
Nach § 8b Abs. 1 S. 1 KStG sind Dividenden im Sinne des § 20 Abs. 1 Nr. 1 EStG grundsätzlich steuerfrei, so dass der HGB-Gewinn außerbilanziell um 10.000 € zu kürzen ist.

Nach § 8b Abs. 5 KStG gelten aber 5 % der Dividenden als nicht abziehbare Betriebsausgaben, so dass der HGB-Gewinn insoweit wieder um 500 € außerbilanziell zu erhöhen wäre.

> **Hinweis**
>
> Alternativ kann man beide Schritte zusammenfassen und den HGB-Gewinn nur um 9.500 € kürzen.
> **Nicht:** Teileinkünfteverfahren: § 3 Nr. 40 EStG gilt trotz § 8 Abs. 1 EStG nicht für Körperschaften, da § 8b KStG insoweit lex specialis ist. Nur bei den Streubesitzdividenden (Beteiligung unter 10 %), führt die durch § 8b Abs. 4 KStG angeordnete Einbeziehung in das Einkommen zur Anwendung des Teileinkünfteverfahrens.
> **Nicht:** Organschaft (§§ 14 ff. KStG), die eine Zurechnung des Gewinns zur Folge hätte. Erstens fehlt es an der finanziellen Eingliederung, da die M-GmbH die Anteile an der T-GmbH unterjährig veräußert hat.[1] Zweitens ist nicht ersichtlich, ob ein Ergebnisabführungsvertrag geschlossen wurde und zudem die besonderen Voraussetzungen der §§ 17 KStG, 301 f. AktG erfüllt sind.

Der HGB-Gewinn ist daher per saldo um 9.500 € zu kürzen.

2. Veräußerung der Anteile an der T-GmbH

a) Grundsatz

Die Handelsbilanz weist hinsichtlich der Veräußerung der Anteile an der T-GmbH einen Ertrag von 20.000 € bei gleichzeitigem Aufwand von 1000 € für die anwaltliche Beratung und somit per Saldo einen HGB-Gewinn von 19.000 € auf.

Gemäß § 8b Abs. 2 KStG sind Veräußerungsgewinne steuerfrei und der HGB-Gewinn entsprechend zu kürzen.

b) Anwaltliche Beratungskosten

Aufgrund der Steuerfreiheit sind an sich die damit in unmittelbarem wirtschaftlichem Zusammenhang stehenden Aufwendungen nicht abziehbar (§§ 8 Abs. 1 KStG i. V. m. 3c Abs. 1 EStG). Bei den Anwaltskosten kann es sich jedoch um Veräußerungskosten handeln, die nach § 8b Abs. 2 S. 2 EStG bei der Bestimmung des steuerlichen Veräußerungsgewinns zu berücksichtigen sind. Veräußerungskosten sind Aufwendungen, die durch den Veräußerungsvorgang veranlasst sind. Dazu gehören neben Notarkosten für den Vertragsschluss auch Anwaltskosten für die zuvor erforderliche Vertragsgestaltung.[2] Somit sind die Anwaltskosten in Höhe von 1000 € vom Veräußerungspreis in Höhe von 20.000 € abzuziehen. Der steuerfreie Veräußerungsgewinn beträgt damit 19.000 €. Um diesen ist der HGB-Gewinn grundsätzlich außerbilanziell zu kürzen.

Nach § 8b Abs. 3 S. 1 KStG gelten aber 5 % der Veräußerungsgewinne als nicht abzugsfähige Betriebsausgaben, so dass 950 € wieder hinzuzurechnen sind. Im Er-

---

[1] Vgl. *Danelsing*, in: Blümich, EStG/KStG/GewStG, Loseblatt, Stand: August 2013, § 14 KStG Rn. 75 ff.

[2] *Watermeyer*, in: Hermann/Heuer/Raupach, § 8b KStG, Loseblatt, Stand: Juni 2014, Rn. 73.

gebnis ist der HGB-Gewinn somit um per saldo 18.050 € zu kürzen. Die Anteilsveräußerung führt somit steuerlich zu einem steuerlichen Gewinn von 950 €.

Dieses Ergebnis ist systematisch bedenklich.[3] § 8b Abs. 2 KStG ist teilweise nur eine technische Steuerbefreiung. Die im Anteilswert gespeicherten offenen Gewinnrücklagen sind bereits definitiv mit der Körperschaftsteuer vorbelastet. Hinsichtlich der stillen Reserven besteht zwar keine Vorbelastung, aufgrund der weiteren Steuerverstrickung der Anteile kommt es aber nicht zu einer Steuerbefreiung, sondern nur zu einem Besteuerungsaufschub.[4] § 8b Abs. 3 S. 2 KStG ermöglicht daher den Abzug laufender Aufwendungen. Durch die Einbeziehung der Anwaltskosten als Veräußerungskosten nach § 8b Abs. 2 S. 2 KStG in den nach § 8b Abs. 2 S. 1 KStG steuerfreien Veräußerungsgewinn können diese jedoch nur über die 5 %-Regelung des § 8b Abs. 3 S. 1 KStG ertragswirksam werden. Von 1.000 € Betriebsausgaben bleibt ein steuerlicher Vorteil von 50 € weniger „Schachtelstrafe" nach § 8b Abs. 3 S. 1 KStG. Der eindeutige Wortlaut lässt jedoch keinen Platz für eine entsprechende systemkonforme Auslegung.[5]

> **Hinweis**
>
> Solche Systembrüche können im Rahmen des Folgerichtigkeitsgebots der Verfassungsrechtsprechung verfassungsrechtlich relevant sein und als Verstoß gegen Art. 3 GG gesehen werden. Im konkreten Fall sieht das BVerfG die Grenze der Typisierungsbefugnis des Gesetzgebers aber als noch nicht überschritten an, es genüge, dass die Veräußerungskosten zumindest die 5 %-Regelung des § 8b Abs. 3 S. 1 KStG beeinflussen.[6]

c) Finanzierungskosten

Neben den Kosten für die anwaltliche Beratung weist die Bilanz noch einen Zinsaufwand für die Finanzierung des ursprünglichen Anteilserwerbs auf. Der Zinsaufwand ist nicht durch die Veräußerung, sondern durch den ursprünglichen Erwerb veranlasst. Es handelt sich daher nicht um Veräußerungskosten im Sinne des § 8b Abs. 2 S. 2 KStG, sondern um laufende Betriebsausgaben.

Aufgrund der Steuerfreiheit der Veräußerung sind diese an sich nicht abziehbar (§§ 8 Abs. 1 KStG i. V. m. 3c Abs. 1 EStG). § 8b Abs. 3 S. 2 KStG durchbricht diesen Grundsatz und ermöglicht einen Betriebsausgabenabzug. Allerdings bestimmt § 8b Abs. 3 S. 3 KStG, dass Gewinnminderungen im Zusammenhang mit den Anteilen nicht zu berücksichtigen sind. Daher ist wie folgt zu differenzieren.

§ 8b Abs. 3 S. 2 KStG ermöglicht den Abzug laufender Aufwendungen, da § 8b Abs. 2 KStG wie bereits dargestellt teilweise nur eine technische Steuerbefreiung

---

[3] So bereits: *Hill/Kavazidis,* DB 2003, 2028 (2029); *Dötsch/Pung,* DB 2004, 151 (154), siehe auch *Gosch,* in: Gosch, KStG, 2. Aufl. 2009, § 8b KStG Rn. 283.
[4] Vgl. *Gosch,* in: Gosch, KStG, 2. Aufl. 2009, § 8b Rn. 3.
[5] BFH v. 12.3.2014 – I R 45/13, BStBl II 2014, 719 (720).
[6] BVerfG v. 12.10.2010 – 1 BvL 12/07, DStR 2010, 2393 (2397) Rn. 66; zustimmend BFH v. 12.3.2014 – I R 45/13, BStBl II 2014, 719 (720).

ist, da der Anteilswert schon definitiv vorbelastet ist bzw. die stillen Reserven steuerverstrickt sind.[7] § 8b Abs. 3 S. 3 KStG ist folglich auf die Vermögenssubstanz der technisch steuerbefreiten Anteile beschränkt und sichert lediglich, dass der Veräußerungsvorgang auf Ebene der veräußernden Beteiligungskörperschaft völlig steuerneutral ist, also weder steuererhöhend noch steuermindernd.

> **Zur Vertiefung**
>
> Veräußert eine Körperschaft ihre Anteile an einem Tochterunternehmen, verlassen diese das Betriebsvermögen und werden durch den Veräußerungserlös in Geld ersetzt, der den Buchwert der Anteile übersteigt und somit einen Gewinn generiert. Berücksichtigt man die Betriebsvermögensmehrung durch den Veräußerungserlös nach § 8b Abs. 2 S. 1 KStG nicht, muss man auch die mit dieser verbundenen Betriebsvermögensminderung durch die Veräußerung der Aktien gemäß § 8b Abs. 3 S. 3 KStG außer Betracht lassen. Ansonsten würden die wirtschaftlichen Veräußerungsgewinne nicht auf Ebene der Körperschaft steuerneutral gestellt, sondern würden absurderweise zu steuerlichen Veräußerungsverlusten führen.

Der Zinsaufwand für die Beteiligung an der T-GembH hat keinen Bezug zum Anteilswert selbst, sondern führt zu laufenden Betriebsausgaben. Sie sind daher gemäß § 8b Abs. 3 S. 2 KStG als Betriebsausgaben abzugsfähig. Eine Korrektur der Handelsbilanz ist daher insoweit nicht erforderlich.

> **Zur Vertiefung**
>
> § 8b Abs. 3 S. 3 KStG umfasst trotz des weiten Wortlauts nur substanzbezogene Gewinnminderungen der Anteile, also insbesondere Verluste aus der Veräußerung der Anteile oder Teilwertabschreibungen.[8] Zu unterscheiden sind also § 8b Abs. 3 S. 2 KStG, der „laufende" Aufwendungen für die Beteiligung nach Abs. 2 zum Abzug zulässt und § 8b Abs. 3 S. 3 KStG, der Gewinnminderungen des nach Abs. 2 begünstigten Anteils selbst vom Betriebsausgabenabzug ausschließt.[9]

3. Veräußerung der Portfolio-Beteiligung

Auch die Gewinne aus der Veräußerung der Portfolio-Beteiligung sind nach § 8b Abs. 2 und 3 KStG steuerfrei mit Ausnahme von 5 % nicht abziehbarer Betriebsausgaben. Die Höhe der Beteiligung ist irrelevant, auf § 17 EStG kommt es nicht an. Im Ergebnis ist der HGB-Gewinn per saldo um 4.750 € zu kürzen.

---

[7] Vgl. *Gosch*, in: Gosch, KStG, 2. Aufl. 2009, § 8b Rn. 3.

[8] *Gröbl/Adrian*, in: Erle/Sauter, KStG, 3. Aufl. 2010, § 8b Rn. 154; Binnewies, in: Streck, KStG, 8. Aufl. 2014, § 8b Rn. 85.

[9] *Watermeyer*, in: Hermann/Heuer/Raupach, § 8b KStG, Loseblatt, Stand: April 2010, Rn. 81.

> **Zur Vertiefung**

Die Steuerpflicht von Dividenden aus „Portfolio-Beteiligungen" unter 10% Beteiligungsquote nach § 8b Abs. 4 KStG wurde zum 1.3.2013 eingeführt, um eine europarechtswidrige Diskriminierung ausländischer Anteilseigner[10] zu beseitigen – zu Lasten in- wie ausländischer Anteilseigner, die dadurch insoweit einer Kaskadenbesteuerung unterliegen. § 8b Abs. 4 KStG erfasst jedoch nicht Veräußerungsgewinne aus entsprechenden Portfolio-Beteiligungen, so dass es diesbezüglich bei der Steuerfreiheit nach § 8b Abs. 2 KStG bleibt. Hier bestehen Gestaltungsmöglichkeiten, sofern hinreichend viele Anteilseigner gleichgerichtet die Geschäftsleitung von einer Thesaurierungsstrategie im Hinblick auf eine spätere Veräußerung überzeugen können.[11]

4. Tantieme des A

Ein Abzug der Tantiemen nach § 9 Abs. 1 KStG erfordert eine KGaA oder eine vergleichbare Kapitalgesellschaft mit einem persönlich haftenden Gesellschafter. Die GmbH weist einen solchen nicht auf und ist daher nicht vergleichbar. § 9 Abs. 1 KStG greift nicht ein.

Vielmehr gelten die allgemeinen Regeln zur Abgrenzung von Betriebsausgaben (§ 4 Abs. 4 EStG) von verdeckten Gewinnausschüttungen (vGA), die nach § 8 Abs. 3 S. 2 KStG den Gewinn nicht mindern dürfen und daher dem HGB-Ergebnis außerbilanziell hinzuzurechnen sind.

> **Zur Vertiefung**

Anders als im Fall des § 15 Abs. 1 Nr. 2 EStG können grundsätzlich auch Zahlungen, die eine Kapitalgesellschaft an ihre(n) Gesellschafter leistet, Betriebsausgaben sein (Grundsatz der Sphärentrennung von Gesellschaft und Gesellschafter).

Etwas anderes gilt aber, wenn verdeckte Gewinnausschüttungen (vGA) vorliegen. vGA liegen vor, wenn Zahlungen an einen Gesellschafter nicht betrieblich veranlasst sind, sondern ihren Grund im Gesellschaftsverhältnis haben. Die verdeckten Zuwendungen an die Gesellschafter sollen der gleichen steuerlichen Behandlung unterworfen werden wie offene Gewinnausschüttungen. Insbesondere sollen sie das Einkommen der Körperschaft nicht mindern, sondern gleichermaßen mit der Körperschaftsteuer definitiv auf Ebene der Gesellschaft belastet werden.

Das Vorliegen einer vGA lässt sich in der Regel mit einem „Doppelten Fremdvergleich" sowohl aus Sicht eines ordentlichen Geschäftsleiters der Körperschaft als auch aus Sicht des Vertragspartners feststellen: Nur wenn auch jeweils unabhängige Dritte unter den gleichen Bedingungen die gleiche Vereinbarung getroffen hätten, ist sie betrieblich veranlasst.

---

[10] EuGH v. 20.10.2011 – Rs. C-284/09, Kommission gegen Deutschland, BFH/NV 2011, 2219.
[11] *Rengers*, in: Blümich, EStG/KStG/GewStG, Loseblatt, Stand: Juni 2013, § 8b KStG Rn. 116 m. w. N.

Eine vGA liegt vor, wenn die Betriebsvermögensminderung nicht betrieblich, sondern durch das Gesellschaftsverhältnis veranlasst ist. Die gesellschaftliche Veranlassung lässt sich durch einen Fremdvergleich ermitteln: würde die Tantieme auch mit einem fremden Dritten als Geschäftsführer vereinbart, der nicht Gesellschafter ist?

Die Tantieme des A weist die Besonderheit auf, dass es sich um eine Nur-Tantieme handelt. Das Geschäftsführergehalt besteht also nicht wie üblich aus einem fixen Grundgehalt, das ggf. um Tantiemen ergänzt wird. Im Verlustfall erhält der Geschäftsführer daher gar kein Gehalt. Gehaltsansprüche werden üblicherweise grundsätzlich laufend und unabhängig von der Gewinnhöhe gezahlt. Ein fremder Dritter würde sich auf eine solche Vereinbarung nicht einlassen

Aus Sicht der Gesellschaft droht bei steigenden Gewinnen eine Gewinnabschöpfung, die einem fremden Dritten nicht gewährt würde. Die betragsmäßige Deckelung begrenzt diese Gefahr zwar aus Sicht der Gesellschaft, es bleibt aber zumindest aus Sicht des Geschäftsführers bei der fehlenden Fremdvergleichbarkeit.

Eine Ausnahme ist nur bei Gesellschaften in Gründung oder in einer Krise denkbar, in denen der Gesellschaft keine festen finanziellen Belastungen zugemutet werden sollen. Aber selbst dann müsste die Tantieme zusätzlich zeitlich und betragsmäßig begrenzt sein, wenn das Stehenlassen der Tantieme sonst im Belieben eines beherrschenden Gesellschafters steht, der ohne Anpassungszwang durch die anderen Gesellschafter dadurch die Gewinne der GmbH abschöpfen kann. Die M-GmbH ist aber weder in der Gründung noch in der Krise. Es gibt keine Hinweise darauf, dass ein festes Grundgehalt ausnahmsweise kaufmännisch untunlich wäre.

Zur Vertiefung

Auf die Rechtsprechung, wonach dann, wenn dem Grunde nach Betriebsausgaben anzuerkennen sind, zumindest eine Quotelung vorzunehmen ist, soweit die Tantiemen mehr als ein Viertel des Festgehalts betragen (25:75-Quote), kommt es mithin nicht mehr an. Soweit die Tantieme mehr als 50% des Gewinns erfasst, ist sie in jedem Fall vGA.

Der Gewinn ist damit außerbilanziell um 25.000 € zu erhöhen.

5. Miete des Geschäftsgrundstücks

Die Mietzahlung für das Geschäftsgrundstück erfolgte ebenfalls von der M-GmbH an ihren Gesellschafter A. Daher ist wiederum ein Fremdvergleich vorzunehmen. Wenn die Mietzahlungen marktüblich sind, sind sie betrieblich (operativ) veranlasst und können auch steuerrechtlich als Betriebsausgaben abgezogen werden.

Vorliegend lässt der Sachverhalt aber erkennen, dass sie einem Fremdvergleich nicht standhalten. Sie betragen nur 2/3 der marktüblichen Miete, sie sind also zu niedrig. Daher kommt eine verdeckte Gewinnausschüttung, die nach § 8 Abs. 3 S. 2 KStG den Gewinn nicht mindern könnte, von vornherein nicht in Betracht.

Vielmehr bleibt es in Höhe des tatsächlichen Aufwands (20.000 €) bei Betriebsausgaben. Insoweit ist keine Korrektur des HGB-Ergebnisses vorzunehmen.

Soweit die Miete hinter dem Marktüblichen zurückbleibt (also in Höhe von 10.000 €), könnte aber eine verdeckte Einlage vorliegen. Gegebenenfalls käme es zu einer Kürzung des HGB-Gewinns (§ 8 Abs. 3 S. 3 KStG und § 4 Abs. 1 S. 1 EStG).

Nach der Legaldefinition in § 4 Abs. 1 S. 7 EStG sind einlagefähig aber nur „alle Wirtschaftsgüter (Bareinzahlungen und sonstige Wirtschaftsgüter)". Demgegenüber sind unentgeltliche (bzw. hier: teilentgeltliche) Nutzungsüberlassungen, Dienstleistungen oder sonstige Vorteile in Geldes Wert nach dem klaren Wortlaut nicht erfasst. Dem entspricht auch die allgemeine Praxis in Deutschland.[12]

Zur Vertiefung

Hier zeigt sich eine – gesetzgeberisch gewollte – Asymmetrie zwischen verdeckter Gewinnausschüttung (vGA) und verdeckter Einlage (vE). Sie ist teleologisch gerechtfertigt. Andernfalls wäre die Gefahr ungerechtfertigter Steuerersparnisse zu groß. Denn dann könnte die Kapitalgesellschaft ihren Gewinn durch – tatsächlich nicht gezahlte, also fiktive – Aufwendungen (vorliegend: in Höhe von insgesamt 30.000 €) mindern, denen auf der Ebene des Gesellschafters aber nur der geringere tatsächliche Zufluss (hier: 20.000 €) gegenüber stünde. Auf der Ebene des Gesellschafters ist die Besteuerung fiktiver Einkünfte (Soll-Einkünfte) ausgeschlossen – jedenfalls im bisherigen System, das außerhalb der früheren Vermögensteuer und vereinzelter Gewinnermittlungsregelungen mit bloßem Vereinfachungszweck (§§ 5a, 13a EStG) keine Sollertragsteuer kennt.

Im Ergebnis bleibt es deshalb dabei, dass die M-GmbH nur den tatsächlichen Mietaufwand in Höhe von 20.000 € als Betriebsausgaben absetzen kann, wie dies auch in der Handelsbilanz ausgewiesen wurde.

6. Zinsaufwand zu Gunsten der E trotz nachfolgendem Forderungsverzicht
a) Behandlung des Zinsaufwands
aa) Zinsschranke
Grundsätzlich sind Zinsen Betriebsausgaben (§§ 4 Abs. 4 EStG, 238 ff. HGB). Der Betriebsausgabenabzug von Zinsen wird aber durch die sogenannte Zinsschranke in § 8a KStG i. V. m. § 4h EStG eingeschränkt. Nach § 4h Abs. 1 S. 1 EStG sind den Zinsertrag übersteigende Zinsausgaben grundsätzlich nur zu 30 % abziehbar.

Die Anwendung der Zinsschranke wird aber durch die Bedingungen des § 4h Abs. 2 i. V. m. § 8a KStG eingeschränkt (sog. „Escape-Klauseln"). Nach § 4h Abs. 2 S. 1 a) KStG ist die Zinsschranke erst ab Zinsaufwendungen von mehr als drei Millionen Euro (Freigrenze) anzuwenden.

Die Zinsaufwendungen der M-GmbH betragen insgesamt nur 15.000 €, so dass die Zinsschranke schon nach § 4h Abs. 2 S. 1 a) KStG keine Anwendung findet.

---

[12] EStR 2012 H 4.3 (1) Stichwort „Nutzungsvorteile"; BFH v. 26.10.1987 – GrS 2/86, BStBl. II 1988, 348 (352 ff.); vgl. *Heinicke;* in: Schmidt, EStG, 34. Aufl. 2015, § 4 Rn. 303 ff.

bb) Verdeckte Gewinnausschüttung

Die Zinszahlung könnte aber eine verdeckte Gewinnausschüttung sein. Dagegen spricht nicht von vornherein der Umstand, dass die Ehefrau des A nicht selbst Gesellschafterin der M-GmbH ist.

Fraglich ist aber, ob die zivilrechtliche Gestaltung der Gesellschaftsfinanzierung (hier: Hingabe von Fremdkapital) steuerrechtlich vorliegend unbeachtlich ist. Das Steuerrecht geht vom Grundsatz der Finanzierungsfreiheit der Gesellschafter (und der ihnen nahe stehenden Personen) aus. Es lässt daher gerade auch bei Kapitalgesellschaften die Hingabe von Gesellschafterdarlehen und den mit diesen verbundenen Abzug von Zinsaufwendungen zu.

Etwas anderes gilt nur, wenn von Anfang an nicht die Hingabe eines Darlehens, sondern eine verdeckte Einlage gewollt war. Die kurze Frist zwischen der Hingabe des Darlehens und seiner Umwandlung in Eigenkapital könnte ein Hinweis darauf sein, dass von Anfang an eine verdeckte Einlage gewollt war. Vorliegend lässt der Sachverhalt erkennen, dass die E den Forderungsverzicht nicht von Anfang an geplant hatte, sondern sich erst „auf Bitten des A" zu diesem Schritt entschlossen hat.

Daher bleibt es für die erste Jahreshälfte 05 beim Abzug des Zinsaufwands. Insoweit ergeben sich im Ergebnis keine Änderungen gegenüber der Handelsbilanz.

b) Darlehensverzicht als verdeckte Einlage?
aa) Abgrenzung zum unbeachtlichen Drittaufwand

Der Darlehensverzicht könnte eine verdeckte Einlage sein, weil E ihn nicht aus eigenen wirtschaftlichen Interessen erklärt hat, sondern allein im Interesse und auf Bitten ihres Ehemannes A, der Gesellschafter der M-GmbH ist.

Damit liegt kein Fall eines bloßen Drittaufwands vor. Der Verzicht der E direkt gegenüber der Gesellschaft kürzt lediglich den Zahlungsweg für die beiden wirtschaftlich gewollten Geschäfte ab: E wendet A 200.000 € zu, A legt 200.000 € in die Kapitalrücklage ein. Man spricht von einer „mittelbaren verdeckten Einlage"[13].

bb) Einlagefähigkeit des Darlehensverzichts
(1) Allgemeine Grundsätze

Fraglich ist aber, ob der Darlehensverzicht überhaupt einlagefähig ist. Grundsätzlich kann ein Gesellschafter mit einer Kapitalgesellschaft beliebige schuldrechtliche Verträge mit entsprechender Gewinnrelevanz für die Gesellschaft schließen. Eine verdeckte Einlage ist nur bei gesellschaftlicher Veranlassung anzunehmen.[14] Diese wird grundsätzlich durch einen Fremdvergleich ermittelt.[15] Ein Nichtgesellschafter hätte der M-GmbH das Darlehen nicht ohne Wertausgleich erlassen, wie es die E für den A getan hat. Damit ist grundsätzlich eine gesellschaftliche Veranlassung und damit eine verdeckte Einlage anzunehmen. § 8 Abs. 3 S. 4 f. KStG ist tatbestandlich nicht einschlägig. Der Darlehensverzicht erhöht steuerrechtlich den Gesellschaftsgewinn daher nicht.

---

[13] Statt aller *Weber-Grellet*, in: Schmidt, EStG, 34. Aufl. 2015, § 17 Rn. 163 a. E. und Rn. 177.
[14] Vgl. *Birk/Desens/Tappe*, Steuerrecht, 17. Aufl. 2014, Rn. 1258.
[15] *Gosch*, in: Kirchhof, EStG, 14. Aufl. 2015, § 17 EStG Rn. 94.

Der Darlehensverzicht ist auch in der Handelsbilanz nicht erfolgswirksam gebucht worden; vielmehr hat die M-GmbH den Darlehensverzicht der E in ihrer Handelsbilanz durch eine Erhöhung ihrer Kapitalrücklage (§ 266 Abs. 3 A II i. V. m. § 272 Abs. 2 Nr. 4 HGB) dargestellt. Damit entspricht bereits die Handelsbilanz den Anforderungen des § 4 Abs. 1 EStG; insoweit besteht kein Korrekturbedarf durch eine außerbilanzielle Kürzung.

(2) Beschränkung durch die Rechtsprechung auf eigenkapitalersetzende Darlehen
Zusätzlich können weitere Anforderung der Rechtsprechung für die Anerkennung der verdeckten Einlage zu beachten sein. Die Rechtsprechung fordert zur Abgrenzung der gesellschaftlichen Veranlassung vom „normalen Gläubiger", dass das Darlehen auch im zivilrechtlichen Sinne eigenkapitalersetzend sein soll. Ein Darlehen ist nach diesen Maßstäben nur in einer Krise der Gesellschaft eigenkapitalersetzend: wenn ein ordentlicher Kaufmann in dieser Situation der Gesellschaft kein Fremdkapital, sondern Eigenkapital zur Krisenfinanzierung gegeben hätte.[16] Dies ist der Fall, wenn die Darlehensforderung entweder anfänglich (schon bei Gewährung/Valutierung des Darlehens,[17] „Krisendarlehen") oder zum Zeitpunkt des Forderungsverzichts (der Einlage[18], „stehengelassenes Darlehen") nicht werthaltig gewesen ist, weil sich die Gesellschaft (Darlehensnehmerin) in wirtschaftlichen Schwierigkeiten befand. Alternativ muss das Darlehen von vorneherein auf eine Krisenfinanzierung angelegt sein („krisenbestimmtes Darlehen") oder als „Finanzplankredit" zur langfristigen, betriebsnotwendigen Stärkung des Eigenkapitals ohne einseitige Kündigungsmöglichkeit ausgegeben sein.[19]

Auf diese Abgrenzung kommt es hier jedoch nicht an, da die gesellschaftliche Veranlassung durch den Verzicht und das Nichtvorhandensein wirtschaftlicher Schwierigkeiten eindeutig ist. Die Maßstäbe der Rechtsprechung sollen nur dann eine Differenzierung ermöglichen, wenn der Gesellschafter-Gläubiger mit seinem Darlehen ausfällt: nur dann ist zu klären, ob sich das normale Ausfallrisiko eines jeden Gläubigers realisiert oder eine besondere gesellschaftliche Veranlassung.[20] Bei einem Verzicht bleibt es bei den dargestellten allgemeinen Veranlassungsgrundsätzen, so dass wie dargestellt kein Korrekturbedarf besteht.

Zur Vertiefung

Verzichtet ein Gesellschafter auf eine ihm gegenüber der Kapitalgesellschaft zustehende Forderung, liegt darin grundsätzlich eine verdeckte Einlage. Das gilt nach Ansicht der Rechtsprechung allerdings nur insoweit, als die Darlehensfor-

---

[16] Anknüpfung an § 32a GmbHG a. F., vgl. *Weber-Grellet*, in: Schmidt, 34. Aufl. 2015, § 17 Rn. 171 f.; *Gosch*, in: Kirchhof, 14. Aufl. 2015, § 17 Rn. 94.

[17] Zu dieser Konstellation etwa BFH v. 28.11.2001 – I R 30/01, BFH/NV 2002, 677; bestätigt in BFH v. 02.8.2006 – I B 35/06, BFH/NV 2006, 2074.

[18] Zu dieser Konstellation grundlegend BFH v. 9.6.1997 – GrS 1/94, BFHE 183 (187)=BStBl. II 1998, 307.

[19] *Weber-Grellet*, in: Schmidt, 34. Aufl. 2015, § 17 Rn. 171.

[20] Vgl. *Gschwendtner*, Beihefter zur DStR-Heft 32, 1999, S. 1 (3 f.)

derung anfänglich (schon bei Gewährung/Valutierung des Darlehens[21]) oder zum Zeitpunkt des Forderungsverzichts (der Einlage[22]) nicht werthaltig war, weil sich die Gesellschaft (Darlehensnehmerin) in wirtschaftlichen Schwierigkeiten befand.

Die Rechtsprechung lehnt sich dabei eng an die gesellschaftsrechtliche Kategorie des eigenkapitalersetzenden Darlehens an. Sie orientierte sich an der Regelung der §§ 32a, 32b GmbHG a. F., die einen Nachrang der Krisenfinanzierung durch Gesellschafter-Darlehen in der Insolvenz festlegte. Die Regelung wurde im Rahmen des MoMiG funktional durch die rechtsformneutralen §§ 39 Nr. 5, 44a InsO ersetzt. Die Auswirkungen dieser zivilrechtlichen Reform auf die steuerrechtliche Rechtsprechung sind umstritten. Kritiker sehen der Rechtsprechung den Boden entzogen,[23] andere Stimmen stellen fest, dass sich im Grundsatz nichts geändert hat und wohl auch nicht ändern wird,[24] teils werden neue und angepasste Abgrenzungen in Anlehnung an die neuen, funktional ähnlichen Regelungen der InsO gesucht.[25]

Die Rechtsprechung war aber bereits nach der alten Rechtslage zweifelhaft. Der zivilrechtliche Telos des Gläubigerschutzes hat keinen Bezug zum steuerrechtlichen Ziel der Nettobesteuerung, so dass die strikte Bindung an das Zivilrecht schwer nachzuvollziehen ist. Daher war und ist es gut vertretbar, bei den allgemeinen Grundsätzen über die verdeckte Einlage zu bleiben. Die Rechtsprechung sollte in ihren Stichworten (Anknüpfung an zivil- bzw. insolvenzrechtliches Eigenkapitalersatzrecht, Krisendarlehen, stehengelassenes Darlehen, krisenbestimmtes Darlehen und Finanzplandarlehen) bis zur endgültigen Klärung durch den BFH aber weiterhin kurz dargestellt werden.

Rechtsfolge: Einlagen sind vom handelsrechtlich ermittelten Gewinn abzuziehen (§ 4 Abs. 1 EStG). Das gilt auch für verdeckte Einlagen.

Nichts anderes gilt, wenn der Darlehensverzicht nicht durch einen Gesellschafter, sondern durch einen diesem nahe stehenden Dritten ausgesprochen wurde. So liegen die Dinge hier (Ehefrau des A). In diesen Drittaufwandsfällen ist nach der Rspr. entscheidend, ob die unmittelbare Leistung des Dritten zugleich eine Zuwendung an den Gesellschafter ist, also in der Regel nur den Zahlungsweg abkürzt.[26]

Die Bewertung des Darlehensverzichts erfolgt zwar grundsätzlich gem. § 6 Abs. 1 Nr. 5 EStG mit dem Teilwert. Bei Darlehen in der Krise und Insolvenz geht dieser jedoch gegen Null, so dass das von Anfang an eigenkapitalersetzende Darlehen im Rahmen des § 17 Abs. 2 EStG mit dem Nennwert, bzw. bei Darlehen die erst nachträglich eigenkapitalersetzenden Charakter bekommen haben

---

[21] Zu dieser Konstellation etwa BFH v. 28.11.2001 – I R 30/01, BFH/NV 2002, 677; bestätigt im Beschl. v. 2.8.2006 – I B 35/06, BFH/NV 2006, 2074.

[22] Zu dieser Konstellation grundlegend BFH v. 9.6.1997 – GrS 1/94, BStBl. II 1998, 307 (310).

[23] *Weber-Grellet*, in: Schmidt, EStG, 34. Aufl. 2015, § 17 Rn. 172.

[24] *Gosch,* in: Kirchhof, EStG, 14. Aufl. 2015, § 17 Rn. 95.

[25] Überblick bei *Weber-Grellet*, in: Schmidt, EStG, 34. Aufl. 2015, § 17 Rn. 174; vgl. insbesondere *Heuermann*, DStR 2008, 2089.

[26] BFH v. 12.12.2000 – VIII R 34/94, BFH/NV 2001, 757; FG Rheinland-Pfalz, v. 10.11.2003 – 5 K 1065/02 (rkr.), DStRE 2004, 132 (135).

("stehengelassenes Darlehen") mit dem Teilwert zum Zeitpunkt der nachträglichen Widmung zum Eigenkapitalersatz zu bewerten ist (der dann allerdings auch schon Null betragen kann).[27]

7. Beiträge zur Lebensversicherung

Die Beiträge zur Lebensversicherung sind bei einer betrieblichen Veranlassung als Betriebsausgaben abziehbar. Bei einer gesellschaftlichen Veranlassung wären sie hingegen als „verdeckte Gewinnausschüttung" zu neutralisieren.

Bei der Bestimmung der Veranlassung der Beiträge ist deren Gegenleistung, die Versicherungsleistung zu betrachten. Eine verdeckte Einlage ließe sich bei einer Versicherung annehmen, wenn die betreffende Leistung rechtlich einem Gesellschafter der Kapitalgesellschaft oder einer ihm nahestehenden Person zusteht und von diesem Berechtigten der Kapitalgesellschaft zur Verfügung gestellt wird.[28] Eine verdeckte Gewinnausschüttung läge umgekehrt vor, wenn die Leistung dem Gesellschafter oder dessen Angehörigen zustünde oder zur Verfügung gestellt würde. Ein solcher Transfer der Versicherungsleistung würde unter fremden Dritten nicht vereinbart. Ist die Kapitalgesellschaft aber selbst Versicherungsnehmerin und Bezugsberechtigte der Gesellschaft, spricht dies für eine betriebliche Veranlassung.[29]

Die M-GmbH ist selbst Versicherungsnehmerin und Bezugsberechtigte für die Lebensversicherung. Der A ist zudem Gesellschafter-Geschäftsführer, so dass die finanzielle Vorsorge für dessen Wegfall z. B. zur Inanspruchnahme von Beratungsleistungen und die Einstellung eines neuen Geschäftsführers einen deutlichen betrieblichen Bezug aufweist.

Damit sind die Beiträge betrieblich veranlasst und als Betriebsausgaben abzugsfähig.

Zur Vertiefung

Der BFH erlaubt den Betriebsausgabenabzug bei Teilhaberversicherungen nur für Kapitalgesellschaften, dezidiert aber nicht für Personengesellschaften.

Bei Personengesellschaften wird ein Abzug als Betriebsausgaben grundsätzlich bejaht, wenn eine Versicherung betriebliche Risiken abdeckt, andernfalls unterfallen sie der bei Personengesellschaften existenten privaten Sphäre.[30] Allerdings wird der Abzug von Betriebsausgaben für eine Lebensversicherung auf den Tod eines Gesellschafters (Teilhaberversicherungen) von der Rechtsprechung generell als privat veranlasst angesehen.[31]

Bei Kapitalgesellschaften nimmt der BFH hingegen eine betriebliche Veranlassung von Teilhaberversicherungen an. Der BFH begründet dies mit dem Feh-

---

[27] *Gosch,* in: Kirchhof, EStG, 14. Aufl. 2015, § 17 Rn. 97 Mitte.
[28] BFH v. 25.10.2006 – I B 120/05, BFH/NV 2007, 502 (503).
[29] BFH v. 25.10.2006 – I B 120/05, BFH/NV 2007, 502 (503).
[30] Überblick bei *Bode,* in: Kirchhof, EStG, 14. Aufl. 2015, § 4 Rn. 256 „Versicherungsleistungen".
[31] Vgl. BFH v. 10.4.1990 – VIII R 63/88, BStBl. II 1990, 1017 (1018); v. 11.5.1989 – IV R 56/87, BStBl. II 1989, 657 f.

len einer privaten Sphäre der Kapitalgesellschaft, das sich aus § 8 Abs. 2 KStG ergebe. Demgemäß sind die Beiträge zu einer Lebensversicherung grundsätzlich Betriebsausgaben, Versicherungsleistungen Betriebseinnahmen.[32]

Zutreffend ist, dass Kapital- und Personengesellschaften aufgrund ihrer unterschiedlichen wirtschaftlichen und rechtlichen Natur Unterschiede aufweisen, die keine Gleichbehandlung verlangen oder erlauben. Allein das Fehlen einer Privatsphäre bei einer Kapitalgesellschaft erklärt die Ungleichbehandlung jedoch nicht, da der Kapitalgesellschaft die von ihr getrennten Anteilseigner mit ihren Privatsphären gegenüberstehen. Die Regelungen zu Einlage und Entnahme zur Abgrenzung zwischen betrieblicher und privater Sphäre bei Personengesellschaften und die Regelungen zu verdeckter Einlage und verdeckter Gewinnausschüttung zur Abgrenzung zwischen betrieblicher Sphäre und gesellschaftlicher Veranlassung bei Kapitalgesellschaften haben folglich eine vergleichbare Funktion.

Die Differenzierung zwischen Kapital- und Personengesellschaften lässt sich eher mit der formalen rechtlichen Trennung der Kapitalgesellschaft vom Gesellschafter begründen, aus der sich im Grenzfall Teilhaberversicherung eine stärkere Abgrenzung von betrieblicher Sphäre und Gesellschaftersphäre ableiten mag.

Für die Klausurbearbeitung kommt es darauf an, das Problem der Abgrenzung von betrieblicher und gesellschaftlicher Veranlassung zu erkennen und sich für die Berücksichtigung und die Nichtberücksichtigung begründet zu entscheiden. Eine Kenntnis der unterschiedlichen Rechtsprechungslinien ist nicht zwingend erforderlich.

Die Versicherungsbeiträge sind damit auch steuerlich auf der Ebene der M-GmbH zu berücksichtigen. Eine Korrektur ihrer Handelsbilanz ist daher insoweit nicht erforderlich.

8. Für das Jahr 04 gezahlte Gewerbesteuer

Die von der zuständigen Behörde festgesetzte und von der M-GmbH gezahlte Gewerbesteuer ist betrieblich veranlasst.

§ 10 Nr. 2 KStG (entspricht § 12 Nr. 3 EStG) greift nicht ein, weil die Gewerbesteuer keine „Steuer vom Einkommen" im Sinne der Vorschrift ist. „Einkommen" ist eine Nettogröße. Die Gewerbesteuer knüpft aber seit jeher an den „Ertrag" i. S. v. Ertragskraft (früher auch an das Gewerbekapital) an. Bemessungsgrundlage ist gerade nicht der Netto-Gewinn („Einkommen"). Vielmehr zeigen die Hinzurechnungen und Kürzungen der §§ 8, 9 GewStG, dass die Gewerbesteuer einkommensunabhängige Gesichtspunkte einbezieht. Erst recht fragt sie nicht nach der subjektiven Leistungsfähigkeit des Steuerpflichtigen. Sie ist „Objektsteuer", nicht „Personensteuer" im Sinne der §§ 10 Nr. 2 KStG, 12 Nr. 3 EStG.

Dem Betriebsausgabenabzug könnte aber § 4 Abs. 5b EStG entgegenstehen, nachdem die festgesetzte Gewerbesteuer keine Betriebsausgabe ist, d. h. nicht ab-

---

[32] BFH v. 25.10.2006 – I B 120/05, BFH/NV 2007, 502 (503).

ziehbar ist. Die Abzugsverbote des § 4 EStG sind nach § 8 Abs. 1 KStG im Bereich der Körperschaftsteuer anwendbar[33] und § 4 Abs. 5b EStG wird wegen Spezialität auch nicht durch § 10 Nr. 2 KStG verdrängt.

> **Zur Vertiefung**
>
> Das Abzugsverbot soll die Bund und Ländern zustehende Körperschaftsteuer und die den Gemeinden zustehende Gewerbesteuer entflechten und für Transparenz sorgen. Insbesondere dient sie auch zur Gegenfinanzierung der Unternehmensteuerreform 2008, so auch der Senkung des KSt-Satzes von 25 auf 15%.

Der HGB-Gewinn ist daher um die 5.000 € Gewerbesteuer zu erhöhen.

9. Kauf der Internet-Domain

Der Sofortabzug sämtlicher Anschaffungskosten wäre jedenfalls dann zulässig, wenn die Internet-Domain nicht zu aktivieren war.

a) Aktivierbares Wirtschaftsgut

Vorliegend ist aber fraglich, ob eine entgeltlich erworbene Internet-Domain nicht ein immaterieller Vermögensgegenstand des Anlagevermögens (§ 266 Abs. 2 Buchst. A I 1 HGB) ist, der nach §§ 246 Abs. 1, 247 Abs. 2 HGB zu aktivieren ist. Bei selbst geschaffenen immateriellen Wirtschaftsgütern des Anlagevermögens besteht nach § 248 Abs. 2 HGB ein Aktivierungswahlrecht,[34] das allerdings gemäß § 268 Abs. 8 HGB mit einer Ausschüttungssperre hinsichtlich des aktivierten Betrages verbunden ist.

Steuerrechtlich besteht in § 5 Abs. 2 EStG eine Aktivierungspflicht für entgeltlich erworbene immaterielle Wirtschaftsgüter. Diese gilt jedoch ausdrücklich „nur" für entgeltlich erworbene Wirtschaftsgüter, so dass die Aktivierung selbst geschaffener immaterieller Wirtschaftsgüter verboten ist.[35]

Zu den aktivierbaren Vermögensgegenständen bzw. Wirtschaftsgütern[36] gehören Gegenstände im Sinne des bürgerlichen Rechts, Sachen und Rechte, und alle vermögenswerten Vorteile des Betriebs einschließlich tatsächlicher Zustände und konkreter Möglichkeiten, sofern ihnen im Geschäftsverkehr ein selbständiger Wert beigelegt wird und sie – allein oder mit dem Betrieb – verkehrsfähig sind.[37]

Der Domain-Name beruht auf einer registrierten technischen Adresse des Internets. Die technisch notwendige Registrierung schließt andere Personen faktisch von der Benutzung des Namens aus. Die Ausschlussfunktion ist folglich aber nicht

---

[33] *Fehling*, NWB 2007, 2469; Fach 5, 1627.
[34] Seit Neufassung durch das BilMoG mit Wirkung ab 29.5.2009; zuvor bestand ein handelsrechtliches Aktivierungsverbot.
[35] *Weber-Grellet*, in: Schmidt, EStG, 34. Aufl. 2015, § 5 Rn. 161.
[36] Die Begriffe Vermögensgegenstand und Wirtschaftsgut sind synonym, vgl. BFH v. 7.8.2000 – GrS 2/99, BStBl. II 2000, 632.
[37] BFH v. 19.10.2006 – III R 6/05, BStBl. II 2007, 301 (302); v. 26.8.1992 – I R 24/91, BFHE 169, 163 = BStBl. II 1992, 977 m. w. N.

rechtlich, sondern technisch bedingt. Die Inhaberschaft des Domain-Namens ist somit als solche kein immaterielles Recht wie z. B. das Namensrecht.[38] Der Sachverhalt gibt auch keine Hinweise auf das Bestehen eines immateriellen Rechts, z. B. einen namens- oder markenrechtlichen Schutz der Bezeichnung.

Allerdings ist die technische Ausschließlichkeit des Domain-Namens vertraglich gegenüber der Registrierungsstelle abgesichert. Da der Domain-Vertrag nach § 8 auf Dauer angelegt ist und einer gesonderten Kündigung bedarf, besteht der Anspruch auf Registrierung während der gesamten Vertragslaufzeit fort. Somit ist es der Registrierungsstelle rechtlich verwehrt, den Domain-Namen für die Dauer der Vertragslaufzeit anderen Personen zur Verfügung zu stellen. Zudem hat die Registrierungsstelle nach § 8 Abs. 2 des Vertrages nur ein außerordentliches Kündigungsrecht aus „wichtigem Grund". Sofern die M-GmbH den Domain-Namen im Rahmen der Vertragspflichten und der Rechtsordnung nutzt, kann ihr der vertragliche Anspruch auf den Domain-Namen nicht entzogen werden. Der vertragliche Anspruch gegen die Registrierungsstelle und die von dieser vermittelte technische Ausschließbarkeit sorgen für eine einem Immaterialgüterrecht ähnliche Rechtstellung.[39]

Diese Rechtstellung muss zudem verkehrsfähig sein. Dazu muss das Recht nicht im Rechtssinne veräußerbar sein, es genügt wenn der Rechtsverkehr Möglichkeiten zu einer wirtschaftlichen Übertragung entwickelt hat.[40] Die Registrierung als solche ist nicht direkt auf einen Erwerber übertragbar, sondern bedarf nach § 4 Abs. 1 des Vertrags eines eigenen Registrierungsantrags des Erwerbers und damit eines erneuten Vertragsschlusses von Erwerber und Registrierungsstelle. Allerdings verpflichtet sich die Registrierungsstelle in § 4 Abs. 1 des Vertrags zugleich zu diesem Vertragsschluss, wenn der Veräußerer kündigt und der Erwerber gleichzeitig einen Erwerbsnachweis vorlegt. Eine Ablehnung durch die Registrierungsstelle ist nur bei einer Übertragungssperre nach § 4 Abs. 2 des Vertrags vorgesehen. Diese hat jedoch nur aufschiebende Wirkung und ist auf die zur Klärung der Rechtslage erforderliche Zeit beschränkt. Im Ergebnis ist der Domain-Name daher wirtschaftlich an einen bestimmten Erwerber veräußerbar und damit verkehrsfähig.[41]

Ein Domain-Name ist schließlich selbständig bewertbar, da ein eigener Markt für den Handel mit Domain-Namen besteht.[42]

Die M-GmbH hat das Wirtschaftsgut auch nicht selber hergestellt. Durch die Einrichtung seiner Website hat sie insbesondere kein aus Websites und Domain-Namen bestehendes einheitliches Wirtschaftsgut hergestellt. Nach der – überzeugenden – Auffassung des BFH hat ein Domain-Name durch die Erstellung der Websites seine selbständige Bewertbarkeit und damit seine Eigenschaft als selbständiges

---

[38] BFH v. 19.10.2006 – III R 6/05, BStBl. II 2007, 301 (302 f.).
[39] BFH v. 19.10.2006 – III R 6/05, BStBl. II 2007, 301 (302).
[40] BFH v. 19.10.2006 – III R 6/05, BStBl. II 2007, 301 (302); v. 26.8.1993 – I R 24/91, BStBl. II 1992, 977 (979) zu Ablösezahlungen im Profifußball.
[41] So BFH v. 19.10.2006 – III R 6/05, BStBl. II 2007, 301 (302 f.) zu den tatsächlichen Regeln der deutschen Registrierungsstelle DENIC, denen der Sachverhalt nachgebildet ist.
[42] BFH v. 19.10.2006 – III R 6/05, BStBl. II 2007, 301 (302 f.).

Wirtschaftsgut nicht verloren.[43] Nach der Verkehrsanschauung bleibe der Domain-Name in seiner Einzelheit von Bedeutung und sei bei einer Veräußerung greifbar. Die Einrichtung der Websites sei unabhängig von dem Domain-Namen, unter dem die Website im Internet abgerufen werden kann. Der Domain-Name könne weiterhin ohne die Web-Dateien veräußert werden. Daher greift das Aktivierungsverbot des § 248 Abs. 2 HGB vorliegend nicht ein.

Zwischenergebnis: Die Domain ist zu aktivieren. Im Erwerbszeitpunkt kommt es daher zunächst nur zu einem Aktivtausch, der schon handelsbilanziell nicht erfolgswirksam wird.

Daher ist der Abzug der gesamten Anschaffungskosten (§ 255 HGB) im Jahr 2008 jedenfalls handelsbilanzrechtlich nicht zulässig. Der handelsrechtliche Jahresabschluss der M-GmbH ist in diesem Punkt falsch.

b) AfA?

Daher scheidet ein Sofortabzug grundsätzlich auch steuerrechtlich aus. Etwas anderes gilt für abnutzbare (dazu sogleich) geringwertige Wirtschaftsgüter (gWG): Nach § 6 Abs. 2 EStG können die Anschaffungskosten (§ 255 HGB) im Jahr der Anschaffung in voller Höhe steuerwirksam abgezogen werden, wenn die Anschaffungskosten nicht mehr als 410 € netto betrugen; daran fehlt es hier aber.

Fraglich kann deshalb nur noch sein, ob das Wirtschaftsgut zumindest über seine betriebsgewöhnliche Nutzungsdauer abgeschrieben werden kann bzw. ein Sammelposten nach § 6 Abs. 2a S. 1 EStG anzusetzen ist. Das setzt voraus, dass es abnutzbar ist. Das ist zwar möglicherweise für *Websites* zu bejahen; für *Domain-Namen* dagegen i. d. R nicht. Denn Domain-Namen sind in ihrer Nutzbarkeit weder unter rechtlichen noch unter wirtschaftlichen Gesichtspunkten zeitlich begrenzt. Der Vertrag mit der Registrierungsstelle über die Domain wurde auf unbestimmte Zeit geschlossen und kann von dieser nur aus wichtigem Grund gekündigt werden. Der Kläger kann den Domain-Namen demzufolge zeitlich unbegrenzt nutzen.[44]

Etwas anderes kann zwar möglicherweise dann gelten, wenn der Domain-Name aus einem endlichen Schutzrecht wie z. B. einer Marke abgeleitet ist,[45] weil in einem solchen Fall der Wert der Domain von dem ihr zugrunde liegenden Schutzrecht bestimmt wird[46]

Domain-Namen aber sind jedenfalls dann nicht abnutzbar, wenn sie aus einem allgemein verständlichen und dauerhaft gängigen Wort bestehen.[47]

Eine wirtschaftliche Abnutzbarkeit des Domain-Namens ergibt sich auch nicht daraus, dass sein Wert ohne werterhaltende Maßnahmen – wie z. B. Werbung – einem Wertverfall unterläge, weil der Wert in erheblichem Maße von seinem Be-

---

[43] BFH v. 19.10.2006 – III R 6/05, BStBl. II 2007, 301 (303) unter Hinweis auf BFH v. 8.2.1996 – III R 126/93, BStBl. II 1996, 542 m. w. N.
[44] Vgl. zu den tatsächlichen DENIC-Bestimmungen: BFH v. 19.10.2006 – III R 6/05, BStBl. II 2007, 301 (303 f.).
[45] Sogenannte „qualified domain".
[46] Vgl. *Wübbelmann*, DStR 2005, 1659.
[47] Sogenannte „generic domain".

kanntheitsgrad abhängig ist.[48] Der Bekanntheitsgrad des Domain-Namens „spezialmaschinen.de" ist von werterhaltenden Maßnahmen sowie vom Zeitgeist unabhängig.

> **Zur Vertiefung**
>
> Gleiches gilt z. B., wenn ein Domain-Name einen allgemein bekannten Fluss bzw. eine allgemein bekannte Region bezeichnet.

Ebenso lässt sich eine wirtschaftliche Abnutzbarkeit nicht damit begründen, dass dem Steuerpflichtigen die Verwendung des Domain-Namens zivilrechtlich untersagt werden kann, wenn er dadurch das Namens- oder Markenrecht eines Dritten verletzt oder die Verwendung wettbewerbswidrig ist. Wird dem Steuerpflichtigen die Verwendung des Domain-Namens zivilrechtlich untersagt, begründet dies eine Teilwertabschreibung nach § 6 Abs. 1 Nr. 2 S. 2 EStG, nicht aber die Abnutzbarkeit der Domain-Adresse.

Ergebnis: Die Anschaffung der Domain ist unter keinem Gesichtspunkt als erfolgswirksam anzusehen. Die Handelsbilanz ist in diesem Punkt korrekturbedürftig. Es kommt zu einer – auch steuerwirksamen – Ergebniserhöhung um die bislang als Aufwand angesetzten 1.000 €.

10. Anschaffungskosten für das gebrauchte Notebook

Für das Notebook gilt zunächst Entsprechendes wie für die Internet-Domain: Grundsätzlich ist die Anschaffung als solche erfolgsneutral (in der Regel Aktivtausch), da das Notebook als Wirtschaftsgut des Anlagevermögens zu aktivieren war.

a) Differenz zwischen Teilwert und Anschaffungskosten als verdeckte Einlage

Fraglich ist aber, wie sich der Umstand auswirkt, dass A das Notebook „unter Wert" an die M-GmbH veräußert hat. Anders als die verbilligte Nutzungsüberlassung des Grundstücks ist das Notebook ein einlagefähiges Wirtschaftsgut. Es liegt somit eine verdeckte Einlage in Höhe der Differenz zwischen dem Teilwert (§ 6 Abs. 1 Nr. 5 S. 1 EStG) und den tatsächlichen Anschaffungskosten in Höhe von 950 € vor.

An Stelle des Teilwerts treten in den Ausnahmefällen nach § 6 Abs. 1 Nr. 5 Buchst. a–c EStG die ursprünglichen Anschaffungskosten vermindert um Abschreibungen. Das Notebook wurde genau zwei Jahre vor der Einlage angeschafft, so dass § 6 Abs. 1 Nr. 5 Buchst. a EStG einschlägig ist. Die ursprünglichen Anschaffungskosten liegen bei 2.000 €, eine normale Abschreibung hinsichtlich des insgesamt fünfjährigen Nutzungszeitraums vorausgesetzt, betragen die abgeschriebenen Anschaffungskosten zum Zeitpunkt der Einlage 1.200 € (nur zufälligerweise betragsidentisch mit dem Teilwert, auf den es hier nicht ankommt).

Diese verdeckte Einlage führt zu einer Gewinnminderung in Höhe von 250 €.

---

[48] BFH v. 19.10.2006 – III R 6/05, BStBl. II 2007, 301 (304).

> **Zur Vertiefung**
> Nur so lässt sich vermeiden, dass die GmbH belastet wird, wenn sie das Notebook unmittelbar nach dem Erwerb wieder veräußert (zum Verkehrswert).
> Zum Zweck der Verminderung der ursprünglichen Anschaffungskosten um AfA und vertretbare Ausnahmen davon siehe auch oben Fall 6 zur AfA des Autos. Hier in Fall 7 lagen keine besonderen Umstände vor, die eine Ausnahme nahelegen (kein kurzer Zeitraum zwischen Anschaffung und Einlage; unklar, ob Laptops sich zuvor im Privatvermögen oder in anderen Betriebsvermögen befanden).

b) AfA

Unabhängig davon ist zu fragen, ob die handelsbilanzielle Abschreibung (hier: um 200 €) für Zwecke des Steuerrechts übernommen werden kann.

Eine spezifisch steuerrechtliche Abweichung wäre zumindest möglich, wenn die Anschaffungskosten vorliegend nach § 6 Abs. 2 EStG im Jahr der Anschaffung in voller Höhe abziehbar wären. Ein Sofortabzug wird für geringwertige Wirtschaftsgüter, d. h. Wirtschaftsgüter bis zu einem Bilanzansatz von 410 € netto gewährt. Zwischen 150 und 1.000 € kann das Notebook in einem Sammelposten nach § 6 Abs. 2a EStG in fünf Jahren abgeschrieben werden.

Vorliegend belaufen sich die reinen Anschaffungskosten zwar nur auf 950 €, so dass eine Sammelabschreibung nach § 6 Abs. 2a EStG in Betracht zu kommen scheint. Nach seinem ausdrücklichen Wortlaut knüpft § 6 Abs. 2a EStG für Einlagen (§ 6 Abs. 1 Nr. 5 EStG) aber nicht an die Anschaffungskosten, sondern an den an ihre Stelle tretenden Wert an. Dieser ist wiederum grundsätzlich der Teilwert, im vorliegenden Ausnahmefall nach § 6 I Nr. 5 Buchst. a EStG wiederum die ursprünglichen Anschaffungskosten vermindert um Abschreibungen, im Ergebnis also ebenfalls 1.200 €. Damit ist die Grenze für eine Sammelabschreibung nach § 6 Abs. 2a EStG überschritten, so dass es zu einer auf das Einzelgerät bezogenen regulären Abschreibung kommt.

> **Zur Vertiefung**
> Die Wahl einer Sammelabschreibung wäre hier durch die längere Abschreibungsdauer ungünstiger, kann aber unter Umständen für den Steuerpflichtigen vorteilhaft sein (reduzierter Verwaltungsaufwand gegenüber Einzelabschreibung).

Maßgeblich sind damit die Bewertungsvorschriften des § 7 Abs. 1 und 2 EStG. Danach sind abnutzbare Wirtschaftsgüter des Anlagevermögens um jährliche Absetzungen für Abnutzungen zu vermindern. Sie werden grundsätzlich in gleichen Jahresbeträgen bemessen (lineare AfA). Bei Anschaffung im Februar eines Jahres oder später ist nach Monaten zu quoteln; für den Monat der Anschaffung/Einlage wird die volle Monats-AfA gewährt.

Vorliegend hat die M-GmbH das Notebook im Juli 05 angeschafft; damit kommt sie in den Genuss von 6/12 der Jahres-AfA (§ 7 Abs. 1 S. 4 EStG). Diese beläuft

sich auf 1200 €/ 3 Jahre = 400 €/Jahr. 6/12 aus diesem Betrag sind 200 €. Dieser Betrag entspricht exakt der Abschreibung, die die M-GmbH in ihrer Handelsbilanz vorgenommen hatte.
Ergebnis: Insoweit besteht kein Korrekturbedarf.

11. Zusammenstellung
Insgesamt ergeben sich damit folgende Veränderungen gegenüber dem HGB-Ergebnis:

Dividende der T-GmbH	−9.500 €
Veräußerung der Anteile an der T-GmbH	−18.050 €
Zinsaufwand Anteile T-GmbH	keine Veränderung
Veräußerung der Portfolio-Anteile	−4.750 €
Tantiemen	+25.000 €
Miete des Geschäftsgrundstücks	keine Veränderung
Zinsen an E, Darlehensverzicht der E	keine Veränderung
Beiträge zu Lebensversicherung	keine Veränderung
Gewerbesteuer	+5.950 €
Rückstellung	+2.500 €
Kauf der Internet-Domain	+1.000 €
Anschaffung des Notebooks	−250 €

Per saldo heben sich die Kürzungen (33.500 €) und Hinzurechnungen (33.500 €) auf.

Damit beträgt nicht nur der handelsbilanzielle, sondern auch der steuerliche Gewinn der M-GmbH 50.000 €.

III. Freibeträge
Der Freibetrag aus § 24 S. 1 KStG (max. 5.000 € p.a.) kommt der M-GmbH nicht zugute, da ihre Gewinnausschüttungen beim Gesellschafter als Einkünfte aus Kapitalvermögen erfasst werden (§ 24 S. 2 KStG i. V. m. § 20 Abs. 1 Nr. 1 EStG).

Der Freibetrag aus § 25 KStG wird der M-GmbH ebenfalls nicht gewährt, weil sie weder Land- noch Forstwirtschaft betreibt.

IV. Steuersatz
Auf die Bemessungsgrundlage von 50.000 € ist ein einheitlicher Steuersatz von 15 % (§ 23 Abs. 1 KStG) anzuwenden.

Daraus ergibt sich ein KSt-Betrag in Höhe von 7.500 €; die Rundungsregel (Abrundung auf ganze Euro: § 31 Abs. 1 S. 2 KStG) ändert daran nichts.

Hinzu kommt ein Solidaritätszuschlag in Höhe von 5,5 % hieraus, also 412,50 €.

V. Ergebnis zu Teil A
Die M-GmbH muss für das Jahr 05 mit einer KSt-Belastung in Höhe von 7.500 € und einem Solidaritätszuschlag von 412,50 € rechnen. Summe: 7912,50 €.

B. Teil B: Einkommensteuerrecht

I. Besteuerung des A für das Jahr 05
Von den in Teil A mitgeteilten Geschäftsvorfällen können sich auf die Besteuerung des Gesellschafter-Geschäftsführers A auswirken:

- die Vereinnahmung einer Tantieme in Höhe von 25.000 €,
- die Vereinnahmung der Miete für das Geschäftsgrundstück in Höhe von 20.000 €,
- die Veräußerung des Notebooks zum Preis von 600 € bei teilabgeschriebenen Anschaffungskosten im Einlegezeitpunkt in Höhe von 1.200 €.

Alle anderen Geschäftsvorfälle sind für die Besteuerung des A irrelevant.

1. Tantieme
Die gezahlten Tantiemen sind – wie in Teil A auf Ebene der Körperschaft festgestellt – verdeckte Gewinnausschüttungen. Sie sind daher nicht als Einkünfte aus nichtselbständiger Arbeit, sondern als Einkünfte aus Kapitalvermögen zu qualifizieren (§ 20 Abs. 1 Nr. 1 S. 2 EStG).

Für die Kapitaleinkünfte gilt anstatt des Teileinkünfteverfahrens grundsätzlich ein besonderer Steuersatz von 25 % nach § 32d Abs. 1 S. 1, Abs. 3 EStG.

Anstelle des besonderen Steuersatzes kommt jedoch auch eine Anwendung des Teileinkünfteverfahrens in Betracht.

Das Teileinkünfteverfahren ist nach §§ 3 Nr. 40 S. 1, Buchst. d, S. 2, 20 Abs. 8 S. 1 EStG anzuwenden, wenn die Anteile in einem Betriebsvermögen gehalten werden und die Kapitaleinkünfte daher nach § 20 Abs. 8 S. 1 EStG in Gewinneinkünfte umzuqualifizieren sind. Es gibt jedoch keine Anhaltspunkte für eine eigene gewerbliche Tätigkeit des A, in deren Rahmen er die Anteile im Betriebsvermögen hält.

Zur Vertiefung

Bei Körperschaften ist die Besteuerung zwischen Körperschaft und Anteilseignern im Gegensatz zu den Personengesellschaften streng getrennt. Aus der gewerblichen Tätigkeit der M-GmbH folgt nicht, dass der A auch gewerblich tätig ist. Soweit nicht besondere Umstände in der Person des Anteilseigners vorliegen (z. B. Aktienhandel in großem Umfang) handelt es sich daher beim Anteilseigner lediglich um private Vermögensverwaltung und daher um Einkünfte aus § 20 EStG.

§ 32d Abs. 2 Nr. 3 EStG eröffnet das Teileinkünfteverfahren auf Antrag aber auch für im Privatvermögen gehaltene Anteile, wenn sie bestimmte Anteilsgrenzen übersteigen und ggf. mit einer beruflichen Tätigkeit im Unternehmen verbunden sind. Als Allein-Gesellschaftergeschäftsführer erfüllt A diese Voraussetzung.

A hat somit die Wahl. Stellt er keinen Antrag, fließt die Tantieme unter Berücksichtigung des Sparerpauschbetrags von 801 € (§ 20 Abs. 9 EStG) und damit in Höhe von 24.199 € in die Summe der Einkünfte ein. Dieser Betrag wird dann bei der Tarifberechnung nur mit 25 % besteuert, bei Antrag auf Günstigerprüfung nach § 32d Abs. 6 EStG ggf. sogar geringer.

Stellt er den Antrag nach § 32d Abs. 2 Nr. 3 EStG auf die Anwendung des Teileinkünfteverfahrens muss er nach § 32d Abs. 2 Nr. 3 S. 2 EStG auf die Anwendung des Sparerpauschbetrags verzichten. Dafür ist § 3 Nr. 40 Buchst. d EStG abwendbar, so dass die Tantieme nur zu 60 % in die Summe der Einkünfte einfließt, also zu 15.000 €. Die spätere Besteuerung erfolgt zum Normaltarif nach § 32a EStG.

Im Ergebnis betragen die Einkünfte des A aus Kapitalvermögen je nach dessen Antrag 24.199 oder 15.000 €.

2. Mieteinnahmen

Aus der Vermietung des unbebauten Grundstücks an die M-GmbH hat A Einnahmen in Höhe von 20.000 € erzielt. Dem Grunde nach handelt es sich dabei um Einkünfte aus Vermietung und Verpachtung (§ 21 Abs. 1 Nr. 1 EStG). Anders als bei Personengesellschaften (§ 15 Abs. 1 Nr. 2 EStG) führt der Umstand, dass diese Vermögensmehrungen im Verhältnis Gesellschaft-Gesellschafter gezahlt werden, nicht zu einer Umqualifizierung in Sonderbetriebseinnahmen; § 21 Abs. 3 EStG greift daher nicht ein.

Den Einnahmen in Höhe von 20.000 € stehen lt. Sachverhalt keine Werbungskosten gegenüber. Insbesondere kommt keine AfA (§ 9 Abs. 1 Nr. 7 i. V. m. § 7 EStG) in Betracht, da unbebaute Grundstücke keiner Abnutzung unterliegen.

Der Umstand, dass die Miete hinter dem Marktüblichen zurückbleibt und nur 66 % beträgt, führt nicht zu einer Aufteilung der Nutzungsüberlassung in einen entgeltlichen und einen unentgeltlichen Teil nach § 21 Abs. 2 EStG. Weder ist die 66 % Grenze unterschritten, noch handelt es sich um die Überlassung von Wohnraum.[49] Zudem betrifft die direkte und die analoge Anwendung von § 21 Abs. 2 EStG immer nur die Frage des Werbungskostenabzugs. Eine Zurechnung fiktiver Einnahmen für den unentgeltlichen Teil ist nicht vorgesehen.

Wendet man richtigerweise die allgemeinen Liebhabereigrundsätze an, müsste man eine negative Totalgewinnprognose voraussetzen, für die es keine Anhaltspunkte gibt. Zudem ist auch hier keine Zurechnung fiktiver Einnahmen vorgesehen.

---

[49] Eine analoge Anwendung wird aufgrund des systemwidrigen Ausnahmecharakters der Vorschrift abgelehnt, vgl. *Mellinghoff*, in: Kirchhof, EStG, 14. Aufl. 2015, § 21 Rn. 76.

Im Ergebnis unterliegt die Miete im vereinbarten und vereinnahmten Umfang (20.000 €) der Einkommensteuer. Auf die höhere Marktmiete kommt es nicht an. Das Ergebnis korrespondiert mit dem auf 20.000 € beschränkten Betriebsausgabenabzug auf Körperschaftsebene.

3. Veräußerung bzw. Einlage des Notebooks

Der Verlust, den A durch die Veräußerung des Notebooks erleidet, ist nicht steuerbar; insbesondere greift § 23 Abs. 1 Nr. 2 EStG nicht ein, da die einjährige Mindesthaltefrist überschritten ist.

Soweit in dem Umstand, dass A der M-GmbH das Notebook verbilligt überlassen hat, eine verdeckte Einlage zu sehen ist, ergeben sich für A im Jahr 05 ebenfalls keine einkommensteuerlichen Konsequenzen.

4. Ergebnis

Im Ergebnis beläuft sich die Summe der Einkünfte des A (§ 2 Abs. 2 EStG) im Jahr 05 daher auf 20.000 € (Einkünfte aus Vermietung und Verpachtung) + wahlweise 24.199 oder 15.000 € (Einkünfte aus Kapitalvermögen) = wahlweise 44.199 oder 35.000 €.

II. Besteuerung des A für das Jahr 06

Wenn A sämtliche Anteile an der M-GmbH veräußert, unterliegt der Veräußerungsgewinn nach § 17 EStG der Einkommensteuer.

Veräußerungsgewinn ist nach § 17 Abs. 2 S. 1 EStG der Betrag, um den der Veräußerungspreis nach Abzug der Veräußerungskosten die Anschaffungskosten übersteigt.

1. Veräußerungspreis

Der Veräußerungspreis wird 1.250.000 € betragen. Hier ist allerdings zu beachten, dass er zu 40 % steuerbefreit ist (§ 3 Nr. 40 Buchst. c EStG). Für Zwecke der Einkommensteuer sind also lediglich 750.000 € anzusetzen.

2. Historische Anschaffungskosten

Vorliegend betrugen die historischen Anschaffungskosten laut Sachverhalt 1.000.000 €. Fraglich ist allerdings, ob dem noch die unentgeltlichen Zuwendungen als nachträgliche Anschaffungskosten hinzuzurechnen sind, die A und E der M-GmbH gemacht haben. Zu denken ist

- an den unentgeltlichen Teil der Nutzungsüberlassung im Hinblick auf das Geschäftsgrundstück (Teil A Ziff. 5.),
- an den Darlehensverzicht der E (Teil A Ziff. 6),
- an den unentgeltlichen Teil der Veräußerung des Notebooks (Teil A Ziff. 12).

> **Zur Vertiefung**
>
> Nachträgliche Anschaffungskosten sind alle nachträglichen Aufwendungen des Anteilseigners im Zusammenhang mit der Kapitalbeteiligung, die
> - keine Werbungskosten aus Kapitaleinkünften sind
> - keine Veräußerungskosten sind (gesondert in § 17 Abs. 2 EStG benannt und abziehbar)
> - gesellschaftlich veranlasst sind
> - und bei der Kapitalgesellschaft als Einlage nach § 4 Abs. 1 S. 7 EStG anzusehen sind (offen wie verdeckt).[50]

a) Verbilligte Vermietung

Wie auf Ebene der Gesellschaft geprüft, liegt in einer unentgeltlichen (hier genauer: teilentgeltlichen) Nutzungsüberlassung allerdings keine verdeckte Einlage im Sinne des § 4 Abs. 1 EStG. Diese Wertung schlägt auch auf die Frage durch, ob nachträgliche Anschaffungskosten im Sinne des § 17 Abs. 2 EStG vorliegen.[51] Auch hier ergibt sich die Gefahr einer Steuerverringerung durch leicht manipulierbare und schwer zu bewertende Nutzungsüberlassungen, die über die Erhöhung der Anschaffungskosten den Veräußerungsgewinn reduzieren würden.

b) Darlehensverzicht der E

Der Darlehensverzicht der E im Wert von 200.000 € ist nach der Prüfung in Teil A gesellschaftlich veranlasst und damit eine verdeckte Einlage. Damit stellt er auch nachträgliche Anschaffungskosten des A dar.

> **Hinweis**
>
> Wer sich oben in Teil A mit der h. M. gegen eine „verdeckte Einlage" entschieden hat, muss sich hier auch folgerichtig gegen nachträgliche Anschaffungskosten entscheiden.

c) Verbilligter Verkauf des Notebooks

Gleiches gilt für die Differenz von 250 € zwischen Teilwert und Anschaffungskosten bei dem Notebook, das A der M-GmbH verkauft hat. In dieser Höhe liegt wie in Teil A festgestellt eine verdeckte Einlage vor, so dass es in dieser Höhe auch im Hinblick auf § 17 Abs. 2 EStG zu nachträglichen Anschaffungskosten des A auf seine Beteiligung an der M-GmbH kommt.

3. Teileinkünfteverfahren

Im Ergebnis belaufen sich die Anschaffungskosten des A daher an sich auf 1.200.250 €.

Auf Veräußerungsgewinne nach § 17 EStG ist gemäß § 3 Nr. 40 Buchst. c EStG allerdings das Teileinkünfteverfahren anwendbar. Aus diesem folgt in der Konse-

---

[50] *Gosch*, in: Kirchhof, EStG, 14. Aufl. 2015, § 17 Rn. 90.
[51] *Gosch*, in: Kirchhof, EStG, 14. Aufl. 2015, § 17 Rn. 92.

Lösung

quenz allerdings auch eine entsprechende 40%ige Nichtberücksichtigung der Anschaffungskosten (§ 3c Abs. 2 S. 1 a. E. EStG).
Damit bestimmt sich der Veräußerungsgewinn des A nach folgender Rechnung:
(1.250.000 × 0,6) ./. (1.200.250 × 0,6) = 29.850 €.

4. Freibetrag (§ 17 Abs. 3 EStG)

Davon ist noch der Freibetrag des § 17 Abs. 3 EStG von 9.060 € abzuziehen. Daraus ergibt sich eine Bemessungsgrundlage in Höhe von 15.815 €.

Zur Vertiefung

Dieser Freibetrag schmilzt ab einem Veräußerungsgewinn von 36.100 € ab und verschwindet bei einem Veräußerungsgewinn von 45.160 €. Das ist vorliegend aber ohne Bedeutung.

5. Keine außerordentlichen Einkünfte

§ 17 EStG wird in § 34 Abs. 2 EStG nicht erwähnt. Bei dem Veräußerungsgewinn nach § 17 EStG handelt es sich daher nicht um tarifbegünstigte außerordentliche Einkünfte.

Zur Vertiefung

Die Veräußerungsgewinne an Kapitalgesellschaften nach § 17 EStG wurden mit der Einführung des Halbeinkünfteverfahrens (G vom 23.10.2000) aus § 34 EStG gestrichen. Somit profitieren nur noch Einzelunternehmer und Personengesellschaften von der Tarifbegünstigung.

6. Ergebnis

A müsste einen Veräußerungsgewinn in Höhe von 20.790 € regulär versteuern.

Fall 8: Frankfurter Schiedsrichterin

Sachverhalt

Die mit ihrer Partnerin L in einer nicht eingetragenen Lebenspartnerschaft zusammenlebende S (Jahrgang 1978) arbeitet seit Jahren als kaufmännische Angestellte bei der A-GmbH.

- Für ihre Dienste im Jahr 2014 bezieht S von der A-GmbH ein Gehalt in Höhe von 60.000 €. Wegen Zahlungsschwierigkeiten werden das darin enthaltene November- und Dezembergehalt in Höhe von jeweils 5000 € dem Girokonto der S allerdings erst am 10.01.2015 gutgeschrieben.
- S ist häufig mit ihrem Cabriolet betrieblich für die A-GmbH unterwegs. An einem sonnigen Tag im März 2014 erfasst bei einer solchen Fahrt mit offenem Verdeck auf der Autobahn ein Windstoß ihre Mütze aus Kaschmir (Zeitwert: 50 €) und weht sie weg. Trotz intensiver Suche findet S sie nicht wieder.
- Als S an einem nebligen Aprilnachmittag des Jahres 2014 aus dem Büro kommt, bemerkt sie, dass jemand während der Arbeitszeit mit einem stumpfen Gegenstand die gesamte linke Seite des Cabrios beschädigt hat. Später stellt sich heraus, dass die Beschädigung auf einen rachsüchtigen ehemaligen Kollegen zurückgeht, der es nicht verwunden hatte, dass S ihm bei einer Beförderung vorgezogen worden war. Da der Schädiger mittellos ist, lässt S den Schaden auf eigene Kosten fachgerecht reparieren. Für die Wiederherstellung wendet sie 1.000 € auf. Da der Wagen nun als Unfallfahrzeug gilt, verbleibt ein merkantiler Minderwert von ebenfalls 1.000 €.
- Mitte November 2014 erhält S von der B-AG, einer Kundin der A-GmbH, diskret ein größeres Weihnachtsgeschenk im Wert von 5.000 €, da sie der B-AG im Laufe des Jahres 2014 für Lieferungen, die diese von der A-GmbH bezogen hatte, erheblich geringere als die vertraglich geschuldeten Beträge in Rechnung gestellt hat. Im Januar 2016 kommt die A-GmbH hinter die einmalig gebliebene Verfehlung der S und entlässt sie fristlos. Aufgrund eines gerichtlichen Vergleichs zahlt S im selben Jahr ferner Schadensersatz von 6.000 € an ihre Arbeitgeberin.

- S zieht im Juli 2014 mit ihrer Lebenspartnerin von der in ihrem Alleineigentum stehenden Eigentumswohnung in Frankfurt-Bonames in den Main-Taunus-Kreis. Sie lässt die nun leer stehende Wohnung im gleichen Monat für 10.000 € instand setzen, um sie anschließend zu vermieten. Trotz intensiver Suche gelingt es ihr nicht, passende Mieter zu finden. Frustriert gibt sie im Dezember die Mietersuche auf und veräußert die Wohnung kurz vor Weihnachten zum Preis von 400.000 €.
- Vor über 20 Jahren hat S ein unbebautes Grundstück in Waldhessen geerbt. Auf Drängen eines großen Mineralölkonzerns willigt sie im November 2014 in die Eintragung einer zeitlich unbegrenzten Grunddienstbarkeit in das Grundbuch ein. Das dingliche Recht untersagt den Verkauf von Kraft- und Schmierstoffen auf ihrem Grundstück zugunsten des Nachbargrundstücks. Sie erhält dafür eine einmalige Entschädigung von 10.000 €.
- Neben ihrem Hauptberuf will sich S als Fußballschiedsrichterin betätigen. Die Einteilung zu den Spielen erfolgt seitens des Fußballverbandes Hessen. Der Spielleiter erhält für jedes geleitete Spiel eine Vergütung von den jeweiligen Heimvereinen, die ebenso wie der Landesverband alle unter § 5 Abs. 1 Nr. 9 KStG i. V. m. § 52 AO fallen. Nach Ihrer Schiedsrichterprüfung erwirbt S im Januar 2014 ein Trikot für 50 €. Gleich bei ihrem ersten Spiel wird sie jedoch von einer über eine Strafstoßentscheidung erbosten Mannschaft körperlich angegriffen und erheblich verletzt. Vor dem Hintergrund dieser Vorfälle entscheidet sie sich, ihr Hobby aufzugeben und keine weiteren Spiele zu leiten. Auch die Vergütung für ihr einziges Spiel erhält sie nicht.
- Als S sich wieder erholt hat, wollen sie und ihre Lebenspartnerin ihren lang gehegten Kinderwunsch in Erfüllung gehen lassen. Die nicht empfängnisunfähige S unterzieht sich daher in einer Spezialklinik erfolglos einer künstlichen Befruchtung. Insgesamt fallen Kosten von 10.000 € an.

S wendet sich an die Fachanwältin für Steuerrecht F mit der Frage, inwieweit die genannten Vorfälle für ihre Einkommensteuer des Jahres 2014 von Bedeutung seien. Auch ist sie an der Höhe etwaiger Verlustvorträge interessiert.

Auf Nachfrage der F erklärt S, sie habe die Frankfurter Wohnung, die 1970 errichtet worden sei, im Jahr 2008 für 300.000 € angeschafft, wovon 200.000 € auf Grund und Boden entfielen. Seither habe sie ihr und ihrer Lebenspartnerin ununterbrochen bis Ende Juli 2014 als Wohnung gedient. Veräußerungskosten seien nicht entstanden.

S habe im Jahr 2010 im Rahmen eines Wahltarifs von ihrer gesetzlichen Krankenkasse eine Beitragsrückgewähr von 300 € für die Leistungsfreiheit im vorigen Jahr erhalten. Die Krankenkasse überweist den Betrag umgehend auf das Konto der S. Wie auch schon im Jahr 2013 betragen die von S getragenen Krankenkassenbeiträge 2014 3.600 €.

F erklärt sich zu einer sorgfältigen gutachtlichen Prüfung der angesprochenen Rechtsfragen bereit und sagt zu, auf dieser Grundlage auch das Einkommen der S im Veranlagungszeitraum 2014 zu ermitteln.

Aufgabe

Das Gutachten der F ist zu erstatten.
§§ 10 Abs. 4a, 10c EStG *bleiben außer Betracht. S wünscht ein möglichst niedriges Einkommen. Evtl. nach § 10d Abs. 1 S. 5 EStG erforderliche Anträge gelten in voller Höhe als gestellt.*

Auszug aus dem SGB V:

§ 53 Wahltarife
(2) Die Krankenkasse kann in ihrer Satzung für Mitglieder, die im Kalenderjahr länger als drei Monate versichert waren, eine Prämienzahlung vorsehen, wenn sie und ihre nach § 10 mitversicherten Angehörigen in diesem Kalenderjahr Leistungen zu Lasten der Krankenkasse nicht in Anspruch genommen haben. Die Prämienzahlung darf ein Zwölftel der jeweils im Kalenderjahr gezahlten Beiträge nicht überschreiten und wird innerhalb eines Jahres nach Ablauf des Kalenderjahres an das Mitglied gezahlt. [...]

Gliederung

Lösung	168
A. Persönlicher Tatbestand	168
B. Sachlicher Tatbestand	168
I. Gesamtbetrag der Einkünfte	168
1. Tätigkeit als kaufmännische Angestellte	168
a) Qualifikation	168
b) Quantifizierung	168
aa) Einnahmen	168
(1) Gehalt	168
(2) Schmiergeschenk	169
bb) Werbungskosten	170
(1) Mützenmissgeschick	170
(2) Beschädigung des Kfz	171
c) Ergebnis	173
2. Schmiergeschenk	173
a) Qualifikation	173
b) Quantifizierung	173
3. Vermietung der Wohnung	176
a) Qualifikation	176
b) Quantifizierung	176
c) Ergebnis	177
4. Veräußerung der Wohnung	177
5. Entschädigung für die Grunddienstbarkeit	179
6. Tätigkeit als Schiedsrichterin	181
a) Qualifikation	181
b) Quantifizierung	182
7. Ergebnis	184
II. Einkommen	184
1. Sonderausgaben	184
2. Außergewöhnliche Belastungen	185
III. Ergebnis	189

Lösung

A. Persönlicher Tatbestand

Mit ihrem Wohnsitz in Deutschland ist S gemäß § 1 Abs. 1 S. 1 EStG i. V. m. § 8 AO unbeschränkt einkommensteuerpflichtig. Eine Zusammenveranlagung im Sinne des § 26b EStG scheidet aufgrund der fehlenden Eintragung der Lebenspartnerschaft aus, welche § 2 Abs. 8 EStG für eine Gleichstellung gegenüber Ehegatten voraussetzt. Damit ist S entsprechend § 25 Abs. 1 EStG einzeln zu veranlagen.

B. Sachlicher Tatbestand

I. Gesamtbetrag der Einkünfte

1. Tätigkeit als kaufmännische Angestellte

a) Qualifikation
Die Tätigkeit der S als kaufmännische Angestellte für die A-GmbH ist nichtselbständige Arbeit im Sinne des § 19 Abs. 1 S. 1 Nr. 1 EStG.

b) Quantifizierung
Einkünfte aus nichtselbständiger Arbeit sind gemäß § 2 Abs. 2 S. 1 Nr. 2, §§ 8–9a EStG als Überschuss der Einnahmen über die Werbungskosten zu ermitteln.

aa) Einnahmen

(1) Gehalt
Für die Einnahmen im Sinne des § 8 Abs. 1 EStG gilt im Grundsatz das Zu- und Abflussprinzip des § 11 EStG. So sind Einnahmen nach § 11 Abs. 1 S. 1 EStG in dem Kalenderjahr bezogen, in dem sie dem Steuerpflichtigen zugeflossen sind. Zufluss bedeutet dabei die Erlangung der wirtschaftlichen Verfügungsgewalt.[1]

S hat unzweifelhaft Verfügungsgewalt über die Gehälter für die Monate Januar bis Oktober (insgesamt 50.000 €) erlangt. Jedoch werden die Gehälter für die beiden letzten Monate des Jahres 2014 der S erst am 10.01.2015 gutgeschrieben. Dies könnte es an der Erlangung der wirtschaftlichen Verfügungsmacht im Jahr 2014 und damit am Zufluss in diesem Veranlagungszeitraum mangeln lassen.

In Frage kommt allerdings die Sonderregelung des § 11 Abs. 1 S. 2 EStG, die regelmäßig wiederkehrende Einnahmen dem Kalenderjahr zuordnet, zu dem sie wirtschaftlich gehören, wenn sie in einem kurzen Zeitraum um den Jahreswechsel zufließen. Unter dem kurzen Zeitraum werden höchstens zehn Tage verstanden, so dass der Zufluss am 10.01.2015 an sich ausreichend wäre. Darüber hinaus wird zur

---

[1] *Glenk*, in: Blümich, EStG/KStG/GewStG, Loseblatt, Stand: November 2014, § 11 EStG Rn. 10.

Vermeidung willkürlicher Zuordnungen als ungeschriebene Voraussetzung die Fälligkeit der Forderungen innerhalb desselben Zeitraums von zehn Tagen gefordert.[2]

Besondere Fälligkeitsbestimmungen im Arbeitsvertrag der S sind nicht bekannt. Die Gehaltsforderungen der S werden daher nach der allgemeinen Regel des § 614 S. 2 BGB jeweils nach Ablauf des Monats fällig. Damit würde nur das Dezembergehalt auch das Erfordernis der Fälligkeit innerhalb der zehn Tage um den Jahreswechsel erfüllen und somit nur dieses noch im Jahr 2014 zufließen.

Etwas anderes könnte sich jedoch aus § 11 Abs. 1 S. 4 EStG ergeben. Nach dieser Spezialvorschrift ist für Einnahmen aus nichtselbständiger Arbeit die lohnsteuerliche Zuordnungsregel in § 38a Abs. 1 S. 2 Hs. 1 EStG auch für die Bestimmung des Zuflusszeitpunkts maßgeblich. Danach gilt laufender Arbeitslohn als in dem Kalenderjahr bezogen, in dem der Lohnzahlungszeitraum endet. Der Lohnzahlungszeitraum ist der Beschäftigungszeitraum, für den der laufende Arbeitslohn gezahlt wird. Er bestimmt sich nach den zivilrechtlichen Vereinbarungen.[3] Hier ist die Vergütung nach Monaten bemessen. Somit enden die einschlägigen Zeiträume November und Dezember noch im Jahr 2014. Trotz der Gutschrift am 10.01.2015 sind somit November- und Dezembergehalt dem Veranlagungszeitraum 2014 zuzuordnen.

(2) Schmiergeschenk
Auch das Weihnachtsgeschenk der B-AG im Wert von 5.000 € könnte eine Einnahme aus nichtselbständiger Arbeit darstellen. Dafür müsste der Zufluss des Geschenks durch die Tätigkeit für die A-GmbH veranlasst sein. Ein solcher Zusammenhang besteht dann, wenn der Bezug sich im weitesten Sinne als Gegenleistung für die Zur-Verfügung-Stellung der individuellen Arbeitskraft darstellt.[4]

Zwar steht die Schmiergeldzahlung im Zusammenhang mit der Tätigkeit als kaufmännische Angestellte. Sie stellt aber nicht die typische Frucht der Arbeit des Steuerpflichtigen für den Arbeitgeber dar. Das Geschenk wurde gerade nicht als Gegenleistung für die arbeitsvertraglich geschuldete Leistung erbracht, sondern im Gegenteil für eine Verletzung der arbeitsvertraglichen Pflichten der S gegenüber der A-GmbH zu Gunsten der B-AG. Das Geschenk ist daher nicht durch das Arbeitsverhältnis veranlasst, sondern wurde nur bei Gelegenheit des Arbeitsverhältnisses erworben.[5] Eine Qualifikation als Einkunft aus nichtselbständiger Arbeit kann dem Arbeitgeber angesichts seiner Haftung für die Lohnsteuer auch bei Lohnzahlung durch Dritte gemäß § 38 Abs. 1 S. 3 Hs. 1 i. V. m. § 42d Abs. 1 Nr. 1 EStG zudem nicht zugemutet werden. Damit stellt die Zahlung keine Einnahme aus nichtselbständiger Arbeit dar.[6]

---

[2] Siehe dazu Fall 4.
[3] *Thürmer*, in: Blümich, EStG/KStG/GewStG, Loseblatt, Stand: November 2014, § 38a EStG Rn. 53.
[4] BFH v. 07.06.2002 – VI R 145/99, BStBl. II 2002, 829 (832); *Eisgruber*, in: Kirchhof, EStG, 14. Aufl. 2015, § 19 Rn. 62.
[5] So auch *Macher*, NZA 2000, 1154.
[6] Vgl. zu dieser Problematik auch Fall 4.

Damit bleibt es im Jahr 2014 bei Einnahmen aus nichtselbständiger Tätigkeit von 60.000 €.

bb) Werbungskosten
Für Werbungskosten ist von den Einnahmen aus nichtselbständiger Arbeit gemäß § 9a S. 1 Nr. 1 Buchst. a EStG ein Pauschbetrag von 1.000 € abzuziehen. Allerdings können höhere Werbungskosten nachgewiesen und angesetzt werden.

(1) Mützenmissgeschick
Sowohl der Verlust der Kaschmir-Mütze als auch deren Neuanschaffung kommen als Werbungskosten in Betracht. Werbungskosten sind nach dem Wortlaut des § 9 Abs. 1 S. 1 EStG zunächst Aufwendungen zur Erwerbung, Sicherung und Erhaltung der Einnahmen. Der Verlust der Mütze geschieht zwar auf einer betrieblichen Fahrt, ein finaler Willensakt der S fehlt aber.

Jedoch ist dieser finale Werbungskostenbegriff vor dem Hintergrund des Art. 3 Abs. 1 GG in Einklang mit der Definition der Betriebsausgaben in § 4 Abs. 4 EStG dahingehend auszulegen, dass lediglich auf die Veranlassung durch eine Einkunftsart abzustellen ist.[7] Die Veranlassung ist bei Kausalität von Aufwendung und Einnahmeerzielung gegeben. Der Verlust der Mütze auf einer Fahrt, die S für ihren Arbeitgeber durchführte, ist damit grundsätzlich durch die nichtselbständige Tätigkeit der S veranlasst.

Hier überlagern sich jedoch das Veranlassungsprinzip und das für die Überschusseinkünfte geltende Prinzip der Nichtberücksichtigung der Vermögenssphäre. So könnte einer Abzugsfähigkeit entgegenstehen, dass im Rahmen der Überschusseinkünfte keine Verstrickung von Wirtschaftsgütern stattfindet und somit Veränderungen in der Vermögenssphäre steuerlich grundsätzlich unbeachtlich sind.

Dabei ist aber zu differenzieren. Handelt es sich bei dem Wirtschaftsgut um die Einkunftsquelle selbst, gilt das Prinzip der Unbeachtlichkeit von Wertveränderungen im Privatvermögen. Deren Untergang kann mangels Verweisung des § 9 Abs. 1 S. 3 Nr. 7 EStG auf den Ansatz des Teilwertes keinen Abzug von Werbungskosten rechtfertigen.[8]

Zur Vertiefung

Unerheblich ist es etwa, wenn das Haus, dessen private Vermietung Einkünfte aus Vermietung und Verpachtung nach den §§ 2 Abs. 1 S. 1 Nr. 6, 21 Abs. 1 S. 1 Nr. 1 EStG erbringt, zerstört wird. Gleiches gilt bspw. für die privat gehaltene Aktie, deren Dividende Einkünfte aus Kapitalvermögen nach den §§ 2 Abs. 1 S. 1 Nr. 5, 20 Abs. 1 Nr. 1 EStG erbringt und die durch eine Insolvenz der Aktiengesellschaft wertlos wird.

---

[7] Vgl. Fall 1; *Fuhrmann*, in: Korn/Carlé/Stahl/Strahl, EStG, Loseblatt, Stand: April 2015, § 9 Rn. 28.

[8] *v. Bornhaupt*, in: Kirchhof/Söhn/Mellinghoff, EStG, Loseblatt, Stand: April 2015, § 9 Rn. B 94.

Anders liegt es aber beim Verlust von Wirtschaftsgütern, die nicht als Einkunftsquelle dienen. Der Einsatz des Wirtschaftsguts zur Einkunftserzielung begründet auch im Rahmen der Quellentheorie im Gegensatz zum Untergang der Einkunftsquelle selbst einen Veranlassungszusammenhang.[9] Der Steuerpflichtige darf nicht dafür bestraft werden, dass er zur Erzielung von Einkünften privates Vermögen einsetzt und dabei ein Vermögensopfer hat erbringen müssen.[10] Somit ist ein solcher Vermögensverlust als Werbungskosten ansetzbar.[11]

Die Mütze wird hier nicht als Quelle von Einkünften verwendet, sondern vielmehr bei der betrieblichen Fahrt zur Erzielung von Einkünften aus nichtselbständiger Arbeit, so dass trotz des Bezugs zur Vermögenssphäre eine Abzugsfähigkeit in Betracht kommt.

Schließlich könnte hier eine private Mitveranlassung dem Werbungskostenabzug entgegenstehen. So kommt bei Fehlen von objektiven Aufteilungsmaßstäben in bestimmten Fällen einen Ansatz gemischt veranlasster Aufwendungen als Werbungskosten insgesamt nicht in Betracht.[12] Entscheidend ist dabei, ob der Verlust allein durch die Einkünfteerzielung veranlasst war oder nur gelegentlich einer solchen Tätigkeit eintrat und damit einer privaten Mitveranlassung unterliegt.[13] Gleichzeitig ist es erforderlich, dass die Privatsachen den Zusammenhang mit den beruflichen Erfordernissen der Fahrt eindeutig erkennen lassen.[14]

Der Verlust ereignete sich hier aufgrund der Fahrt in einem Cabriolet mit offenem Verdeck. Die Unüblichkeit einer solchen Fortbewegung auf Dienstreisen lässt den Zusammenhang des Tragens einer Mütze zur betrieblichen Fahrt entfallen. Der Verlust geschah somit nur gelegentlich der dienstlichen Tätigkeit und ist damit zumindest teilweise privat veranlasst, was mangels geeigneter Aufteilungskriterien den Abzug im Ganzen ausschließt. Der Zeitwert der Mütze ist somit nicht als Werbungskosten anzusetzen.[15]

(2) Beschädigung des Kfz
Zunächst sind die von S für die Reparatur aufgewendeten 1.000 € zu betrachten. Diese könnten durch die nichtselbständige Tätigkeit der S veranlasst sein und folglich Werbungskosten im Sinne des § 9 Abs. 1 S. 1 EStG darstellen. Grundsätzlich sind hier die Ursache der Beschädigung und damit auch der Grund für die Reparatur mit dem verärgerten Kollegen in der dienstlichen Sphäre zu sehen. S wurde bei einer Beförderung bevorzugt und hat den Kollegen nicht etwa privat gegen sich

---

[9] *v. Bornhaupt*, in: Kirchhof/Söhn/Mellinghoff, EStG, Loseblatt, Stand: April 2015, § 9 Rn. B 95.
[10] *Loschelder*, in: Schmidt, EStG, 34. Aufl. 2015, § 9 Rn. 82.
[11] Vgl. auch die Rspr. zum Verlust von dem Arbeitgeber überlassenen Kautionen und Darlehen, BFH v. 13.01.1989 – VI R 51/85, BStBl. II 1989, 382; v. 07.05.1993 – VI R 38/91, BStBl. II 1993, 663.
[12] Siehe dazu auch Fall 1 und ausführlich Fall 5 unter B.III.2.b)aa).
[13] BFH v. 04.07.1986 – VI R 227/83, BStBl. II 1986, 771.
[14] *Loschelder*, in: Schmidt, EStG, 34. Aufl. 2015, § 9 Rn. 79 f.; zu mitgeführtem Schmuck vgl. auch FG München v. 07.07.1999 – 1 K 3088/98, EFG 1999, 1216 (rkr.).
[15] A.A. mit entsprechender Begründung gut vertretbar.

aufgebracht. Somit sind die Reparaturkosten grundsätzlich als Werbungskosten anzusehen.

Problematisch könnte aber auch hier sein, dass es sich um Aufwendungen auf den privaten Vermögensstamm handelt. Jedoch ist auch das Kfz nicht als Einkunftsquelle anzusehen. Somit muss auch hier ein Abzug zugelassen werden.[16] Es ergeben sich damit Werbungskosten in Höhe von 1.000 €.

Weiterhin erscheint problematisch, ob auch der trotz Reparatur verbleibende merkantile Minderwert von ebenfalls 1.000 € als Werbungskosten zu berücksichtigen ist. In Frage kommen zunächst Absetzungen für außergewöhnliche technische oder wirtschaftliche Abnutzung (AfaA) gemäß §§ 9 Abs. 1 S. 3 Nr. 7, 7 Abs. 1 S. 7 EStG. Diese setzen entweder in technischer Hinsicht eine Substanzeinbuße oder wirtschaftlich gesehen eine Einschränkung der Nutzungsmöglichkeiten voraus.

Eine Berücksichtigung des Minderwerts des Kfz im Rahmen der AfaA begegnet jedoch in zweifacher Hinsicht Bedenken. Weder verbleiben wegen der Beschädigungen nach der Wiederherstellung des Kfz durch eine fachgerechte Reparatur Substanzeinbußen, noch werden die Nutzungsmöglichkeiten durch die Einstufung am Gebrauchtwagenmarkt als Unfallfahrzeug eingeschränkt. Somit kommen bei einer technisch fehlerfreien Reparatur AfaA für den merkantilen Minderwert nicht in Betracht.[17] Ferner setzt der Abzug von Werbungskosten gemäß § 9 Abs. 1 S. 3 Nr. 7 EStG generell voraus, dass das Wirtschaftsgut zur Erzielung von Einnahmen im Rahmen einer Überschusseinkunftsart verwendet wird.[18] Das Kfz wird hier lediglich für die Fahrt zur Arbeit verwendet, die sonstige Nutzung bleibt im privaten Rahmen.[19] Es wird damit nicht als Einkunftsquelle verwendet. Danach muss der Ansatz von AfaA hier ausscheiden.

Auch der Ansatz des niedrigeren Teilwerts aufgrund einer voraussichtlich dauernden Wertminderung gemäß § 6 Abs. 1 Nr. 1 S. 2 EStG, der grundsätzlich auf Fälle eines merkantilen Minderwerts zugeschnitten ist, muss hier mit ähnlicher Begründung ausscheiden. Zum einen fehlt dem § 9 EStG – anders als § 4 Abs. 1 S. 9 EStG – ein Verweis auf die Vorschriften über die Bewertung, zum anderen ist das Kfz kein als Einkunftsquelle verwendetes Vermögen. Zusätzlich sind im Rahmen der Überschusseinkünfte bloße Wertveränderungen des der Einkunftserzielung dienenden Wirtschaftsguts grundsätzlich unbeachtlich.[20]

In Betracht kommt allenfalls noch eine Subsumtion der Wertminderung unter den allgemeinen Werbungskostenbegriff des § 9 Abs. 1 S. 1 EStG. Diese scheitert

---

[16] Siehe soeben bei B.I.b.bb.(1) Mützenmissgeschick.
[17] BFH v. 31.01.1992 – VI R 57/88, BStBl. II 1992, 401 (402); *v. Beckerath*, in: Kirchhof, EStG, 14. Aufl. 2015, § 9 Rn. 138.
[18] BFH v. 23.08.1999 – GrS 2/97, BStBl. II 1999, 778 (779); *Bergkemper*, in: Hermann/Heuer/Raupach, EStG, Loseblatt, Stand: März 2015, § 9 Rn. 536.
[19] Damit könnte man hier auch an eine Abgeltung des merkantilen Minderwerts i. R. d. Entfernungspauschale des § 9 Abs. 2 S. 1 EStG denken. Es fehlen allerdings die diesbezüglichen Angaben im Sachverhalt.
[20] BFH v. 21.12.1982 – VIII R 215/78, BStBl. II 1983, 410 (411); v. 31.01.1992 – VI R 57/88, BStBl. II 1992, 401 (403); *Grube*, DStZ 1989, 495 (496).

bis zu einer eventuellen Veräußerung des Kfz aber schon an einem für die Überschusseinkünfte erforderlichen Abfluss im Sinne des § 11 Abs. 2 S. 1 EStG. Es bleibt damit bei dem Grundsatz, dass bei den Überschusseinkünften nichtrealisierte Verluste nicht steuermindernd berücksichtigt werden dürfen.[21]

Der merkantile Minderwert des Kfz der S ist damit nicht als Werbungskosten zu berücksichtigen.

c) Ergebnis

Da die tatsächlichen Werbungskosten ebenso wie der Arbeitnehmer-Pauschbetrag 1.000 € betragen, ist dieser Betrag in jedem Fall anzusetzen. Die Einkünfte aus nichtselbständiger Arbeit berechnen sich mit 59.000 € (= 60.000 €./.1000 €).

2. Schmiergeschenk

a) Qualifikation

Ferner könnte das Schmiergeschenk unter eine andere Einkunftsart fallen. Für eine Qualifikation als Einkünfte aus Gewerbebetrieb gemäß § 15 Abs. 1 S. 1 Nr. 1 EStG fehlt es mangels Hinweisen auf eine Wiederholungsabsicht an einer auf Dauer angelegten Tätigkeit im Sinne des § 15 Abs. 2 EStG.

Die einmalige Schmiergeldzahlung könnte aber im Rahmen der Einkünfte aus Leistungen gemäß § 22 Nr. 3 EStG steuerbar sein. Der Begriff der Leistung setzt nicht voraus, dass der Steuerpflichtige nachhaltig tätig wird. Vielmehr genügt ein einmaliges oder gelegentliches Tätigwerden. Leistung ist dabei jedes Tun, Dulden oder Unterlassen, das Gegenstand eines entgeltlichen Vertrages sein kann und das eine Gegenleistung auslöst.[22]

Hier stellt die S der B-AG unter dem eigentlichen Preis liegende Beträge in Rechnung. Ein solches Verhalten kann Gegenstand eines entgeltlichen Vertrages sein und löst die Gegenleistung in Form der Zahlung durch die B-AG aus. Die Voraussetzungen des § 22 Nr. 3 EStG sind demnach erfüllt. Eine mögliche Rechts- oder Sittenwidrigkeit dieses Handelns ist für Zwecke des Steuerrechts nach § 40 AO unbeachtlich.

b) Quantifizierung

Die sonstigen Einkünfte ermitteln sich nach §§ 2 Abs. 2 S. 1 Nr. 2, 8–9a EStG als Überschuss der Einnahmen über die Werbungskosten. Es gilt das Zu- und Abflussprinzip des § 11 EStG. Im Jahr 2014 sind S 5000 € zugeflossen. Gleichzeitig könnte jedoch die Rückzahlung an die A-GmbH als Werbungskosten anzusehen sein. Dazu müsste diese durch die sonstige Leistung der S veranlasst gewesen sein und eine Berücksichtigung im Jahr 2014 zu bejahen sein.

---

[21] BFH v. 31.01.1992 – VI R 57/88, BStBl. II 1992, 401 (403).
[22] Mit BFH v. 21.09.2004 – IX R 13/02, BStBl. II 2005, 44 (45) wurde die seit BFH v. 28.11.1969 – VI R 128/68, BStBl. II 1970, 185 (186) ständige Rspr aufgegeben, nach der es darauf ankam, ob die Leistung um des Entgelts willen erbracht wurde. Vgl. auch *Killat-Risthaus*, in: Hermann/Heuer/Raupach, EStG, Loseblatt, Stand: März 2015, § 22 Rn. 388 und 391.

Zwar können Ausgaben, die nach Erzielung der Einnahmen geleistet werden im Rahmen eines finalen Werbungskostenbegriffs kaum als veranlasst angesehen werden. Entscheidend ist aber allein ein kausales Verständnis des § 9 Abs. 1 S. 1 EStG.[23] Dieses lässt den Veranlassungszusammenhang nicht schon dadurch entfallen, dass die werbende Tätigkeit schon aufgegeben wurde. Somit sind auch nachträgliche Werbungskosten zu erfassen.[24] Hier musste S im Jahr 2016 allein aus dem Grund Schadensersatz leisten, dass Sie im Jahr 2014 der B-AG zu niedrige Beträge in Rechnung gestellt und von dieser dafür Geld angenommen hatte. Der erforderliche Veranlassungszusammenhang zu den Einkünften aus sonstigen Leistungen im Jahr 2014 liegt demnach vor.

Nach § 11 Abs. 2 S. 1 EStG sind Ausgaben grundsätzlich in dem Kalenderjahr anzusetzen, in dem sie geleistet worden sind. Damit könnte der Schadensersatz als Werbungskosten erst im Jahr 2016 berücksichtigt werden.

Von diesem Prinzip könnte sich jedoch eine Ausnahme für einmalige sonstige Leistungen ergeben. Dabei muss die diesbezügliche Einschränkung der Verlustverrechnung in den Blick genommen werden. So verbietet § 22 Nr. 3 S. 3 EStG den vertikalen Verlustausgleich mit anderen Einkunftsarten innerhalb der gleichen Periode. Auch die Möglichkeit des Verlustrücktrages oder des -vortrages gemäß § 10d EStG sind nicht eröffnet.

Vielmehr statuiert § 22 Nr. 3 S. 4 EStG einen eigenen Verlustkreislauf. So sind negative Einkünfte aus sonstigen Leistungen innerperiodisch nur mit Einkünften aus solchen Leistungen ausgleichsfähig. Ein interperiodischer Verlustabzug ist zwar nach Maßgabe des § 10d EStG grundsätzlich möglich, dies aber ebenfalls nur mit Einkünften aus sonstigen Leistungen. Bei einer einmaligen Leistung, zu der Werbungskosten in einem Abstand von mehr als einem Veranlagungszeitraum in einem Veranlassungszusammenhang stehen, ergibt sich für die Aufwendungen nicht einmal die Möglichkeit eines Verlustrücktrages, der nur in den unmittelbar vorangegangenen Veranlagungszeitraum möglich ist. Vielmehr müssten die Einnahmen im Jahr des Zuflusses voll versteuert werden, während sich bezüglich der Werbungskosten ein zwar zeitlich unbegrenzter aber nur eingeschränkt ausgleichsfähiger Verlustvortrag gemäß §§ 22 Nr. 3 S. 4, 10d Abs. 2 S. 1 EStG ergäbe. Werden in den folgenden Perioden keine Einkünfte aus sonstigen Leistungen erzielt, ergibt sich für die Werbungskosten keine Abzugsmöglichkeit.

Dieser faktisch vollständige Ausschluss der Abzugsmöglichkeit bei einer einmaligen sonstigen Leistung lässt sich nur schwer mit dem Prinzip der Besteuerung nach der Leistungsfähigkeit vereinen.[25] Für den dadurch gebotenen Abzug der Werbungskosten stehen zwei Möglichkeiten zur Verfügung.[26] So ist es zum einen mög-

---

[23] Dazu schon oben unter B.I.1.b)bb)(1) zum Mützenmissgeschick.
[24] *Lochte*, in: Frotscher/Geurts, EStG, Loseblatt, Stand: Juni 2014, § 9 Rn. 32.
[25] Vgl. dazu auch BVerfG v. 30.09.1998 – 2 BvR 1818/91, BVerfGE 99, 88 (95).
[26] Auch denkbar, aber vom Bearbeiter nicht zu erwarten ist es, die Schadensersatzzahlung als negative Einnahmen anzusehen, für die von vornherein das Abzugsverbot des § 22 Nr. 3 S. 3 f. EStG nicht gilt, vgl. dazu BFH v. 26.01.2000 – IX R 87/95, BStBl. II 2000, 396; v. 13.12.1963 – VI 22/61 S, BStBl. III 1964, 184; FG Hamburg v. 27.02.1981 – I 62/79, EFG 1981, 562 (563).

lich, die Werbungskosten im Jahr 2016 trotz der Einschränkung des § 22 Nr. 3 S. 3 Hs. 1 EStG im Rahmen des vertikalen Verlustausgleichs zum Abzug bei anderen Einkunftsarten zuzulassen.[27] Zum anderen erscheint es auch denkbar, die Einnahmen im vorangegangenen Veranlagungszeitraum um die späteren Werbungskosten zu mindern, also einen interperiodischen Verlustabzug über die Begrenzung der § 22 Nr. 3 S. 3 EStG und § 10d Abs. 1 S. 1 EStG auf ein Jahr hinaus zuzulassen. Nur diese Alternative wirkt sich auf das hier betrachtete Jahr 2014 aus.

Für die Berücksichtigung im Jahr 2014 spricht, dass die Zahlung von Schadensersatz ein Ereignis darstellt, das auf den Zeitpunkt der Erbringung der Leistung zurückwirkt. Die einmalige sonstige Leistung ist ein punktueller Besteuerungstatbestand, der erst abgeschlossen ist, wenn endgültig feststeht, dass der Steuerpflichtige den Erlös behalten darf und keine weiteren Werbungskosten anfallen.[28] Diese Vorgehensweise durchbricht nicht im gleichen Umfang wie der Abzug im Jahr der Entstehung der Werbungskosten die Anordnungen des § 22 Nr. 3 S. 3 f. EStG. Vielmehr wird nicht der Ausschluss des § 10d EStG umgangen, sondern der Begriff der Leistung als periodenübergreifend ausgelegt. Ziel der Einschränkungen des Verlustabzuges bei den sonstigen Einkünften ist vor allem der typisierende Ausgleich der Unschärfe des Leistungstatbestandes des § 22 Nr. 3 EStG durch eine Begrenzung der Verlustverrechnung. Nicht auf Überschüsse angelegten Tätigkeiten sollen verlässlich vom Tatbestand ausgenommen werden.[29]

Bei der Rückzahlung von Bestechungsgeldern oder einer diesbezüglichen Schadensersatzleistung ergibt sich diese Problematik aber nicht. Die Hinnahme des Schmiergeschenkes erfolgt regelmäßig mit Überschusserzielungsabsicht, eine spätere Schadensersatzzahlung wird nicht in den Blick genommen. Bei einem späteren vertikalen Verlustausgleich wird im Gegensatz zu einem Ansatz im Jahr der Einnahmen aber ein Übergreifen auf andere Einkunftsarten ermöglicht, das § 22 Nr. 3 S. 3 f. EStG gerade verhindern soll. Bei einem negativen Saldo aus der Hinnahme der Bestechung würde dieser auch auf die Summe der Einkünfte durchschlagen, während bei einem Ansatz im Jahr der Einnahmen das Verbot des horizontalen Verlustabzugs des § 22 Nr. 3 S. 3 EStG weiter Geltung beanspruchen würde.

Damit ist die Schadensersatzzahlung im Jahr 2014 als Werbungskosten zu berücksichtigen. Es ergeben sich damit negative Einkünfte von 1.000 €. Diese können aber nach § 22 Nr. 3 S. 3 Hs. 1 EStG nicht bei der Ermittlung des Einkommens ausgeglichen werden und fließen demnach nicht in das Einkommen der S ein. Vielmehr ergibt sich für die sonstigen Leistungen gemäß § 22 Nr. 3 S. 4 Hs. 1 EStG ein eigener Verlustkreislauf.

---

[27] So auch *Fischer*, in: Kirchhof, EStG, 14. Aufl. 2015, § 22 Rn. 73; *Keuk*, DB 1972, 1130 (1133 f.); FG Hamburg v. 27.02.1981 – I 62/79, EFG 1981, 562 (563).

[28] BFH v. 03.06.1992 – X R 91/90, BStBl. II 1992, 1017 (1020); während FG Hessen v. 30.08.1996 – 14 K 336/96, DStRE 1996, 147 (148) den Fall nicht einmaliger Leistungen betraf, so dass der Abzug von nachträglichen Werbungskosten im Jahr des Zuflusses der Einnahmen nicht zugelassen wurde.

[29] BVerfG v. 30.09.1998 – 2 BvR 1818/91, BVerfGE 99, 88 (96); BFH v. 26.01.2000 – IX R 87/95, BStBl. II 2000, 396 (398).

3. Vermietung der Wohnung

a) Qualifikation
Die Vermietung der Wohnung fällt als unbewegliches Vermögen unter den Tatbestand des § 21 Abs. 1 S. 1 Nr. 1 EStG.

b) Quantifizierung
Bisher sind der S keine Einnahmen im Sinne des § 11 Abs. 1 S. 1 EStG durch die Vermietungstätigkeit zugeflossen. Jedoch könnten durchaus Werbungskosten zu berücksichtigen sein. Dies erscheint aber vor dem Hintergrund der Veräußerung im Dezember 2014 zweifelhaft. So könnten die Instandsetzungskosten nur dem Vermögensstamm zuzuordnen und somit allenfalls bei einer Veräußerung im Rahmen des § 23 Abs. 3 EStG zu berücksichtigen sein. Gleichzeitig wurden die Aufwendungen aber in der Absicht getätigt, die Wohnung später zu vermieten, was trotz der Bemühungen der S scheiterte. Es stellt sich damit die Problematik *vorab veranlasster* und *vergeblicher* Werbungskosten.

Grundsätzlich können Werbungskosten, die vor der Aufnahme der werbenden Tätigkeit abfließen, auch vor dem Hintergrund eines finalen Verständnisses von § 9 Abs. 1 S. 1 EStG keine Bedenken von Gewicht entgegenstehen. So sind davon auch Aufwendungen zum Erwerb von Einnahmen erfasst. Es kommt damit entscheidend auf die subjektive Seite an. Sind Werbungskosten vom Steuerpflichtigen mit Hinblick auf eine zukünftige Einkunftsquelle aufgewendet worden, bezwecken sie damit die Erzielung von Einnahmen.

Auch bei einem kausalen Verständnis vor dem Hintergrund eines Gleichlaufs mit § 4 Abs. 4 EStG kann für vorab veranlasste Aufwendungen nichts anderes gelten. Danach sind Werbungskosten alle Aufwendungen, die durch die Erzielung steuerpflichtiger Einnahmen veranlasst sind.[30] Eine Veranlassung im Sinne einer Begründung durch die werbende Tätigkeit kann nicht von der zeitlichen Koinzidenz beider Ereignisse abhängen. Damit kann die Eigenschaft als vorab veranlasst nicht schädlich sein, so dass dieser Aspekt der Abzugsfähigkeit nicht entgegensteht.

Die zweite Problematik betrifft das Fehlen späterer Einnahmen aus der beabsichtigten Vermietung. Auch hier muss die subjektive Komponente des Werbungskostenbegriffs durchschlagen, die es ausreichen lässt, wenn die Aufwendungen mit einer konkreten auf Einnahmeerzielung gerichteten Tätigkeit in einem ausreichend bestimmten Zusammenhang stehen. S lässt die Wohnung in Stand setzen, um sie später zu vermieten. Die diesbezüglichen Ausgaben stehen somit in einem ausreichenden Zusammenhang mit Einkünften aus Vermietung und Verpachtung im Sinne des § 21 Abs. 1 S. 1 Nr. 1 EStG. Ihre Vergeblichkeit steht einem Abzug damit nicht entgegen. Es ergeben sich damit Werbungskosten von 10.000 €.

Ferner kann S nach § 9 Abs. 1 S. 3 Nr. 7 EStG für die Wohnung auch AfA in Anspruch nehmen. Das Wirtschaftsgut muss zur Erzielung von Einkünften verwendet werden. Es genügt dabei die Bestimmung zur Einkunftserzielung. Die Grundsätze zur Anerkennung von vorweggenommenen Betriebsausgaben bzw. Werbungskos-

---

[30] *Loschelder*, in: Schmidt, EStG, 34. Aufl. 2015, § 9 Rn. 40.

ten finden also auch bezüglich der AfA Anwendung,[31] so dass sich auch hier aufgrund des Ausbleibens von Einnahmen keine Bedenken bezüglich der Abzugsfähigkeit ergeben.

Die AfA bestimmt sich für Eigentumswohnungen im Privatvermögen grundsätzlich nach § 7 Abs. 4 S. 1 Nr. 2 Buchst. a, Abs. 5a EStG. Erhöhte Abschreibungen nach § 7 Abs. 5 S. 1 EStG müssen ausscheiden, da sie in zeitlicher Hinsicht nur Steuerpflichtige begünstigen, die die Eigentumswohnung bis einschließlich dem 31.12.2005 erworben haben. F erwarb die Wohnung frühestens am 01.01.2008. Dieses Datum ist nicht mehr von § 7 Abs. 5 S. 1 Nr. 3 Buchst. c EStG erfasst. Somit sind als AfA jährlich 2 % anzusetzen.

Da nur das Gebäude einer Abnutzung unterliegt ist als Bemessungsgrundlage nur der darauf entfallende Teil der Anschaffungskosten heranzuziehen. Jedoch entfiel auf die beabsichtigte Vermietung nur der Zeitraum von Juli bis Dezember des Jahres 2010. Vor diesem Zeitraum wurde die Wohnung noch selbst genutzt, was einen Ansatz von AfA für diesen Zeitraum mangels Veranlassung durch eine Einkünfteerzielung ausscheiden lässt. Voraussetzung für die AfA kann nicht sein, dass der Steuerpflichtige das Wirtschaftsgut von vornherein zu dem Zweck der Einkünfteerzielung angeschafft hat.[32] Nach einer entsprechenden Umwidmung des Wirtschaftsguts zur Einkunftserzielung sind damit AfA möglich.[33] Der Zeitpunkt der Umwidmung muss somit als Anschaffungszeitpunkt für Zwecke der Einkünfteerzielung gelten. Hier wurde die Umwidmung mit der Renovierung im Juli nach außen dokumentiert, so dass diesbezüglich keine Bedenken bestehen.

Da die Umwidmung erst im Juli 2014 stattfand, könnte auch hier die Regelung des § 7 Abs. 1 S. 4 EStG Anwendung finden, die im Ergebnis für den Monat der Anschaffung und jeden folgenden Monat $^1/_{12}$ des Jahresbetrages des AfA zulässt. § 7 Abs. 4 EStG fehlt im Gegensatz zu § 7 Abs. 5 S. 3 EStG der explizite Ausschluss dieser Regelung, woraus geschlossen werden kann, dass im Falle der linearen AfA bei Gebäuden diese bei unterjähriger Anschaffung nur zeitanteilig vorzunehmen sind. Folglich errechnen sich die Werbungskosten mit 1.000 € (= 100.000 € * 2 % * $^6/_{12}$).

c) Ergebnis
Es ergeben sich aus Vermietung und Verpachtung negative Einkünfte von 11.000 €.

4. Veräußerung der Wohnung
Auch die anschließende Veräußerung der Eigentumswohnung könnte steuerbar sein. Durch die zwischenzeitliche Widmung der Wohnung zur Vermietung wurde

---

[31] *Schnitter*, in: Frotscher/Geurts, EStG, Loseblatt, Stand: Dezember 2010, § 7 Rn. 171.
[32] BFH v. 14.02.1989 – IX R 109/84, BStBl. II 1989, 922 (923); *Schnitter*, in: Frotscher/Geurts, EStG, Loseblatt, Stand: Dezember 2010, § 7 Rn. 170.
[33] BFH v. 16.02.1990 – VI R 85/87, BStBl. II 1990, 883 (884); dies allerdings nur bei einer Verteilung der Anschaffungskosten auf die Gesamtnutzungsdauer einschließlich der Zeit vor der Umwidmung, was aber für Zwecke der Überschussermittlung angesichts der Linearität keinen Unterschied macht; vgl. dazu *Kulosa*, in: Schmidt, EStG, 34. Aufl. 2015, § 7 Rn. 82.

diese aber aufgrund der Einordnung von § 21 Abs. 1 S. 1 Nr. 1 EStG als Überschusseinkunft nicht zu in jedem Fall steuerverstrickten Betriebsvermögen.

Für Änderungen im privaten Vermögensstamm kommt eine Steuerbarkeit nach §§ 22 Nr. 2, 23 Abs. 1 S. 1 Nr. 1 EStG in Betracht. Letzterer erfasst nach seiner ersten Alternative zunächst Grundstücke. Nach §§ 93, 94 Abs. 1 S. 1 BGB folgen diesem auch Gebäude, so dass die hier in Frage stehende Eigentumswohnung grundsätzlich nicht Gegenstand besonderer Rechte sein kann. Für diesen Fall ist aber § 3 Abs. 1 WEG zu beachten, der für Wohnungseigentum eine Abweichung von der Grundregel des § 93 BGB zulässt. Somit könnte dieses nach § 23 Abs. 1 S. 1 Nr. 1 Fall 2 EStG als grundstücksgleiches Recht ebenfalls der zehnjährigen Frist unterliegen. Dafür müsste es materiell und formell den Vorschriften des bürgerlichen Rechts über Grundstücke unterliegen.[34] Eine etwa § 11 Abs. 1 S. 1 ErbbauVO entsprechende Regelung fehlt jedoch im WEG. Die Frage nach der zivilrechtlichen Einordnung des Sondereigentums nach § 1 Abs. 2 WEG ist umstritten.[35] Jedoch ist die Ausformung nach dem WEG in so naher Anlehnung an die Vorschriften des BGB über Grundstücke erfolgt,[36] dass zumindest für Zwecke des Steuerrechts das Wohnungseigentum als grundstücksgleiches Recht anzusehen ist.[37] Damit ist auch die Veräußerung der Wohnung unter den Begriff eines Veräußerungsgeschäfts zu fassen.

Mit der Anschaffung im Jahr 2008 ist auch die schädliche Frist von zehn Jahren unterschritten, so dass sich dem Grunde nach eine Steuerbarkeit des Veräußerungsvorgangs ergibt.

Die Veräußerung könnte jedoch nach § 23 Abs. 1 S. 1 Nr. 1 S. 3 EStG aufgrund einer eigenen Wohnnutzung nicht steuerbar sein. Fraglich ist dabei, ob die Wohnung im Zeitraum zwischen Anschaffung und Veräußerung (Alt. 1) oder im Veräußerungsjahr und den zwei vorhergehenden Jahren (Alt. 2) zu eigenen Wohnzwecken genutzt wurde. S hat die Wohnung im Jahr 2008 erworben und bis zum Juli 2014 selbst zusammen mit L bewohnt. Zwischen Juli 2014 und Dezember 2014 stand sie wegen der erfolglosen Suche eines Nachmieters leer.

Der sechsmonatige Leerstand vor dem Verkauf könnte die Steuerbefreiung ausschließen. Nach Alt. 1 muss die Wohnung während der gesamten Eigentumsdauer ausschließlich zu eigenen Wohnzwecken genutzt werden. Der Steuerpflichtige kann jedoch gewisse zeitliche Verschiebungen beim Ein- und Auszug jedoch nicht immer vollständig vermeiden, z. B. durch Kündigungsfristen bei der Vorgängerwohnung oder Verzögerungen bei der Veräußerung. Diese Verzögerungen gefährden nicht

---

[34] *Merle*, Das Wohnungseigentum im System des bürgerlichen Rechts, 1979, S. 172.

[35] Vgl. gegen eine Qualifikation als grundstücksgleiches Recht *Sauren*, NJW 1985, 180 (182); dafür *Rapp*, in: Staudinger, BGB, 2005, § 1 WEG Rn. 45.

[36] Vgl. nur §§ 4 Abs. 1, Abs. 2 S. 1, 7 Abs. 1 S. 1 WEG.

[37] So auch *Lindberg*, in: Frotscher/Geurts, EStG, Loseblatt, Februar 2011, § 23 Rn. 30; *Glenk*, in: Blümich, EStG/KStG/GewStG, Loseblatt, Stand: November 2014, § 23 EStG Rn. 59.

Lösung

den Förderzweck, die eigene Wohnnutzung wegen sonst auftretender Härten aus der Spekulationsbesteuerung herauszunehmen,[38] und sind daher unschädlich.[39]

Die Verzögerung ist im Fall der S aber nicht der späteren Veräußerung, sondern dem erfolglosen Versuch einer im Rahmen des § 23 Abs. 1 S. 1 Nr. 1 S. 3 EStG schädlichen Vermietung geschuldet, für die sogar negative Werbungskosten im Rahmen des § 21 EStG geltend gemacht werden. Ein Leerstand ist nach dem Sinn und Zweck der Steuerbefreiung aber nur bei einem Bezug zum Erwerb oder zur Veräußerung als unschädlich anzuerkennen.[40] Damit wurde die Wohnung nicht ausschließlich im Sinne der 1. Alt. für eigene Wohnzwecke genutzt.[41]

In Betracht kommt schließlich Alt. 2, die eine Nutzung zu Wohnzwecken im Jahr der Veräußerung und in den zwei davorliegenden Jahren erfordert. Im Gegensatz zur Alt. 1 wird eine Ausschließlichkeit der Nutzung nicht ausdrücklich gefordert. Da der Gesetzgeber trotz mehrfacher Gelegenheit keine Klarstellung vorgenommen hat, kann man daraus schließen, dass im Rahmen dieser Alternative Nebennutzungen und Unterbrechungen zulässig sind.[42] Anderenfalls käme der zweiten Alternative gegenüber der ersten kaum Anwendungsbereich zu.[43] Auch erfordert der Wortlaut keine vollen Jahre.[44] Vorliegend wurde die Wohnung im Jahr der Veräußerung und in den beiden vorangegangenen Jahren zumindest teilweise zu eigenen Wohnzwecken genutzt. Der Veräußerungsvorgang fällt demnach unter § 23 Abs. 1 S. 1 Nr. 1, S. 3 Alt. 2 EStG und ist nicht steuerbar.

5. Entschädigung für die Grunddienstbarkeit

Mangels Absicht der Wiederholung kann eine Nachhaltigkeit im Sinne des § 15 Abs. 2 EStG nicht angenommen werden; Einkünfte aus Gewerbetrieb müssen ausscheiden. Auch ist das Grundstück als Privatvermögen nicht im Rahmen einer Gewinneinkunftsart steuerverstrickt.

Im Rahmen der Überschusseinkünfte ist zunächst ist an Einkünfte aus Vermietung und Verpachtung im Sinne des § 21 Abs. 1 S. 1 Nr. 1 EStG zu denken. So ist es denkbar, in der Einräumung einer Grunddienstbarkeit die Überlassung des Gebrauchs oder der Nutzung zumindest eines Grundstücksteils zu sehen. Die Entschädigung müsste ihrem wirtschaftlichen Gehalt nach als Gegenleistung für diese Überlassung anzusehen sein.[45]

---

[38] Vgl. die Begründung des Gesetzesentwurfs BT-Drs. 14/23, S. 180.
[39] BMF v. 05.10.2000 – IV C 3 – S 2256 – 263/00, BStBl. I 2000, 1383 Tz. 25.
[40] Vgl. BMF v. 05.10.2000 – IV C 3 – S 2256 – 263/00, BStBl. I 2000, 1383 Tz. 25: Leerstand bei Beginn der Nutzung nur, wenn er in Zusammenhang mit den eigenen Wohnzwecken steht, Leerstand nach Ende der eigenen Wohnzwecke nur, wenn der Steuerpflichtige seine Veräußerungsabsicht nachweist.
[41] A.A. vertretbar, wenn man den Schwerpunkt auf die objektive tatsächliche Nutzung legt.
[42] So *Glenk*, in: Blümich, EStG/KStG/GewStG, Loseblatt, Stand: November 2014, § 23 EStG Rn. 57, *Lindberg* in: Frotscher/Geurts, EStG, Loseblatt, Stand: Februar 2011, § 23 EStG Rn. 44.
[43] A.A. *Weber-Grellet* in: Schmidt, 34. Aufl. 2015, § 23 Rn. 18; *Risthaus*, DB 1999, 1032 (1034).
[44] *Lindberg*, in: Frotscher/Geurts, EStG, Loseblatt, Stand: Februar 2011, § 23 EStG Rn. 44.
[45] Vgl. *Kulosa*, in: Schmidt, EStG, 34. Aufl. 2015, § 21 Rn. 4.

Hier wird die Entschädigung aber nicht dafür gezahlt, dass der Eigentümer des herrschenden Grundstücks wie etwa bei einem Wegerecht aktiv Rechte ausüben kann.[46] Vielmehr wird lediglich der Verkauf von Kraft- und Schmierstoffen untersagt.[47] Der wirtschaftliche Schwerpunkt liegt damit nicht in der Überlassung des Grundstücks zur Nutzung. § 21 Abs. 1 S. 1 Nr. 1 EStG scheidet aus.

Die Überlassung von Rechten gemäß § 21 Abs. 1 S. 1 Nr. 3 EStG erfordert eine zeitliche Begrenzung. Eine solche liegt nicht vor, wenn das Recht dem durch den Vertrag Berechtigten endgültig verbleibt.[48] Hier ist die Dienstbarkeit zeitlich unbegrenzt und verbleibt damit dem Eigentümer des herrschenden Grundstücks. § 21 Abs. 1 S. 1 Nr. 3 EStG kommt ebenso nicht in Betracht.

Denkbar ist jedoch ein nach §§ 22 Nr. 2, 23 EStG steuerbares privates Veräußerungsgeschäft. Eine Grunddienstbarkeit unterliegt nicht den Vorschriften des bürgerlichen Rechts über Grundstücke und ist damit kein grundstücksgleiches Recht im Sinne des §§ 22 Nr. 2, 23 Abs. 1 S. 1 Nr. 1 EStG,[49] so dass es als sonstiges Wirtschaftsgut den §§ 22 Nr. 2, 23 Abs. 1 S. 1 Nr. 2 EStG unterliegt. Eine Steuerbarkeit des Vorgangs liegt nur bei einer Veräußerung binnen eines Jahres vor. F veräußert die Grunddienstbarkeit erst zwanzig Jahre nach dem unentgeltlichen Erwerb des Grundstücks durch Erbgang, von dessen Eigentum die Dienstbarkeit eine Abspaltung darstellt. Somit ist die Einräumung der Grunddienstbarkeit nicht als Veräußerungsgeschäft steuerbar.

Somit kommt nur eine Steuerbarkeit als sonstige Leistung nach § 22 Nr. 3 EStG in Betracht. Die Einwilligung zur Bestellung der Grunddienstbarkeit kann dabei dem Grunde nach unter den Leistungsbegriff gefasst werden.[50] Dem könnten aber systematische Bedenken entgegenstehen. Vermögensumschichtungen im privaten Bereich sind nur steuerbar, wenn die Voraussetzungen der §§ 17, 20 Abs. 2 oder 23 EStG erfüllt sind. Ihre Steuerbarkeit stellt eine Ausnahme dar, die nicht durch einen weiten Leistungsbegriff umgangen werden kann. Wird das Entgelt dafür gezahlt, dass ein Vermögensgegenstand in seiner Substanz endgültig aufgegeben wird, handelt es sich um einen nur fragmentarisch steuerbaren Vorgang in der Vermögenssphäre. Die diesbezüglichen Regelungen sind abschließend, so dass Umschichtungen, die die Voraussetzungen der §§ 17, 20 Abs. 2 und 23 EStG nicht erfüllen, auch

---

[46] Vgl. etwa BFH v. 26.08.1975 – VIII R 167/71, BStBl. II 1976, 62 für eine Baulast zur Nutzung als Stellplatz für Kfz; v. 11.03.1976 – IV B 62/75, BStBl. II 1976, 535 für die Nutzung unterirdischer Hohlräume.

[47] Selbstverständlich sind aber auch Grunddienstbarkeiten denkbar, in denen der Schwerpunkt auf der Nutzungsüberlassung liegt, vgl. *Kulosa*, in: Schmidt, EStG, 34. Aufl. 2015, § 21 Rn. 65 „Dienstbarkeit". Für die Frage, ob die Einräumung eines Wegerechts einem Erwerb oder einer Nutzungsüberlassung gleicht, vgl. BFH v. 07.10.1960 – VI 120/60 U, BStBl. III 1960, 491; v. 17.10.1968 – IV 84/65, BStBl. II 1969, 180 (181).

[48] *Mellinghoff*, in: Kirchhof, EStG, 14. Aufl. 2015, § 21 Rn. 45.

[49] So ist bspw. § 925 Abs. 1 S. 1 BGB auf die Übertragung von Dienstbarkeiten nicht anwendbar, vgl. *Glenk*, in: Blümich, EStG/KStG/GewStG, Loseblatt, Stand: November 2014, § 23 EStG Rn. 61; *Wernsmann*, in: Kirchhof/Söhn/Mellinghoff, EStG, Loseblatt, Stand: März 2015, § 23 Rn. B34.

[50] Vgl. zum Begriff der Leistung oben B.I.2.a) und Fn. 22.

nicht über § 22 Nr. 3 EStG steuerbar werden können.[51] Ob eine Zahlung als Entgelt für eine sonstige Leistung oder für die endgültige Aufgabe eines Vermögenswerts in seiner Substanz zu qualifizieren ist, richtet sich nach dem wirtschaftlichen Gehalt der zugrunde liegenden Leistungen, wie sie die Parteien wirklich gewollt und tatsächlich bewirkt haben.[52]

Hier vereinbaren S und der Mineralölkonzern die Entschädigung für die Eintragung einer sog. Gewerbeverbotsdienstbarkeit. Beide betrachten die Zahlung als für die Aufgabe des Rechts des Verkaufs von Mineralölerzeugnissen auf dem dienenden Grundstück der S geleistet. Eine solche Vereinbarung könnte aber zivilrechtlichen Bedenken begegnen, da sie nicht mehr mit dem Eigentumsrecht am Grundstück zusammenhängt. Angesichts der steuerlichen Unbeachtlichkeit der zivilrechtlichen Wirksamkeit eines Rechtsgeschäftes gemäß § 41 Abs. 1 S. 1 AO kommt es aber nicht auf die sachenrechtliche Möglichkeit einer Bestellung einer Grunddienstbarkeit mit dem vorliegenden Inhalt an,[53] sondern nur auf das von den Parteien gewollte und durchgeführte Geschäft.

Hier gibt S den Teil ihres Eigentums auf, nach Belieben mit dem Grundstück zu verfahren. Das erhaltene Entgelt tritt an die Stelle dieser aufgegebenen Position, so dass es sich lediglich um eine Umschichtung in der Vermögenssphäre handelt. Auch die zeitliche Unbegrenztheit der Dienstbarkeit spricht gegen eine Nutzung des Grundstücks im Sinne einer Fruchtziehung. Der Vorgang fällt demnach nicht unter den Leistungsbegriff. Es liegt keine nach § 22 Nr. 3 EStG steuerbare Handlung vor.

6. Tätigkeit als Schiedsrichterin

Auch aus der Tätigkeit als Fußballschiedsrichterin könnten der S (negative) Einkünfte erwachsen sein.

a) Qualifikation

Zunächst ist zu fragen, unter welche Einkunftsart diese Tätigkeit fällt. So ist das Vorliegen eines Gewerbebetriebs nach § 15 Abs. 1 S. 1 Nr. 1, Abs. 2 EStG denkbar. Voraussetzung dafür ist aber die Beteiligung am allgemeinen wirtschaftlichen Verkehr. Dieses Merkmal dient dazu, Tätigkeiten aus dem gewerblichen Bereich auszunehmen, die nicht auf einen Leistungsaustausch unter Inanspruchnahme des allgemeinen Marktes gerichtet sind.[54] Es wird verlangt, dass die Tätigkeit auf eine unbestimmte Zahl von Personen ausgedehnt wird.[55] Dies ist bereits dann der Fall,

---

[51] BFH v. 21.09.1982 – VIII R 73/79, BStBl. II 1983, 201 (203); v. 19.12.2000 – IX R 96/97, BStBl. II 2001, 391; v. 18.12.2001 – IX R 74/98, BFH/NV 2002, 643; v. 18.05.2004 – IX R 63/02, BFH/NV 2004, 1457 (1458); *Knobbe*, DB 1972, 1130 (1130 f.).

[52] *Lindberg*, in: Frotscher/Geurts, EStG, Loseblatt, Stand: August 2012, § 22 Rn. 172.

[53] Zur sachenrechtlichen Problematik siehe BGH NJW 1984, 924 (925); NJW 1983, 115 (116); NJW 1981, 343 (344); BGHZ 74, 293 (296); 29, 244 (248 f.); *Soergel/Stürner*, AcP 194 (1994), 265, 285 f.; *Münch*, ZHR 1993, 559, 564 ff.; *Joost*, in: MüKo BGB Bd. 6, 6. Aufl. 2013, § 1090 BGB Rn. 15–24; *Wegmann*, in: Bamberger/Roth, BGB, 3. Aufl. 2012, § 1018 Rn. 59 f.

[54] *Reiß*, in: Kirchhof, EStG, 14. Aufl. 2015, § 15 Rn. 28.

[55] BFH v. 28.10.1993 – IV R 66–67/91, BStBl. II 1994, 463 (464 f.).

wenn der Steuerpflichtige an jeden zu leisten bereit ist, der seine Bedingungen erfüllt.[56] Steuerpflichtige, die sich überhaupt nicht an die Allgemeinheit wenden und gar nicht die Absicht haben, sich in das Wirtschaftsleben einzuschalten, die vielmehr nur die Bedürfnissen eines festumgrenzten Personenkreises bedienen wollen, unterhalten keinen Gewerbebetrieb.[57]

Hier wird S nur auf Einteilung des Fußballverbandes Hessen tätig. Sie ist nicht bereit, Leistungen an jeden – etwa im Rahmen privat organisierter Turniere – zu erbringen, sondern nur an die Vereine des Landesverbandes, zu deren Spielen sie eine Einteilung erhält. Diese Umgrenzung des Personenkreises lässt es an einer Beteiligung am allgemeinen wirtschaftlichen Verkehr fehlen, so dass Einkünfte aus Gewerbebetrieb ausscheiden müssen.[58]

Denkbar sind jedoch Einkünfte aus nichtselbständiger Arbeit im Sinne des § 19 Abs. 1 S. 1 Nr. 1 EStG. Der steuerrechtliche Arbeitnehmerbegriff bestimmt sich maßgeblich nach § 1 Abs. 2 S. 2 LStDV i. V. m. § 4 EStDV, die u. a. eine Weisungsgebundenheit erfordern. Hier ist eine Bindung der Schiedsrichterin an die Weisungen des sie bezahlenden Heimvereins nur schwer denkbar. Auch gegenüber dem Landesfußballverband ist S in Bezug auf die Art der Spielleitung frei.

Damit bleiben nur die Einkünfte aus sonstigen Leistungen des § 22 Nr. 3 EStG. Leistung bedeutet dabei jedes Tun, Dulden oder Unterlassen, das Gegenstand eines entgeltlichen Vertrages sein kann und das eine Gegenleistung auslöst.[59] Für ihre Spielleitung soll S eine Entschädigung erhalten, so dass der Leistungsbegriff erfüllt ist. Angesichts der beabsichtigten längerfristigen Ausübung kann hier auch die Überschusserzielungsabsicht nicht verneint werden. Es liegen damit sonstige Einkünfte im Sinne des § 22 Nr. 3 EStG vor.[60]

b) Quantifizierung

Die Einkünfte ermitteln sich als Überschuss der Einnahmen über die Werbungskosten, § 2 Abs. 2 S. 1 Nr. 2 EStG. Einnahmen liegen nicht vor. Allerdings könnten die Ausgaben für das Trikot als vergebliche Werbungskosten anzusetzen sein,[61] so dass sich ein Verlust ergäbe.

Im Rahmen der Überschusseinkünfte sind nach § 9 Abs. 1 S. 3 Nr. 7 EStG die Vorschriften über die AfA zu beachten, so dass grundsätzlich ein Sofortabzug der Anschaffungskosten verwehrt wäre und sie nach § 7 Abs. 1 S. 1 EStG über die ge-

---

[56] BFH v. 16.05.2002 – III R 9/98, BStBl. II 2002, 571 (573); vgl. auch BFH v. 07.03.1996 – IV R 2/92, BStBl. II 1996, 369 (372).

[57] *Bode*, in: Blümich, EStG/KStG/GewStG, Loseblatt, Stand: November 2014, § 15 EStG Rn. 52. Für die bei typisch kaufmännischer Tätigkeit ausreichenden Geschäftsbeziehungen mit nur einem Kunden oder Abnehmer vgl. BFH v. 16.05.2002 – IV R 94/99, BStBl. II 2002, 565.

[58] So selbst für einen international tätigen Schiedsrichter FG Rheinland-Pfalz v. 18.07.2014 – 1 K 2552/11, EFG 2014, 2065 (Revision anhängig unter X R 5/15), das daneben auch die Selbständigkeit verneint.

[59] Vgl. zum Begriff der Leistung oben B.I.2.a) und Fn. 22.

[60] So auch Bayerisches LfSt v. 05.01.2010 – S 2257.2.1–5/3 St32 (juris); OFD Berlin v. 21.02.1996 – St 446 – S 2255 – 2/76, FR 1996, 433.

[61] Vgl. dazu oben B.I.3.b).

samte Nutzungsdauer verteilt werden müssten. Allerdings kommt S, die möglichst niedrige Einkünfte wünscht, nach §§ 9 Abs. 1 S. 3 Nr. 7 S. 2, 6 Abs. 2 S. 1 EStG in den Genuss der Sonderregelung für geringwertige Wirtschaftsgüter bis zu einem Wert von 410 €. Somit sind die Kosten von 50 € für das Trikot grundsätzlich sofort in voller Höhe anzusetzen.

Diesem Ergebnis könnte allerdings § 3c Abs. 1 Hs. 1 EStG entgegen stehen, wonach Werbungskosten, die in unmittelbaren wirtschaftlichen Zusammenhang mit steuerfreien Einnahmen stehen, nicht abgezogen werden dürfen.

Die beabsichtigten Einnahmen könnten hier unter die sog. „Übungsleiterpauschale" des § 3 Nr. 26 EStG fallen. Dafür müsste S nebenberuflich als Übungsleiterin, Ausbilderin, Erzieherin, Betreuerin tätig gewesen sein oder eine vergleichbare Tätigkeit ausgeübt haben. Die drei ausdrücklich genannten Tätigkeiten liegen bei einem Schiedsrichter im Gegensatz zu etwa den Mannschaftsbetreuern nicht vor. Eine Tätigkeit ist diesen jedoch vergleichbar, wenn sie wie diese eine pädagogische Ausrichtung hat und auf andere Menschen durch persönlichen Kontakt Einfluss genommen wird, um auf diese Weise geistige und körperliche Fähigkeiten zu entwickeln oder zu fördern.[62]

Bei der Tätigkeit als Schiedsrichterin geht es jedoch nicht primär um eine pädagogische Ausrichtung. Vielmehr steht die Spielleitung im Vordergrund. Die pädagogische Tätigkeit und der persönliche Kontakt zur Förderung der körperlichen Fähigkeiten obliegen vielmehr den Mannschaftsbetreuern. Damit ist die Schiedsrichtertätigkeit nicht vergleichbar.[63]

In Betracht kommt ferner eine Steuerfreiheit nach § 3 Nr. 26a EStG, der keine Anforderungen an die Art der Tätigkeit stellt. Entscheidend ist allein, dass die Tätigkeit im Dienst oder im Auftrag einer unter § 5 Abs. 1 Nr. 9 KStG fallenden Einrichtung erbracht wird. Dafür müssen seitens der Einrichtung die Zwecksetzungen der §§ 52 bis 54 AO verfolgt werden. Hier könnte man als Einrichtung sowohl die einzelnen Vereine als auch den Landesverband heranziehen. Ausweislich des Sachverhaltes erfüllen alle die Voraussetzung der Gemeinnützigkeit, so dass diesbezüglich keine Entscheidung erforderlich ist. Somit wäre für Einnahmen aus den Spielleitungen die Steuerbefreiung des § 3 Nr. 26a EStG erfüllt, so dass damit im wirtschaftlichen Zusammenhang stehende Werbungskosten grundsätzlich nicht abzugsfähig sind.

Indes ergibt sich hier das Problem, dass es nicht zur Auszahlung des Geldes und damit nicht zu Einnahmen gekommen ist. Bei Einnahmen, die gemäß § 3 Nr. 26a EStG wegen ihrer Art als Aufwendungsersatz steuerfrei sind, geht der Gesetzgeber typisierend davon aus, dass die Einnahmen durch Ausgaben „neutralisiert" werden.[64] Fallen aber keine Einnahmen an, so kommt eine Verrechnung der Aufwen-

---

[62] BFH v. 17.10.1991 – IV R 106/90, BStBl. II 1992, 176 (177); *v. Beckerath*, in: Kirchhof, EStG, 14. Aufl. 2015, § 3 Rn. 50.
[63] So auch *v. Beckerath*, in: Kirchhof, EStG, 14. Aufl. 2015, § 3 Rn. 50; *Angstenberger*, DStZ 2005, 309; a. A. mit Rekurs auf die Kommunikation zwischen Spielleiter und Spielern zumindest bei Jugendspielen vertretbar.
[64] *Gröpl*, SteuerStud 2008, 103 (110).

dungen mit den steuerfreien Einnahmen nicht in Betracht. Durch das Abzugsverbot des § 3c Abs. 1 Hs. 1 EStG soll nur der doppelte Vorteil der Steuerfreiheit und eines gleichzeitigen Ausgabenabzugs neutralisiert werden.[65]

In Fällen des Aufwendungsersatzes wird dies dahingehend konkretisiert, dass ein Abzug wegen des Fehlens einer Belastung nicht gerechtfertigt ist. An einer Belastung fehlt es aber nur, soweit tatsächlich Ersatz für den Aufwand geleistet wurde. Hier handelt es sich um vergebliche Werbungskosten;[66] Einnahmen bleiben aus. Entgegen § 3c Abs. 1 Hs. 1 EStG müssen die Kosten für das Trikot zum Abzug zugelassen werden.

Gemäß § 22 Nr. 3 S. 3 EStG dürfen negative Einkünfte aus sonstigen Leistungen nicht bei der Ermittlung des Einkommens abgezogen werden. Die vortragbaren Verluste im Sinne des § 22 Nr. 3 S. 4 Hs. 1 EStG betragen damit 1.050 €.[67]

7. Ergebnis

Zur Errechnung des Gesamtbetrags der Einkünfte nach § 2 Abs. 4 S. 1 EStG sind alle positiven und negativen Einkünfte der einzelnen Einkunftsarten zu saldieren. Dies stellt sich wie folgt dar.

Einkünfte aus nichtselbständiger Arbeit	+59.000 €
Vermietung der Wohnung	./.11.000 €

Die negativen Einkünfte aus sonstigen Leistungen dürfen nicht in die Summe der Einkünfte einbezogen werden, § 22 Nr. 3 S. 3 Hs. 1 EStG.

Mangels einschlägiger Entlastungsbeträge im Sinne des § 2 Abs. 3 EStG entspricht hier die Summe der Einkünfte dem Gesamtbetrag der Einkünfte und beträgt 48.000 €.

II. Einkommen

Um daraus das Einkommen zu ermitteln, ist nach § 2 Abs. 4 EStG der Gesamtbetrag der Einkünfte um die Sonderausgaben gemäß § 10 EStG und die außergewöhnlichen Belastungen gemäß § 33 EStG zu kürzen.

1. Sonderausgaben

Als Sonderausgaben kommen hier zunächst die Krankenkassenbeiträge von 3.600 € in Betracht. Diese fallen unter § 10 Abs. 1 Nr. 3 Buchst. a EStG.

Nach § 10 Abs. 4 S. 1 EStG beträgt der Höchstbetrag für den Abzug grundsätzlich 2800 €. Da S als Arbeitnehmerin jedoch den nach § 3 Nr. 62 EStG steuerfreien Arbeitgeberanteil zur Krankenversicherung erhält, verringert sich der Höchstbetrag

---

[65] BFH v. 06.07.2005 – XI R 61/04, BStBl. II 2006, 163 (164); *Heinicke*, in: Schmidt, EStG, 34. Aufl. 2015, § 3c Rn. 1; *v. Beckerath*, in: Kirchhof, EStG, 14. Aufl. 2015, § 3c Rn. 13.
[66] Vgl. dazu oben B.I.3.b).
[67] Vgl. dazu oben A.I.2.b).

auf 1900 €. Dieser Höchstbetrag gilt jedoch nur für die kumulierten Vorsorgeaufwendungen von § 10 Abs. 1 Nr. 3 und Nr. 3a EStG. Sind die Beiträge zur gesetzlichen Krankenversicherung höher als 1.900 €, so sind diese abzuziehen. Lediglich der Abzug für sonstige Versicherungen entfällt, § 10 Abs. 4 S. 4 EStG.[68] Es können somit die vollen 3.600 Euro abgezogen werden.

Ferner könnte auch die Beitragsrückgewähr von 300 € im Rahmen der Sonderausgaben zu berücksichtigen sein.[69] Eine solche Berücksichtigung könnte aber auch im Vorjahr erfolgen. Die Rückzahlung im Wahltarif des § 53 Abs. 2 S. 1 SGB V erfolgt bei Leistungsfreiheit im Kalenderjahr. Es handelt sich damit um eine Rückgewähr von Sonderausgaben und nicht um einen nachträglichen Wegfall der Abzugsvoraussetzungen der Beiträge im Vorjahr. Gleichzeitig ist nicht absehbar, ob eine Leistungsfreiheit gegeben sein wird, so dass bezüglich des Jahres 2013 keine Bedenken gegen die Endgültigkeit der Belastung[70] der in diesem Jahr gezahlten Krankenkassenbeiträge bestehen.

Damit ist die Rückzahlung im Jahr 2014 zu berücksichtigen. Erstattungen auf Grund nachträglich eintretender, den ursprünglichen Abzug nicht berührender Umstände werden im Gegensatz zur Vorgehensweise bei außergewöhnlichen Belastungen[71] nicht als Minderung der Ausgabe im Zahlungsjahr, sondern aus Gründen der Praktikabilität und Rechtskontinuität als Minderung gleichartiger Aufwendungen im Erstattungsjahr angesehen.[72] Die Krankenkassenbeiträge mindern sich auf 3.300 €.[73]

2. Außergewöhnliche Belastungen

Hinweis

Die nachfolgenden Ausführungen werden in dieser Länge und Tiefe nicht in der Klausur erwartet. Für eine gute Bewertung ist neben einer systematischen Prüfung des § 33 EStG aber in jedem Fall eine Begründung erforderlich, warum die Aufwendungen außergewöhnlich bzw. zwangsläufig sind, so dass ein Abzug vor dem Hintergrund des subjektiven Nettoprinzips gerechtfertigt ist. In gegebener Kürze können auch verfassungsrechtliche Ausführungen erwartet werden.

---

[68] Für die unbeschränkte Abzugsfähigkeit von Krankenversicherungsbeiträgen vgl. BVerfG v. 13.02.2008 – 2 BvL 1/06, BVerfGE 120, 125.

[69] § 3 Nr. 11 S. 4 EStG kann schon mangels Bezug zu einer Einkunftsart für die Beitragsrückgewähr nicht gelten. Ferner wird die Beitragsrückgewähr im Rahmen des Wahltarifs des § 53 Abs. 2 S. 1 SGB V nicht für nicht in Anspruch genommene Beihilfeleistungen gezahlt.

[70] Vgl. dazu BFH v. 28.05.1998 – X R 7/96, BStBl. II 1999, 95 (97); *Fischer*, in: Kirchhof, EStG, 14. Aufl. 2015, § 10 Rn. 5.

[71] Vgl. zu dieser Problematik *Loschelder*, in: Schmidt, EStG, 34. Aufl. 2015, § 33 Rn. 5.

[72] *Heinicke*, in: Schmidt, EStG, 34. Aufl. 2015, § 10 Rn. 7; *Fischer*, in: Kirchhof, EStG, 14. Aufl. 2015, § 10 Rn. 6a.

[73] Wären die Ausgaben allerdings im Vorjahr abgezogen worden, so hätte dies aufgrund des nach § 10 Abs. 4 EStG a.F. geltenden Höchstbetrags keine Auswirkungen. Im Jahr 2010 hingegen wären weiterhin 3600 € abzugsfähig.

Die Kosten für die künstliche Befruchtung der S könnten als außergewöhnliche Belastung im Sinne des § 33 Abs. 1 EStG zu berücksichtigen sein. Dazu dürften die Kosten nicht auf andere Weise geltend gemacht werden können, müssen die S endgültig belasten und außergewöhnlichen, und zwangsläufigen Charakter haben.

Ein Abzug der Kosten für die Befruchtung als Werbungskosten kommt durch die rein private Veranlassung, der Abzug als Sonderausgaben mangels eines entsprechenden Abzugstatbestands nicht in Betracht. Die Kosten belasten das Einkommen und Vermögen der S auch endgültig, da diese nicht von dritter Seite, z. B. der Krankenversicherung, ersetzt werden und sie auch keinen marktgängigen Gegenwert dafür erhält.

Die Kosten müssen außergewöhnlich sein, indem nur eine kleine Minderheit der Steuerpflichtigen durch diese belastet ist und sie ihrer Art nach außerhalb des Üblichen liegen.[74] Eine künstliche Befruchtung wird nur vorgenommen, wenn eine natürliche Befruchtung aufgrund einer Krankheit oder der Gleichgeschlechtlichkeit der Partner nicht möglich ist. Die überwiegende Mehrzahl der Paare ist zur Zeugung auf natürlichem Weg fähig. Der Tatbestand trifft damit nur eine kleine Minderheit der Steuerpflichtigen und ist auch kein üblicher Vorgang des täglichen Lebens. Die Kosten sind damit außergewöhnlich.

Die Kosten für die künstliche Befruchtung müssen schließlich nach § 33 Abs. 2 S. 1 EStG zwangsläufig aufgewendet werden. Der Steuerpflichtige darf sich ihnen aus rechtlichen, tatsächlichen oder sittlichen Gründen nicht entziehen können.

Zur Vertiefung

Die Außergewöhnlichkeit der Kosten und ihre Zwangsläufigkeit grenzen die außergewöhnlichen Belastungen einerseits gegenüber den ebenfalls indisponiblen Aufwendungen zur Existenzsicherung, die vom Grundfreibetrag des Einkommensteuertarifs in § 32a EStG abgedeckt sind, und andererseits von der disponiblen privaten Vermögensverwendung im Sinne des § 12 Nr. 1 EStG ab. Nach verbreiteter Ansicht handelt es sich nur um ein Tatbestandsmerkmal, da die Zwangsläufigkeit bereits in der Außergewöhnlichkeit enthalten sei, und § 33 Abs. 2 S. 1 EStG nur deklaratorischen Charakter habe.[75]

Die Zwangsläufigkeit ist mit Rücksicht auf das allgemeine Persönlichkeitsrecht stets ohne weitere Prüfung bei Krankheitskosten zu bejahen.[76] So sind die Kosten

---

[74] BFH v. 15.04.1992 – III R 11/91, BStBl. II 1992, 821, v. 17.06.1994 – III R 42/93, BStBl. II 1994, 754.

[75] Vgl. nur *Arndt*, in: Kirchhof/Söhn/Mellinghoff, EStG, Loseblatt, Stand: März 2015, § 33 Rn. C 25.

[76] BFH v. 28.07.2005 – III R 30/03, BStBl. II 2006, 495; *Mellinghoff*, in: Kirchhof, EStG, 14. Aufl. 2015, § 33 Rn. 36 „Krankheitskosten"; kritisch zur Sonderbehandlung der Krankheitskosten *Arndt*, in: Kirchhof/Söhn/Mellinghoff, EStG, Loseblatt, Stand: März 2015, § 33 Rn. C 19.

für eine künstliche Befruchtung bei einer Empfängnisunfähigkeit zwangsläufig.[77] S selbst ist jedoch nicht empfängnisunfähig und damit nicht krank.

Fraglich ist, ob eine Zeugungsunfähigkeit der Partnerin der S zugerechnet werden kann. Da die Zeugung eines Kindes biologisch das Zusammenwirken zweier Menschen voraussetzt, muss eine Krankheit des einen Partners dem anderen zugerechnet werden, wenn die künstliche Befruchtung aus medizinischen Gründen auch einen Eingriff bei dem für sich gesehen gesunden Partner erfolgt (z. B. Zeugungsunfähigkeit des Mannes erfordert operative Entnahme sowohl des Samens als auch des Eies zum Zwecke der künstlichen Befruchtung).[78] Die L ist jedoch genau wie die S nicht krank, da ihre „Zeugungsunfähigkeit" der schlichte biologische Zustand ihres weiblichen Geschlechts ist. Daher besteht auch keine Krankheit der L, die der S zugerechnet werden kann. Die Zwangsläufigkeit der Aufwendungen kann folglich nicht mit einer Krankheit begründet werden.

Dass S und L tatsächlich nicht auf anderem Wege als durch eine künstliche Befruchtung gemeinsam biologische Eltern eines Kindes werden können, führt allein nicht zu einer Zwangsläufigkeit der Aufwendungen. Die Zwangsläufigkeit setzt gerade die Wertung voraus, welcher Zustand der Referenzzustand ist (z. B. Gesundheit). Die Zwangsläufigkeit stellt an sich lediglich einen Blankettbegriff dar, der mangels gesetzgeberischer Vorgaben durch rechtliche Wertungen zu füllen ist, die sich insbesondere an der verfassungsrechtlichen Werteordnung ausrichten müssen.[79]

Art. 6 Abs. 1 GG schützt Ehe und Familie insbesondere wegen ihrer Bedeutung für die Entwicklung und Erziehung von Kindern. Während die Ehe als dauerhafte Lebenspartnerschaft von Frau und Mann bereits als solche geschützt ist, also auch vor der Geburt von Kindern und bei Kinderlosigkeit, entsteht die Familie erst mit der Geburt von Kindern und begründet daher keine der Ehe vergleichbare Vorwirkung. Ein „Recht auf Familie" und damit ein Recht auf Kinder[80] überspannt den Abwehr- und Schutzgehalt des Schutzes der Familie in Art. 6 Abs. 1 GG. Gleiches gilt für das Recht der Mütter auf Schutz in Art. 6 Abs. 4 EStG, das zwar schon die Schwangerschaft schützt, aber kein Recht auf Schwangerschaft beinhaltet.

Neben den besonderen Persönlichkeitsrechten des Art. 6 GG kommt aber auch das allgemeinen Persönlichkeitsrecht des Art. 2 Abs. 1 i. V. m. Art. 1 Abs. 1 GG in Betracht. Dieses schützt die engeren persönlichen Lebenssphäre, die Selbstbestimmung und die Grundbedingungen der Persönlichkeitsentfaltung.[81] Darunter kann

---

[77] BFH v. 10.05.2007 – III R 47/05, BStBl. II 2007, 871 (872 f.) = FR 2007, 1122 m. Anm. *Greite*.

[78] Vgl. auch für die Berücksichtigung von Kosten für eine heterologe In-Vitro-Fertilisation, bei der ein Eingriff bei dem zeugungsunfähigen Partner nicht erforderlich ist, BFH v. 16.12.2010 – VI R 43/10, BStBl. II 2011, 414; vgl. auch zum Beihilferecht VGH Baden-Württemberg v. 14.02.2012 – 2 S 3010/11, VBlBW 2012, 315.

[79] Ausführlich dazu *Stegner*, Die außergewöhnliche Belastung im Steuerrecht – verfassungsrechtliche Grundlagen und Reformperspektiven, 2008, S. 110 (112 ff.).

[80] So aber *Sodan*, Künstliche Befruchtung und Krankenversicherung, 2006, S. 73; *Knoop*, Recht auf Fortpflanzung und medizinischer Fortschritt, 2004 S. 227 ff. (231 ff.).

[81] Vgl. statt aller *di Fabio*, in: Maunz/Dürig, GG, Loseblatt, Stand: Juli 2014, Art. 2 Abs. 1 GG, Rn. 147.

auch das Recht auf Verwirklichung eines Kinderwunsches gefasst werden.[82] Aus dem Abwehrrecht gegen eine staatliche Vereitelung der Fortpflanzung lässt sich jedoch nicht ohne Weiteres ein Leistungsrecht auf Berücksichtigung der Kosten herleiten. Vielmehr ist nur die Schutzdimension des Grundrechts betroffen und damit lediglich das Untermaßverbot freiheitsrechtlicher Prüfungsmaßstab. Angesichts der Budgethoheit des Parlaments kann daher keine konkrete Förderungspflicht über § 33 EStG hergeleitet werden.[83]

Neben den freiheitsrechtlichen Gewährleistungen sind jedoch auch die Gleichheitsrechte zu beachten. Wenn unverheiratete heterosexuelle Paare unter dem Aspekt der Krankheit die Kosten für eine künstliche Befruchtung ersetzt bekommen, homosexuelle Paare aber nicht, liegt eine vor Art. 3 Abs. 1 GG rechtfertigungsbedürftige Ungleichbehandlung vor.

Das Differenzierungskriterium liegt in der Anerkennung als Krankheitskosten bei heterosexuellen Paaren, da bei diesen eine Fähigkeit zur gemeinsamen natürlichen Zeugung der biologische Normalzustand ist und die Zeugungsunfähigkeit somit einen abweichenden „krankhaften" Zustand darstellt. Bei homosexuellen Paaren ist die „Zeugungsunfähigkeit" hingegen der biologische Normalzustand. Allerdings ist bei beiden Paaren die biologische Zeugung unmöglich, so dass beide gleichermaßen auf die künstliche Befruchtung angewiesen sind. Die Differenzierung erschöpft sich daher in der Bewertung als Normzustand oder abweichender Zustand im Vergleich zu der Gesamtheit aller hetero- bzw. homosexuellen Paare.

Dieses Differenzierungskriterium muss gegenüber der Ungleichbehandlung in Form der Verweigerung des Kostenersatzes verhältnismäßig sein. Dazu müsste das Differenzierungskriterium einem legitimen Zweck dienen.

Aus den oben aufgezeigten freiheitsrechtlichen Wertungen, die ein Recht auf Fortpflanzung beinhalten, lässt sich kein rechtlich legitimes Interesse herleiten, dass alle heterosexuellen Paare einheitlich Kinder zeugen können, zur Not mit künstlicher Befruchtung, alle homosexuellen Paare einheitlich aber nicht. Die allgemeine Schutzpflicht des Staates für die Gründung einer Familie spricht vielmehr für eine gleiche Teilhabe an entsprechenden Förderungsmöglichkeiten.

Ein legitimer Zweck für die Differenzierung könnte das Bestreben sein, dass die im Wege der künstlichen Befruchtung geborenen Kinder sowohl eine Mutter als auch einen Vater als Rollenvorbild haben. Ein solcher Zweck lässt sich aber weder aus dem Regelungsgegenstand des § 33 EStG noch den verfassungsrechtlichen Schutzpflichten herleiten.

Als legitimer Zweck für eine Differenzierung kommt schließlich noch der besondere Schutz der Ehe nach Art. 6 Abs. 1 GG in Betracht. Allerdings ist die Ehe kein Differenzierungskriterium, auch unverheirateten heterosexuellen Paaren steht der Abzug als Krankheitskosten offen. Art. 6 Abs. 1 GG enthält auch kein verfas-

---

[82] Vgl. *Herdegen*, in: Maunz/Dürig, GG, Loseblatt, Stand: Juli 2014, Art. 1 GG, Rn. 66, *Arndt*, in: Kirchhof/Söhn/Mellinghoff, EStG, Loseblatt, Stand: März 2015, § 33 Rn. C 63 „Künstliche Befruchtung"; *Knoop*, Recht auf Fortpflanzung und medizinischer Fortschritt, 2004, S. 159 ff.
[83] A.A. etwa im Hinblick auf das Folgerichtigkeitsgebot gut vertretbar.

sungsrechtliches Abstandsgebot,[84] das eine nur die Ehe begünstigte Auslegung geböte. Ein Ausschluss homosexueller Paare bedürfte daher einer gesetzgeberischen Regelung. Die bloße Berufung auf Art. 6 Abs. 1 GG genügt für eine Rechtfertigung nicht.[85]

Eine ungleiche Anwendung des § 33 EStG auf heterosexuelle empfängnisunfähige Paare einerseits und auf homosexuelle Paare andererseits, verstößt damit gegen das Gleichheitsgrundrecht des Art. 3 Abs. 1 GG.

Damit ist entsprechend der verfassungsrechtlichen Wertvorgaben § 33 EStG so auszulegen, dass die Kosten für eine künstliche Befruchtung bei homosexuellen Paaren kein disponibles Einkommen darstellen und somit außergewöhnliche und zwangsläufige Aufwendungen im Sinne dieser Vorschrift sind. Die Kosten für die künstliche Befruchtung sind damit gemäß § 33 Abs. 1 a. E. EStG mit Ausnahme der zumutbaren Belastung auf Antrag abzuziehen. Die zumutbare Belastung bemisst sich nach § 33 Abs. 3 S. 1 EStG in Abhängigkeit von der Höhe des Gesamtbetrags der Einkünfte, dem Steuertarif und der Kinderanzahl und beträgt bei S 6 % des Gesamtbetrags ihrer Einkünfte, also 2.880 € (= 48.000 € * 6 %). Bei angefallen Kosten in Höhe von 10.000 € kann S damit 7.120 € als außergewöhnliche Belastungen geltend machen.

III. Ergebnis

Das Einkommen des S beträgt damit 37.580 € (= 48.000 €./.3.300 €./.7.120 €).

---

[84] BVerfG v. 17.07.2002 – 1 BvF 1, 2/01; BVerfGE 105, 313 (348); v. 07.07.2009 – 1 BvR 1164/07, BVerfGE 124, 199.
[85] BVerfG v. 07.07.2009 – 1 BvR 1164/07, BVerfGE 124, 199.

Fall 9: Neckarufertunnel

Sachverhalt

Die Unternehmerin F wohnt zusammen mit ihrem Lebensgefährten M in Heidelberg-Neuenheim. Sie ist alleinige Kommanditistin einer KG. Einzige Komplementärin der KG ist eine Limited (Ltd.), die nach dem Gesellschaftsvertrag zwar zur ausschließlichen Geschäftsführung befugt ist, aber anstelle eines Anteils am Gewinn nur eine pauschale Vergütung für die Geschäftsführung von angemessenen 50.000 € im Jahr erhält und kein Stimmrecht hat. Der gesamte Gewinn der KG kommt den Kommanditisten zu. Die Geschäftsleitung der Ltd., an der F sämtliche Anteile hält, befindet sich ebenfalls in Heidelberg.

Die KG betreibt ein Spezialtiefbau-Unternehmen. Alle dazu notwendigen Baumaschinen mietet die KG von M.

Die KG und die Ltd. halten zudem jeweils zur Hälfte die Anteile an einer GmbH, die eine Bauunternehmung im Rhein-Main-Gebiet betreibt. Beide bewerten ihre Anteile in ihren Bilanzen mit 1,5 Mio. € Anschaffungskosten. Diese entsprechen auch dem Unternehmenswert.

Im Jahr 01 kommt es zu folgenden Geschäftsvorfällen:

1. Im Januar beschafft die KG neue Büroausstattung. Dazu gehört ein Bürodrehstuhl mit Armlehnen „Chef deluxe" für 480 € und ein Bürodrehstuhl „Praktikant Standard" für 200 €. Die betriebsgewöhnliche Nutzungsdauer der Bürostühle beträgt sechs Jahre.
2. Im November komplettiert die KG ihre Büroausstattung mit einem neuen Kopierer zum Preis von 1.200 €. Die betriebsgewöhnliche Nutzungsdauer beträgt zehn Jahre.
3. Die KG stellt der Stadt Heidelberg am 01.12.01 für im Herbst erbrachte Voruntersuchungen zum Bau eines Neckarufertunnels 54.800 € in Rechnung. Die Stadtkasse überweist den Betrag im Januar des Jahres 02.
4. Der bei der KG beschäftigte Ingenieur I hat im Januar bei der Arbeit ein verbessertes Horizontalbohrsystem erfunden. Die KG nimmt die Erfindung unbeschränkt in Anspruch (§§ 6, 7 Abs. 1 ArbnErfG), lässt sich das System patentieren, stellt

das Patent im Januar mit einem realistisch geschätzten Wert von 2 Mio. € in ihre Bilanz ein und entrichtet dem I eine angemessene Vergütung (§ 9 Abs. 1 ArbnErfG) in Höhe von 100.000 €. Die KG kann das Patent voraussichtlich zehn Jahre lang nutzen.
5. Die KG überweist dem M 500.000 € Miete für die Nutzung der Baumaschinen. Die Absetzungen für Abnutzung der Maschinen betragen 300.000 €.
6. Die GmbH hatte in den vorausgegangenen Jahren hohe Gewinne erzielt und große Liquiditätsreserven aufgebaut, die wesentlich zum Unternehmenswert beigetragen haben. Die Gesellschafter der GmbH beschließen daher im Dezember, die Reserven teilweise auszuschütten. Auf die KG und die Ltd. entfallen jeweils 1 Mio. €. Beide aktivieren die Dividendenforderung und nehmen eine entsprechende ausschüttungsbedingte Teilwertabschreibung auf die Beteiligung an der GmbH vor.
7. Die Ltd. schüttet Ende des Jahres den nach Steuern bei ihr im Zusammenhang mit den Anteilen an der GmbH verbleibenden Gewinn – gesellschaftsrechtlich zulässig – weiter an die F aus.

Die Ltd. vereinnahmt die pauschale Geschäftsführervergütung.

Zu Beginn des Jahres 02 tritt M als Kommanditist mit der gleichen Einlage wie F in die KG ein. Zum Ausgleich gründen M und F eine GbR, in die M die Baumaschinen einbringt. M und F sind auch an der GbR zu gleichen Teilen beteiligt.

Im Jahr 02 kommt es zu folgenden Geschäftsvorfällen:

1. Nachdem sich die Finanzierung des Neckarufertunnels in Heidelberg zerschlagen hat, beschließt die KG, ihre Geschäfte im Bereich des Tunnelbaus einzustellen. Sie veräußert daher ihr Patent an ein Tunnelbauunternehmen für 2 Mio. €.
2. Die GbR veräußert einen vor fünf Jahren angeschafften Vortriebbohrer mit einem Restbuchwert von 150.000 €, der jetzt nicht mehr von der KG nachgefragt wird, für 1 Mio. €.
3. Die KG überweist der GbR 450.000 € Miete für die Nutzung der verbliebenen Baumaschinen. Die Absetzungen für Abnutzung der Maschinen betragen 300.000 €.
4. Die GmbH profitiert vom Konjunkturpaket III der Bundesregierung und kann in erheblichem Maße gut bezahlte Aufträge an Land ziehen. Sie erhält hohe End- und Abschlagszahlungen, die den Unternehmenswert auf 6 Mio. € steigern.
5. Die Ltd. vereinnahmt die pauschale Geschäftsführervergütung. Sie nimmt keine Ausschüttungen vor.

Aufgabe
Wie hoch sind die Einkünfte der F und des M im Jahr 01 und der F im Jahr 02?
Die Jahre 01 und 02 sind fiktive Jahre; der Fall ist insgesamt nach dem Rechtsstand 2014 zu lösen. Gewerbesteuerliche, umsatzsteuerliche und erbschaftsteuerliche Fragen sowie der Solidaritätszuschlag sind außer Betracht zu lassen. Auf die steuerliche Behandlung des Eintritts des M in die KG und des Eintritts der F in die

GbR ist nicht einzugehen. Wahlrechte wurden im Sinne einer niedrigen Besteuerung im Jahr 01 ausgeübt. § 7 Abs. 2 EStG 2010 wird nicht angewendet.

Eine Ltd. ist eine Kapitalgesellschaft englischen Rechts, die gesellschaftsrechtlich einer deutschen GmbH ähnelt. Im Falle der Steuerpflicht in mehreren Staaten sei Deutschland das alleinige Recht zur Besteuerung zugewiesen.

Anlage: Auszug aus dem Gesetz über Arbeitnehmererfindungen (ArbnErfG)

§ 6 Inanspruchnahme

(1) Der Arbeitgeber kann eine Diensterfindung unbeschränkt oder beschränkt in Anspruch nehmen.
(2) Die Inanspruchnahme erfolgt durch schriftliche Erklärung gegenüber dem Arbeitnehmer. Die Erklärung soll sobald wie möglich abgegeben werden; sie ist spätestens bis zum Ablauf von vier Monaten nach Eingang der ordnungsmäßigen Meldung (§ 5 Abs. 2 und 3) abzugeben.

§ 7 Wirkung der Inanspruchnahme

(1) Mit Zugang der Erklärung der unbeschränkten Inanspruchnahme gehen alle Rechte an der Diensterfindung auf den Arbeitgeber über.
(2), (3) [...]

§ 9 Vergütung bei unbeschränkter Inanspruchnahme

(1) Der Arbeitnehmer hat gegen den Arbeitgeber einen Anspruch auf angemessene Vergütung, sobald der Arbeitgeber die Diensterfindung unbeschränkt in Anspruch genommen hat.
(2) Für die Bemessung der Vergütung sind insbesondere die wirtschaftliche Verwertbarkeit der Diensterfindung, die Aufgaben und die Stellung des Arbeitnehmers im Betrieb sowie der Anteil des Betriebes an dem Zustandekommen der Diensterfindung maßgebend.

Gliederung

Lösung	194
A. Einkünfte im Jahr 01	194
I. Persönliche Steuerpflicht	194
II. Einkünfte der F im Jahr 01	195
1. Qualifikation	195
a) Qualifikation auf Ebene der F	195
b) Qualifikation auf Ebene der Mitunternehmerschaft	195
2. Quantifizierung	195
a) Gewinnanteil an der Mitunternehmerschaft	196
aa) Gewinnermittlungsart	196

bb) Gewinnermittlung 196
(1) Anschaffung Bürodrehstühle 196
(2) Anschaffung des Kopierers 197
(3) Rechnung an die Stadt Heidelberg 197
(4) Patent 197
(5) Mietzins 199
(6) Ausschüttung 199
(7) Geschäftsführervergütung 200
cc) Ergebnis 200
b) Sonderbetriebseinnahmen und -ausgaben 200
aa) Qualifikation 200
bb) Quantifizierung 201
(1) Gewinnermittlung 201
(2) Körperschaftsteuerschuld 202
(3) Ausschüttungsbetrag an F 202
3. Ergebnis 202
III. Einkünfte des M im Jahr 01 202
1. Qualifikation 202
2. Quantifizierung 204
3. Ergebnis 204
B. Einkünfte der F im Jahr 02 204
I. Persönliche Steuerpflicht 204
II. Einkünfte als Kommanditistin der KG 204
1. Qualifikation 204
2. Quantifizierung 204
a) Veräußerung des Patents 204
b) Miete 205
c) Teilwertaufholung 205
d) Geschäftsführervergütung 205
e) AfA für Bürodrehstuhl und Kopierer 205
f) Ergebnis der KG 205
III. Einkünfte als Gesellschafterin der GbR 206
1. Qualifikation 206
a) Mitunternehmerische Betriebsaufspaltung 206
b) Sonderbetriebsvermögen I 207
c) Konkurrenzverhältnis 207
2. Quantifizierung 208
a) Gewinnermittlungsart 208
b) Miete 209
c) Absetzung für Abnutzung 209
d) Veräußerung des Vortriebbohrers 209
e) Ergebnis der GbR 209
IV. Ergebnis 209

Lösung

A. Einkünfte im Jahr 01

I. Persönliche Steuerpflicht

F und M haben ihren Wohnsitz (§ 8 AO) im ganzen Jahr 01 in Heidelberg und damit in Deutschland. Sie sind somit unbeschränkt steuerpflichtig nach § 1 Abs. 1 EStG.

Mangels Ehe können F und M nur getrennt veranlagt werden.

II. Einkünfte der F im Jahr 01
In Betracht kommen Einkünfte der F als Kommanditistin der KG und aus der Ausschüttung der Ltd.

1. Qualifikation
Sie könnte dadurch Einkünfte im Sinne des § 15 Abs. 1 S. 1 Nr. 2 EStG erzielt haben. Dafür müsste F als Mitunternehmerin der Ltd. & Co. KG anzusehen sein.

a) Qualifikation auf Ebene der F
Mit der KG liegt eine ausdrücklich gesetzlich vorgesehene Gesellschaftsform vor. F fällt hier unter den ausdrücklich gesetzlich geregelten Fall des Kommanditisten und ist damit als Mitunternehmerin anzusehen.

b) Qualifikation auf Ebene der Mitunternehmerschaft
Zwar ist die Mitunternehmerschaft kein eigenes Steuersubjekt, doch wird sie als Subjekt der Einkünfteerzielung und -ermittlung behandelt.

Somit müssten die Einkünfte auf ihrer Ebene zunächst als solche aus Gewerbebetrieb im Sinne des § 15 Abs. 1 S. 1 Nr. 1, Abs. 2 EStG qualifiziert werden. Hier betreibt die KG als Handelsgesellschaft ein Tiefbauunternehmen. Es handelt sich damit mangels abweichender Hinweise um eine selbständige, nachhaltige, am allgemeinen wirtschaftlichen Verkehr beteiligte Betätigung mit Gewinnerzielungsabsicht. Tiefbau ist kapitalintensiv, basiert nicht auf persönlichen Qualifikationen im Sinne des § 18 EStG und ist auch keine Urproduktion im Rahmen der Land-.und Forstwirtschaft (§ 14 ff. EStG). Somit liegt eine gewerbliche Tätigkeit im Sinne des § 15 Abs. 2 S. 1 EStG vor.

Hilfsweise kann bei Verneinung einer originären gewerblichen Tätigkeit nach § 15 Abs. 1 S. 1 EStG die Tätigkeit nach § 15 Abs. 3 S. 1 Nr. 2 EStG als gewerblich zu qualifizieren sein. Eine gewerblich geprägte Gesellschaft, deren gesamte Einkünfte als solche aus Gewerbebetrieb gelten, liegt vor, wenn ausschließlich eine Kapitalgesellschaft persönlich haftende Gesellschafterin ist und nur diese oder Personen, die nicht Gesellschafter sind, zur Geschäftsführung befugt sind. Die Ltd. als Kapitalgesellschaft[1] ist als Komplementärin allein persönlich haftende Gesellschafterin. Auch steht ihr das ausschließliche Recht zur Geschäftsführung zu. Dass diese letztendlich wieder durch F als Organ der Ltd. ausgeführt wird, kann angesichts der steuerlichen Abschirmwirkung von Kapitalgesellschaften, die sich auch auf diesen Fall bezieht, keinen Unterschied machen. Demnach gilt auch hilfsweise die Tätigkeit der KG in vollem Umfang als Gewerbebetrieb.

2. Quantifizierung
Die Quantifizierung der Einkünfte aus der Mitunternehmerschaft erfolgt zweistufig. Zunächst ist der F ihr Anteil am Gewinn der Mitunternehmerschaft zuzurech-

---

[1] An dieser Stelle kann bereits im Rahmen der Qualifikation als Kapitalgesellschaft ein Typenvergleich vorgenommen werden (siehe unten A.II.2.b)bb)(1) für die Bestimmung der Ausschüttung der Limited).

nen. In einem zweiten Schritt sind auch Einkünfte aus der Mitunternehmerschaft zu berücksichtigen, die aus (Sonder-)Betriebsvermögen erzielt werden (Sonderbetriebseinnahmen).

a) Gewinnanteil an der Mitunternehmerschaft

Die Einkünfte bestimmen sich nach § 2 Abs. 2 S. 1 Nr. 1 EStG i. V. m. §§ 4–7k EStG nach dem Gewinn.

aa) Gewinnermittlungsart

Dieser ist nach § 4 Abs. 1 S. 1 EStG grundsätzlich aus dem Vergleich des Betriebsvermögens am Schluss des Wirtschaftsjahres und des Betriebsvermögens am Schluss des vergangenen Wirtschaftsjahres zu bestimmen. Aufgrund der Kaufmannseigenschaft der KG ergibt sich für diese nach § 140 AO i. V. m. §§ 238 Abs. 1 S. 1, 6 Abs. 1, 161 HGB neben der handelsrechtlichen auch eine steuerrechtliche Buchführungspflicht. Das Betriebsvermögen ist damit für Einkünfte aus Gewerbebetrieb im Rahmen des sog. qualifizierten Betriebsvermögensvergleichs nach den handelsrechtlichen Grundsätzen ordnungsmäßiger Buchführung zu ermitteln, § 5 Abs. 1 S. 1 EStG. Somit ist die Handelsbilanz vorbehaltlich steuerrechtlicher Sonderregelungen für das Steuerrecht maßgeblich.

bb) Gewinnermittlung

(1) Anschaffung Bürodrehstühle

Handelsrechtlich sind die Bürostühle als Vermögensgegenstände zu aktivieren und über die Nutzungsdauer abzuschreiben. Jedoch kommen hier steuerrechtliche Sonderregelungen in Betracht. So sind nach § 5 Abs. 6 EStG die Vorschriften über die Bewertung und die Absetzung für Abnutzung (AfA) zu befolgen.

Beide Stühle sind abnutzbares Anlagevermögen und einer selbständigen Nutzung fähig.

Bei abnutzbaren selbständig nutzbaren Wirtschaftsgütern des Anlagevermögens, deren Anschaffungskosten 410 € nicht übersteigen, sind diese nach § 6 Abs. 2 S. 1 EStG im Jahr der Anschaffung in voller Höhe als Betriebsausgaben abzugsfähig, sog. geringwertige Wirtschaftsgüter (gWG).

Der Stuhl „Praktikant Standard" mit seinen Anschaffungskosten von 200 € fällt unter § 6 Abs. 2 S. 1 EStG und ist damit im Jahr 01 in voller Höhe als Betriebsausgabe abzugsfähig. Der Stuhl „Chef de luxe" mit 480 € überschreitet diese Grenze hingegen und ist damit nicht im Jahr 01 in voller Höhe abzugsfähig.

Sind die Anschaffungskosten höher als 150 €, übersteigen aber nicht 1.000 €, so kann nach § 6 Abs. 2a EStG ein Sammelposten für alle Wirtschaftsgüter des Wirtschaftsjahres in diesen Wertgrenzen gebildet werden. Dieser ist nach § 6 Abs. 2a S. 2 EStG über fünf Jahre abzuschreiben. Bei 480 € ergäbe sich im Jahr 01 eine Poolabschreibung von 1/5 und damit 96 €.[2]

---

[2] Auf Fragen der Umsatzsteuer war nach dem Bearbeitervermerk nicht einzugehen.

Alternativ kommt eine reguläre Abschreibung über die betriebsgewöhnliche Nutzungsdauer nach § 7 Abs. 1 EStG in Betracht. Die Nutzungsdauer beträgt sechs Jahre, so dass die Abschreibung im Jahr 01 80 € beträgt. Da die Anschaffung im Januar vorgenommen wurde, sind keine Vormonate nach § 7 Abs. 1 S. 4 EStG abzuziehen.

Im Ergebnis ist die Option für die Poolabschreibung nach § 6 Abs. 2a EStG bezogen auf den Bürostuhl „Chef de Luxe" günstiger. Allerdings kann das Wahlrecht für die Poolabschreibung nach § 6 Abs. 2a S. 5 EStG für das Wirtschaftsjahr nur einheitlich ausgeübt werden, so dass bei Ausübung der Option auch die 150 €-Grenze für einen Sofortabzug gelten würde. Der Stuhl Praktikant Standard wäre dann nicht sofort abziehbar, sondern ebenfalls in die Poolabschreibung mit einer Rate von 40 € einzubeziehen. Die Poolabschreibung nach § 6 Abs. 2a EStG ist mit 96+40=136 € im Ergebnis ungünstiger als § 6 Abs. 2 EStG und § 7 Abs. 1 EStG mit 80+200=280 €. Somit wird die F diese Abschreibung vornehmen.

(2) Anschaffung des Kopierers
Aufgrund des Anschaffungspreises von 1.200 € können für den Kopierer die Sonderregelungen für geringwertige Wirtschaftsgüter nicht in Anspruch genommen werden. Damit ist nach § 7 Abs. 1 S. 1 EStG die reguläre AfA anzusetzen. Diese beträgt angesichts der zehnjährigen Nutzungsdauer 120 € im Jahr. Im Jahr der Anschaffung vermindert sich diese jedoch gemäß § 7 Abs. 1 S. 4 EStG um 1/12 für jeden dem Monat der Anschaffung vorausgehenden Monat. Damit sind für den im November angeschafften Kopierer 2/12 und damit 20 € anzusetzen.

(3) Rechnung an die Stadt Heidelberg
Die Leistung und die Rechnungsstellung an die Stadt Heidelberg erfolgten noch im Jahr 01. Gezahlt wurde seitens der Stadt allerdings erst im Jahr 02. Damit stellt sich die Frage nach der Zuordnung zu einem Wirtschaftsjahr. Nach § 252 Abs. 1 Nr. 5 HGB ist unabhängig von den jeweiligen Zahlungen allein auf Aufwand und Ertrag abzustellen. Nach dem in § 252 Abs. 1 Nr. 4 Hs. 2 HGB verankerten Realisationsprinzip sind Gewinne nur zu berücksichtigen, wenn sie am Abschlussstichtag realisiert sind.

Für den Ertrag für die Voruntersuchungen kommt es damit nicht auf die Zahlung im Jahr 02 an, sondern auf die Realisierung, die hier für die bereits erbrachten Leistungen spätestens bei Rechnungsstellung anzunehmen ist. Damit kommt es zu einem gewinnwirksamen Ertrag von 54.800 € im Jahr 01.

(4) Patent
Grundsätzlich sind handelsrechtlich alle Vermögensgegenstände zu aktivieren.
Bei selbst geschaffenen immateriellen Wirtschaftsgütern des Anlagevermögens besteht nach § 248 Abs. 2 HGB ein Aktivierungswahlrecht,[3] das allerdings gemäß

---

[3] Seit Neufassung durch das BilMoG mit Wirkung ab 29.05.2009; zuvor bestand ein handelsrechtliches Aktivierungsverbot.

§ 268 Abs. 8 HGB mit einer Ausschüttungssperre hinsichtlich des aktivierten Betrages verbunden ist.

Steuerrechtlich besteht in § 5 Abs. 2 EStG eine Aktivierungspflicht für entgeltlich erworbene immaterielle Wirtschaftsgüter. Diese gilt jedoch ausdrücklich „nur" für entgeltlich erworbene Wirtschaftsgüter, so dass die Aktivierung selbst geschaffener immaterieller Wirtschaftsgüter verboten ist.[4]

Immaterielle Vermögensgegenstände sind alle unkörperlichen Wirtschaftsgüter, insbesondere Rechte und tatsächliche Positionen von wirtschaftlichem Wert.[5] Das Patent an dem Horizontalbohrsystem stellt damit als Recht ein immaterielles Wirtschaftsgut dar.

Dieses müsste für eine Aktivierung entgeltlich erworben worden sein. Entgeltlich bedeutet in diesem Zusammenhang, dass auf Grundlage eines Rechtsgeschäfts für das Wirtschaftsgut eine Gegenleistung aufgebracht worden sein muss.[6] Das dem Aktivierungsverbot zugrunde liegende Vorsichtsprinzip erfordert, dass sich der Wert des Wirtschaftsguts am Markt durch einen Erwerb bestätigt haben muss.[7]

Hier wird die Erfindung vom Ingenieur I in Ausübung seiner Tätigkeit für die KG gemacht. Damit kann die KG als Arbeitgeber die Erfindung nach § 6 Abs. 1 ArbnErfG in Anspruch nehmen. Diese Inanspruchnahme erfolgt nach §§ 6 Abs. 2, 7 Abs. 1 ArbnErfG durch einseitige Erklärung gegenüber dem Arbeitnehmer. Zwar ist der Arbeitgeber nach § 9 Abs. 1 ArbnErfG zur Zahlung einer angemessenen Vergütung verpflichtet, die sich gemäß § 9 Abs. 2 ArbnErfG nach der wirtschaftlichen Verwertbarkeit der Erfindung richtet. Diese stellt aber keinen echten Leistungsaustausch dar. So wird mittels einseitiger empfangsbedürftiger Willenserklärung die Erfindung erworben, wobei gleichzeitig kraft Gesetzes ein Vergütungsanspruch entsteht.[8] Eine freie Bewertung am Markt findet nicht statt.

Damit ist ein entgeltlicher Erwerb abzulehnen. Das Patent unterliegt als selbst erstelltes immaterielles Wirtschaftsgut dem Aktivierungsverbot von § 5 Abs. 2 EStG. Damit ist der Aufwand für die angemessene Vergütung an I in Höhe von 100.000 € sofort als Betriebsausgabe abzugsfähig.[9]

---

[4] *Weber-Grellet*, in: Schmidt, EStG, 34. Aufl. 2015, § 5 Rn. 161.
[5] *Weber-Grellet*, in: Schmidt, EStG, 34. Aufl. 2015, § 5 Rn. 171.
[6] *Weber-Grellet*, in: Schmidt, EStG, 34. Aufl. 2015, § 5 Rn. 190 ff.
[7] Vgl. BFH v. 26.08.1992 – I R 24/91, BStBl. II. 1992, 977 (981) m.w.N.
[8] So auch *Anzinger*, in: Hermann/Heuer/Raupach, EStG, Loseblatt, Stand: Februar 2010, § 5 Anm. 1734 „Arbeitnehmererfindungen", der allerdings davon ausgeht, dass die Höhe des Vergütungsanspruchs von den Verwertungshandlungen des Arbeitgebers abhängt, während § 9 Abs. 2 EStG nur auf die Verwertbarkeit abstellt, gegen eine Aktivierungsfähigkeit auch *Ballwieser*, in: MüKo HGB, § 248 Rn. 15; *Bartenbach/Fischer*, GRUR 1980, 1025 (1029); *v. Keitz*, Immaterielle Güter in der internationalen Rechnungslegung, 1997, Rn. 42; *Wexel*, GRUR 1986, 785 (786); a. A. *Crezelius*, in: Scholz, GmbHG, 9. Aufl. 2000, Anh. zu § 42a Rn. 120; *Heinrichs*, in: MüKo AktG, § 248 Rn. 26; *Kleindiek*, in: Staub, HGB, 4. Aufl. 2002, § 248 Rn. 14; *Kuhner*, in: HdJ, Abt. II/1 Rn. 211; *Lange*, GRUR 1986, 151 (155).
[9] Bearbeiter, die sich für ein Aktivierungsgebot entscheiden, müssen folgerichtig als für die Bewertung maßgebliche Anschaffungskosten nicht den Wert von 2 Mio. Euro sondern die Vergütung an I in Höhe von 100.000 Euro ansetzen.

(5) Mietzins

Bei der KG stellt der Mietzins für die Baumaschinen Aufwand in Höhe von 500.000 € dar.

Die KG ist kündbare Mieterin. Mieter tragen die Anschaffungskosten des gemieteten Wirtschaftsgutes nicht selbst und können den Eigentümer auch nicht dauerhaft von der Nutzung des Mietobjekts ausschließen. Die KG kann daher als Mieterin keine AfA geltend machen.[10]

> **Zur Vertiefung**
>
> Im Grundsatz ist schlicht derjenige zum AfA-Abzug berechtigt, der das Wirtschaftsgut als solches zur Einkünfteerzielung im Sinne des § 2 Abs. 1, 2 EStG nutzt. Dies bemisst sich in der Regel nach der Tragung der Anschaffungs- und Herstellungskosten und der Zurechnung im Sinne des § 39 AO. Während ein Mietvertrag folglich dem Vermieter und nicht dem Mieter die AfA-Berechtigung vermittelt, kommt es bei einem (Finanzierungs-) Leasingvertrag auf die entsprechende Ausgestaltung an.[11]

(6) Ausschüttung

Die Ausschüttung der GmbH an die KG stellt bei letzterer grundsätzlich einen Ertrag dar. Jedoch bleiben nach § 3 Nr. 40 Buchst. d EStG i. V. m. §§ 3 Nr. 40 S. 2, 20 Abs. 8 EStG 40 % der Bezüge steuerfrei (Teileinkünfteverfahren). Steuerlich wirksam werden damit nur 600.000 €.

Auch die Teilwertabschreibung könnte sich auf den Gewinn auswirken. Als nicht abnutzbare Wirtschaftsgüter bemisst sich die Bewertung für die Beteiligungen nach § 6 Abs. 1 Nr. 2 EStG. Für den Ansatz des niedrigeren Teilwertes müsste es sich nach § 6 Abs. 1 Nr. 2 S. 2 EStG um eine voraussichtlich dauernde Wertminderung handeln. Hier wurden die angesammelten Liquiditätsreserven der GmbH ausgeschüttet. Eine sog. ausschüttungsbedingte Teilwertabschreibung auf den Anteil oder die Beteiligung an einer Kapitalgesellschaft setzt voraus, dass durch die Ausschüttung der Wert der Beteiligung unter den Buchwert gesunken ist.[12] Die Tatsache, dass die Kapitalgesellschaft Gewinne ausgeschüttet hat, rechtfertigt für sich allein noch keine Teilwertabschreibung.[13]

Der Buchwert der Beteiligung von 1,5 Mio. € entspricht hier dem Unternehmenswert. Durch die Ausschüttung über lange Zeit thesaurierter Erträge kommt es zu einer dauernden Wertminderung. Diese ist mit dem Ausschüttungsbetrag von 1 Mio. € anzusetzen. Somit ergibt sich der neue Bilanzansatz mit 500.000 €. Nach § 3c Abs. 2 S. 1 EStG dürfen parallel zum Teileinkünfteverfahren nur 60 % der Be-

---

[10] Vgl. *Kulosa,* in: Schmidt, EStG, 34. Aufl. 2015, § 7 Rn. 46.

[11] Vgl. *Salzer/Schneider,* SteuerStud 2007, 132 ff.

[12] BFH v. 29.05.1996 – I R 21/95, BStBl. II 97, 63 m. w. N; vgl. auch *Ehmcke,* in: Blümich, EStG/KStG/GewStG, Loseblatt, Stand: August 2014, § 6 EStG Rn. 690 „ausschüttungsbedingte Teilwertabschreibung".

[13] BFH v. 22.12.1999 – I B 158/98, BFH/NV 2000, 710 m. w. N.

triebsvermögensminderungen in Zusammenhang mit den Anteilen abgezogen werden. Damit ergibt sich eine Betriebsvermögensminderung von 600.000 €.

Da die Teilwertabschreibung seitens der KG tatsächlich durchgeführt wurde, kommt es hier nicht auf das Verhältnis des handelsrechtlichen strengen Niederstwertprinzips zum steuerrechtlichen Wahlrecht des § 6 Abs. 1 Nr. 2 S. 2 EStG an.

(7) Geschäftsführervergütung
Die Geschäftsführervergütung stellt auf Ebene der KG Betriebsausgaben in Höhe von 50.000 € dar. Dass diese bei der Ltd. zu Sonderbetriebseinnahmen führen kann, ist für die Gewinnermittlung auf Ebene der Gesellschaft ohne Belang.

cc) Ergebnis
Die Betriebsvermögensänderungen der KG stellen sich wie folgt dar.

Bürostühle	./. 280 €
Kopierer	./. 20 €
Voruntersuchung	+54.800 €
Patent	./. 100.000 €
Miete	./. 500.000 €
Ausschüttung	+600.000 €
Ansatz des Teilwerts	./. 600.000 €
Geschäftsführervergütung	./. 50.000 €

Die KG erzielt damit im Jahr 01 einen Verlust von 595.500 €.

Zunächst ist der F das steuerliche Ergebnis der KG als alleinig Gewinnberechtigte zuzurechnen. Sie hat damit zunächst einen Verlust aus Mitunternehmerschaft in Höhe von 595.500 €.

b) Sonderbetriebseinnahmen und -ausgaben
Daneben sind aber nach § 15 Abs. 1 S. 1 Nr. 2 EStG im Rahmen der zweistufigen Gewinnermittlung auch Einkünfte aus der Mitunternehmerschaft zu berücksichtigen, die aus Betriebsvermögen erzielt werden (Sonderbetriebseinnahmen). In einer Sonderbilanz für jeden Mitunternehmer werden Aufwand und Ertrag der Wirtschaftsgüter erfasst, die zum Sonderbetriebsvermögen der einzelnen Mitunternehmer gehören.[14]

aa) Qualifikation
Die Ausschüttung der Ltd. könnte damit ebenfalls Einkünfte aus Gewerbebetrieb darstellen. Grundsätzlich sind Ausschüttungen von Kapitalgesellschaften als Einkünfte aus Kapitalvermögen im Sinne des § 20 Abs. 1 Nr. 1 EStG anzusehen. Dies gilt nach § 20 Abs. 8 EStG aber nur, wenn sie nicht zu den Einkünften aus Gewerbebetrieb zählen. Eine solche Qualifikation könnte aus der Einordnung der Anteile als Betriebsvermögen folgen.

---

[14] *Wacker*, in: Schmidt, EStG, 34. Aufl. 2015, § 15 Rn. 401.

Neben dem Betriebsvermögen der Mitunternehmerschaft selbst, kann auch jeder Gesellschafter sog. Sonderbetriebsvermögen halten. Dieses wird in Sonderbetriebsvermögen I und II unterteilt.[15] Zu Ersterem werden alle Wirtschaftsgüter gezählt, die der Gesellschafter unmittelbar der Gesellschaft überlässt. Zu dem gesetzlich nicht geregelten Fall des Sonderbetriebsvermögens II werden Wirtschaftsgüter gezählt, die zwar nicht von der Gesellschaft genutzt werden, gleichwohl aber dem Mitunternehmer zur Begründung oder Stärkung seiner Beteiligung dienen oder sonst für diese förderlich sind.[16]

Hier handelt es sich um eine Beteiligung an der Ltd. Diese ist wiederum Komplementärin und Geschäftsführerin einer Ltd. & Co. KG. F kann über ihre Beteiligung an der Ltd. erheblichen Einfluss bei der KG geltend machen. Somit dient die Beteiligung an der Ltd. ihrer Gesellschafterstellung in der KG. Die Anteile sind als Sonderbetriebsvermögen II einzuordnen. Die aus ihr folgenden Ausschüttungen sind demnach als Einkünfte aus Gewerbebetrieb einzuordnen.

bb) Quantifizierung
Die Ltd. schüttet den ihr nach Steuern verbleibenden Gewinn im Zusammenhang mit den Anteilen an der GmbH weiter an die F aus.

(1) Gewinnermittlung
Zur Berechnung des verbleibenden Gewinns ist zunächst nach der persönlichen Steuerpflicht der Ltd. zu fragen. Diese könnte Körperschaftsteuersubjekt nach § 1 Abs. 1 KStG sein. Die Voraussetzung der inländischen Geschäftsleitung erfüllt sie. Doch ist die Ltd. als Gesellschaftsform nicht in der Aufzählung der Gesellschaften enthalten. Als Gesellschaftsform des Vereinigten Königreichs beurteilt sich die Ltd. im gemeinsamen Binnenmarkt nach dem Recht des Gründungsstaates.[17] Sie ist damit in Deutschland rechtsfähig. Die in § 1 Abs. 1 Nr. 1 KStG aufgezählten Gesellschaftsformen sind kein abschließender Katalog. So kann die ausländische Gesellschaft einer inländischen in Abs. 1 aufgeführten Gesellschaft entsprechen. Die Einordnung hat damit anhand eines Typenvergleichs zu erfolgen.[18] Die angelsächsische Ltd. entspricht nach dem Bearbeitervermerk der deutschen GmbH. Sie ist damit Körperschaftsteuersubjekt.

Damit bemisst sich die Körperschaftsteuer nach dem zu versteuernden Einkommen, § 7 Abs. 1 KStG. Dieses bemisst sich grundsätzlich nach dem EStG, §§ 7 Abs. 2, 8 Abs. 1 S. 1 KStG. Dabei sind alle Einkünfte als Einkünfte aus Gewerbebetrieb zu behandeln, § 8 Abs. 2 KStG. Die Ausschüttung wäre damit im Rahmen des Teileinkünfteverfahrens zu 60% steuerpflichtig.

---
[15] *Wacker*, in: Schmidt, EStG, 34. Aufl. 2015, § 15 Rn. 506; *Reiß*, in: Kirchhof, EStG, 14. Aufl. 2015, § 15 Rn. 327; vgl. auch *Lang*, in: FS-Schmidt, 1993, 291 ff.
[16] *Reiß*, in: Kirchhof, EStG, 14. Aufl. 2015, § 15 Rn. 327; *Wacker*, in: Schmidt, EStG, 34. Aufl. 2015, § 15 Rn. 506.
[17] EuGH v. 09.03.1999 – C–212/97 „Centros", Slg. 1999, I–1459; v. 05.11.2002 – C–208/00 „Überseering", Slg. 2002, I–9919; v. 30.09.2003 – C–167/01 „Inspire Art", Slg. 2003, I–10155.
[18] *Streck*, in: *Streck*, KStG, 8. Aufl. 2014, § 1 Rn. 13.

Jedoch will das Teileinkünfteverfahren gerade eine ausgewogene kumulierte steuerliche Gesamtbelastung auf Ebene des Körperschaftsteuersubjekts und des Einkommensteuersubjekts herstellen, nicht jedoch zu einer Belastungskumulation bei nachgeschalteten Körperschaftsteuersubjekten führen. Diesem Gedanken trägt § 8b Abs. 1 S. 1 KStG Rechnung, der Bezüge im Sinne des § 20 Abs. 1 Nr. 1 EStG steuerfrei stellt.

Nach § 8b Abs. 5 S. 1 KStG gelten jedoch 5 % des Gewinns als nichtabzugsfähige Betriebsausgaben (sog. Schachtelstrafe, Kaskadeneffekt), so dass im wirtschaftlichen Ergebnis lediglich 95 % des Gewinns steuerfrei gestellt werden.

Die Teilwertabschreibung bleibt als Gewinnminderung nach § 8b Abs. 3 S. 3 KStG für das körperschaftsteuerliche Einkommen außer Betracht.

Zur Vertiefung

Vgl. zu § 8b Abs. 3 S. 3 KStG schon oben Fall 7 A. II. Nr. 2 c).

(2) Körperschaftsteuerschuld
Von den ausgeschütteten 1 Mio. € sind demnach 5 %, d. h. 50.000 € steuerpflichtig. Der Körperschaftssteuersatz beträgt nach § 23 Abs. 1 KStG 15 % des zu versteuernden Einkommens, so dass sich eine Körperschaftsteuerschuld von 7.500 € ergibt.

(3) Ausschüttungsbetrag an F
Der Ausschüttungsbetrag an F beträgt demnach 992.500 €. Dieser ist bei ihr nach § 3 Nr. 40 Buchst. d EStG i. V. m. §§ 3 Nr. 40 S. 2, 20 Abs. 8 EStG zu 40 % steuerfrei. Die Sonderbetriebseinnahmen betragen damit 595.000 €.

3. Ergebnis
Die F erzielt damit keine Einkünfte aus der gewerblichen Mitunternehmerschaft (595.000 € ./. 595.000 € = **0 €**).

III. Einkünfte des M im Jahr 01

1. Qualifikation
M stellt der KG die Baumaschinen zur Verfügung. Die Qualifikation als Sonderbetriebseinnahmen im Sinne des § 15 Abs. 1 S. 1 Nr. 2 EStG für die Überlassung von Wirtschaftsgütern an die Gesellschaft kommt mangels Mitunternehmerstellung des M nicht in Betracht. Denkbar sind allerdings Einkünfte aus Vermietung und Verpachtung von Sachinbegriffen gemäß § 21 Abs. 1 S. 1 Nr. 2 EStG oder sonstige Einkünfte aus der Vermietung beweglicher Gegenstände im Sinne des § 22 Nr. 3 EStG. Unter Sachinbegriffen ist eine Vielzahl von beweglichen Sachen zu verstehen, die nach ihrer wirtschaftlichen oder technischen Zweckbestimmung eine Einheit bilden.[19]

---

[19] *Mellinghoff*, in: Kirchhof, EStG, 14. Aufl. 2015, § 21 Rn. 44.

Hier vermietet M an die KG alle notwendigen Baumaschinen. Der Fuhrpark dient damit als Einheit dem Tiefbauunternehmen der KG und ist als Sachinbegriff anzusehen. Angesichts der gesetzlich angeordneten Subsidiarität des § 22 Nr. 3 EStG erzielt M damit Einkünfte aus Vermietung und Verpachtung gemäß § 21 Abs. 1 S. 1 Nr. 2 EStG.

Diese sind jedoch gegenüber den Einkünften aus Gewerbebetrieb im Sinne des § 15 Abs. 1 S. 1 Nr. 1 EStG nach § 21 Abs. 3 EStG subsidiär. So liegt angesichts der Summe der Mieteinnahmen in Höhe von 500.000 € die Annahme eines Gewerbebetriebs gemäß § 15 Abs. 2 EStG nahe. Auch legt die Formulierung des § 21 Abs. 1 S. 1 Nr. 2 EStG, der von Betriebsvermögen spricht, die Annahme eines Gewerbebetriebes nahe.

Dies kann aber für sich genommen nicht ausreichen. So wäre bei einem Verständnis des Begriffs Betriebsvermögen im technischen Sinn § 21 Abs. 1 S. 1 Nr. 2 EStG ohne Anwendungsbereich, da er stets nach § 21 Abs. 3 EStG umqualifiziert würde. Auch kann angesichts eines Wahlrechts zur Betriebsverpachtung nicht allein vom Umfang der Geschäftsvorfälle auf das Vorliegen eines Gewerbebetriebs geschlossen werden.

Zur Vertiefung

Wenn ein Unternehmer seinen Betrieb nicht mehr selbst betreiben will, kann er ihn zivilrechtlich verpachten. In der Folge bezieht er im Grunde nur noch Einnahmen nach § 21 Abs. 1 S. 1 Nr. 2 EStG, so dass die Aufgabe seines Gewerbebetriebs naheliegt. Die Betriebsaufgabe gilt nach § 16 Abs. 3 S. 1 EStG als eine Veräußerung des Gewerbebetriebs, so dass das gesamte Betriebsvermögen in das Privatvermögen überführt und sämtliche stille Reserven gewinnerhöhend realisiert werden. Die daraus resultierende außergewöhnliche Steuerbelastung wird zwar durch den Freibetrag des § 16 Abs. 4 EStG und die Tarifermäßigung des § 34 EStG abgemildert, führt aber dennoch dazu, dass eine Betriebsaufgabe eine gut überlegte, endgültige Entscheidung sein sollte.

Um den Entscheidungsdruck zu mildern und dem Unternehmer die Möglichkeit einer vorläufigen Betriebsverpachtung zu eröffnen, nimmt der BFH ein Wahlrecht des Steuerpflichtigen zwischen Betriebsaufgabe und Betriebsunterbrechung an.[20] Wenn und solange der Steuerpflichtige die Möglichkeit und Absicht hat, den Betrieb nach Verpachtung der wesentlichen Betriebsgrundlagen selbst wieder aufzunehmen, „ruht" der Betrieb, wird aber nicht aufgegeben. Das Betriebsvermögen und dessen Verstrickung bleiben bestehen. Die Verpachtung des Betriebsvermögens führt dementsprechend zu gewerblichen Einkünften nach § 15 Abs. 1 Nr. 1, Abs. 2 EStG. Die Fortführungsabsicht wird vermutet, wenn die Fortführung dem Steuerpflichtigen objektiv möglich ist und er nicht ausdrücklich die Betriebsaufgabe erklärt. Mitunternehmer müssen das Wahlrecht

---

[20] BFH v. 13.11.1963 – GrS 1/63, BStBl. III 1964, 124 (126); v. 17.04.1997 – VIII R 2/95, BStBl. II 1988, 388 (390 ff.); v. 18.08.2009 – X R 20/06, BStBl. II 2010, 222 (223 ff.); vgl. auch die Darstellung bei *Birk,* Steuerrecht, 17. Aufl. 2014, Rn. 721 ff.

einheitlich ausüben. Falls der Pächter den Betrieb aber zu einem völlig „neuen" Betrieb umgestaltet, entfällt für den Steuerpflichtigen die Möglichkeit den ursprünglichen Betrieb wieder aufzunehmen. Es kommt zu einer ggf. unfreiwilligen steuerpflichtigen Betriebsaufgabe.

Damit bewegt sich M weiter im Bereich der privaten Vermögensverwaltung. Seine Einkünfte werden nicht nach § 21 Abs. 3 EStG in solche aus Gewerbebetrieb umqualifiziert.[21]

2. Quantifizierung
Die Einkünfte aus Vermietung und Verpachtung sind nach §§ 2 Abs. 2 S. 1 Nr. 2, 8 ff. EStG als Überschuss der Einnahmen über die Werbungskosten zu ermitteln. Die Mieteinnahmen des M belaufen sich auf 500.000 €. Als Werbungskosten sind nach § 9 Abs. 1 S. 3 Nr. 7 EStG die Absetzungen für Abnutzung in Höhe von 300.000 € anzusetzen.

3. Ergebnis
M erzielt damit Einkünfte in Höhe von 200.000 €.

B. Einkünfte der F im Jahr 02

I. Persönliche Steuerpflicht
F hat auch im ganzen Jahr 02 ihren Wohnsitz in Heidelberg und ist damit weiterhin unbeschränkt steuerpflichtig nach § 1 Abs. 1 EStG.

Mangels Ehe mit ihrem Lebensgefährten kann F nur getrennt veranlagt werden.

II. Einkünfte als Kommanditistin der KG

1. Qualifikation
Hierbei ergeben sich wie oben Einkünfte aus Mitunternehmerschaft gemäß § 15 Abs. 1 S. 1 Nr. 2 EStG.

2. Quantifizierung
Die Gewinnermittlung erfolgt wie oben nach dem qualifizierten Betriebsvermögensvergleich nach §§ 4 Abs. 1 S. 1, 5 Abs. 1 S. 1 EStG.

a) Veräußerung des Patents
Hierbei kommt es darauf an, ob das Patent aktiviert, d. h. in die Bilanz eingestellt wurde. Als selbsterstelltes immaterielles Wirtschaftsgut gilt für dieses Recht das Aktivierungsverbot des § 5 Abs. 2 EStG (s. o. unter I. 2. bb) (4)). Es ist kein Wirtschaftsgut aufwandswirksam aus der Bilanz zu nehmen, so dass die Veräußerung

---

[21] Für Bearbeiter, die das Vorliegen eines Gewerbebetriebs bejaht haben, ergibt sich im Rahmen der Quantifizierung kein anderes Ergebnis.

des Patents in voller Höhe gewinnwirksam ist. Somit wird ein Ertrag von 2 Mio. € erzielt.[22]

b) Miete
Diese stellt wie entsprechend der obigen Ausführungen zu Jahr 01 Aufwand dar, der im Jahr 02 allerdings 450.000 € beträgt.

c) Teilwertaufholung
Aufgrund der hohen End- und Abschlagszahlungen steigt der Unternehmenswert der GmbH, deren Anteile im Jahr 01 aufgrund einer dauernden Wertminderung auf den Teilwert abgeschrieben wurden, wieder auf 6 Mio. €. Damit entfällt die für den Ansatz des niedrigeren Teilwerts erforderliche dauernde Wertminderung. Der Ansatz eines unter den Anschaffungskosten liegenden Teilwerts darf aber nur beibehalten werden, wenn die Wertminderung weiter besteht. Somit sind nach § 6 Abs. 1 Nr. 2 S. 3, Nr. 1 S. 4 EStG die Anschaffungskosten von 1,5 Mio. € anzusetzen. Ein höherer Ansatz verbietet sich aufgrund der dem § 253 Abs. 1 S. 1 HGB folgenden eindeutigen steuerrechtlichen Bewertungsvorschriften.

Die Differenz zwischen dem Bilanzansatz des Vorjahres von 500.000 € und den Anschaffungskosten von 1,5 Mio. beträgt 1 Mio. €, was auch den handelsrechtlichen Ertrag darstellt. Dieser kommt steuerlich jedoch nach § 3 Nr. 40 Buchst. a Fall 5 EStG nur mit 60% zum Tragen, so dass sich eine Betriebsvermögensmehrung von 600.000 € ergibt.

d) Geschäftsführervergütung
Das Betriebsvermögen der KG ist aufgrund der gezahlten Geschäftsführervergütung um 50.000 € zu vermindern.

e) AfA für Bürodrehstuhl und Kopierer
Die im Jahr 01 gekaufte Büroeinrichtung ist im Jahr 02 weiter abzuschreiben. Für den Bürodrehstuhl „Chef De Luxe" ist eine weitere Rate der regulären Abschreibung in Höhe von 80 € abzuziehen, für den Kopierer die Abschreibungsrate von 120 €.

f) Ergebnis der KG
Die Betriebsvermögensänderungen der KG stellen sich wie folgt dar.

Veräußerung Patent	+2.000.000 €
Miete	./. 450.000 €
Teilwertaufholung	+600.000 €
Geschäftsführervergütung	./. 50.000 €
AfA	./. 200 €

---

[22] Bearbeiter, die sich für ein Aktivierungsgebot bezüglich der Anschaffungskosten entschieden haben, müssen nun die um die AfA verminderten Anschaffungskosten gewinnmindernd ausbuchen, was einen Saldo von 1.910.000 Euro ergibt. Ob die AfA für das Jahr 02 noch steuermindernd berücksichtigt wird, spielt aufgrund des in diesem Falle höheren Verkaufsgewinnes im Ergebnis keine Rolle.

Der Gewinn aus Gewerbebetrieb der KG beträgt 2.099.800 €.

III. Einkünfte als Gesellschafterin der GbR

1. Qualifikation

Auch im Rahmen der Gesellschaftsform der GbR ist die Gesellschaft zunächst Subjekt der Einkünfteermittlung und -erzielung. Für sie kommen wie bei M im Jahr 01 Einkünfte aus Vermietung und Verpachtung von Sachinbegriffen gemäß § 21 Abs. 1 S. 1 Nr. 2 EStG in Betracht.

Diese Einkünfte sind jedoch nach § 21 Abs. 3 EStG subsidiär und demnach anderen Einkunftsarten zuzurechnen, soweit sie zu diesen gehören. In Betracht kommen hier Einkünfte aus Gewerbebetrieb nach § 15 Abs. 1 S. 1 Nr. 1 EStG, wofür die Voraussetzungen des § 15 Abs. 2 S. 1 EStG vorliegen müssten. Mangeln könnte es hier an der Beteiligung am allgemeinen wirtschaftlichen Verkehr. So werden die Baumaschinen nicht auch für fremde Dritte marktmäßig angeboten, sondern ausschließlich an die KG vermietet.

Ein Gewerbebetrieb könnte aber jedenfalls aus anderem Grund vorliegen. Dafür könnten sowohl die Rechtsfigur der Betriebsaufspaltung als auch die Einordnung der zur Verfügung gestellten Baumaschinen als Sonderbetriebsvermögen I der F sprechen.

a) Mitunternehmerische Betriebsaufspaltung

Ein Gewerbebetrieb könnte sich aus dem von der Rechtsprechung[23] entwickelten Institut der Betriebsaufspaltung ergeben. Werden wesentliche Betriebsgrundlagen von einem Besitzunternehmen an ein Betriebsunternehmen verpachtet, das das operative Geschäft betreibt, so tritt ein wirtschaftlich einheitliches Unternehmen rechtlich gesehen getrennt auf, sofern neben dieser sachlichen Verflechtung auch eine personelle Verflechtung vorliegt. Diese kann bei einem einheitlichen Betätigungswillen in Besitz- und Betriebsunternehmen (Beherrschungsidentität) oder bei einer identischen Beteiligung (Beteiligungsidentität)[24] gegeben sein. Die personelle Verflechtung beider Unternehmen bewirke, dass das Besitzunternehmen über das Betriebsunternehmen am allgemeinen wirtschaftlichen Verkehr teilnimmt und damit gewerblich tätig sei.

Wesentliche Betriebsgrundlagen sind solche Wirtschaftsgüter, die nach dem Gesamtbild der Verhältnisse zur Erreichung des Betriebszwecks erforderlich sind und besonderes Gewicht für die Betriebsführung besitzen.[25] Hier stellt die GbR

---

[23] Grundlegend BFH v. 08.11.1972 – GrS 2/71, BStBl. II 1972, 63; v. 12.05.2004 – X R 59/00, BStBl. II 2004, 607 (608 ff.); *Strahl*, NWB 2002, Fach 3 11921; *Limberg*, SteuerStud 2001, 300; *Drüen*, GmbHR 2005, 69.

[24] Zur Beteiligungsidentität vgl. BFH v. 24.02.2000 – IV R 62/98, BStBl. II 2000, 417; v. 11.05.1999 – VIII R 72/96, BStBl. II 2002, 722 (723); v. 21.01.1999 – IV R 96/96, BStBl. II, 771 (772); v. 01.07.2003 – VIII R 24/01, BStBl. II 2003, 757; für die Konstruktion mittels einer GmbH als Zwischengesellschaft vgl. BFH v. 28.11.2001 – X R 50/97, BStBl. II 2002, 363.

[25] *Wacker*, in: Schmidt, EStG, 34. Aufl. 2015, § 15 Rn. 808.

als Besitzunternehmen dem Spezialtiefbau-Unternehmen der KG alle notwendigen Baumaschinen zur Verfügung. Diese sind für die Erreichung des Betriebszwecks unerlässlich. Damit stellen die Baumaschinen eine wesentliche Betriebsgrundlage dar, so dass eine sachliche Verflechtung vorliegt.

Im Rahmen der personellen Verflechtung sind bei der KG die beiden Kommanditisten M und F allein zur Geschäftsführung befugt. Auch bei der GbR sind M und F beide Gesellschafter und damit nach § 709 Abs. 1 BGB zur gemeinschaftlichen Geschäftsführung befugt. Damit besteht in beiden Gesellschaften ein einheitlicher Betätigungswille. Die Voraussetzungen der Betriebsaufspaltung sind somit erfüllt.

b) Sonderbetriebsvermögen I

Nach § 15 Abs. 1 S. 1 Nr. 2 EStG sind in den Gewinn aus einer Mitunternehmerschaft auch solche Vergütungen miteinbezogen, die der Gesellschafter für die Überlassung von Wirtschaftsgütern von der Gesellschaft bezogen hat. Um eine Besserstellung der Mitunternehmerschaften gegenüber dem Einzelunternehmer zu vermeiden, werden diese Wirtschaftsgüter mit der Überlassung an die Gesellschaft Betriebsvermögen des betreffenden Gesellschafters, sog. Sonderbetriebsvermögen I. Hierbei kann es keinen Unterschied machen, ob dieses Betriebsvermögen der Gesellschaft direkt durch den Mitunternehmer überlassen wurde, oder ob dies wiederum durch eine für steuerliche Zwecke transparente Personengesellschaft erfolgt. Zwar wird hier im Gegensatz zur Betriebsaufspaltung kein eigener Gewerbebetrieb begründet, der Gewinn aus der Vermietung ist jedoch ebenfalls Gewinn aus Gewerbebetrieb.

c) Konkurrenzverhältnis

Im konkreten Fall führt sowohl die Anwendung der Grundsätze über die mitunternehmerische Betriebsaufspaltung als auch die Qualifikation über das Sonderbetriebsvermögen nach § 15 Abs. 1 S. 1 Nr. 2 EStG zum gleichen Ergebnis. Das Konkurrenzverhältnis zwischen beiden Regelungen kann daher dahinstehen.[26] Die Einkünfte sind damit als gewerblich zu qualifizieren, so dass es auf § 15 Abs. 2 S. 1 EStG nicht ankommt.

Zur Vertiefung

Unterschiede könnten sich bei einem nur an der GbR beteiligten Gesellschafter ergeben.

Die Lösung über das Sonderbetriebsvermögen sorgt für eine gesellschafterscharfe gewerbliche Qualifizierung. Während die in beiden Gesellschaften ver-

---

[26] Für einen Vorrang der mitunternehmerischen Betriebsaufspaltung vgl.; *Kiesel*, DStR 2001, 560; *Kloster*, BB 2001, 1449; *Wacker*, in: Schmidt, EStG, 34. Aufl. 2014, § 15 Rn. 858; für einen Vorrang von Sondervergütungen vgl. BFH v. 18.07.1979 – I R 199/75, BStBl. II 1979, 749 (753 f.); in der neuen Rechtsprechung differenzierend, BFH v. 24.03.1999 – I R 114/97, BStBl. II 2000, 399 (401 f.); v. 20.03.2003 – III R 50/96, BStBl. II 2003, 613 (615); BMF v. 28.4.1998 – IV B 2 – S 2241–42/98, BStBl. I 1998, 583 Tz. 1; *Brandenberg*, DB 1998, 2488; *Kroschel/Wellisch*, DStZ 1999, 167 (168); *Söffing*, DStR 2001, 158 (160).

tretenen Gesellschafter mit der GbR gewerbliche Einkünfte erzielen würden, bliebe es bei dem nur an der GbR beteiligten Gesellschafter bei nichtgewerblichen Einkünften privater Vermögensverwaltung z. B. aus Vermietung und Verpachtung nach § 21 EStG. Bildlich gesprochen schiebt sich zwischen die „schwarzen" gewerblichen Gewinnanteile der identischen Gesellschafter der „weiße" nichtgewerbliche Gewinnanteil des zusätzlichen Gesellschafters, so dass solche Konstellationen als **Zebragesellschaft** bezeichnet werden.

Die Lösung über die Betriebsaufspaltung qualifiziert hingegen die gesamten Einkünfte der Gesellschaft in gewerbliche Einkünfte um, so dass auch der Gewinnanteil des zusätzlichen Gesellschafters zu gewerblichen Einkünften würde.

Der Bearbeiter muss sich in diesem Fall begründet für eine der beiden Lösungen entscheiden. Ein maßgeblicher Gesichtspunkt für die Klausurlösung ist die Qualifikation des zusätzlichen Gesellschafters. Ist er wirklich nur reiner Vermieter des Betriebsvermögens im Rahmen seiner privaten Vermögensverwaltung? Oder nimmt er nicht vielmehr mittelbar an den gewerblichen Aktivitäten der Betriebsgesellschaft teil, so dass es gerechtfertigt ist, auch seinen Gewinnanteil der Gewerbesteuer und der unbeschränkten Steuerverstrickung im Betriebsvermögen anstatt der befristeten Verstrickung nach den §§ 22 Nr. 2, 23 Abs. 1 Nr. 2 EStG zu unterwerfen? Für einen Vorrang der Betriebsaufspaltungs-Grundsätze kann dabei auch der Schutz vor Umgehungsgestaltungen angeführt werden.

Der BFH argumentiert, dass § 15 Abs. 1 Nr. 2 EStG als Zurechnungsnorm grundsätzlich Vorrang vor der Annahme eines Eigenbetriebs habe.[27] Eine wichtige Ausnahme gilt aber bei der mitunternehmerischen Betriebsaufspaltung sog. Schwestergesellschaften: Wenn die Besitzgesellschaft nicht selbst, sondern nur ihre Gesellschafter beherrschend an der Betriebsgesellschaft beteiligt sind, hat die Betriebsaufspaltung Vorrang vor dem Sonderbetriebsvermögen.[28] Diese Ausnahme begründet der BFH damit, dass der Nur-Besitzgesellschafts-Gesellschafter sich nicht der Gewerblichkeit der Einkünfte entziehen soll, die ihn z. B. bei einer doppelstöckigen Personengesellschaft (Besitz-Gesellschaft als Gesellschafter der Betriebs-Gesellschaft) träfe. Der BFH spricht sich damit gegen eine gesellschafterscharfe Umqualifizierung und das Entstehen einer Zebragesellschaft aus.

2. Quantifizierung

a) Gewinnermittlungsart

Die Einkünfte aus Gewerbebetrieb ergeben sich nach § 2 Abs. 2 S. 1 Nr. 1 EStG aus dem Gewinn. Dieser ergibt sich nach § 4 Abs. 1 S. 1 EStG aus einem Betriebsvermögensvergleich. Mangels Kaufmannseigenschaft einer GbR und damit fehlender Buchführungspflicht nach § 140 AO ist der qualifizierte Betriebsvermögens-

---

[27] Vgl. BFH v. 20.03.2003 – III R 50/96, BStBl. II 2003, 613 (615) m. w. N.
[28] BFH v. 23.4.1996 – VIII R 13/95, BStBl. II 1998, 325 (326); v. 20.03.2003 – III R 50/96, BStBl. II 2003, 613 (615); vgl. auch *Wacker*, in: Schmidt, EStG, 34. Aufl. 2015, § 15 Rn. 858 f.

vergleich des § 5 Abs. 1 S. 1 EStG nicht heranzuziehen. Auch liegt schon mangels Hinweis durch die Finanzbehörden gemäß § 141 Abs. 2 S. 1 AO keine rein steuerrechtliche Buchführungspflicht vor.

b) Miete
Die Miete führt zu einer Betriebsvermögensmehrung von 450.000 €.

c) Absetzung für Abnutzung
Die AfA für die Baumaschinen mindert das Betriebsvermögen um 300.000 €.

d) Veräußerung des Vortriebbohrers
Im Rahmen der privaten Vermögensverwaltung wäre die Veräußerung von Vermögensgegenständen nur im Rahmen der §§ 17, 20 Abs. 2, 22 Nr. 2, 23 EStG steuerbar. Für bewegliche Wirtschaftsgüter kämen §§ 22 Nr. 2, 23 Abs. 1 S. 1 Nr. 2 EStG in Betracht, die allerdings nur Veräußerungen binnen eines Jahres nach Anschaffung erfassen. Der Vortriebbohrer wurde hier vor fünf Jahren angeschafft, so dass sich nach dieser Regelung keine Steuerbarkeit ergäbe.

Allerdings ist durch die Qualifikation als gewerbliche Einkünfte der Gewinn und nicht der Überschuss zu ermitteln, so dass nach dem Reinvermögenszugang zu fragen ist. Somit sind unabhängig von der Haltedauer alle realisierten Betriebsvermögensmehrungen aus der Veräußerung von Gegenständen des Betriebsvermögens steuerlich verstrickt und mithin zu erfassen. Diese sind mit dem Unterschiedsbetrag von Buchwert und Veräußerungspreis anzusetzen. Es ergibt sich damit eine Betriebsvermögensmehrung von 850.000 €.

e) Ergebnis der GbR
Die GbR erzielt im Jahr 02 einen Gewinn von 1 Mio. €.

IV. Ergebnis
Die Zurechnung des mitunternehmerisch erzielten Gewinns auf die einzelnen Gesellschafter richtet sich grundsätzlich nach der handelsrechtlichen Gewinnverteilung.

Im Rahmen der KG entfällt nach dem Gesellschaftsvertrag auf jeden der Kommanditisten die Hälfte des Ergebnisses. F erzielt damit Einkünfte als Mitunternehmerin der KG in Höhe von 1.049.900 €.

Zu diesen kommen noch 500.000 € aus der Beteiligung an der GbR.[29]

Damit ergeben sich im Jahr 02 für die F insgesamt Einkünfte von 1.549.900 €.

---

[29] Ob man diese als Einkünfte aus einem eigenen Gewerbebetrieb begreift (Betriebsaufspaltung) oder als Sonderbetriebseinnahmen (Sonderbetriebsvermögen I), ist für das Einkommen der F ohne Belang.

Fall 10: Verlust eines Steuerberaters

Sachverhalt
Um nicht persönlich haften zu müssen, betreibt der Steuerberater V seine Karlsruher Kanzlei in Form einer GmbH, deren Wirtschaftsjahr mit dem Kalenderjahr übereinstimmt. Einziger Gesellschafter ist er selbst. Gleichzeitig fungiert er aufgrund eines Anstellungsvertrages als durch die Satzung von § 181 BGB befreiter alleiniger Geschäftsführer, was auch in das Handelsregister eingetragen ist.
Im Jahr 01 kommt es zu folgenden Geschäftsvorfällen:

- Die GmbH stellt Mandanten für bereits erbrachte Steuerberatungsleistungen insgesamt 268.000 € in Rechnung.
- Noch vor Fertigstellung der Bilanz stellt sich im Januar des Jahres 02 heraus, dass der einzige Komplementär einer KG, gegen die die GmbH eine im Jahr 01 entstandene Forderung von 110.000 € inne hat, schon im Dezember des Jahres 01 – ohne Erben zu hinterlassen – verstorben ist. Auch erfährt V, dass eine Ltd., gegen die die GmbH ebenfalls offene Forderungen in Höhe von 110.000 € hat, im Januar des Jahres 02 aufgrund plötzlich eintretender Liquiditätsprobleme aus dem englischen Handelsregister gelöscht wurde. Beide Forderungen werden dadurch uneinbringlich.
- V vereinnahmt aufgrund seines mit der Gesellschaft geschlossenen Vertrages ein Geschäftsführergehalt von 1.000.000 € brutto. Angemessen für eine entsprechende Tätigkeit wären 120.000 €.
- Die GmbH überlässt dem V im Rahmen des Anstellungsvertrages während des ganzen Jahres ein am 01.01. angeschafftes Kfz. V verwendet den Wagen an 300 Tagen für die Fahrt von seiner in Wörth am Rhein gelegenen Wohnung in die 10 km entfernte Kanzlei. Der Listenpreis des Kfz betrug zum Zeitpunkt des Kaufs 17.500 €. Auch das in das Fahrzeug bereits werkseitig eingebaute Navigationsgerät mit Internet- und Telefoniefunktion (Anschaffungskosten: 500 €) darf R unbeschränkt – auch privat – nutzen. Da die gesamte Gemeinde Wörth nur mit Kfz befahren werden darf, an denen sich eine Umweltplakette befindet,

erwirbt V diese Plakette privat für 125 €. Er führt kein Fahrtenbuch. Die betriebsgewöhnliche Nutzungsdauer des Kfz beträgt sechs Jahre.
- Am 01.01. schafft die GmbH eine Buchhaltungssoftware für 120.000 € an. Die betriebsgewöhnliche Nutzungsdauer beträgt vier Jahre. Am gleichen Tag nimmt die GmbH bei ihrer Hausbank einen über zehn Jahre laufenden Kredit auf. Von dem Nominalbetrag von 130.000 € zahlt diese allerdings nur einen um ein Disagio (Abgeld) verminderten Betrag von 120.000 € aus. Die Zinsen von 10% p.a. werden jeweils zum Jahresende fällig.

Außerdem korrigiert V nebenberuflich im gesamten Jahr 01 für die Steuerberaterkammer Nordbaden Klausuren des Steuerberaterexamens. Der Vertrag mit der Steuerberaterkammer verpflichtet V, gegen eine pauschale Vergütung von 300 € pro Monat einen gewissen Anteil an den Examensklausuren zu korrigieren. Angesichts der bekannt hohen Durchfallquote bemüht er sich um ausführliche Korrekturanmerkungen, um den Kandidaten im Hinblick auf den Wiederholungsversuch eine bestmögliche Vorbereitung zu bieten. Die gesamte Vergütung wird ihm im selben Jahr ausgezahlt.

S, der Sohn des V, ist Rechtsanwalt und betreibt zusammen mit seiner Mutter M, die ebenfalls Rechtsanwältin ist, eine Kanzlei in Form einer GbR in Rheinfelden (Baden), wo er und M auch wohnen. M hat neben den Einkünften aus der GbR-Beteiligung keine weiteren Einkünfte. Gesellschaftsvertraglich ist die Rechtsfolge des § 727 Abs. 1 BGB dergestalt abbedungen, dass die Gesellschaft nach dem Tod eines Gesellschafters mit dessen Erben fortgesetzt wird. In der GbR, die ihren Gewinn als Überschuss der Betriebseinnahmen über die Betriebsausgaben ermittelt und keinen in kaufmännischer Weise eingerichteten Geschäftsbetrieb erfordert, wirkt auch der Rechtsanwalt R mit. Dieser scheut allerdings die persönliche Haftung einer Gesellschafterstellung und beteiligt sich nur über eine GmbH, deren einziger Gesellschafter er selbst ist. Seine Tätigkeit für die GbR erbringt er als Geschäftsführer der GmbH.

Im Jahr 01 kommt es zu folgenden Geschäftsvorfällen:

- Die GbR begleicht Forderungen aus Leistungen in Höhe von 5.000 € (inkl. 798,32 € Umsatzsteuer). An Honoraren erzielt sie 2.700 € (inkl. 431,09 € Umsatzsteuer).
- Mitte des Jahres kommt die GbR in Liquiditätsschwierigkeiten und muss daher ein vor den Kanzleiräumen gelegenes Grundstück veräußern, das sie im Vorjahr für 10.000 € erworben hat, um darauf einen Besucherparkplatz einzurichten. Es können nur 9.000 € erzielt werden, die sofort bar beglichen werden.
- Außerdem hält die GbR Anteile an der Deutschen-Rechtsanwalts-Verlag AG, welche sie in der Anschaffung 1.000 € gekostet haben. Aufgrund der Wirtschaftskrise brechen die Zeitschriftenabonnements der AG dramatisch ein. Diese vor-

Fall 10: Verlust eines Steuerberaters

aussichtlich dauerhafte Wertminderung reduziert den Wert der Anteile auf die Hälfte der Anschaffungskosten.
- S entnimmt der Portokasse 20 €, um für seinen privaten Bedarf Lebensmittel zu kaufen.

Auf dem Rückweg von einer feuchtfröhlichen Party sterben V und M in der Silvesternacht zum Jahr 02 bei einem Autounfall. S ist Alleinerbe beider Elternteile. Er stellt für die Kanzlei seines Vaters einen Steuerberater ein, der die Geschäfte weiterführt. Es ergibt sich im Jahr 02 für die GmbH eine Betriebsvermögensmehrung von 10.000 €. Sie schüttet den Gewinn nach Steuern an S aus. Die Anteile lässt S von seiner Bank verwalten, der er dafür 850 € im Jahr zahlt.

Die GbR erzielt einen Überschuss der Betriebseinnahmen über die Betriebsausgaben von 10.000 €. Außerdem hält S Anteile einer großen deutschen Aktiengesellschaft, von der er eine Dividende von 4.201 € erhält. Für ein Darlehen, das S für den Kauf der Aktien aufgenommen hat, zahlt er 850 € Zinsen.

Aufgabe

Jahr 01: Wie hoch sind das Einkommen der GmbH und die Summe der Einkünfte des V und des S?

Jahr 02: Wie hoch ist die festzusetzende Einkommensteuer des S?

Die Jahre 01 und 02 sind fiktive Jahre; der Fall ist insgesamt nach dem Rechtsstand 2014 zu lösen. Vor dem Jahr 01 ergab sich bei keinem der Beteiligten ein Verlustvortrag. Evtl. einschlägige Anträge im Sinne des § 10d Abs. 1 S. 5 EStG wurden in voller Höhe gestellt. Alle sonstigen evtl. erforderlichen Anträge gelten ebenfalls als gestellt. Alle Beteiligten wünschen eine möglichst niedrige Steuerbelastung. Gewerbesteuerliche, kirchensteuerliche und erbschaftsteuerliche Fragen sowie der Solidaritätszuschlag und die Kapitalertragsteuer sind außer Betracht zu lassen.

Auszug aus dem StBerG

§ 73 Steuerberaterkammer

(1) *¹Die Steuerberater und Steuerbevollmächtigten, die in einem Oberfinanzbezirk oder durch die Landesregierung bestimmten Kammerbezirk ihre berufliche Niederlassung haben, bilden eine Berufskammer. ²Diese führt die Bezeichnung „Steuerberaterkammer".*

(2) *¹Die Steuerberaterkammer hat ihren Sitz im Kammerbezirk. ²Sie ist eine Körperschaft des öffentlichen Rechts.*

Gliederung

Lösung	215
A. Jahr 01	215
I. Einkommen der GmbH	215
1. Persönlicher Tatbestand	215
2. Sachlicher Tatbestand	215
a) Qualifikation	215
b) Quantifizierung	215
aa) Mandantenrechnungen	216
bb) Forderungen	216
cc) Geschäftsführergehalt	217
dd) Kraftfahrzeug	218
ee) Buchhaltungssoftware	219
(1) Absetzungen für Abnutzung	219
(2) Zinsen	219
(3) Disagio	219
3. Ergebnis	220
II. Summe der Einkünfte des V	220
1. Persönlicher Tatbestand	220
2. Sachlicher Tatbestand	220
a) Geschäftsführergehalt	220
aa) Qualifikation	220
bb) Quantifizierung	221
(1) Einnahmen	221
(2) Werbungskosten	222
b) Verdeckte Gewinnausschüttung	223
aa) Qualifikation	223
bb) Quantifizierung	223
c) Vergütung für Korrekturen	224
aa) Qualifikation	224
bb) Quantifizierung	224
3. Ergebnis	225
III. Summe der Einkünfte des S	225
1. Persönlicher Tatbestand	225
2. Sachlicher Tatbestand	225
a) Qualifikation	225
b) Quantifizierung auf Ebene der GbR	226
aa) Forderungen und Mandantenhonorare	227
bb) Grundstück	227
cc) Anteile an der AG	227
dd) Barentnahme	228
ee) Ergebnis	228
c) Quantifizierung auf Ebene des S	228
3. Ergebnis	228
B. Jahr 02	228
I. Summe der Einkünfte	228
1. Einkünfte aus der Beteiligung an der GbR	228
2. Ausschüttung der GmbH	229
a) Qualifikation	229
b) Quantifizierung	229

        aa) Einnahmen 229
        bb) Werbungskosten 230
        cc) Wahlrecht des § 32d Abs. 2 Nr. 3 Buchst. a EStG 230
    3. Ausschüttung der AG 231
    4. Zwischenergebnis 231
  II. Gesamtbetrag der Einkünfte 231
  III. Einkommen 231
  IV. Zu versteuerndes Einkommen 232
  V. Tarifliche Einkommensteuer 232
    1. Einkommensteuertarif 232
    2. Wahlrecht des § 32d Abs. 6 S. 1 EStG 232
  VI. Ergebnis 232

Lösung

A. Jahr 01

I. Einkommen der GmbH

1. Persönlicher Tatbestand
Die GmbH ist nach § 1 Abs. 1 Nr. 1 KStG Körperschaftsteuersubjekt.

2. Sachlicher Tatbestand
Das Einkommen der GmbH ist nach § 8 Abs. 1 S. 1 KStG zunächst nach dem EStG zu bestimmen.

a) Qualifikation
Gemäß § 8 Abs. 2 KStG i. V. m. § 1 Abs. 1 Nr. 1 KStG sind alle Einkünfte der GmbH solche aus Gewerbebetrieb im Sinne des § 15 Abs. 1 S. 1 Nr. 1 EStG.

b) Quantifizierung
Diese bestimmen sich gemäß § 2 Abs. 2 S. 1 Nr. 1 EStG i. V. m. §§ 4–7k EStG nach dem Gewinn. Nach § 4 Abs. 1 S. 1 EStG ist dieser grundsätzlich aus dem Vergleich des Betriebsvermögens am Schluss des Wirtschaftsjahres und des Betriebsvermögens am Schluss des vorangegangenen Wirtschaftsjahres zu bestimmen. Die GmbH ist nach § 13 Abs. 3 GmbHG eine Handelsgesellschaft, so dass für sie nach §§ 6 Abs. 1, 238 Abs. 1 S. 1 HGB eine handelsrechtliche Buchführungspflicht besteht. Diese führt nach § 140 AO auch zu einer steuerrechtlichen Verpflichtung, Bücher zu führen. Das Betriebsvermögen ist damit für Einkünfte aus Gewerbebetrieb im Rahmen des sog. qualifizierten Betriebsvermögensvergleichs nach den handelsrechtlichen Grundsätzen ordnungsmäßiger Buchführung zu ermitteln, § 5 Abs. 1 S. 1 EStG. Somit ist die Handelsbilanz vorbehaltlich steuerrechtlicher Sonderregelungen maßgeblich. Die einzelnen Geschäftsvorfälle sind damit auf ihre handelsrechtlichen und steuerrechtlichen Auswirkungen auf das Betriebsvermögen zu untersuchen.

aa) Mandantenrechnungen

Nach § 252 Abs. 1 Nr. 5 HGB ist unabhängig von den jeweiligen Zahlungen allein auf Aufwand und Ertrag abzustellen. Nach dem in § 252 Abs. 1 Nr. 4 Hs. 2 HGB verankerten Realisationsprinzip sind Gewinne nur zu berücksichtigen, wenn sie am Abschlussstichtag realisiert sind. Die Realisierung ist hier für die bereits erbrachten Leistungen spätestens bei Rechnungsstellung anzunehmen. Damit kommt es zu einem gewinnwirksamen Ertrag von 268.000 €.

bb) Forderungen

Die GmbH hat hier offene Forderungen gegen eine KG und eine Ltd. von jeweils 110.000 €. Beide werden uneinbringlich. In Betracht kommt damit der Ansatz des Teilwerts im Sinne des § 6 Abs. 1 Nr. 2 S. 2 EStG von 0 €. Zum einen stirbt der einzige Komplementär der KG, zum anderen wird die Ltd. mangels Liquidität gelöscht. Es steht der GmbH damit dem Grunde nach ein steuerrechtliches Wahlrecht zu, das sie nach § 5 Abs. 1 S. 1 a.E. EStG ungeachtet des im Handelsbilanzrecht geltenden strengen Niederstwertprinzips für Umlaufvermögen (§ 253 Abs. 4 S. 1 HGB), zu dem gemäß § 266 Abs. 2 B. II. HGB auch Forderungen gehören, ausüben kann. Da die GmbH eine möglichst niedrige Steuerbelastung wünscht, wird sie nach Möglichkeit den niedrigeren Teilwert ansetzen.

Es erscheint aber zweifelhaft, ob die Wertminderungen noch für das Betriebsvermögen zum Schluss des Jahres 01 zu berücksichtigen sind. Nach dem Stichtagsprinzip des § 252 Abs. 1 Nr. 3 HGB sind für die Bewertung die Verhältnisse maßgeblich, die am Bilanzstichtag bestanden haben. Nach § 4a Abs. 1 S. 1 EStG ist der Gewinn nach dem Wirtschaftsjahr zu ermitteln. Dieses endet bei der GmbH mit dem 31.12. des Jahres 01. Dass die Forderungen uneinbringlich sind, stellt sich jedoch erst im Januar des Jahres 02 heraus.

Aus dem Stichtagsprinzip, das auf den Kenntnisstand des sorgfältigen Kaufmanns im Zeitpunkt der Bilanzaufstellung abstellt,[1] ergibt sich aber auch, dass Wertminderungen, die am Bilanzstichtag bereits objektiv eingetreten sind, von denen der Steuerpflichtige aber erst im Zeitraum zwischen Stichtag und Bilanzaufstellung Kenntnis erlangt, zu berücksichtigen sind, da sie den Wert am Bilanzstichtag und nicht erst danach beeinflussen[2]. Dieser Befund wird auch durch § 252 Abs. 1 Nr. 4 Hs. 1 HGB bestätigt. Wertminderungen, die auf Ereignissen beruhen, die erst nach dem Bilanzstichtag eingetreten sind, sind dementgegen erst in der Folgebilanz zu berücksichtigen.[3]

---

[1] Die sog. subjektive Richtigkeit der Bilanz, vgl. BFH v. 23.05.1984 – I R 260/81, BStBl. II 1984, 723 (725); v. 22.04.1998 – IV B 107/97, BFH/NV 1999, 162.

[2] Sog. wertaufhellende Tatsachen; vgl. BFH v. 20.08.2003 – I R 49/02, BStBl. II 2003, 941; vgl. zur Unterscheidung von wertaufhellenden und wertbeeinflussenden Tatsachen auch *Jakob*, Einkommensteuer, 4. Aufl. 2008, Rn. 605.

[3] Für die von der Rspr. gemachte Ausnahme für am Bilanzstichtag vorhersehbare, tatsächlich aber erst kurz nach dem Bilanzstichtag eintretende Wertminderungen ergeben sich hier bezüglich der Forderung gegen die Ltd. keine Anhaltspunkte; vgl. dazu RFH v. 28.06.1933 – VI A 1857/32, RStBl. 1934, 253 (254); BFH v. 16.04.1953 – IV 119/52 S, BStBl. III 1953, 192 (194).

Hier ist zwischen der Forderung gegen die KG und der Forderung gegen die Ltd. zu unterscheiden. Während bei der KG der einzige Komplementär schon im Dezember des Jahres 01 verstorben ist, was die Wertminderung der Forderung zur Folge hat, tritt die Illiquidität der Ltd. und die darauf folgende Löschung aus dem Handelsregister erst plötzlich im Januar des Folgejahres auf. Somit handelt es sich nur bei der Wertveränderung der Forderung gegen die KG um eine berücksichtigungsfähige Tatsache. Die Wertberichtigung der zweiten Forderung kann erst in der Folgebilanz erfolgen.

Demnach ist die Forderung gegen die KG nach § 6 Abs. 1 Nr. 2 S. 2 EStG mit einem Teilwert von 0 € anzusetzen, was einen gewinnwirksamen Aufwand von 110.000 € ergibt.

cc) Geschäftsführergehalt

Grundsätzlich ist ein Geschäftsführergehalt bei der Kapitalgesellschaft als Aufwand zu beurteilen. V sieht sich aber als Alleingesellschafter keinen Hindernissen gegenüber, sein Gehalt über das marktübliche Maß hinaus zu erhöhen. Einer solchen Situation tritt das KStG mit § 8 Abs. 3 S. 2 entgegen, wonach verdeckte Gewinnausschüttungen das Einkommen nicht mindern. Vor dem Hintergrund des § 8 Abs. 3 S. 1 KStG sind unter solchen Gewinnausschüttungen bei dem Körperschaftsteuersubjekt eintretende Vermögensminderungen oder verhinderte Vermögensmehrungen zu verstehen, die durch das Gesellschaftsverhältnis veranlasst sind, sich auf die Höhe des Unterschiedsbetrages gemäß § 4 Abs. 1 S. 1 EStG i. V. m. § 8 Abs. 1 S. 1 KStG auswirken und in keinem Zusammenhang mit einer offenen Ausschüttung stehen.[4]

Durch seine Aufwandswirksamkeit beeinflusst das Geschäftsführergehalt die Höhe des Betriebsvermögens. Auch steht es in keinem Zusammenhang mit einer offenen Ausschüttung. Die Veranlassung durch das Gesellschaftsverhältnis kann sich zunächst aus der Stellung des V als beherrschender Gesellschafter ergeben. In einer solchen Stellung sind Vermögensverschiebungen zwischen eigener Sphäre und Sphäre der Kapitalgesellschaft besonders leicht.

So ist bei einem beherrschenden Gesellschafter eine gesellschaftliche Veranlassung anzunehmen, wenn die Lieferungs- oder Leistungsbeziehung nicht auf einem vorher abgeschlossenen, eindeutigen, rechtlich bindenden und tatsächlich durchgeführten Vertrag beruht.[5] Zweifel an der zivilrechtlichen Wirksamkeit der Vereinbarung über das Geschäftsführergehalt könnten sich hier insbesondere aus der Stellung des V als Organ der GmbH auf der einen Seite und Arbeitnehmer auf der anderen Seite ergeben. So ist nach § 35 Abs. 3 S. 1 GmbHG auf solche Geschäfte

---

[4] St. Rspr. seit BFH v. 22.02.1989 – I R 44/85, BStBl. II 1989, 475 (476); vereinfacht und konkretisiert durch BFH v. 07.08.2002 – I R 2/02, BStBl. II 2004, 131; v. 22.10.2003 – I R 37/02, BStBl. II 2004, 121 (123).
[5] BFH v. 31.05.1995 – I R 64/94, BStBl. II 1996, 246; v. 23.10.1996 – I R 71/95, BStBl. II 1999, 35 (36); *Frotscher*, in: Frotscher/Maas, Körperschaftsteuer/Gewerbesteuer, Stand: Juli 2014, § 8 Rn. 147; *Schulte*, in: Erle/Sauter, KStG, 3. Aufl. 2009, § 8 Rn. 196 ff.

ausdrücklich das Verbot des Insichgeschäfts nach § 181 BGB anwendbar. Der Vertrag zwischen V und der GmbH wäre damit schwebend unwirksam[6].

Diese Rechtsfolge tritt allerdings nicht ein, wenn der Vertreter vor dem Geschäft von der Einschränkung des § 181 BGB befreit ist. Diese Gestattung kann bei der Einmann-GmbH nur in der Satzung erfolgen.[7] Da die Befreiung des V diese Anforderungen erfüllt, ist das Geschäft zivilrechtlich wirksam.[8] Es ergeben sich bezüglich der gesellschaftsrechtlichen Veranlassung keine Bedenken in Bezug auf den vorher abgeschlossenen Vertrag.

Daneben ist zur Bestimmung der Veranlassung im Gesellschaftsverhältnis aber auch der Maßstab des ordentlichen und gewissenhaften Geschäftsführers heranzuziehen. Gesellschaftlich veranlasst kann ein Geschäft sein, das die Kapitalgesellschaft mit einem Dritten nicht vorgenommen hätte.[9] Hält die abgeschlossene Vereinbarung diesem Fremdvergleichsmaßstab nicht stand, so ist der das angemessene Maß übersteigende Teil als verdeckte Gewinnausschüttung einzustufen.[10]

Hier beträgt die angemessene Vergütung und damit die Vergütung, die unter Fremden vereinbart werden würde, 120.000 €. Der übersteigende Teil von 880.000 € stellt eine verdeckte Gewinnausschüttung dar und ist gemäß § 8 Abs. 3 S. 2 EStG nicht abzugsfähig. Damit hat die Gesellschaft im Ergebnis lediglich einen Aufwand von 120.000 €.[11]

dd) Kraftfahrzeug

Nach § 5 Abs. 6 EStG sind die Vorschriften über die AfA zu befolgen. Demnach sind gemäß § 7 Abs. 1 S. 1 EStG die Anschaffungskosten von abnutzbaren Wirtschaftsgütern über die Gesamtnutzungsdauer zu verteilen. Unter Anschaffungskosten sind nach § 255 Abs. 1 S. 1 HGB die Kosten zu verstehen, die geleistet werden, um einen Vermögensgegenstand zu erwerben. Der Listenpreis des Kfz beträgt 17.500 €.

Zweifelhaft erscheint aber, ob auch die Kosten des Navigationssystems von 500 € mit einzubeziehen sind, oder ob dieses ein eigenständiges Wirtschaftsgut darstellt. So gilt auch für das Steuerrecht der handelsrechtliche Grundsatz der Einzelbewertung gemäß § 252 Abs. 1 Nr. 3 HGB. Jedoch bilden schon aus Praktikabilitätsgründen zwei Vermögensgegenstände eine Bewertungseinheit, wenn sie derart miteinander verbunden sind, dass eine Veräußerung getrennt voneinander nicht

---

[6] *Valenthin*, in: Bamberger/Roth, BGB, Stand: November 2013, § 181 Rn. 29.
[7] *Zöllner/Noack*, in: Baumbach/Hueck, GmbHG, 20. Aufl. 2013, § 35 Rn. 140.
[8] Auch die zusätzliche Forderung der Finanzverwaltung, dass die Befreiung in das Handelsregister eingetragen werden muss, ist hier erfüllt. Vgl. H 36 KStH „zivilrechtliche Wirksamkeit".
[9] BFH v. 10.01.1973 – I R 119/7, BStBl. II 1973, 322 (323); v. 25.11.1976 – IV R 38/73, BStBl. II 1977, 477 (478); v. 28.11.1991 – I R 13/90, BStBl. II 1992, 359 (361); *Wassermeyer*, DB 1994, 1105; *Frotscher*, in: Frotscher/Maas, Körperschaftsteuer/Gewerbesteuer, Stand: Juli 2014, Rn. 147.
[10] *Schulte*, in: Erle/Sauter, KStG, 3. Aufl. 2009, § 8 Rn. 242.
[11] Exakt dem Wortlaut des Gesetzes entsprechend wäre eine Betriebsvermögensminderung von 1.000.000 € und eine außerbilanzielle Hinzurechnung gemäß § 8 Abs. 3 S. 2 KStG in Höhe von 880.000 €.

oder nur nach erheblichen Aufwendungen möglich ist.[12] Ein eingebautes Navigationssystem wird in aller Regel mit dem Fahrzeug veräußert und bildet damit mit dem Fahrzeug eine Bewertungseinheit. Insgesamt betragen die Anschaffungskosten als Bemessungsgrundlage der AfA also 18.000 €. Unter Berücksichtigung der betriebsgewöhnlichen Nutzungsdauer von sechs Jahren ergibt sich ein Aufwand von 3.000 € (= 18.000 €/6).

Dieser Aufwand könnte wiederum teilweise im Gesellschaftsverhältnis zu V, der den Wagen privat nutzen darf, veranlasst sein und somit als verdeckte Gewinnausschüttung nach § 8 Abs. 3 S. 2 KStG dem Bilanzergebnis hinzuzurechnen sein. Eine vorherige zivilrechtliche wirksame Vereinbarung liegt mit dem Anstellungsvertrag vor.[13] Auch im Rahmen des Fremdvergleichs ergeben sich hier keine Bedenken. So ist es durchaus die Regel, dass Geschäftsführer einen Dienstwagen auch umfassend privat nutzen können. Somit liegt keine verdeckte Gewinnausschüttung vor. Es sind keine außerbilanziellen Korrekturen erforderlich.

ee) Buchhaltungssoftware

(1) Absetzungen für Abnutzung
Auch bei der Buchhaltungssoftware sind die Anschaffungskosten nach § 7 Abs. 1 S. 1 EStG über die Nutzungsdauer zu verteilen. Zu klären ist aber die Bemessungsgrundlage der AfA, die in den Anschaffungskosten besteht. Hier kommt neben den bezahlten 120.000 € auch das sich in dem späteren Rückzahlungsbetrag niederschlagende Disagio von 10.000 € in Betracht.

Finanzierungskosten gehören jedoch grundsätzlich nicht zu den Anschaffungskosten, sondern zu den Geldbeschaffungskosten, die grundsätzlich sofort abzugsfähigen Aufwand darstellen.[14] Unter Berücksichtigung der betriebsgewöhnlichen Nutzungsdauer von vier Jahren ergibt sich für die Abnutzung der Buchhaltungssoftware ein Aufwand von 30.000 € (= 120.000 € * 25 %).

(2) Zinsen
Die Zinsen sind als Geldbeschaffungskosten sofort abzugsfähig.[15] Sie berechnen sich aus dem Nominalbetrag des Kredits mit 13.000 € (= 130.000 € * 10 %). Die Abzugsbeschränkung für Zinsaufwand (sog. Zinsschranke) im Sinne des § 4h Abs. 1 S. 1 EStG i. V. m. § 8a KStG ist schon allein aufgrund der *de minimis* Ausnahme des § 4h Abs. 2 S. 1 Buchst. a EStG nicht anwendbar.

(3) Disagio
Fraglich erscheint nun die Behandlung der Differenz zwischen ausgezahlter Valuta und dem Rückzahlungsbetrag des Darlehens. Für dieses Disagio, das nicht zu den Anschaffungskosten gehört (siehe oben (1)), besteht gemäß § 250 Abs. 3 S. 1 HGB

---

[12] *Böcking/Gros*, in: Ebenroth/Boujong/Joost/Strohn, HGB, 3. Aufl. 2014, § 252 Rn. 22.
[13] Siehe zu diesem Erfordernis oben unter cc).
[14] *Kulosa*, in: Schmidt, EStG, 34. Aufl. 2015, § 6 Rn. 140 „Finanzierungskosten".
[15] *Heinicke*, in: Schmidt, EStG, 34. Aufl. 2015, § 4 Rn. 520 „Schuldzinsen".

ein handelsrechtliches Wahlrecht zur Bildung eines aktiven Rechnungsabgrenzungspostens, das für Zwecke des Steuerrechts, das den vollen Gewinn erfassen soll und vom aus Art. 3 Abs. 1 GG folgenden Grundsatz der Gleichmäßigkeit der Besteuerung geprägt ist, zum Aktivierungsgebot wird. Anderenfalls könnte sich der Steuerpflichtige beliebig reich oder arm rechnen.[16]

Um eine periodengerechte Gewinnermittlung zu ermöglichen, ist der Posten auf die Laufzeit des Darlehens verteilt aufwandswirksam aufzulösen, § 250 Abs. 3 S. 2 HGB.[17] Somit ergibt sich hier ein Aufwand von 1.000 € (= 10.000 €/10).

3. Ergebnis
Das Einkommen der GmbH stellt sich wie folgt dar:

Erbrachte Leistungen	+ 268.000 €
Ansatz des Teilwerts	./. 110.000 €
Geschäftsführergehalt	./. 120.000 €
AfA Kfz	./. 3.000 €
AfA Software	./. 30.000 €
Zinsaufwand	./. 13.000 €
Auflösung aktiver RAP	./. 1.000 €

Die GmbH erzielt im Jahr 01 einen Verlust von 9.000 €.

II. Summe der Einkünfte des V

1. Persönlicher Tatbestand
V ist mit seinem Wohnsitz in Wörth am Rhein gemäß § 1 Abs. 1 S. 1 EStG unbeschränkt einkommensteuerpflichtig. Die Art der Veranlagung ist für die Ermittlung der Summe der Einkünfte noch nicht von Bedeutung, so dass die Frage des Verhältnisses zu M hier unerheblich ist.

2. Sachlicher Tatbestand

a) Geschäftsführergehalt

aa) Qualifikation
Für das Geschäftsführergehalt kommen Einkünfte aus nichtselbständiger Arbeit im Sinne des § 19 Abs. 1 S. 1 Nr. 1 EStG in Betracht. Ein Dienstverhältnis liegt nach § 1 Abs. 2 S. 2 LStDV i. V. m. § 4 EStDV vor, wenn der Dienstnehmer im geschäftlichen Organismus des Dienstgebers dessen Weisungen zu folgen verpflichtet ist.[18]

---
[16] BFH v. 03.02.1969 – GrS 2/68, BStBl. II 1969, 291 (293).
[17] BFH v. 19.01.1978 – IV R 153/72, BStBl. II 1978, 262 (263 f.).
[18] *Eisgruber*, in: Kirchhof, EStG, 14. Aufl. 2015, § 19 Rn. 25.

V ist jedoch Geschäftsführer einer GmbH, deren einziger Gesellschafter er ist. Dies könnte es an der Nichtselbständigkeit fehlen lassen, da er als Geschäftsführer sich selbst als Gesellschafter und damit Weisungsbefugten gegenüber steht.

Allein aufgrund einer gleichzeitig bestehenden Organstellung lässt sich die Arbeitnehmereigenschaft aber nicht verneinen. Das Steuerrecht muss auch in diesem Fall dem Zivilrecht folgen, das den Anstellungsvertrag von der Organstellung trennt. Somit kann auch der Gesellschafter-Geschäftsführer Arbeitnehmer sein.[19] V erzielt damit Einkünfte aus nichtselbständiger Arbeit.

bb) Quantifizierung
Die Einkünfte aus nichtselbständiger Arbeit bestimmen sich nach §§ 2 Abs. 2 S. 1 Nr. 2, 8–9a EStG als Überschuss der Einnahmen über die Werbungskosten.

(1) Einnahmen
Einnahmen im Sinne des § 8 Abs. 1 EStG sind nur solche Güter in Geld oder Geldeswert, die durch die Tätigkeit veranlasst sind. Als durch das Arbeitsverhältnis veranlasst kann das Gehalt aber nur angesehen werden, soweit es angemessen ist. Für die übrigen Gehaltsbestandteile gilt die Regelung des § 20 Abs. 1 Nr. 1 S. 2 EStG, der verdeckte Gewinnausschüttungen beim Empfänger als Einkünfte aus Kapitalvermögen qualifiziert.[20] Somit sind nur die angemessenen 120.000 € anzusetzen.

Daneben kommt für die private Nutzung des Kfz ein Vorteil in Geldeswert in Betracht. Die Nutzungsmöglichkeit hält dem Fremdvergleich stand und stellt demnach keine verdeckte Gewinnausschüttung dar.[21] Für die private Nutzung eines betrieblichen Kfz ist nach §§ 8 Abs. 2 S. 2, 6 Abs. 1 Nr. 4 S. 2 EStG für jeden Kalendermonat 1% des inländischen Listenpreises im Zeitpunkt der Erstzulassung zuzüglich der Kosten für Sonderausstattung anzusetzen.

Der Listenpreis betrug vorliegend 17.500 €. Problematisch erscheint aber hier die Einbeziehung der Sonderausstattung, die in einem Navigationsgerät mit Internet- und Telefoniefunktion besteht. So sind Vorteile eines Arbeitnehmers aus der privaten Nutzung von betrieblichen Personalcomputern und Telekommunikationsgeräten nach § 3 Nr. 45 EStG steuerfrei. Über eine Einbeziehung in den Listenpreis unterläge aber die Nutzung des Navigationsgeräts – zumindest pauschal – einer Besteuerung.

Jedoch müssen aufgrund der eindeutigen Bezugnahme der §§ 8 Abs. 2 S. 2, 6 Abs. 1 Nr. 4 S. 2 EStG auf Sonderausstattung auch unter § 3 Nr. 45 EStG fallende Geräte einbezogen werden.[22] Der typisierende Charakter der Regelung erfordert

---

[19] *Hey*, in Tipke/Lang, Steuerrecht, 21. Aufl. 2013, § 8 Rn. 472.
[20] *Eisgruber*, in: Kirchhof, EStG, 14. Aufl. 2015, § 19 Rn. 78 „Gesellschafter-Geschäftsführer-Gehalt".
[21] Siehe oben A.I.2.b)dd).
[22] *Glenk*, in: Blümich, EStG/KStG/GewStG, Loseblatt, Stand: 06/2014, § 8 EStG Rn. 98; für die Frage, ob ein Navigationsgerät allein ein Telekommunikationsgerät im Sinne des § 3 Nr. 45 EStG darstellt, vgl. *Fissenewert*, FR 2005, 882 ff.

auch die Berücksichtigung einzelner unselbständiger Ausstattungsmerkmale.[23] Somit werden werkseitig fest eingebaute Navigationsgeräte mit Kommunikationsfunktion von der Regelung erfasst. Es wird damit zwischen Wirtschaftsgütern, deren private Nutzung einer selbständigen Bewertung zugänglich ist, und Sonderausstattungen, die nur als Teil des Autos nutzbar sind, unterschieden. Ein einzelnes Autotelefon ist auch bei festem Einbau hinreichend selbständig bewertbar, was bei einem fest eingebauten Navigationsgerät mit Telefonfunktion wiederum nicht der Fall ist. Somit sind die Kosten für das Gerät voll in den Listenpreis einzubeziehen.

Es ergeben sich Einnahmen von 2160 € (= 18.000 € * 1 % * 12). Da V das Fahrzeug auch für den Weg von der Wohnung zur Tätigkeitsstätte verwendet, sind nach § 8 Abs. 2 S. 3 EStG darüber hinaus 0,03 % des Listenpreises für jeden Entfernungskilometer pro Monat anzusetzen. Somit sind weitere 648 € (= 18.000 € * 0,03 % * 10 * 12) an Einnahmen anzusetzen.

Aus seiner Tätigkeit für die GmbH erzielt V folglich Einnahmen von 122.808 €.

(2) Werbungskosten

Als Werbungskosten für Einkünfte aus nichtselbständiger Tätigkeit ist der Arbeitnehmer-Pauschbetrag von 1.000 € anzusetzen, wenn nicht höhere Werbungskosten nachgewiesen werden, § 9a S. 1 Nr. 1 Buchst. a EStG.

In Betracht kommen zunächst die Aufwendungen für den Weg zwischen Wohnung und Tätigkeitsstätte. Für diesen ist die Entfernungspauschale des § 9 Abs. 1 S. 3 Nr. 4 EStG mit 900 € (= 300 * 10 * 0,30 €) anzusetzen.

Höhere Kosten als die Pauschale von 1.000 € könnten sich durch die zusätzliche Berücksichtigung der Kosten für die Abgasplakette von 125 € ergeben. Dafür müsste diese gemäß § 9 Abs. 1 S. 1 EStG i. V. m. § 4 Abs. 4 EStG durch die werbende Tätigkeit des V veranlasst sein. Nur durch den Erwerb der Plakette kann V das Kfz auf dem Weg zwischen Wohnung und Arbeitsstätte nutzen. Diese Nutzung führt bei V wiederum zu Einnahmen im Sinne des § 8 Abs. 2 S. 3 EStG. Vor diesem Hintergrund könnte man einen Veranlassungszusammenhang annehmen.

Diese Annahme sieht sich aus zwei Gründen Bedenken ausgesetzt. So soll durch die Pauschalregelung des § 8 Abs. 2 S. 3 EStG gerade vermieden werden, dass tatsächliche Aufwendungen des Steuerpflichtigen Berücksichtigung finden.[24] Dies kann nur im Falle des Führens eines Fahrtenbuches, bei dem die Pauschale gerade nicht angewendet wird, geschehen (§ 8 Abs. 2 S. 4 EStG).

Auch steht der Abzugsfähigkeit die Eigenschaft als gemischte Aufwendungen entgegen.[25] Die Kosten für die Plakette sind sowohl durch die Privatfahrten als auch durch die Einnahmen in Geldeswert veranlasst. Dies gilt unabhängig vom Veranlassungszusammenhang der Fahrten zwischen Wohnung und Tätigkeitsstätte schon aufgrund der Tatsache, dass auch andere (private) Fahrten des V durch die Gemein-

---

[23] BFH v. 16.02.2005 – VI R 37/04, BStBl. II 2005, 563; speziell für Navigationsgeräte mit Telefoniefunktion BMF v. 10.06.2002 – IV C 5 – S 2334–63/02, DStR 2002, 1667; ebenso *Urban*, FR 2004, 1383 (1386).

[24] *Kirchhof*, in: Kirchhof, EStG, 14. Aufl. 2015, § 8 Rn. 38a.

[25] Siehe dazu Fall 1.

de Wörth am Rhein führen, in der die Plakette erforderlich ist. Mangels Fahrtenbuch ist auch eine Aufteilung nach objektiven Kriterien nicht möglich.

Zwar mindern sowohl pauschale als auch nutzungsorientierte Zuzahlungen des Arbeitnehmers nach Ansicht der Finanzverwaltung den Nutzungswert,[26] hier handelt es sich aber nicht um solche Zahlungen an den Arbeitgeber, sondern um eine eigenständige Aufwendung an Dritte, so dass angesichts der obigen Bedenken eine Berücksichtigung als Werbungskosten ausscheiden muss.

Da der Nachweis höherer Werbungskosten nicht gelingt, ist der Arbeitnehmer-Pauschbetrag von 1.000 € anzusetzen.

b) Verdeckte Gewinnausschüttung
Ferner könnten sich Einkünfte aus der Zahlung eines nicht angemessenen Geschäftsführergehalts ergeben.

aa) Qualifikation
So zählen zu den Einkünften aus Kapitalvermögen nach § 20 Abs. 1 Nr. 1 S. 2 EStG auch verdeckte Gewinnausschüttungen als Bezüge aus der Beteiligung an Kapitalgesellschaften. Hinsichtlich der Qualifikation kann hier auf den Begriff der verdeckten Gewinnausschüttung des KStG zurückgegriffen werden.[27] Somit sind die nicht angemessenen Teile der Vergütung des V als Einkünfte aus Kapitalvermögen anzusetzen.

bb) Quantifizierung
Als Einnahmen fließen dem V mit den Gehaltszahlungen 880.000 € zu. Als Werbungskosten ist der Sparer-Pauschbetrag von 801 € anzusetzen, § 20 Abs. 9 S. 1 Hs. 1 EStG. Damit erzielt V 879.199 € an Einkünften aus Kapitalvermögen.

Zur Vertiefung
Für die Frage nach der Summe der Einkünfte ist kein Eingehen auf den Steuersatz für die Einkünfte aus Kapitalvermögen erforderlich. Allenfalls könnte auf das aus dem Antrag nach § 32d Abs. 2 Nr. 3 Buchst. a EStG folgende Teileinkünfteverfahren eingegangen werden (vgl. Fall 7 B.I.1.). In diesem Fall würde nach § 32d Abs. 2 Nr. 3 S. 2 EStG der Sparer-Pauschbetrag entfallen. Im Ergebnis hinge die Entscheidung des V, 60 % der verdeckten Gewinnausschüttung in die Bemessungsgrundlage des Tarifs nach § 32a EStG einzubeziehen, von seinem persönlichen Einkommensteuersatz und damit von der Höhe der anderen Einkünfte ab. Eine solche Berechnung kann im Rahmen der Fallfrage nach der Summe der Einkünfte nicht verlangt werden.

---

[26] R 8.1 Abs. 9 Nr. 4 S. 1 LStR.
[27] Siehe oben A.I.2.b)cc). Unterschiede können sich bezüglich des Zuflusses ergeben, vgl. *Weber-Grellet*, in: Schmidt, EStG, 34. Aufl. 2015, § 20 Rn. 59.

c) Vergütung für Korrekturen

Auch die Vergütung für seine Korrekturtätigkeit könnte bei V zu Einkünften führen.

aa) Qualifikation

Hierbei ist es denkbar, die Einnahmen des V als Einkünfte aus selbständiger Arbeit gemäß § 18 Abs. 1 Nr. 1 EStG einzustufen. Zur Abgrenzung zu Einkünften aus nichtselbständiger Arbeit im Sinne des § 19 Abs. 1 S. 1 Nr. 1 EStG ist wiederum der Arbeitnehmerbegriff des § 1 Abs. 1 Satz 1 LStDV i. V. m. § 4 EStDV heranzuziehen.[28] Entscheidend ist hier die Verpflichtung des V, einen gewissen Anteil der Klausuren zu korrigieren. Er erhält nicht etwa eine Entschädigung pro korrigierter Klausur, sondern vielmehr eine pauschale monatliche Vergütung. Vor diesem Hintergrund liegt es nahe, V als nichtselbständig einzustufen.

bb) Quantifizierung

V fließen im Rahmen dieser Tätigkeit insgesamt 3.600 € zu. In Betracht kommt hier eine Steuerfreiheit nach § 3 Nr. 26 EStG (sog. Übungsleiterpauschale). Danach sind die Einnahmen aus nebenberuflichen Tätigkeiten als Übungsleiter, Ausbilder, Erzieher oder vergleichbaren nebenberuflichen Tätigkeiten im Dienst einer inländischen juristischen Person des öffentlichen Rechts bis zur Höhe von insgesamt 2.100 € im Jahr steuerfrei. A befindet sich im Rahmen seines Vertrages mit der Steuerberaterkammer Nordbaden im Dienst einer juristischen Person des öffentlichen Rechts, § 73 Abs. 2 S. 2 StBerG.

Weiter müsste die Tätigkeit als Korrektor als vergleichbare nebenberufliche Tätigkeit einzustufen sein.[29] V ist hier neben seinem Hauptberuf als Geschäftsführer für die Kammer tätig.[30] Ausbilder, Erzieher oder Betreuer haben miteinander gemeinsam, dass sie auf andere Menschen durch persönlichen Kontakt Einfluss nehmen, um auf diese Weise deren geistige und körperliche Fähigkeiten zu entwickeln und zu fördern.[31]

Dies erscheint bei einem Korrektor fraglich. Dieser hat im Gegensatz zu den ausdrücklich genannten Tätigkeiten keinen Kontakt von Angesicht zu Angesicht zu den Kandidaten. Im Rahmen seiner Korrekturtätigkeit geht V aber individuell auf die Arbeit des zu prüfenden Kandidaten ein. Der Korrektor würdigt dessen Lösungsansatz, nimmt Randbemerkungen vor und fasst diese Anmerkungen in einem abschließenden Kommentar zusammen. Auf diese Weise ist der Kontakt interaktiv, auch wenn sich die Kommunikation schriftlich vollzieht.[32] Auch ist die Korrek-

---

[28] Siehe oben unter A.II.2.a)aa).
[29] Für universitäre Korrekturassistenten vgl. *Jochum*, NJW 2002, 1983; *Kempelmann*, JuS 2004, 550.
[30] Nach Ansicht der Finanzverwaltung und der Rspr. ist eine nebenberufliche Tätigkeit anzunehmen Fall, sofern die Tätigkeit bezogen auf das Kalenderjahr nicht mehr als ein Drittel der Arbeitszeit eines vergleichbaren Vollzeiterwerbs in Anspruch nimmt, R 3.26 Abs. 2 S. 1 LStR; BFH v. 30.03.1990 – VI R 188/87, BStBl. II 1990, 854 (855 f.).
[31] *Erhard*, in: Blümich, EStG/KStG/GewStG, Loseblatt, Stand: 03/2014, § 3 Nr. 26 EStG Rn. 15.
[32] *Kempelmann*, JuS 2004, 550 (551).

turtätigkeit des V in Bezug auf ihre pädagogische Ausrichtung den genannten Tätigkeiten durchaus vergleichbar. So bemüht sich er sich zur Vorbereitung auf eine Wiederholungsprüfung um eine möglichst detaillierte Korrektur. Somit übt er eine vergleichbare Tätigkeit aus.[33] Seine Einkünfte sind bis zur Höhe von 2.100 € im Jahr steuerfrei.

Eine weitere Steuerfreiheit gemäß § 3 Nr. 26a EStG, der im Gegensatz zu § 3 Nr. 26 EStG keine Anforderungen an die Art der Tätigkeit stellt, ist nach dessen Satz 2 ausgeschlossen. Es verbleiben damit steuerpflichtige Einnahmen in Höhe von 1500 €.

3. Ergebnis
V erzielt damit die Summe der Einkünfte von 1.002.507 € (=122.808 €./. 1.000 € + 880.000 €./. 801 € + 1.500 €).

III. Summe der Einkünfte des S

1. Persönlicher Tatbestand
S ist mit seinem Wohnsitz in Rheinfelden (Baden) gemäß § 1 Abs. 1 S. 1 EStG unbeschränkt einkommensteuerpflichtig.

2. Sachlicher Tatbestand
Einkünfte könnten sich aus seiner Beteiligung an der GbR ergeben.

a) Qualifikation
Zunächst kommen für S als Katalogberufsträger Einkünfte aus gemeinschaftlicher selbständiger Arbeit im Sinne des § 18 Abs. 1 Nr. 1 S. 2, Abs. 4 S. 2 EStG i. V. m. § 15 Abs. 1 S. 1 Nr. 2 EStG in Betracht. Als Gesellschafter der GbR trägt er ausreichendes Unternehmerrisiko und entfaltet Unternehmerinitiative. Voraussetzung ist aber ferner, dass auch auf Ebene der Personengesellschaft als Einkünfterzielungs- und Ermittlungsobjekt Einkünfte aus selbständiger Arbeit erzielt werden.[34] Dafür spricht die Eigenschaft der drei beteiligten natürlichen Personen als Katalogberufsträger.

Allerdings üben nur S und M ihren Beruf auch in Eigenschaft als Gesellschafter der GbR aus. R ist zwar Berufsträger, er wird allerdings nur als Organ der GmbH tätig. Diese wiederum erzielt nach §§ 8 Abs. 2, 1 Abs. 1 Nr. 1 KStG stets Einkünfte aus Gewerbebetrieb. Es liegt demnach eine sog. Zebragesellschaft vor, deren Gesellschafter unterschiedliche Einkünfte erzielen. Dass das Gesetz für Mitunternehmerschaften als Subjekt der Einkünfteermittlung grundsätzlich eine einheitliche

---

[33] So auch FG Münster v. 08.11.1994–6 K 3408/94 E, EFG 1995, 415; anders das FG München v. 29.04.1997–2 K 2893/94, EFG 1997, 1095, das allerdings für einen universitären Korrekturassistenten von einer privatrechtlichen Beziehung zum Professor ausging und es somit an dem Erfordernis der juristischen Person scheitern ließ.

[34] Für die Einkünfteermittlung bei der Erzielung durch Personengesellschaften allgemein vgl. *Bodden*, DStZ 1996, 73 ff.

Einkunftsart vorsieht, zeigt sich an der sog. Abfärberegelung des § 15 Abs. 3 Nr. 1 EStG. Diese Abfärbung gilt nach dem Wortlaut jedoch nur bei einer gewerblichen Tätigkeit der Gesellschaft selbst oder einer Beteiligung der Gesellschaft an einer Mitunternehmerschaft. Der Fall bloßer gewerblicher Einkünfte eines Gesellschafters ist nicht geregelt.

Es ergibt sich hier aber eine ähnliche Interessenlage. So dient die Regelung des § 15 Abs. 3 Nr. 1 EStG dazu, eine einheitliche Gewinnermittlung auf Ebene der Gesellschaft zu ermöglichen. So ist die GmbH verpflichtet, den Gewinn nach dem qualifizierten Betriebsvermögensvergleich gemäß §§ 4 Abs. 1 S. 1, 5 Abs. 1 S. 1 EStG zu ermitteln,[35] während für Freiberufler auch bei gemeinschaftlich ausgeübter Tätigkeit die Gewinnermittlungen des einfachen Betriebsvermögensvergleichs gemäß § 4 Abs. 1 S. 1 EStG und der Einnahmen-Überschuss-Rechnung des § 4 Abs. 3 EStG offen stehen. Somit müsste die GbR je nach Gesellschafter verschiedene Gewinnermittlungsmethoden anwenden.

Eine analoge Anwendung hätte aber zur Folge, dass Zebragesellschaften grundsätzlich nicht mehr möglich wären. So würde dies etwa im Rahmen einer vermögensverwaltenden Gesellschaft bei Überschreiten der Schwelle zur Gewerblichkeit auch nur eines Mitgesellschafters dazu führen, dass die gesamte Gesellschaft zur Mitunternehmerschaft würde. Der vom Gesetz hingenommene Konflikt im Rahmen der Zebragesellschaft kann somit nicht über die analoge Anwendung des nur die Einkünfte der Gesellschaft betreffenden § 15 Abs. 3 Nr. 1 EStG gelöst werden. Systematisch ergibt dies auch der Schluss aus § 15 Abs. 3 Nr. 2 EStG. Die Regelung über gewerblich geprägte Personengesellschaften sieht eine Umqualifizierung bei Beteiligung von Kapitalgesellschaften nur dann vor, wenn keine natürlichen Personen als persönlich haftende Gesellschafter vorhanden sind.

Dieser speziellere Tatbestand kann nicht durch die analoge Anwendung des § 15 Abs. 3 Nr. 1 EStG umgangen werden. Ferner wird die gesamte Tätigkeit der Gesellschaft von Katalogberufsträgern ausgeübt. Ob diese direkt als Gesellschafter oder als Organ eines Gesellschafters tätig werden, kann im Hinblick auf die partielle Steuersubjektfähigkeit der Personengesellschaft keinen Unterschied machen. Es kommt allein auf die faktische Tätigkeit der Gesellschaft an.[36] Auch kann durch die Veräußerung des Grundstücks keine Abfärbung im Sinne des § 15 Abs. 3 Nr. 1 EStG begründet werden, da es als Besucherparkplatz der selbständigen Tätigkeit dienen sollte. Einen ähnlichen Zusammenhang zur freiberuflichen Tätigkeit weisen die Anteile an der Rechtsanwalts-Verlag AG auf. Somit bleibt es auch für S bei Einkünften aus gemeinschaftlicher selbständiger Arbeit.

b) Quantifizierung auf Ebene der GbR
Die GbR ist als Subjekt der Einkünfteerzielung und –ermittlung anzusehen. Ihre Einkünfte ergeben sich aus dem Gewinn, § 2 Abs. 2 S. 1 Nr. 1 EStG. Dieser ist grundsätzlich durch den Betriebsvermögensvergleich des § 4 Abs. 1 S. 1 EStG zu ermitteln. Die Verpflichtung zur Aufstellung eines qualifizierten Betriebsvermö-

---

[35] Siehe oben A.I.2.b).
[36] So auch *Bodden*, DStZ 1996, 73 (77).

gensvergleichs im Sinne des § 5 Abs. 1 S. 1 EStG gilt nur für Gewerbetreibende. Somit hat die GbR wirksam ihr Wahlrecht zur Ermittlung des Gewinns als Überschuss der Betriebseinnahmen über die Betriebsausgaben im Sinne des § 4 Abs. 3 EStG wahrgenommen.

aa) Forderungen und Mandantenhonorare
Bei den Nettobeträgen handelt es sich unproblematisch um Betriebseinnahmen bzw. Betriebsausgaben. Die enthaltene Umsatzsteuer könnte jedoch nach § 4 Abs. 3 S. 2 EStG als durchlaufender Posten anzusehen sein und damit nicht zu berücksichtigen sein. Voraussetzung für einen durchlaufenden Posten ist aber, dass er im Namen und für Rechnung eines anderen vereinnahmt wird.

Bei der Umsatzsteuer führt der Unternehmer den Betrag zwar an den Fiskus ab und bekommt die Vorsteuer erstattet, er ist aber gleichzeitig gemäß § 13a Abs. 1 Nr. 1 UStG Steuerschuldner. Er haftet demnach für den Ausfall der Beträge und tritt dem Steuerträger – dem Endverbraucher – in eigenem Namen gegenüber. Auch können sich Unterschiede bei der Periodenzuordnung ergeben. Damit ist die Umsatzsteuer nicht als durchlaufender Posten anzusehen. Es sind die Bruttobeträge als Einnahmen, hier 2.700 €, und Ausgaben, hier 5.000 €, anzusetzen.

bb) Grundstück
Die Veräußerung des Grundstücks als Betriebsvermögen führt zu Betriebseinnahmen von 9.000 €. Würde man das Zu- und Abflussprinzip konsequent durchhalten, wären die Anschaffungskosten von 10.000 € schon im Vorjahr gewinnmindernd zu berücksichtigen gewesen. Jedoch ordnet § 4 Abs. 3 S. 4 EStG an, dass Anschaffungskosten für nicht abnutzbare Wirtschaftsgüter, zu denen Grundstücke gehören, erst im Zeitpunkt des Zuflusses des Veräußerungserlöses zu berücksichtigen sind. Somit sind im Jahr 01 Betriebseinnahmen von 9.000 € und gleichzeitig Betriebsausgaben von 10.000 € anzusetzen.

cc) Anteile an der AG
Auch die dauerhafte Wertminderung der Anteile auf die Hälfte der Anschaffungskosten könnte sich auf den Gewinn der GbR auswirken. So wäre der Ansatz des niedrigeren Teilwerts im Sinne des § 6 Abs. 1 Nr. 2 S. 2 EStG denkbar. Jedoch verweist § 4 Abs. 3 S. 3 EStG im Gegensatz zu etwa § 5 Abs. 6 EStG nicht allgemein auf die Vorschriften über die Bewertung. Auch stellt der Ansatz des geringeren Teilwerts keine AfA-Regelung dar.[37] Die Nichtanwendbarkeit erklärt sich auch mit dem Unterschied der Einnahmen-Überschuss-Rechnung zur kaufmännischen Buchführung. So sind die Anschaffungskosten auch für Wertpapiere nach § 4 Abs. 3 S. 4 EStG erst im Zeitpunkt des Zuflusses des Veräußerungserlöses anzusetzen. Erst dann ergibt sich mit dem niedrigeren Veräußerungserlös eine Berücksichtigung des gesunkenen Werts. Der Vorgang wirkt sich demnach nicht auf den Gewinn aus.

---

[37] So ist es etwa nicht richtig, von einer Teilwert-AfA zu sprechen.

dd) Barentnahme

Zwar enthält § 4 Abs. 3 EStG keinen ausdrücklichen Verweis auf Entnahmen und Einlagen, jedoch ist auch hier die Grundregel des § 4 Abs. 1 S. 1 a.E. EStG anzuwenden, wonach Entnahmen dem Gewinn wieder hinzugerechnet werden. Diese kann sich in der Geldflussrechnung nur auf die Entnahme von Wirtschaftsgütern beziehen, die nicht in Geld bestehen. Das Geld stellt schon den Überschuss dar, der durch die Entnahme nun nur noch verwendet wird. Anders als bei der Entnahme von sonstigen Wirtschaftsgütern muss keine vorherige Betriebsausgabe rückgängig gemacht werden. Damit wirkt sich der Vorgang nicht auf den Gewinn aus.

ee) Ergebnis

Die GbR erzielt demnach einen Verlust von 3.300 € (= 2.700 €./. 5.000 € + 9.000 €./. 10.000 €).

c) Quantifizierung auf Ebene des S

Die Verlustverteilung richtet sich grundsätzlich nach den gesellschaftsrechtlichen Regelungen.[38] Mangels gesellschaftsvertraglicher Regelung beträgt die Verlustbeteiligung des S angesichts der Verteilung nach Köpfen gemäß § 722 Abs. 1 BGB 1.100 € (= 3.300 €/3).

3. Ergebnis

S erzielt eine negative Summe der Einkünfte von 1.100 €.

B. Jahr 02

Für das Jahr 02 ist nach der festzusetzenden Einkommensteuer des S gefragt. Dafür muss in der Systematik des § 2 EStG zunächst die Summe der Einkünfte ermittelt werden.

I. Summe der Einkünfte

1. Einkünfte aus der Beteiligung an der GbR

Da angesichts des Ausschlusses der Folge des § 727 Abs. 1 BGB im Gesellschaftsvertrag die GbR mit dem Erben fortgeführt wird,[39] stehen für S weiter Einkünfte aus gemeinschaftlicher selbständiger Arbeit im Sinne des § 18 Abs. 1 Nr. 1 S. 2, Abs. 4 S. 2 EStG i. V. m. § 15 Abs. 1 S. 1 Nr. 2 EStG in Frage.

Der Überschuss der Einnahmen über die Ausgaben gemäß § 4 Abs. 3 EStG beträgt 10.000 €. Mangels vertraglicher Regelungen bleibt es hier bei der für das Steuerrecht maßgeblichen Gewinnverteilung nach Köpfen gemäß § 722 Abs. 1 BGB. Da neben S, der als Alleinerbe mit der Gesamtrechtsnachfolge des § 1922 BGB auch

---

[38] *Wacker*, in: Schmidt, EStG, 34. Aufl. 2015, § 15 Rn. 443.
[39] Für die gesellschaftsrechtliche Zulässigkeit vgl. *Schöne*, in: Bamberger/Roth, BGB, Stand: Februar 2015, § 727 Rn. 11 ff.

in die Gesellschafterposition der M eingerückt ist, nun nur noch die GmbH Gesellschafterin ist, werden dem S davon 5.000 € (= 10.000 €/2) zugerechnet.

2. Ausschüttung der GmbH

a) Qualifikation
Die von V geerbten Anteile des S an der GmbH stellen mangels eines Zusammenhangs zu seiner Gesellschafterstellung im Rahmen der GbR bei diesem kein Betriebsvermögen dar. Eine Ausschüttung fällt damit gemäß § 20 Abs. 1 Nr. 1 EStG unter die Einkünfte aus Kapitalvermögen.

b) Quantifizierung
Diese Einkünfte bestimmen sich gemäß § 2 Abs. 2 S. 1 Nr. 2 EStG als Überschuss der Einnahmen über die Werbungskosten.

aa) Einnahmen
Die GmbH schüttet ihren Gewinn nach Steuern aus. Um den Ausschüttungsbetrag zu ermitteln, muss daher zunächst die Steuerschuld der GmbH berechnet werden.

Diese Kapitalgesellschaft ist nach § 1 Abs. 1 Nr. 1 KStG Körperschaftsteuersubjekt. Somit bemisst sich die Körperschaftsteuer nach dem zu versteuernden Einkommen, § 7 Abs. 1 KStG. Das Einkommen in Form der Betriebsvermögensmehrung beträgt hier 10.000 €. Dieses könnte durch einen Verlustabzug gemindert werden. So erzielte die GmbH im Jahr 01 ein negatives Einkommen von 9.000 €.[40] Das KStG enthält keine eigenständige Regelung zum Verlustabzug.[41] So sind nach dem über § 8 Abs. 1 S. 1 KStG grundsätzlich anwendbaren § 10d Abs. 2 S. 1 EStG Verluste in den folgenden Veranlagungszeiträumen abzugsfähig.[42]

Diesem Vortrag geht aber der Rücktrag von Verlusten in vorangegangene Veranlagungszeiträume vor. Von der Anwendung des Rücktrages kann aber auf Antrag des Steuerpflichtigen nach § 10d Abs. 1 S. 5 EStG abgesehen werden. Gemäß dem Bearbeitervermerk wurde dieser Antrag hier in voller Höhe gestellt, so dass nur ein Verlustvortrag in Frage steht. Dieser ist nach § 10d Abs. 2 S. 1 EStG bis zu einem Gesamtbetrag von einer Million Euro unbeschränkt möglich.

Eine Einschränkung könnte sich aber aus dem KStG ergeben. So regelt § 8c Abs. 1 S. 2 KStG, dass nicht genutzte, also vorgetragene Verluste nicht mehr abziehbar sind, wenn innerhalb von fünf Jahren mehr als 50 % der Beteiligungsrechte an einer Körperschaft an einen Erwerber übertragen werden. Hier erbt S zum Jahreswechsel alle Anteile der GmbH. Dies könnte eine schädliche Beteiligungsübertragung darstellen. Übertragung ist jeder dingliche Rechtsübergang auf eine

---

[40] Siehe oben A.I.3.
[41] *Frotscher*, in: Frotscher/Maas, Körperschaftsteuer/Gewerbesteuer, Stand: Juli 2014, § 8 KStG Rn. 127.
[42] Die Anwendbarkeit wird auch nicht dadurch ausgeschlossen, dass § 10d EStG unter den durch das subjektive Nettoprinzip geprägten Sonderausgaben steht, da dies nur für die technische Durchführung dergestalt geregelt wurde. Vgl. *Frotscher*, in: Frotscher/Maas, Körperschaftsteuer/Gewerbesteuer, Stand: Juli 2014, § 8 KStG Rn. 178.

andere Person.⁴³ Auch die Universalsukzession des § 1922 BGB stellt einen solchen Rechtsübergang dar,⁴⁴ so dass auch der Erbfall unter den Wortlaut des § 8c KStG subsumiert werden kann.

Die sog. Mantelkaufregelung des § 8c KStG hat jedoch einen anderen Fall im Blick. Die Vorschrift soll die Übertragung des mittelbaren wirtschaftlichen Vorteils von vorgetragenen Verlusten der Gesellschaft auf einen anderen Gesellschafter verhindern. Lediglich der Gesellschafter, der den mittelbaren Nachteil aus den Verlusten der Körperschaft in Form von fehlendem Ausschüttungspotential und Wertminderungen der Anteile erlitten hat, soll auch den korrespondierenden mittelbaren Vorteil aus dem Verlustabzug erhalten. Eine Übertragung dieses Vorteils auf einen anderen Gesellschafter soll nicht möglich sein.⁴⁵

In einem Erbfall liegt aber eine andere Situation vor. Der Erbe ist (auch steuerrechtlich) Gesamtrechtsnachfolger des Erblassers als Anteilseigner. Er erbt die Anteile ebenso wie Verbindlichkeiten und etwa durch die mittelbaren Nachteile gemindertes sonstiges Vermögen. Damit ist der Erwerb von Todes wegen nicht vom Zweck des § 8c KStG erfasst.⁴⁶ Die Norm ist teleologisch zu reduzieren. Dem Abzug des vorgetragenen Verlustes aus dem Jahr 01 steht demnach nichts im Wege.

Die Einkünfte der GmbH von 10.000 € sind um den Verlust des Vorjahres von 9000 € zu verringern.

Mangels Freibeträgen beträgt das zu versteuernde Einkommen damit 1.000 €. Auf dieses ist gemäß § 23 Abs. 1 KStG der Tarif von 15 % anzuwenden. Damit beträgt die Körperschaftsteuer 150 € (= 1.000 € * 15 %), so dass für eine Ausschüttung und damit Einnahmen bei S ein Betrag von 850 € zur Verfügung steht.

bb) Werbungskosten
Es entstehen dem S Aufwendungen von 850 € für die Verwaltung durch die Bank. Diese stellen dem Grunde nach Werbungskosten im Sinne des § 9 Abs. 1 S. 1 EStG dar. Der Abzug von tatsächlichen Werbungskosten ist aber nach § 20 Abs. 9 S. 1 Hs. 2 EStG bei Einkünften aus Kapitalvermögen grundsätzlich ausgeschlossen. Vielmehr ist der Sparer-Pauschbetrag von 801 € anzusetzen, § 20 Abs. 9 S. 1 Hs. 1 EStG.

cc) Wahlrecht des § 32d Abs. 2 Nr. 3 Buchst. a EStG
Jedoch findet § 20 Abs. 9 EStG nach § 32d Abs. 2 Nr. 3 S. 2 EStG auf Antrag des Steuerpflichtigen keine Anwendung, wenn Ausschüttungen von Kapitalgesellschaften in Frage stehen, an denen der Anteilseigner zu mindestens 25 % beteiligt ist, § 32d Abs. 2 Nr. 3 Buchst. a EStG. Angesichts der Beteiligung von 100 % kann S hier dieses Wahlrecht in Anspruch nehmen. Folge ist nach § 32d Abs. 2 Nr. 3

---

⁴³ *Brandis*, in: Blümich, EStG/KStG/GewStG, Loseblatt, Stand: 03/2014, § 8c KStG Rn. 45.
⁴⁴ *Müller-Christmann*, in: Bamberger/Roth, BGB, Stand: November 2014, § 1922 Rn. 18.
⁴⁵ *Frotscher*, in: Frotscher/Maas, KStG/GewStG/UmwStG, Loseblatt, Stand: August 2013, § 8c KStG Rn. 4.
⁴⁶ BMF v. 04.07.2008 – IV C 7-S 2745-a/08/10001, BStBl. I 2008, 736 Tz. 4; *Frotscher*, in: Frotscher/Maas, KStG/GewStG/UmwStG, Loseblatt, Stand: August 2013, § 8c KStG Rn. 29.

S. 2 EStG, dass § 3 Nr. 40 S. 2 EStG, der das Teileinkünfteverfahren auf Fälle der Subsidiarität von Kapitaleinkünften gemäß § 20 Abs. 8 EStG beschränkt, nicht gilt. Damit sind gemäß § 3 Nr. 40 Buchst. d EStG 40% der Ausschüttung steuerfrei. Gleichzeitig sind nach § 3c Abs. 2 S. 1 EStG Werbungskosten nur zu 60% abzugsfähig. Damit ergeben sich bei Inanspruchnahme des Wahlrechts Einkünfte von 0 € (= 850 € * 0,6 ./. 850 € * 0,6).

Diese Rechtsfolge ist in jedem Fall günstiger als die Abgeltungsteuer auf 49 € und das Wahlrecht der persönlichen Veranlagung des § 32d Abs. 6 S. 1 EStG, da dieses nur den Steuersatz, nicht aber die Höhe der Einkünfte betrifft. Da S eine möglichst niedrige Steuerbelastung wünscht, wird er von der Möglichkeit des § 32d Abs. 2 Nr. 3 Buchst. a EStG Gebrauch machen. Die Einkünfte aus der Ausschüttung der GmbH sind demnach mit 0 € anzusetzen.

3. Ausschüttung der AG

Die Ausschüttung fällt gemäß § 20 Abs. 1 Nr. 1 EStG unter die Einkünfte aus Kapitalvermögen. Die Einnahmen betragen 4201 €. Grundsätzlich stellen die Schuldzinsen von 850 € nach § 9 Abs. 1 S. 3 Nr. 1 EStG Werbungskosten dar. Ein Werbungskostenabzug wird jedoch von § 20 Abs. 9 S. 1 Hs. 2 EStG verhindert. Vielmehr ist wiederum nach § 20 Abs. 9 S. 1 Hs. 1 EStG der Sparerpauschbetrag von 801 € anzusetzen. Ausnahmen im Rahmen des § 32d Abs. 2 EStG sind angesichts der geringen Beteiligung nicht einschlägig. Damit ergeben sich Einkünfte von 3.400 € (= 4.201 € ./. 801 €).

4. Zwischenergebnis

Es ergibt sich eine Summe der Einkünfte von 8.400 € (= 5.000 € + 3.400 €).

II. Gesamtbetrag der Einkünfte

Die Summe der Einkünfte entspricht mangels Einschlägigkeit des Altersentlastungsbetrages oder des Entlastungsbetrags für Alleinerziehende auch dem Gesamtbetrag der Einkünfte.

III. Einkommen

Vom Gesamtbetrag der Einkünfte sind nach § 10d Abs. 2 S. 1 EStG die vorgetragenen Verluste abzuziehen. Es ergibt sich ein Verlustvortrag des S selbst aus dem Jahr 01 von 1100 €.[47] Gleichzeitig ist er Erbe der M. Diese war im Jahr 01 auch an der GbR beteiligt und erzielte mangels anderer Einkunftsquellen ebenso einen Verlust von 1.100 €, den sie nach § 4a Abs. 2 Nr. 2 EStG noch im Jahr 01, also zu Lebzeiten bezogen hat. Diesen Verlustvortrag könnte nun S als Erbe geltend machen.

Aus dem Prinzip der Besteuerung nach der individuellen Leistungsfähigkeit muss jedoch im Grunde folgen, dass Verluste und damit auch Verlustvorträge nicht

---

[47] Siehe oben A.III.3.

auf Dritte übertragbar sind.[48] Eine Ausnahme davon könnte der Erbfall bilden.[49] So tritt der Erbe weitgehend in die steuerlichen Rechte und Pflichten des Erblassers ein. Der Verlustvortrag als persönliches Besteuerungsmerkmal ist aber bereits seiner Natur nach nicht auf andere Personen übertragbar.[50] Somit kann S nur seinen persönlichen Verlust von 1.100 € geltend machen.

Ferner ist in Ermangelung des Nachweises höherer Sonderausgaben der Pauschbetrag des § 10c S. 1 EStG von 36 € abzuziehen. Damit beträgt sein Einkommen 7.264 € (= 8.400 €./. 1.100 €./. 36 €).

IV. Zu versteuerndes Einkommen
Das Einkommen entspricht auch dem zu versteuernden Einkommen im Sinne des § 2 Abs. 5 S. 1 EStG.

V. Tarifliche Einkommensteuer
Das zu versteuernde Einkommen ist Bemessungsgrundlage für die tarifliche Einkommensteuer. Grundsätzlich ist diese nach dem Grundtarif des § 32a Abs. 1 S. 2 EStG zu berechnen. In den Einkünften des S sind aber solche im Sinne des § 20 Abs. 1 Nr. 1 EStG enthalten, die grundsätzlich gemäß § 32d Abs. 1 S. 1 EStG der Abgeltungsteuer von 25% unterliegen. Diesbezüglich besteht aber stets das Wahlrecht des § 32d Abs. 6 S. 1 EStG. Damit würden auch die Einkünfte aus der Ausschüttung der AG in den normalen Tarif einbezogen. Das Abzugsverbot tatsächlicher Werbungskosten des § 20 Abs. 9 S. 1 Hs. 2 EStG gilt weiterhin, so dass nach wie vor lediglich der Sparerpauschbetrag abzugsfähig ist.[51]

1. Einkommensteuertarif
Ohne Inanspruchnahme dieses Wahlrechts ergäbe sich für das restliche zu versteuernde Einkommen von 3.864 € (= 5.000 €./. 1.100 €./. 36 €), das unter dem Grundfreibetrag des § 32a Abs. 1 S. 2 Nr. 1 EStG liegt, eine tarifliche Einkommensteuer von 0 €. Gleichzeitig ergäbe sich eine Steuer nach § 32d Abs. 1 S. 1 EStG von 850 € (= 3.400 € * 25%).

2. Wahlrecht des § 32d Abs. 6 S. 1 EStG
Bei Unterwerfung auch der Kapitaleinkünfte unter den Tarif des § 32a EStG berechnete sich die tarifliche Einkommensteuer aus dem zu versteuernden Einkommen von 7.264 €. Sie betrüge 0 €, § 32a Abs. 1 S. 2 Nr. 1 EStG. S wird folglich von dem Wahlrecht Gebrauch machen.

VI. Ergebnis
Die festzusetzende Einkommensteuer des S beträgt 0 €.

---

[48] BFH v. 27.10.1994 – I R 60/94, BStBl. II 1995, 326; v. 28.07.2004 – XI R 54/99, BStBl. II 2005, 262 (265); *Schlenker*, in: Blümich, EStG/KStG/GewStG, Loseblatt, Stand: 03/2014, § 10d EStG Rn. 161 ff.
[49] Vgl. BFH v. 17.06.1997 – IX R 30/95, BStBl. II 1997, 802 (802 f.); v. 20.03.2002 – II R 53/99, BStBl. II 2002, 441; v. 17.12.2007, GrS 2/04, BStBl. II 2008, 608.
[50] Vgl. Fall 5.
[51] *Lambrecht*, in: Kirchhof, EStG, 14. Aufl. 2015, § 32d Rn. 20.

Fall 11: Vielfältiger Elektromotorenbau

Sachverhalt

Sie arbeiten als Steuerberater. Eines Tages erscheint der Unternehmer U in ihrer Kanzlei und schildet Ihnen folgenden Sachverhalt:

„Für meinen Geschäftsbereich Elektrokleinmotorenbau hatte ich bis zum Ende des Jahres 0 ein Joint-Venture mit T und V. Wir hielten jeweils 1/3 an der VUT-OHG, welche unsere Aktivitäten im Elektrokleinmotorenbau bündelte. Zum Ende des Jahres 0 hat V hingeschmissen und mir sein Drittel für den stolzen Preis von 1,2 Mio € verkauft." Die Schlussbilanz der VUT-OHG zum Ende des Jahres 0 lautet folgendermaßen:

Aktiva			Passiva
Anlagevermögen		**Eigenkapital**	
Patent 1	250.000	Kapitalkonto T	600.000
Grund und Boden	100.000	Kapitalkonto U	600.000
Meisenweg 2		Kapitalkonto V	600.000
Grund und Boden Industriestr. 1	600.000		
Fabrikhalle Industriestr. 1	400.000	**Verbindlichkeiten**	
Fertigungsstraße 1	300.000	Verbindlichkeiten	410.000
Fertigungsstaße 2	300.000		
Umlaufvermögen			
Bank	50.000		
Forderungen	200.000		
Kasse	10.000		

Die Anschaffungskosten der Fertigungsstraßen betrugen 600.000 €. Sie haben eine Nutzungsdauer von 10 Jahren. Die Anschaffungskosten der Fabrikhalle betrugen 1.000.000 €.

Bei der Bemessung des Kaufpreises haben wir das Unternehmen von einem Wirtschaftsprüfer bewerten lassen. Dieser hat stille Reserven ausgemacht. Da die

Lage der Fabrikhalle in der Industriestr. 1 begehrt geworden sei und die Grundstückspreise allgemein gestiegen seien, sei der Grund und Boden nun das Doppelte wert. Das Patent 1, das Grundlage unseres Elektrokleinmotorenbaus ist, sei heute mit 350.000 € zu taxieren. Eine noch höhere Bewertung scheide nur deshalb aus, weil der Patentschutz in vier Jahren ausläuft. Schließlich sei der Unternehmenswert, insbesondere angesichts der aufgebauten Kundenbeziehungen, mit weiteren 200.000 € zu bewerten. Diese ganzen Bewertungen haben mir das Geschäft ganz schön teuer gemacht. Ich frage mich, wie das steuerlich zu behandeln ist, das muss in der Bilanz doch irgendwie ergänzend berücksichtigt werden.

Ansonsten gab es im Jahr 1 folgende Geschäftsvorfälle:

- Das bisher ungenutzte Grundstück Meisenweg 2 wird zum 1. Januar an einen Gebrauchtwagenhändler als Aus- und Abstellfläche vermietet. Die in Rechnung gestellte Jahresmiete von 60.000 € wird innerhalb weniger Tage auf das Bankkonto der OHG überwiesen.
- Aufgrund erhöhter Auftragseingänge zum Jahresende 00 benötigt die OHG dringend einen zusätzlichen Gabelstapler. Da kommt es gerade gelegen, dass sich U vor 2 Jahren privat einen Gabelstapler für 24.000 € anschaffte, um besser an seiner Autosammlung basteln zu können. Diesen stellt er der OHG ab dem 01.01.01 für einen monatlichen Mietzins i. H. v. 400 € (angemessen) zur Verfügung. Der Mietzins wird am 15. eines jeden Monats vom Bankkonto bezahlt. Die Nutzungsdauer des Gabelstaplers beträgt 8 Jahre, der Teilwert zum 01.01.01 19.000 €.
- Die Fertigungsstraße 1 musste im Januar für 50.000 € repariert werden. Die Rechnung wird vom Bankkonto bezahlt.
- Ende Januar zahlten wichtige Kunden Rechnungen aus dem Jahr 0 in Höhe von 50.000 € auf das Bankkonto. Die OHG zahlte ihrerseits die offenen Verbindlichkeiten an Lieferanten von ihrem Bankkonto.
- Im Februar musste ein Kunde Insolvenz anmelden, der noch eine Rechnung in Höhe von 50.000 € offen hatte. Die Eröffnung wurde mangels Masse abgelehnt. Weder die gelieferte Ware noch andere verwertbare Gegenstände waren auffindbar.
- Im Juni konnte die OHG ein neues Patent, das Patent 2, registrieren. Die beauftragten Ingenieure schätzen es auf einen Wert von 1.000.000 €. Das Patent beruht auf Vorarbeiten, die eine Universität im Auftrage der OHG geleistet hat und die in der Vergangenheit mit 200.000 € vergütet wurden. Diese Vorarbeiten untersuchten grundlegende Materialeigenschaften bestimmter Werkstoffe und Auswirkungen der Wicklungen auf die Wirksamkeit von Elektromagneten. Aufgrund der Ergebnisse konnte die kleine Entwicklungsabteilung der OHG Ansatzpunkte für Designverbesserungen der Elektromotoren suchen und schließlich ein effizienteres Modell entwickeln, dessen neuartige Merkmale Inhalt des Patents sind. Die Kosten für die Entwicklung belaufen sich auf 250.000 € Lohnkosten für die Ingenieure, die aber bereits in den Vorjahren angefallen sind. Diese Ingenieure erhielten nach erfolgreicher Registrierung des Patents eine Anerkennungsprämie von 50.000 €, die im Arbeitsvertrag nicht vorgesehen war.

Fall 11: Vielfältiger Elektromotorenbau

- Im Dezember konnte eine größere Bestellung ausgeliefert werden. Die gestellte Rechnung lautete auf 1.201.000 €. Der Kunde zahlte leider erst am 2. Januar 02.

In meinem weiteren Geschäftsbereich Elektrogroßmotorenbau werden die Aktivitäten im Hinblick auf eine mögliche internationale Expansion in der U-Deutschland (UD) GmbH gebündelt. Die eigentliche Produktion findet im Werk Hannover statt, organisiert als U-Hannover (UH) GmbH, einer 100%-Tochter der UD. Der Gewinn der UH-GmbH im Jahr 1 beträgt 1 Mio. € und wurde nach Abzug der Körperschaftssteuer vollständig an die UD ausgeschüttet.

Zum Schluss muss ich noch ergänzen, dass ich die Anteile an der VUT-OHG und der UD GmbH nicht selbst halte, sondern über die U-Holding GmbH und Co. (UH) KG. Komplementär ist die zu einem Viertel am Gewinn beteiligte U-Verwaltungs (UV) GmbH, die ich natürlich ebenfalls vollständig kontrolliere. Persönlich habe ich einen Arbeitsvertrag bei der UV-GmbH als Geschäftsführer, der mir erfolgsabhängig den nachsteuerlichen Gewinn als Vergütung zustehen lässt.

Der nachsteuerliche Gewinn wird von allen Unternehmenseinheiten an ihre Gesellschafter ausgeschüttet. Herr Anwalt, nun sagen sie mir bitte, wie hoch sind meine Einkünfte im Jahr 1? Und wenn sie schon dabei sind, sagen sie mir doch auch, wie das Patent 2 handels- wie steuerrechtlich richtig bilanziert wird."

Bearbeitungsvermerk Der Auftrag des U ist zu erledigen. Die Jahre 0 und 1 sind fiktive Jahre, der Bearbeitung ist einheitlich das Steuerrecht Stand VZ 2014 zu Grunde zu legen. Alle aufgeworfenen Rechtsfragen sind, ggf. hilfsgutachtlich, zu beantworten. Der Solidaritätszuschlag und die Gewerbesteuer sind nicht zu prüfen und nicht zu berücksichtigen.

Berechnungen müssen nicht durchgeführt werden, es genügt jeweils die Angabe der aufgrund der rechtlichen Würdigung vorzunehmenden Rechenschritte.

Gliederung

Lösung 237
  A. Gewinnanteil an der UH KG 237
    I. Einkünfte der UH-KG aus der VUT-OHG 237
      1. Qualifikation 237
      2. Gewinnanteil 239
        a) Vermietung Meisenweg 2 239
        b) Gabelstapler 239
        c) Reparatur Fertigungsstraße 240
        d) Zahlung der Rechnungen im Februar 240
        e) Insolvenz des Kunden im Februar 240
        f) Patent 2 240
        g) Auslieferung Dezember 241
        h) AfA 242
        i) Zwischenergebnis 242
      3. Ergänzungsbilanz der Obergesellschaft UH-KG bei der
        Untergesellschaft VUT-OHG 242
    II. Einkünfte aus der Beteiligung an der UD-GmbH 244
    III. Ergebnis 245
  B. Sonderbereich 245
    I. Gabelstapler des U 245
    II. Ausschüttung der UV-GmbH 246
      1. Gewinn der UV-GmBH 246
        a) Gewinnanteil an UH-KG 246
        b) Gehaltszahlung an U 246
        c) Ergebnis 247
    III. Geschäftsführergehalt 247
  C. Gesamtergebnis 247

Sachverhaltsskizze

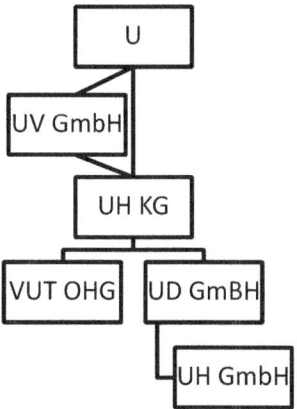

Lösung

U ist als natürliche, in Deutschland wohnhafte Person unbeschränkt steuerpflichtig (§ 1 EStG).

U ist Kommanditist der UH KG und Alleingesellschafter der UV GmbH, welche Komplementär der UH KG ist. Alle weiteren Beteiligungen werden über die UH KG gehalten.

A. Gewinnanteil an der UH KG

Die UH-KG ist nach §§ 161 Abs. 1, 2, § 6 Abs. 1 HGB Kaufmann und damit nach §§ 238 ff. HGB buchführungspflichtig. Der Gewinn der UH-KG bemisst sich nach dem qualifizierten Betriebsvermögensvergleich des §§ 4, 5 Abs. 1 EStG. Die Personengesellschaft ist partiell steuerrechtsfähig, da sie Subjekt der Einkünfteermittlung ist.

I. Einkünfte der UH-KG aus der VUT-OHG

1. Qualifikation

U ist an der UH-KG beteiligt, die wiederum an der VUT-OHG beteiligt ist. Es liegt somit der Fall einer doppelstöckigen Personengesellschaft vor. § 15 Abs. 1 Nr. 2 S. 2 EStG bestimmt hierfür, dass die Gesellschafter an der Obergesellschaft mittelbar der Untergesellschaft zugerechnet werden.

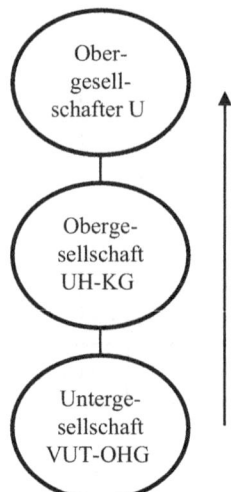

Hinweis

Vor Einführung des § 15 Abs. 1 Nr. 2 S. 2 EStG hat der Große Senat des BFH die Transparenz auf die Obergesellschaft beschränkt.[1] Die Gewinnanteile an der Untergesellschaft wurden als solche intransparent zugerechnet („durchgestockt"). Diese schlüssige Lösung wurde durch Gesetz geändert, um eine Zurechnung von Sonderbetriebsvermögen auch bei der Untergesellschaft zu ermöglichen. Nach. h. M. beschränkt sich die Wirkung des § 15 Abs. 1 Nr. 2 S. 2 EStG auf den Sonderbereich, der Obergesellschafter wird Sondermitunternehmer der Untergesellschaft, aber nicht Mitunternehmer als solcher, dies ist die UH-KG. Da im vorliegenden Fall Sonderbetriebsvermögen des U an der VUT-OHG keine Rolle spielt, war es daher auch gut vertretbar, die nachfolgende Prüfung des § 15 Abs. 1 Nr. 2 S. 2 EStG dahinstehen zu lassen.

Nach § 15 Abs. 1 Nr. 2 S. 2 EStG ist dazu erforderlich, dass der U sowohl bei der Obergesellschaft UH-KG als auch bei der Untergesellschaft VUT-OHG Mitunternehmer mit Mitunternehmerinitiative und Mitunternehmerrisiko ist, so dass sich der mitunternehmerische Einfluss auf die Untergesellschaft erstreckt.[2]

Daher ist zuerst die Beteiligung der UH-KG an der VUT-OHG zu qualifizieren. Die UH-KG ist Gesellschafter der OHG. Sie muss auch Mitunternehmer sein. Die Gesellschafterstellung an einer OHG ist in § 15 Abs. 1 Nr. 2 S. 1 EStG ausdrücklich erwähnt, so dass mangels besonderer Gestaltungen von hinreichender Mitunter-

---

[1] BFH v. 25.2.1991, GrS 7/89; BStBl. 1991 II, S. 691; vgl. *Hennrichs* in Tipke/Lang, 21. Aufl. 2013 § 10 Rn. 143; näher zu den Auswirkungen *Reiß*, in: Kirchhof, EStG, 14. Aufl. 2015, § 15 Rn. 344.
[2] *Reiß,* in: Kirchhof, EStG, 14. Aufl. 2015, § 15 Rn. 344.

nehmerinitiative und Mitunternehmerrisiko auszugehen ist. Die Beteiligung an der OHG alleine genügt jedoch nicht, diese muss auch selbst Einkünfte aus Gewerbebetrieb beziehen. Die VUT-OHG ist im Elektromotorenbau tätig, so dass gewerbliche Einkünfte nach § 15 Abs. 1 Nr. 2 S. 2 EStG vorliegen. Somit liegt eine mitunternehmerische Beteiligung der UH-KG an der VUT-OHG vor.

Nun ist die Beteiligung des U an der UH-KG zu qualifizieren. U hat als Kommanditist nach dem Leitbild des § 15 Abs. 1 Nr. 2 S. 2 EStG grundsätzlich hinreichendes Unternehmerrisiko und hinreichende Mitunternehmerinitiative. Allein die Kommanditisteneigenschaft reicht aber grundsätzlich nicht, die Tätigkeit der OHG muss auch unternehmerisch sein. Nach § 15 Abs. 3 S. 1 2. Alt EStG infiziert die gewerbliche Qualifikation auf Ebene der UH-KG jedoch auch die Ebene des U. Zudem handelt es sich bei der UH-KG um eine gewerblich geprägte Personengesellschaft nach § 15 Abs. 3 Nr. 2 EStG. Nur die UV-GmbH ist persönlich haftender Gesellschafter und nur diese ist zur Geschäftsführung befugt. Dass der U auch Geschäftsführer der UV-GmbH ist, ist ein Internum der UV-GmbH und bleibt daher außer Betracht.

Somit besteht eine mitunternehmerische Beteiligungskette von U über die UH-KG zur VUT-OHG, die einen Gewerbebetrieb nach § 15 Abs. 1 Nr. 2 S. 2 EStG betreibt. Durch die Abfärbewirkung nach § 15 Abs. 3 Nr. 1 EStG sind alle Einkünfte sowohl der VUT-OHG als auch der UH-KG als Einkünfte aus Gewerbebetrieb nach § 15 Abs. 1 Nr. 2 EStG zu qualifizieren.

2. Gewinnanteil

Die VUT-OHG ist nach §§ 105 Abs. 1, § 6 Abs. 1 HGB Kaufmann und damit nach den §§ 238 ff. HGB buchführungspflichtig. Der Gewinn der VUT-OHG bemisst sich damit grundsätzlich nach dem qualifizierten Betriebsvermögensvergleich der §§ 4, 5 Abs. 1 EStG.

a) Vermietung Meisenweg 2

Zwar kommen bei der Vermietung des Grundstückes Meisenweg 2 grundsätzlich Einkünfte aus Vermietung und Verpachtung nach § 21 EStG in Betracht. Wie bereits dargestellt sorgt die Abfärbewirkung nach § 15 Abs. 3 Nr. 1 EStG jedoch für eine Umqualifikation in Einkünfte aus Gewerbebetrieb.

Handelsbilanziell wird die Mietforderung erst ertragswirksam als Forderung von 60.000 € gebucht. Die Zahlung wenige Tage später stellt dann lediglich einen aufwandsneutralen Aktivtausch dar. Steuerlich liegen Betriebseinnahmen von 60.000 € vor.

Buchungssätze: Per Forderung 60.000 an Ertrag 60.000; per Bank 60.000 an Forderungen 60.000.

b) Gabelstapler

Die Mietzinszahlungen stellen handelsbilanziell einen Aufwand dar. Buchungssatz: Per Mietaufwand 4.800 € an Bank 4.800 €. Der Aufwand ist steuerlich voll als Betriebsausgabe zu berücksichtigen.

c) Reparatur Fertigungsstraße

Die Reparatur der Fertigungsstraße stellt handelsbilanziell einen Aufwand dar. Buchungssatz: Per Aufwand 50.000 an Bank 50.000. Der Aufwand ist steuerlich voll als Betriebsausgabe zu berücksichtigen.

d) Zahlung der Rechnungen im Februar

Handelsbilanziell wurden die Forderungen an die Kunden bereits mit ihrem Entstehen im Jahr 00 verbucht und damit ertragswirksam. Das spätere Begleichen der Rechnung ist damit nur noch ein ertragsneutraler Aktivtausch: Per Bank 50.000 an Forderungen 50.000.

Das gleiche gilt für die Verbindlichkeiten: Sie wurden bereits im Jahr 00 aufwandswirksam gebucht, so dass in ihrer Bezahlung grundsätzlich ein ertragsneutraler Aktiv-Passivtausch vorliegt.

Die Verbindlichkeiten sind der Bilanz mit 410.000 angegeben, das Bankkontoguthaben, aus denen sie beglichen werden, beträgt nach den vorherigen Geschäftsvorfällen 110.000. Damit findet in Höhe der Differenz von 300.000 € lediglich eine Umschichtung zwischen Lieferantenverbindlichkeiten und Bankverbindlichkeiten statt (Passivtausch), so dass es bei Verbindlichkeiten in Höhe von 300.000 € bleibt

Buchungssatz: Per Verbindlichkeiten 110.000 an Bank 110.000.

Mangels handelsrechtlichem Ertrag oder Aufwand liegen auch keine Betriebseinnahmen und keine Betriebsausgaben vor.

e) Insolvenz des Kunden im Februar

Handelsbilanziell ist die Forderung wegen Uneinbringlichkeit auf Null abzuschreiben (§ 253 Abs. 3 S. 3 HGB), sie verschwindet als Wirtschaftsgut. Per Aufwand 50.000 an Forderungen 50.000. Steuerrechtlich muss eine Teilwertabschreibung auf Null erfolgen (§ 6 Abs. 1 Nr. 1 S. 2 EStG), da die Forderung dauerhaft uneinbringlich ist. Somit liegen Betriebsausgaben in Höhe von 50.000 € vor.

f) Patent 2

Es handelt sich um ein Patent im Zusammenhang mit dem Elektrokleinmotorenbau, mithin um Einkünfte aus gewerblicher Mitunternehmerschaft (§ 15 Abs. 1 Nr. 2 EStG).

Fraglich ist, ob das Patent 2 in der Bilanz zu berücksichtigen ist. Als marktgängiges Recht ist es grundsätzlich ein Wirtschaftsgut, allerdings ein selbstgeschaffenes immaterielles. Früher war die Bilanzierung selbst geschaffener immaterieller Wirtschaftsgüter verboten. Mit dem BilMoG wurde eine differenzierte Regelung eingeführt. Nach § 255 Abs. 2a HGB sind als Herstellungskosten die Entwicklungskosten nach § 255 Abs. 2a S. 2 HGB anzusetzen, nicht jedoch die Forschungskosten nach S. 3.

Die Vorarbeiten an der Universität müssen daher entweder als Entwicklungs- oder als Forschungskosten qualifiziert werden. Entwicklungskosten setzen eine Anwendung von Forschungsergebnissen im Hinblick auf bestimmte Güter und Verfahren voraus. Forschungskosten haben noch keinen direkten Bezug zu bestimmten Gütern und Verfahren, insbesondere ist die technische und wirtschaftliche Verwertbarkeit noch offen. Dementsprechend sind die Aufwendungen für die Universität nicht als Entwicklungs- sondern als Forschungskosten zu qualifizieren. Zwar ist aufgrund des Geschäftsfeldes Elektromotorenbau klar, dass es um die Verbesserung der produzierten Elektrokleinmotoren geht. Der Auftrag bezog sich aber lediglich auf allgemeine Materialeigenschaften und magnetische Effekte, nicht auf konkretes Motorendesign. Diese Ergebnisse dienten der hausinternen Entwicklungsabteilung dann erst in einem zweiten Schritt zur Anwendung auf konkretes Motorendesign. Die 200.000 € Aufwendung an die Universität sind daher nicht aktivierbare Forschungskosten.

Die Arbeit der Entwicklungsabteilung, die aus diesen Ergebnissen eine konkrete Anwendung auf das Motorendesign hervorbrachte, ist hingegen als Entwicklung nach § 255 Abs. 2a S. 2 HGB anzusehen, so dass die Personalkosten von 250.000 € anzusetzen sind.

Fraglich ist, ob dies auch für die nachträgliche Anerkennungsprämie gilt. § 255 Abs. 2a HGB spricht von den „bei der Entwicklung anfallenden Aufwendungen", der in Bezug genommene § 255 Abs. 2 S. 1 HGB spricht auch von Aufwendungen „für die Herstellung", § 255 Abs. 2 S. 3 HGB beschränkt den Abzug ausdrücklich auf den Zeitraum der Herstellung. Die Prämie erfolgte jedoch nachträglich, während des Herstellungszeitraums wurde kein Anspruch auf diese begründet. Die Bindung der anzusetzenden Kosten soll jedoch eine Gewähr für den richtigen Ansatz bieten. Wenn das immaterielle Wirtschaftsgut schon nicht durch eine Markttransaktion bewertet wurde, sollen im Rahmen des Vorsichtsprinzips nur die zur Herstellung aufgewendeten Kosten angesetzt werden, in der Vermutung, dass das Wirtschaftsgut zumindest die in es „hineingesteckten" Kosten wiederspiegelt. Bei Zahlung der Anerkennungsprämie war das Wirtschaftsgut aber schon hergestellt. Die Zahlung war zur Herstellung nicht notwendig und war somit vielmehr zur Motivation für zukünftige Arbeiten gedacht. Es kann daher nicht angesetzt werden.

Handelsbilanziell ist das Patent 2 daher ungeachtet der Schätzung der Ingenieure nur mit den Personalkosten in Höhe von 250.000 € ertragswirksam anzusetzen. Buchungssatz: Per Immaterielles Wirtschaftsgut Patent 2 250.000 € an Ertrag 250.000 €.

Die Anerkennungsprämie von 50.000 € stellt Aufwand dar; per Aufwand 50.000 € an Verbindlichkeiten 50.000 €.

Steuerrechtlich bleibt es nach § 5 Abs. 2 EStG jedoch bei der Nichtansetzbarkeit selbst geschaffener immaterieller Wirtschaftsgüter. In die Steuerbilanz darf das Patent 2 damit nicht aufgenommen werden. Eine Einheitsbilanz ist daher nicht möglich. Folglich liegen auch keine Betriebseinnahmen vor. Diese entstehen erst, wenn das Patent verkauft werden sollte und sich dadurch der Wert des Patentes realisiert. Die Anerkennungsprämie ist eine sofort wirksame Betriebsausgabe in Höhe von 50.000 €.

g) Auslieferung Dezember

Die im Dezember ausgelieferte Bestellung begründet vertraglich die Forderung nach der Gegenleistung. Bilanzrechtlich darf die Forderung (hier: der Vergütungsanspruch der OHG) aktiviert werden, da bereits die eigene Gegenleistung erbracht ist (Realisationsprinzip). Somit sind die in Rechnung gestellten 1.201.000 € als Forderung ertragswirksam zu aktivieren: Per Forderung 1.201.000 € an Ertrag

1.201.000 €. Auf die Zahlung der Rechnung erst im Jan 02 kommt es nicht an. Auch steuerrechtlich liegen somit Betriebseinnahmen von 1.201.000 € vor.

Zur Vertiefung

Die Bilanzierung ermöglicht über diese Aufnahme antizipativer Posten (Ertrag/ Aufwand vor Zahlungsvorgang) eine periodengerechte Gewinnermittlung. Das Gegenteil stellen Rechnungsabgrenzungsposten dar, bei denen die Zahlung dem eigentlichen Entstehen von Ertrag/Aufwand vorhergehen.[3]

h) AfA

Während Grund und Boden nicht abnutzbar sind, unterliegt die Fabrikhalle als Gebäude der Absetzung für Abnutzung. Nach § 7 Abs. 4 Nr. 1 EStG ist sie als Nichtwohngebäude des Betriebsvermögens mit jährlich 3 % abzuschreiben. Die AfA-Rate beträgt damit 30.000 €.

Die Fertigungsanlagen sind als bewegliche Wirtschaftsgüter des Anlagevermögens nach § 7 Abs. 1 EStG linear auf ihre Gesamtnutzungsdauer abzuschreiben. Die Fertigungsstraßen haben eine Gesamtnutzungsdauer von 10 Jahren, so dass die jährliche Abschreibung bei Anschaffungskosten von 600.000 € 60.000 € beträgt.

Fraglich ist, ob das Patent abnutzbar ist. Das Patent hat einen zeitlich begrenzten Patentschutz. Dem erfindenden Unternehmen soll eine gewisse exklusive Verwertungszeit eingeräumt werden, danach soll es auch der Konkurrenz im Markt offen stehen. Die Restlaufzeit des Patentschutzes beträgt nur noch vier Jahre. Somit ist von einer Abnutzung auszugehen.[4] Eine noch kürzere wirtschaftliche Nutzungsdauer und damit eine schnellere Abschreibung sind denkbar,[5] bei dem Patent 1 aber nicht ersichtlich. Im Gegenteil ist das Patent 1 immer noch eine Grundlage der Produktion. Daher sind 62.500 € Abschreibung anzusetzen.

Insgesamt betragen die Betriebsausgaben aus AfA damit 152.500 €.

i) Zwischenergebnis

Im Ergebnis stehen Betriebseinnahmen von 1.261.000 € Betriebsausgaben von 302.500 € gegenüber. Der Gewinn beträgt damit 958.500 €. Entsprechend des nach Ausscheiden von V erhöhten Gewinn- und Verlustanteils von 2/3 sind der UH-KG damit 639.000 € zuzurechnen.

3. Ergänzungsbilanz der Obergesellschaft UH-KG bei der Untergesellschaft VUT-OHG

Fraglich ist, ob der Gewinnanteil im Rahmen einer Ergänzungsbilanz zu modifizieren ist. Ergänzungsbilanzen sind zu bilden, wenn durch Gesellschafterwechsel einem Gesellschafter ein Mehr- oder Minderaufwand entsteht, der sich nicht in dem

---

[3] Vgl. *Schubert/Krämer*, in: Beck'scher Bilanz-Kommentar, 9. Aufl. 2014, § 250 HGB, Rn. 2, 4.

[4] *Schubert/Roscher/Andrejewski*, in: Beckscher Bilanzkommentar, 9. Aufl. 2014, § 253 HGB Rn. 382.

[5] *Schubert/Roscher/Andrejewski*, ebd.

in der Gesamtbilanz ausgewiesenem Kapitalanteil niederschlägt.[6] Der U hat mittelbar über die UH-KG den Kapitalanteil des V an der OHG Ende 00 übernommen. Obwohl der Kapitalanteil laut Schlussbilanz nur 600.000 € wert war, hat die UH-KG 1,2 Mio. € für diesen gezahlt, da sie aufgrund der Unternehmensbewertung für stille Reserven, die sich nicht in der Bilanz abbilden, mitgezahlt hat. Zwar muss die UH-KG das Kapitalkonto des V übernehmen, so dass sie insgesamt nun 1,2 Mio. € Kapital aufweist. Den Mehraufwand von 600.000 € muss die UH-KG in einer Ergänzungsbilanz aufgeteilt auf die stillen Reserven der Wirtschaftsgüter aktivieren und über einen Zeitraum ergebnismindernd abschreiben. Dies führt zu negativen Ergebnissen aus der Ergänzungsbilanz, die den Gewinnanteil der UH-KG vermindern.

> **Zur Vertiefung**
>
> Spiegelbild zum Zusatzaufwand der UH-KG ist der Veräußerungsgewinn des V in Höhe von 600.000 €, die dieser in 00 nach § 16 Abs. 1 S. 1 Nr. 2 EStG besteuern muss.

Die anteiligen stillen Reserven fallen nach der Bewertung des Wirtschaftsprüfers i. H. v. 600.000 € auf den Grund und Boden Industriestraße 1 und i. H. v. 100.000 € auf das Patent 1. Als allgemeiner Firmenwert fallen weitere 200.000 € an. Insgesamt gibt es also stille Reserven in Höhe von 900.000 €.

Der übernommene Gewinnanteil von 1/3 lässt die UH-KG aber nur zu 300.000 € an den stillen Reserven partizipieren. In die Ergänzungsbilanz zum 01.01.01 sind daher einzustellen:

- Grund und Boden Industriestraße: 600.000 € × 1/3 = 200.000 €
- Patent 1: 100.000 € × 1/3 = 33.333 €
- Firmenwert: 200.000 € × 1/3 = 66.667 €

Die UH-KG wendete jedoch weitere 300.000 € auf. Dabei handelt es sich nach § 246 Abs. 1 S. 4 HGB um einen weiteren Teil des Unternehmenswertes, der Differenz aus Kaufpreis und Wert der Wirtschaftsgüter.[7] Dieser wird entgeltlich erworben und fällt daher nicht unter § 5 Abs. 2 EStG.[8] Somit sind in der Zugangsbewertung weitere 300.000 € als allgemeiner Unternehmenswert zu bilanzieren, so dass dieser 366.667 € beträgt.

Ergänzungsbilanz zum 01.01.01

Grund und Boden Industrieweg 1	200.000 €	Kapital UH-KG	600.000 €
Patent 1	33.333 €		
Unternehmens-/Firmenwert	366.667 €		
	600.000 €		600.000 €

---

[6] Vgl. *Birk/Desens/Tappe*, Steuerrecht, 17. Aufl. 2014, Rn. 1154.
[7] Vgl. *Crezelius*, in Kirchhof, EStG, 14. Aufl. 2015, § 5 Rn. 72.
[8] Vgl. *Crezelius*, in Kirchhof, EStG, 14. Aufl. 2015, § 5 Rn. 72.

Im Laufe des Jahres 01 wird keines der zugrundeliegenden Wirtschaftsgüter verkauft und damit keine der stillen Reserven realisiert.

Da der gesamte Unternehmenswert nach dem Wirtschaftsprüfergutachten nur 200.000 € (anteilig zu 1/3 nur 66.667 €) beträgt, ist -dessen Richtigkeit unterstellt- in einem nächsten Schritt eine aufwandswirksame Teilwertabschreibung nach § 6 Abs. 1 Nr. 1. S. 2 EStG um 300.000 € auf 66.667 € vorzunehmen.

AfA kann nur bei abnutzbaren Wirtschaftsgütern anfallen.[9] Das Grundstück ist nicht abnutzbar. Das Patent ist wie geprüft abnutzbar, so dass auch die aktivierten stillen Reserven von 33.333 € auf die vier Jahre Restnutzungsdauer abzuschreiben ist, womit sich zusätzliche AfA von 8333 € ergibt.

Beim Unternehmenswert ist nach § 7 Abs. 1 S. 3 EStG von einer betriebsgewöhnlichen Nutzungsdauer von 15 Jahren auszugehen. Somit ergibt sich bei einem Wert von 66.667 € eine AfA von 4444 €.

Aus der Ergänzungsbilanz sind somit eine Teilwertabschreibung von 300.000 € und AfA in Höhe von 12.777 € als negativer Ergebnisbeitrag zu ergänzen.

Ergänzungsbilanz zum 31.12.01

Grund und Boden Industrieweg 1	200.000 €	Kapital UH-KG	287.223 €
Patent 1	25.000 €		
Unternehmens-/Firmenwert	62.223 €		
	287.223 €		287.223 €

Der Gewinnanteil der UH-KG ist um 312.777 € aus der Ergänzungsbilanz zu vermindern.

Die UH-KG hat einen Gewinnanteil von 326.223 € aus ihrer Beteiligung an der VUT-OHG.

II. Einkünfte aus der Beteiligung an der UD-GmbH

Die Zurechnung der Einkünfte aus dem Geschäftsbereich 2 erfolgt ebenfalls über die UH-KG. Der Gewinn der UD-GmbH und ihrer Töchter wird jedoch nicht direkt zugerechnet. Es kommt nur auf die Ausschüttungen der UD-GmbH an die UH-KG an.

Durch die Abfärbewirkung nach § 15 Abs. 3 Nr. 1 EStG sind alle Einkünfte der UH-KG als Einkünfte aus Gewerbebetrieb zu qualifizieren.

Die UH-GmbH ist nach § 1 Abs. 1 Nr. 1 KStG unbeschränkt steuerpflichtig. Sie hat einen Gewinn von 1 Mio. € erwirtschaftet, der das zu versteuernde Einkommen bildet (§§ 7, 8 Abs. 1 KStG, Einkünfte aus Gewerbebetrieb § 8 Abs. 2 KStG). Ein Freibetrag ist nach § 24 S. 2 KStG ausgeschlossen. Der Steuersatz beträgt nach § 23 Abs. 1 KStG 15 %. Somit beträgt die Körperschaftsteuerbelastung 150.000 €, der an die UD-GmbH ausschüttungsfähige und demnach auch ausgeschüttete Gewinn 850.000 €.

---

[9] Vgl. *Reiß,* in Kirchhof, EStG, 14. Aufl. 2015, § 15 Rn. 251.

Die UD-GmbH ist nach § 1 Abs. 1 Nr. 1 KStG unbeschränkt steuerpflichtig. Als einzige Einkunft gibt es die Ausschüttung der UD-GmbH in Höhe von 850.000 €. Die Ausschüttung ist jedoch nach § 8b Abs. 1 KStG von der Besteuerung freigestellt. Als Ausnahme bestimmt jedoch § 8b Abs. 5 S. 1 KStG, dass 5% der Ausgaben als nicht abziehbare Betriebsausgaben gelten. Diese der Mutter-Tochter-Richtlinie geschuldete Formulierung bedeutet lediglich, dass die Freistellung nur zu 95% gilt, 5% jedoch zu versteuern sind (auch „Schachtelstrafe genannt"). Dementsprechend sind 42.500 € zu versteuern, bei einem Steuersatz von 15% ergibt sich eine Steuerbelastung auf Ebene der UD von 6375 €. Der ausgeschüttete Gewinn der UD beträgt damit 843.625 €.

III. Ergebnis

Die UH-KG hat einen Gewinn von 326.223 € aus der VUT-OHG und von 843.625 € aus der UD-GmbH.

Hinsichtlich des auf U entfallenden Anteils, der von der UD herrührt, (75% = 632.719 €) findet für U das Teileinkünfteverfahren Anwendung, so dass die Ausschüttung der UD nach § 3 Nr. 40d) EStG zu 40% steuerfrei ist, womit für die steuerliche Bemessungsgrundlage 379.631 € verbleiben. Für die UV findet hinsichtlich ihres Anteils von 210.906 € § 8b Abs. 1, Abs. 5 KStG Anwendung, so dass der auf die UV-GmbH entfallende Teil der Ausschüttung zu 95% steuerfrei bleibt (KSt: 1581,79 €; verbleibender Gewinn: 209.324,21 €).

B. Sonderbereich

I. Gabelstapler des U

Als Einkünfte aus dem Sonderbereich kommt der Mietzins für den Gabelstapler in Betracht. Dieser kann Teil sonstiger Einkünfte nach § 22 Nr. 3 EStG sein, diese sind aber subsidiär gegenüber einer konkurrierenden gewerblichen Qualifikation, wenn sie Sonderbetriebsvermögen darstellen. Zu unterscheiden ist zwischen Sonderbetriebsvermögen I, das unmittelbar der Mitunternehmerschaft dient, und Sonderbetriebsvermögen II, das der Beteiligung an der Mitunternehmerschaft dient. Der Gabelstapler ist Sonderbetriebsvermögen I des U bei der OHG, da er der OHG gegen Entgelt zur Nutzung überlassen wird. Die Einlage zum 01.01.01 in die Sonderbilanz ist erfolgsneutral. Sie ist nach § 6 Abs. 1 Nr. 5 S. 1 2.Hs. Buchst. a) EStG aufgrund der zeitlichen Nähe zur Anschaffung nicht mit dem Teilwert i. H. v. 19.000 € sondern mit den Anschaffungskosten zu bewerten, bei denen nach § 6 Abs. 1 Nr. 5 S. 2 EStG die AfA fortzuführen ist. Entsprechend ist der Gabelstapler mit 18.000 € zu bewerten.

Der Mietzins ist Sonderbetriebseinnahme und damit gewerbliche Einkunft i. S. d. § 15 Abs. 1 S. 1 Nr. 2 S. 1 Hs. 2 EStG bei U i. H. v. 4800 €.

Der Gabelstapler ist ein abnutzbares WG des Anlagevermögens. Die Restnutzungsdauer beträgt 6 Jahre. Bei der Einlagebewertung von 18.000 € kommt es zu einem AfA-Jahresbetrag von 3.000 €.

Der Sonderbereich I weist hinsichtlich des Gabelstaplers somit Einkünfte von 1800 € aus.

II. Ausschüttung der UV-GmbH

Als Einkünfte aus dem Sonderbereich kommen zudem die Dividendenausschüttungen der UV-GmbH in Betracht. Diese sind grundsätzlich Einkünfte aus Kapitalvermögen nach § 20 Abs. 1 Nr. 1 EStG, nach § 20 Abs. 8 EStG aber subsidiär gegenüber einer konkurrierenden gewerblichen Qualifikation als Sonderbetriebseinnahmen. Zu unterscheiden ist zwischen Sonderbetriebsvermögen I, das unmittelbar der Mitunternehmerschaft dient, und Sonderbetriebsvermögen II, das der Beteiligung an der Mitunternehmerschaft dient. Die Anteile an der GmbH ermöglichen dem U einen beherrschenden Einfluss auf die UH-KG. Eine weitere Geschäftstätigkeit übt die UV-GmbH nicht aus, so dass auch kein anderer Veranlassungszusammenhang naheliegt.[10]

Somit stellt die Ausschüttung der UV-GmbH Sonderbetriebseinnahmen II und damit Einkünfte aus gewerblicher Mitunternehmerschaft nach § 15 Abs. 1 Nr. 2 EStG dar. Die Dividendenausschüttung bemisst sich nach der Höhe des ausschüttbaren Gewinns.

1. Gewinn der UV-GmBH

Die UV-GmbH hat nach § 8 Abs. 2 KStG nur Einkünfte aus Gewerbebetrieb (§ 15 EStG).

a) Gewinnanteil an UH-KG

Die UV-GmbH hat nur Einnahmen aus dem Gewinnanteil an der UH-KG in Höhe von 25%. Der Anteil der ursprünglich aus der VUT-OHG stammt, beträgt 81.556 €.

Auf den Anteil iHv 210.906 €, der aus der Ausschüttung der UD-GmbH stammt, findet § 8b Abs. 1, Abs. 5 KStG Anwendung, so dass der auf die UV-GmbH entfallende Teil der Ausschüttung zu 95% steuerfrei bleibt, es verbleiben 10.545,3 €.

b) Gehaltszahlung an U

Es verbleibt mangels weiterer Betriebsausgaben ein Gewinn von gerundet 81.556+10.545=92.101 €, der dem U als gewinnabhängiger Lohn für seine Geschäftsführungstätigkeit (Tantieme) ausgeschüttet wird. Diese Zahlung könnte eine Betriebsausgabe sein.

Ein Abzug als Betriebsausgabe ist jedoch nach § 8 Abs. 3 S. 2 KStG ausgeschlossen, wenn diese Zahlung eine verdeckte Gewinnausschüttung ist. Eine verdeckte Gewinnausschüttung liegt vor, wenn keine betriebsbezogene, sondern eine gesellschafterbezogene Veranlassung vorliegt. Dies kann mit einem Fremdvergleich bestimmt werden. Wenn eine unabhängige dritte Gesellschaft keine Nur-Tantieme in Höhe des gesamten Gewinns vereinbaren würde und ein unabhängiger dritter Geschäftsführer ohne Gesellschafterstellung keine Nur-Tantieme akzeptieren wür-

---

[10] Vgl. BFH v. 15.11.1967, IV R 139/67 S. 152, 160; v. 23.01.2001, VIII R 12/99, BStBl. II 2001, S. 825, 826.

de, ist die Zahlung gesellschaftlich veranlasst und eine verdeckte Gewinnausschüttung. Die Vereinbarung einer Nur-Tantieme ist unter fremden Dritten unüblich und kommt nur in besonderen Situationen in Betracht, z. B. Unternehmensgründung. Eine Quasi-Ausschüttung des gesamten Gewinns würden die Gesellschafter einem fremden dritten Geschäftsführer nie zugestehen, da für diese dann nichts mehr verbleiben würde. Somit liegt eine verdeckte Gewinnausschüttung vor, ein Abzug als Betriebsausgabe ist folglich nach § 8 Abs. 3 S. 2 KStG ausgeschlossen.

c) Ergebnis
Der Gewinn der UV-GmbH ist damit für steuerliche Zwecke weiterhin mit 92.101 € anzusetzen. Dieser ist mit einem Steuersatz von 15 % zu versteuern, so dass 13.815,15 € Körperschaftsteuer abzuführen sind. Der für das Geschäftsführergehalt zu verwendende Gewinn beträgt damit nur noch 78.285,85 €.

III. Geschäftsführergehalt
Da das Geschäftsführergehalt als vGA qualifiziert wurde, ist das Gehalt nicht nach § 19 EStG sondern nach § 20 EStG als Einkünfte aus Kapitalvermögen zu qualifizieren. Da die Beteiligung jedoch im Sonderbetriebsvermögen gehalten wird, kommt es zu einer Umqualifikation zu Sonderbetriebseinnahmen aus Gewerbebetrieb nach § 15 Abs. 1 Nr. 2 EStG. In der Folge ist das Teileinkünfteverfahren nach § 3 Nr. 40 d EStG anzuwenden, um die Vorbelastung mit Körperschaftsteuer auf Ebene der UV-GmbH zu berücksichtigen. Von der Basis des angepassten Geschäftsführergehalts von 69.323 € sind nur 60 % steuerpflichtig, somit im Ergebnis 46.972 €.

C. Gesamtergebnis

Der U hat Einkünfte aus der Beteiligung an der UH-KG in Höhe von 244.667 € (VUT-OHG via UH-KG)+379.631 € (UD GmbH via UH-KG)+1800 € Sonderbereich Gabelstapler=626.098 € und aus der UV-GmbH in Höhe von 46.972 €. Insgesamt hat er somit Einkünfte aus Gewerbebetrieb in Höhe von 673.070 €.

Fall 12: Forschende Pilotin

Sachverhalt

Die Pilotin P mit Wohnsitz in Weeze (Landkreis Kleve) arbeitet für die Fluggesellschaft Aerlíne Ltd. mit Geschäftsleitung in Dublin (Irland). Im Jahr 01 erhält Sie ein monatliches Bruttogehalt von 5.000 €, wovon in Irland Einkommensteuer auf Einkünfte aus nichtselbständiger Arbeit in Höhe von monatlich 500 € einbehalten wird. Die Tätigkeit der P besteht darin, mit in Irland registrierten Flugzeugen die Strecke zwischen den Flughäfen Düsseldorf (Weeze) und London-Stansted zu bedienen. Dabei entfallen inklusive Starts und Landungen je ein Drittel ihrer Arbeitszeit auf Deutschland, die Niederlande und Großbritannien.

Im folgenden Jahr 02 wird P ausgewählt, für ihren Arbeitgeber an der Technischen Universität Nijmegen (Niederlande) im Bereich der Aeronautik zu forschen. Ihre Forschungsergebnisse sollen allein der Aerlíne Ltd. zustehen. Insgesamt hält sie sich 100 volle Tage an ihrem Arbeitsplatz und der angemieteten Wohnung in Nijmegen auf. Ihren Sommerurlaub von zehn Tagen verbringt sie am Ijsselmeer; reist jedoch aus Deutschland an und ab. An weiteren 80 Tagen hält sie sich nur teilweise in den Niederlanden auf; sie pendelt zurück nach Weeze. Dort behält sie ihre Wohnung bei. Ihre Familie sowie ihre Freunde wohnen ebenfalls in Weeze. Außerdem ist sie dort aktives Mitglied in mehreren Sportvereinen.

Zur Anerkennung ihrer Forschungsleistungen erhält P neben ihren bisherigen Bezügen, von denen weiterhin irische Einkommensteuer einbehalten wird, ein Stipendium in Höhe von monatlich 1.000 €. Getragen wird diese Zuwendung, die nicht über die zur Deckung des Lebensunterhalts erforderlichen Kosten hinausgeht, von einem Verein des niederländischen Privatrechts mit Sitz und Geschäftsleitung im niederländischen Alphen aan den Rijn, der die sachlichen Anforderungen der §§ 51 ff. AO erfüllt. Der Verein erzielt keine inländischen Einkünfte. Daneben erzielt P im Jahr 02 aus der Vermietung von in Deutschland belegenen Gebäuden Einkünfte in Höhe von 20.000 €.

Aufgabe 1
Deutschland hat mit keinem der genannten Staaten ein Abkommen zur Vermeidung der Doppelbesteuerung abgeschlossen. Wie hoch ist Summe der Einkünfte der P im Jahr 01 und die tarifliche Einkommensteuer im Jahr 02?

Aufgabe 2
Zwischen Deutschland und Irland sowie den Niederlanden bestehen Abkommen zur Vermeidung der Doppelbesteuerung, die inhaltlich vollständig dem OECD-Musterabkommen (OECD-MA) entsprechen. Als Methode zur Vermeidung der Doppelbesteuerung wurde in beiden Abkommen die Freistellungsmethode gewählt. Wie hoch ist Summe der Einkünfte der P im Jahr 01 und die tarifliche Einkommensteuer im Jahr 02?
01 und 02 sind fiktive Jahre. Der Fall ist nach dem Rechtsstand 2014 zu lösen. Das niederländische und irische Steuer- und Zivilrecht entsprechen dem deutschen. Das niederländische Steuerrecht sieht das Stipendium zwar als steuerbar an, stellt es jedoch in voller Höhe steuerfrei. Eventuelle Sozialversicherungsbeiträge sind – ebenso wie eine eventuelle doppelte Haushaltsführung und Fahrten zur Tätigkeitsstätte – steuerlich nicht zu berücksichtigen. Tarifvorschriften sind ohne Berücksichtigung des Solidaritätszuschlages unmittelbar auf die Summe der Einkünfte anzuwenden.

Gliederung

Lösung 251
  A. Aufgabe 1 251
    I. Jahr 01 251
      1. Persönlicher Tatbestand 251
      2. Sachlicher Tatbestand 251
        a) Qualifikation 251
        b) Quantifizierung 251
          aa) Zufluss der irischen Steuer 252
          bb) Abzug der irischen Steuer 252
          cc) Arbeitnehmer-Pauschbetrag 254
      3. Ergebnis 255
    II. Jahr 02 255
      1. Persönlicher Tatbestand 255
      2. Sachlicher Tatbestand 255
        a) Qualifikation 255
        b) Quantifizierung 256
          aa) Steuerfreiheit des Stipendiums 256
          bb) Summe der Einkünfte 259
      3. Ergebnis 259
  B. Aufgabe 2 259
    I. Jahr 01 259
      1. Persönlicher Tatbestand 259
      2. Sachlicher Tatbestand 259
        a) Qualifikation 259
        b) Quantifizierung 260

    3. Ergebnis 261
  II. Jahr 02 261
    1. Persönlicher Tatbestand 261
    2. Sachlicher Tatbestand 261
      a) Stipendium 261
      b) Gehalt 263
      c) Summe der Einkünfte 264
    3. Tarifliche Einkommensteuer 264

Lösung

A. Aufgabe 1

I. Jahr 01
1. Persönlicher Tatbestand

P hat ihren Wohnsitz im Inland und ist daher nach § 1 Abs. 1 S. 1 Fall 1 EStG unbeschränkt einkommensteuerpflichtig. Im Rahmen der unbeschränkten Steuerpflicht unterliegt sie ohne Rücksicht auf die Herkunft der Einkünfte mit ihrem Welteinkommen der deutschen Steuer.[1] Da P ledig ist, kommt für sie eine Zusammenveranlagung nach § 26b EStG nicht in Betracht.

2. Sachlicher Tatbestand

a) Qualifikation
Für ihre Tätigkeit als Pilotin kommen Einkünfte aus nichtselbständiger Arbeit im Sinne der §§ 2 Abs. 1 S. 1 Nr. 4, 19 Abs. 1 S. 1 Nr. 1 EStG in Betracht. Der steuerliche Arbeitnehmerbegriff richtet sich nach § 1 Abs. 1 S. 1, Abs. 2 LStDV, der über § 4 EStDV auch für die Einkünftequalifikation des EStG Anwendung findet. Als Pilotin ist die P gegenüber der Aerlíne Ltd. weisungsgebunden tätig und in deren Flugverkehr organisatorisch eingebunden. Es liegen demnach Einkünfte aus nichtselbständiger Arbeit vor.

b) Quantifizierung
Einkünfte aus nichtselbständiger Arbeit berechnen sich gemäß § 2 Abs. 2 S. 1 Nr. 2 EStG als Überschuss der Einnahmen über die Werbungskosten im Sinne der §§ 8-9a EStG. Als Einnahmen erzielt P ein Gehalt in Höhe von 60.000 € (= 5.000 € * 12).

Ob der nach § 11 Abs. 1 S. 1 EStG erforderliche Zufluss auch im Jahr 01 liegt, kann angesichts der Sonderregel des § 11 Abs. 1 S. 4 EStG für Einkünfte aus nichtselbständiger Arbeit dahinstehen. Der Verweis auf § 38a Abs. 1 S. 2 EStG hat zur Folge, dass laufender Arbeitslohn in dem Kalenderjahr als bezogen gilt, in dem der

---

[1] Eine Berücksichtigung der Tatsache, dass ihre Einkünfte auch einer ausländischen Steuer unterliegen könnten, erfolgt erst im Rahmen des objektiven Steuertatbestandes oder des Tarifs. Zum Welteinkommensprinzip allgemein siehe *Lehner/Waldhoff*, in Kirchhof/Söhn/Mellinghoff, EStG, Loseblatt: Stand: März 2015, § 1 Rn. A 17, A 458.

Lohnzahlungszeitraum endet. Dies ist mangels abweichender arbeitsvertraglicher Regelungen nach § 614 S. 2 BGB, der nach dem Bearbeitervermerk ungeachtet der internationalprivatrechtlichen Lage auf das Arbeitsverhältnis Anwendung findet, hier jeweils das Monatsende.

aa) Zufluss der irischen Steuer

Jedoch werden P von ihrem Gehalt monatlich nur 4.500 € ausgezahlt. Ein Betrag von 500 € wird vom irischen Fiskus als Lohnsteuer einbehalten. Grundsätzlich gilt die Regelung des § 12 Nr. 3 EStG, wonach Steuern vom Einkommen bei der Ermittlung weder bei den einzelnen Einkunftsarten noch beim Gesamtbetrag der Einkünfte abgezogen werden dürfen, auch für ausländische Steuern.[2] Sie ist territorial nicht auf Deutschland beschränkt. Die irische Einkommensteuer darf damit vorbehaltlich der Regelung des § 34c Abs. 2 und Abs. 3 EStG grundsätzlich nicht bei der Ermittlung der Einkünfte abgezogen werden.

Hier stellt sich aber die besondere Problematik, dass die Einkommensteuer schon vom Arbeitgeber der P einbehalten wird. Es könnte schon an einem dem § 12 Nr. 3 EStG logisch vorausgehenden Zufluss bei P mangeln, so dass die Einnahmen der P lediglich 4.500 € monatlich betrügen. Die Situation ist jedoch der inländischen Lohnsteuer ähnlich.[3] Es handelt sich um eine Steuer, die der Arbeitgeber für den steuerpflichtigen Arbeitnehmer abführt. Die Steuerschuld der P wird also im Sinne eines abgekürzten Zahlungsweges vom Arbeitgeber getilgt. Ihr fließen also für eine logische Sekunde auch die einbehaltenen 500 € zu.[4] Ein anderes Ergebnis würde die Regelung des § 12 Nr. 3 EStG dergestalt unterlaufen, dass die Abzugsfähigkeit von der Eigenschaft als Abzugsteuer abhinge.

bb) Abzug der irischen Steuer

Jedoch könnte die irische Steuer in Höhe von 6.000 € (= 500 € * 12) im Rahmen des § 34c Abs. 3 EStG bei der Ermittlung der Einkünfte abzuziehen sein. Danach sind ausländische Steuern von der Bemessungsgrundlage abzuziehen, wenn sie nicht nach § 34c Abs. 1 EStG anrechenbar sind oder stattdessen im Rahmen des Wahlrechts des § 34c Abs. 2 EStG abgezogen werden.

Es ist somit inzident die Steuerermäßigung im Bereich der Bemessungsgrundlage zu prüfen. Die Anrechnung einer ausländischen Steuer kann materiell aus drei Gründen versagt werden: Zunächst kann eine Vergleichbarkeit der ausländischen Steuer mit der deutschen Einkommensteuer fehlen. Auch ist es möglich, dass die ausländische Steuer nicht in dem Staat erhoben wird, aus dem die Einkünfte stam-

---

[2] *Fissenewert*, in: Herrmann/Heuer/Raupach, EStG/KStG, Loseblatt, Stand März 2015, § 12 EStG Rn. 128; in diese Richtung auch BFH v. 02.10.1963 – I 308/61 U, BStBl. III 1964, 5, 6.

[3] Dazu *Glenk*, in: Blümich, EStG/KStG/GewStG, Loseblatt, Stand März 2015, § 11 EStG Rn. 110 „Abzugsteuern".

[4] Ob man den Zufluss als abgekürzten Zahlungsweg im Sinne einer logischen Sekunde konstruiert oder die Forderungstilgung als geldwerten Vorteil im Sinne des § 8 Abs. 1 Fall 2 EStG versteht, ist für das Ergebnis ohne Bedeutung.

men. Die dritte Variante ergibt sich, wenn eine ausländische Steuer nicht auf ausländische Einkünfte im Sinne des § 34d EStG erhoben wird.[5]

Sachlich entspricht die festgesetzte und gezahlte irische Steuer der deutschen Einkommensteuer. Problematisch sind aber die beiden territorialen Anforderungen der ausländischen Einkünfte und der Erhebung durch den Quellenstaat. Die Einkünfte der P aus ihrer Tätigkeit als Pilotin weisen einen Zusammenhang mit Deutschland, Großbritannien, Irland sowie den Niederlanden auf, während die Steuer ausschließlich von Irland erhoben wird.

Unter die ausländischen Einkünfte fallen nach § 34d Nr. 5 Fall 1 EStG Einkünfte aus nichtselbständiger Arbeit, die in einem ausländischen Staat ausgeübt oder, ohne im Inland ausgeübt worden zu sein, in einem ausländischen Staat verwertet wird. Die nichtselbständige Arbeit der P könnte in Form einer Steigerung des Unternehmensgewinnes in Irland als Ansässigkeitsstaat ihres Arbeitgebers verwertet worden sein. In diesem Zusammenhang bedeutet Verwertung eine über die bloße Arbeitsleistung hinausgehende Nutzbarmachung. Es ist die Schaffung eines körperlichen oder geistigen Produkts erforderlich, das einen über das arbeitsvertraglich geschuldete Tätigwerden hinausgehenden Nutzen erbringt.[6] Käme es nur auf die Verwertung der reinen Arbeitsleistung an, ergäbe sich stets die Zuordnung zum Ansässigkeitsstaat des Arbeitgebers, was die explizite Anordnung des Kassenstaatsprinzips in § 34d Nr. 5 Fall 2 EStG obsolet machte. Die Ansässigkeit des Arbeitgebers der P in Irland reicht demnach nicht aus, um sie als ausländische Einkünfte zu qualifizieren.

Jedoch könnte die Ausübung im Ausland zu ausländischen Einkünften führen. Nichtselbständige Arbeit wird dort ausgeübt, wo sich der Arbeitnehmer physisch aufhält und die Berufstätigkeit persönlich entfaltet.[7] Eine bestimmte Mindestdauer ist im Gegensatz zum gewöhnlichen Aufenthalt i. S. des § 9 AO nicht erforderlich.[8] Hier kommen Deutschland, Großbritannien, Irland und die Niederlande in Betracht.

Bis auf die Starts und Landungen übt P ihre Tätigkeit nicht direkt in Großbritannien aus. Ein physischer Aufenthalt auf niederländischem Boden findet überhaupt nicht statt. Völkerrechtlich zählt jedoch auch die Luftsäule oberhalb der Staatsfläche zum Staatsgebiet des jeweils betroffenen Staates.[9] Andererseits ergibt sich für die Besatzung und die Insassen eines Flugzeuges bis zur Landung auf ausländischem Staatsgebiet auch ein Zusammenhang zum Recht des Flaggenstaates des Flugzeugs.[10] Dies betrifft jedoch nur die Frage, welches Recht für diesen Bereich anzuwenden ist, nicht aber die Frage, welcher territorialen Souveränität der Be-

---

[5] *Wagner*, in in Blümich, EStG/KStG/GewStG, Loseblatt, Stand März 2015, § 34c EStG Rn. 27.
[6] *Gosch*, in: Kirchhof, EStG, 14. Aufl. 2015, § 49 Rn. 53.
[7] *Wied*, in: Blümich, EStG/KStG/GewStG, Loseblatt, Stand März 2015, § 49 EStG Rn. 156; vgl. auch BFH v. 28.09.1990 – VI R 157/89, BStBl. II 1991, 86, 88; v. 21.05.1986 – I R 37/83, BStBl. II 1986, 739, 740.
[8] *Geurts*, in: Frotscher/Geurts, EStG, Loseblatt, Stand September 2013, EStG, § 34d Rn. 80.
[9] *Doehring*, Völkerrecht, 2. Aufl. (2004), Rn. 546.
[10] So gilt etwa nach § 4 Fall 2 StGB das deutsche Strafrecht. Für das internationale Privatrecht siehe LG Frankfurt a. M. v. 16.12.2005 – 2-01 S 182/01, NJW-RR 2006, 704, 705.

reich zuzuordnen ist. Mit dem ausdrücklichen Bezug zu ausländischen Staaten und der rein faktischen Ausrichtung des Kriteriums der Ausübung vollzieht § 34d Nr. 5 EStG ausschließlich die territorialen Wertungen des Völkerrechts nach und stellt nicht auf die Anwendbarkeit einer Rechtsordnung ab. Somit gilt auch das Überfliegen als Ausübung in dem überflogenen Staat.[11]

Die Tätigkeit der Pilotin P wird somit nicht in Irland, sondern zu je einem Drittel in Großbritannien, den Niederlanden und Deutschland ausgeübt. Nur zwei Drittel ihrer Einkünfte aus nichtselbständiger Arbeit sind als ausländische Einkünfte im Sinne des § 34d Nr. 5 EStG zu qualifizieren. Für das Deutschland zuzuordnende Drittel der Einkünfte scheidet eine Anrechnung nach § 34c Abs. 1 S. 1 EStG aufgrund der fehlenden Eigenschaft als ausländische Einkünfte aus.

Weiterhin ist ein örtlicher Konnex zwischen Erhebungs- und Quellenstaat erforderlich. Für eine Anrechnung müssten die Einkünfte aus Irland stammen, das die Steuer erhebt. Problematisch ist hier, welche Kriterien zur Beantwortung der Frage herangezogen werden, aus welchem Staat die Einkünfte stammen. Es kommt sowohl der Staat in Frage, aus dem die Zahlung des Arbeitgebers erfolgte (Irland), als auch die Staaten, in denen die Tätigkeit ausgeübt wurde (Großbritannien und die Niederlande). Nur im ersten Fall wäre eine Anrechnung möglich.

Bei dieser Frage ist vor allem die Wertung des § 34d Nr. 5 EStG entscheidend, der ausdrücklich auf § 34c Abs. 3 EStG verweist. Gründe für ein Abweichen von diesen Wertungen sind nicht ersichtlich. Das Kriterium des Ursprungs ist somit nach den Kriterien des § 34d EStG zu bestimmen.[12] Danach ist der hier maßgebliche territoriale Anknüpfungspunkt bei nichtselbständiger Arbeit der Ort der Ausübung der Tätigkeit, wohingegen an die auszahlende Stelle nur im Falle öffentlicher Kassen angeknüpft wird. Die restlichen zwei Drittel der Einkünfte stammen somit aus den Niederlanden und Großbritannien.

Eine Anrechnung der irischen Steuer nach § 34c Abs. 1 S. 1 EStG scheidet somit teils aufgrund der fehlenden Eigenschaft als ausländische Einkünfte, teils aufgrund der fehlenden Identität von Erhebungs- und Ausübungsstaat aus. Da im Rahmen der Aufgabe 1 keine Doppelbesteuerungsabkommen bestehen, schließt § 34c Abs. 6 S. 1 EStG den Abzug nicht aus. Die irische Einkommensteuer i. H. v. 6.000 € ist somit nach § 34c Abs. 3 EStG von der Bemessungsgrundlage abzuziehen.

cc) Arbeitnehmer-Pauschbetrag

Problematisch erscheint hier die zwischen dem Arbeitnehmer-Pauschbetrag des § 9a S. 1 Nr. 1 Buchst. a EStG und den nach § 34c Abs. 3 EStG abzugsfähigen Steuern nicht eindeutig geregelte Abzugsreihenfolge. Der Arbeitnehmer-Pauschbetrag käme hier nur zum Tragen, wenn er systematisch vor der ausländischen Steuer abzuziehen wäre, da anderenfalls höhere Werbungskosten anzunehmen wären. Der

---

[11] So für das DBA Deutschland-Italien BFH v. 14.12.1988 – I R 148/87, BStBl. II 1989, 319; für das Durchqueren siehe BFH v. 28.09.1982 – VI R 98/89, BStBl. II 1991, 363, 365.
[12] FG Baden-Württemberg v. 19.03.1997 – 3 K 171/92, DStRE 1997, 599, 600; offen gelassen von BFH v. 24.03.1998 – I R 38/97, BStBl. II 1998, 471, 472; v. 01.07.2009 – I R 113/08, BFH/NV 2009, 1992; v. 19.04.1999 – I B 141/98, BFH/NV 1999, 1317; v. 02.03.2010 – I R 75/08, BFH/NV 2010, 1820, 18.

Abzug ausländischer Steuern wäre in diesem Fall außerhalb der Kategorien von Werbungskosten und Betriebsausgaben anzusiedeln.

Zwar enthält § 34c Abs. 3 EStG keine präzise Regelung zur systematischen Einordnung der ausländischen Steuer in das System des § 2 EStG, jedoch stellt die Steuer mangels Anrechenbarkeit eine Minderung der Leistungsfähigkeit auf objektiver Ebene dar. Auch wäre eine Einordnung außerhalb des Systems der §§ 8 und 9 EStG kategorienfremd, so dass die abzugsfähige Steuer hier den Werbungskosten zuzuordnen ist. Zunächst ist also die ausländische Steuer abzuziehen,[13] so dass angesichts höherer nachgewiesener Werbungskosten (6.000 €) der Arbeitnehmer-Pauschbetrag nicht anzusetzen ist.

3. Ergebnis
Die Summe der Einkünfte der P beträgt im Jahr 01 54.000 € (= 60.000 € ./. 6.000 €).

II. Jahr 02
1. Persönlicher Tatbestand
P behält ihren Wohnsitz in Weeze bei und bleibt daher nach § 1 Abs. 1 S. 1 Fall 1 EStG unbeschränkt einkommensteuerpflichtig.

2. Sachlicher Tatbestand

a) Qualifikation
P ist weiterhin für ihren Arbeitgeber tätig; in Bezug auf die von diesem erhaltenen Bezüge besteht somit weiterhin ein Veranlassungszusammenhang zu den Einkünften aus nichtselbständiger Arbeit i. S. des § 19 Abs. 1 S. 1 Nr. 1 EStG.

Problematisch erscheint jedoch die Steuerbarkeit des Stipendiums. Einkünfte aus nichtselbständiger Arbeit können zwar grundsätzlich auch von Dritten gezahlt werden,[14] es sind jedoch zwei weitere Aspekte zu beachten: Zum einen müssten die Zahlungen aus dem Stipendium als Einkünfte aus nichtselbständiger Arbeit zu qualifizieren sein. Zum anderen müsste P mit Überschusserzielungsabsicht handeln.

Der Stipendiat befindet sich i. d. R. nicht in einem Dienstverhältnis zu seinem Stipendiengeber, aufgrund dessen er zu einer bestimmten Gegenleistung verpflichtet wäre. Er führt sein Studium oder Forschungsprojekt nicht durch, um hiermit Einkünfte in Form von Stipendienleistungen zu erzielen, sondern um bestimmte Fähigkeiten oder Qualifikationen für eine spätere Erwerbstätigkeit zu erlangen.[15] Grundsätzlich ist der Erhalt von Stipendien also mit keiner Einkunftsart verknüpft und mithin nicht steuerbar.[16]

Hier liegt die Situation jedoch anders. Die Anstellung bei der Aerlíne Ltd. ermöglicht P erst die Forschung. Das Stipendium ist Folge dieser Vereinbarung. Es geht nicht wie bei Studienstipendien um eine Weiterqualifikation der P. Dass das

---
[13] *Geurts*, in; Frotscher/Geurts, EStG, Loseblatt, Stand September 2013, § 34c Rn. 101.
[14] *Eisgruber*, in: Kirchhof, EStG, 14. Aufl. 2015, § 19 Rn. 68.
[15] *Ernst/Schill*, DStR 2008, 1461 (1462 f.).
[16] Offen gelassen von BFH v. 15.09.2010 – X R 33/08, BStBl. II 2011, 637.

Arbeitsentgelt von Dritten geleistet wird, beseitigt den Veranlassungszusammenhang nicht. Es besteht somit ein Veranlassungszusammenhang zu den Einkünften aus nichtselbständiger Arbeit.

Der Veranlassungszusammenhang spricht auch für das Vorliegen einer Überschusserzielungsabsicht, was durch die konkrete Überschussprognose bestätigt wird. Den Einnahmen durch das Stipendium in Höhe von 12.000 € stehen lediglich eventuelle, durch die Tätigkeit in den Niederlanden veranlasste Mehrkosten gegenüber.

b) Quantifizierung
aa) Steuerfreiheit des Stipendiums
Für eine Steuerfreiheit des Stipendiums der P nach § 3 Nr. 11 EStG ist der Bezug öffentlicher Mittel erforderlich. Ungeachtet der Frage, ob darunter nur deutsche öffentliche Quellen fallen,[17] scheitert hier eine Steuerbefreiung an der Eigenschaft der auszahlenden Stiftung als öffentlich-rechtlich.

In Frage kommt jedoch § 3 Nr. 44 S. 2 EStG, wonach Stipendien von Körperschaften im Sinne des § 5 Abs. 1 Nr. 9 KStG steuerfrei sind. Der die Zuwendung gewährende niederländische Verein müsste also die Anforderungen des KStG und der AO an gemeinnützige Körperschaften erfüllen. Der Verein dient zwar materiell den in §§ 51 ff. AO genannten Zwecken, ist jedoch in Deutschland weder unbeschränkt noch beschränkt körperschaftsteuerpflichtig. Sein Sitz oder seine Geschäftsleitung befinden sich weder im Inland noch erzielt der Verein inländische Einkünfte i. S. des § 2 Nr. 1 KStG i. V. m. §§ 49 ff. EStG. Er kann somit die Steuerbefreiung des § 5 Abs. 1 Nr. 9 KStG weder unmittelbar noch über die Rückausnahme des § 5 Abs. 2 Nr. 2 Hs. 2 KStG in Anspruch nehmen. Letztere greift für im EU-Ausland ansässige Gesellschaften im Sinne des Art. 54 AEUV nur ein, wenn eine beschränkte Steuerpflicht besteht. Im System des KStG sind mangels Steuerpflicht die Steuerbefreiungsvorschriften somit nicht auf den niederländischen Verein anzuwenden. Folge daraus für die Einkommensteuer der P wäre die Steuerpflicht des Stipendiums mangels einer tauglichen auszahlenden Stelle im Sinne des § 3 Nr. 44 S. 2 EStG.

In dem vorliegenden Fall wird jedoch nur aufgrund einer sachlichen Befreiung des EStG in das KStG verwiesen. Es ist somit auch die Auslegung des § 3 Nr. 44 S. 2 EStG i. S. e. Rechtsfolgenverweisung denkbar, die eine Steuerpflicht des gemeinnützigen Stipendiengebers i. S. d. §§ 1 und 2 KStG gerade nicht erfordert. Dies könnte vor dem Hintergrund des Unionsrechts sogar zwingend sein.[18] Anderenfalls könnte es zu einer Verletzung der Kapitalverkehrsfreiheit des Art. 63 AEUV kommen.

---

[17] Dafür *Bergkemper*, in: Herrmann/Heuer/Raupach, EStG/KStG, Loseblatt, Stand März 2015, § 3 Nr. 11 EStG Rn. 5.
[18] Siehe zur europarechtskonformen Auslegung allgemein *Saueressig*, Jura 2005, 525 ff.

Eine allgemeine Definition des freien Kapitalverkehrs enthalten die Normen des AEUV nicht.[19] Allerdings kann für die Konkretisierung des Begriffs auf die in der Kapitalverkehrsrichtlinie[20] aufgezählten Fallgruppen sowie die ergänzenden Hinweise in Art. 64 Abs. 1 AEUV zurückgegriffen werden.[21]

Danach schützt die Kapitalverkehrsfreiheit grundsätzlich den grenzüberschreitenden Transfer von Geld- und Sachkapital sowie mittelbar die aus diesen Kapitalverkehrsvorgängen resultierenden Folgen. Auch sind altruistische Kapitaltransfers und nicht nur auf einem Austausch- oder Gegenseitigkeitsverhältnis basierende Transfers von der Kapitalverkehrsfreiheit geschützt.[22] Somit fällt auch die Zahlung eines Stipendiums als Geldleistung ohne konkrete Gegenleistung unter die Kapitalverkehrsfreiheit.

Erstreckt die Regelung des § 3 Nr. 44 S. 2 EStG die Steuerfreiheit nicht auf Stipendien, die von Institutionen aus dem EU-Ausland gezahlt werden, so würde dieser Fall schlechter als der reine Inlandssachverhalt behandelt. Eine Beschränkung der Kapitalverkehrsfreiheit im Sinne des Art. 63 Abs. 1 AEUV läge also vor.[23]

Eine solche Beschränkung kann nur als mit der Kapitalverkehrsfreiheit vereinbar angesehen werden, wenn die unterschiedliche Behandlung Situationen betrifft, die nicht objektiv miteinander vergleichbar sind, oder wenn die Beschränkung durch einen zwingenden Grund des Allgemeininteresses wie die Notwendigkeit, die Wirksamkeit der steuerlichen Kontrollen zu gewährleisten, gerechtfertigt ist.[24]

Der Erhalt eines Stipendiums von einem in der EU ansässigen Geber ohne inländische Einkünfte unterscheidet sich für den Stipendiaten nicht von dem Erhalt eines Stipendiums, das ihm entweder eine inländische oder eine in der EU ansässige Organisation mit inländischen Einkünften gewährt. Für den Bezieher eines Forschungsstipendiums zählt allein die Geldleistung, da deren Herkunft für ihn keinen Unterschied macht. Es handelt sich also um eine objektiv vergleichbare Situation.[25]

Jedoch könnte die Beschränkung aus zwingenden Gründen des Allgemeinwohls gerechtfertigt sein. Einen solchen Rechtfertigungsgrund könnte hier die Wirksamkeit der Steueraufsicht darstellen.[26] So begegnet die Kontrolle des Vorliegens der Gemeinnützigkeit der ausländischen Körperschaft erheblichen praktischen Schwierigkeiten. Jedoch steht auch dieser Rechtfertigungspunkt unter dem Erforderlichkeitsvorbehalt. Eine beschränkende Maßnahme kann nur dann gerechtfertigt sein,

---

[19] *Ress/Ukrow*, in: Grabitz/Hilf, Das Recht der Europäischen Union, 54. Aufl. 2014, Art. 63 AUEV Rn. 126.
[20] Richtlinie 88/361/EWG des Rates v. 24.06.1988, Abl. EG 1988 Nr. L 178, S. 5.
[21] EuGH v. 19.01.2006 – C-265/04, Rs. *Bouanich*, Slg. 2006, I-00923 Rn. 29; v. 23.09.2003 – C-452/01, Rs. *Ospelt und Schlössle Weissenberg*, Slg. 2003, I-9743, Rn. 7; v. 05.07.2005 – C-376/03, Rs. *D.*, Slg. 2005, I-5821, Rn. 24.
[22] So sind etwa Schenkungen und Stiftungen in der Rubrik XI des Anhangs I der Richtlinie 88/361 unter der Überschrift „Kapitalverkehr mit persönlichem Charakter" aufgeführt.
[23] BFH v. 15.09.2010 – X R 33/08, BStBl. II 2011, 637.
[24] EuGH v. 27.01.2009 – C-318/07, Rs. *Persche*, Slg. 2009, I-00359 Rn. 41.
[25] BFH v. 15.09.2010 – X R 33/08, BStBl. II 2011, 637.
[26] EuGH v. 27.01.2009 – C-318/07, Rs. *Persche*, Slg. 2009, I-00359 Rn. 52.

wenn sie dem vom EuGH aufgestellten Grundsatz der Verhältnismäßigkeit genügt, also geeignet ist, die Erreichung des mit ihr verfolgten Ziels zu gewährleisten, und nicht über das dazu Erforderliche hinausgeht.[27]

Bei einem Verständnis des § 3 Nr. 44 S. 2 EStG als Rechtsgrundverweisung würde ungeachtet des konkreten Sachverhalts in jedem Fall das Stipendium als steuerpflichtig behandelt. Dem Steuerpflichtigen bliebe es völlig verwehrt, ausreichende Nachweise zu erbringen. Anhand solcher Nachweise könnte die Finanzverwaltung eindeutig und genau überprüfen, ob die entsprechenden Voraussetzungen für die nationale Steuerregelung, die der Steuerpflichtige beansprucht, – hier das Vorliegen der Voraussetzungen der Gemeinnützigkeit – tatsächlich vorliegen.[28]

Die Wirksamkeit der Steuerkontrolle kann damit eine Ungleichbehandlung nur rechtfertigen, wenn die Finanzverwaltung des Besteuerungsmitgliedstaats daran gehindert ist, von dem Steuerpflichtigen die Vorlage stichhaltiger Belege zu verlangen, und es sich von vornherein ausschließen lässt, dass der Steuerpflichtige die notwendigen Belege vorlegen kann.[29] Dass ein ausländischer Verein die Voraussetzungen des § 5 Abs. 1 Nr. 9 KStG erfüllt, lässt sich etwa durch Jahresberichte sowie die Satzung nachweisen. Durch die vollständige Versagung der Steuerfreiheit würde das grundfreiheitlich geschützte Verhalten somit über das erforderliche Maß hinaus beschränkt.[30]

§ 3 Nr. 44 S. 2 EStG muss demnach unionsrechtskonform dahingehend ausgelegt werden, dass auch Stipendien von einer gemeinnützigen EU-Körperschaft, Personenvereinigung oder Vermögensmasse i. S. des § 5 Abs. 1 Nr. 9 KStG ohne inländische Einkünfte steuerfrei sind, sofern nachgewiesen werden kann, dass die Gemeinnützigkeitsanforderungen der §§ 51 ff. AO erfüllt sind. Im vorliegenden Fall erfüllt der niederländische Verein die deutschen Anforderungen, so dass es auf deren Nachweisbarkeit nicht ankommt.

Ferner müssten die weiteren Voraussetzungen des § 3 Nr. 44 EStG erfüllt sein. Das Stipendium geht wie von § 3 Nr. 44 S. 3 Buchst. a EStG gefordert nicht über den zur Bestreitung des Lebensunterhalts erforderlichen Betrag hinaus.[31] Dass die Zuwendung nicht nach den vom Geber erlassenen Richtlinien vergeben wurde, ist nicht ersichtlich. Darüber hinaus darf gemäß § 3 Nr. 44 S. 3 Buchst. b EStG kein Konnex zu einer Gegenleistung des Empfängers bestehen. Im Zusammenhang mit

---

[27] Für den Verhältnismäßigkeitsmaßstab des EuGH im Vergleich zu dem des deutschen Verfassungsrechts siehe *Michael*, JuS 2001, 764 ff.

[28] Vgl. EuGH v. 27.01.2009 – C-318/07, Rs. *Persche*, Slg. 2009, I-00359 Rn. 60.

[29] Vgl. auch EuGH v. 08.07.1999 – C-254/97, Rs. *Sociéte Baxter*, Slg. 1999, I-04809 Rn. 20; v. 10.03.2005 – C-39/04, Rs. *Laboratoires Fournier SA*, Slg. 2005, I-02057 Rn. 25; v. 03.10.2002 – C-136/00, Rs. *Danner*, Slg. 2002, I-8147 Rn. 50.

[30] BFH v. 15.09.2010 – X R 33/08, BStBl. II 2011, 637; so auch *Ross*, in: Frotscher/Geurts, EStG, Loseblatt, Stand September 2013, § 3 Nr. 44 Rn. 4; *v. Proff*, IStR 2009, 371, 376; *Lahmann*, Anm. zu BFH v. 15.09.2010 – X R 33/08, IStR 2011, 43.

[31] Für die Frage, ob es bei Forschungsstipendien auch zu einer Kumulation von Forschungskosten und Kosten des Lebensunterhalts kommen kann, siehe BFH v. 20.03.2003 – IV R 15/01, BStBl. II 2004, 190.

dem Stipendium darf dieser nicht zu einer bestimmten wissenschaftlichen Gegenleistung oder Arbeitnehmertätigkeit verpflichtet werden.

Zwar handelt es sich hier um Einkünfte aus nichtselbständiger Arbeit, jedoch ist der Veranlassungszusammenhang weiter als der Begriff der Gegenleistung. § 3 Nr. 44 S. 3 Buchst. b EStG soll vor allem die uneigennützige Vergabe durch den Geber sicherstellen; zu diesem darf kein Austauchverhältnis bestehen.[32] Zur Leistung von Diensten ist P weiterhin nur gegenüber ihrem bisherigen Arbeitgeber verpflichtet. Das Stipendium weist keinen rechtlichen Zusammenhang zu diesem Austauschverhältnis auf. Insbesondere ergibt sich keine Verpflichtung der P, ihre Arbeitskraft in den Dienst des Vereins zu stellen.

Das vom niederländischen Verein erhaltene Stipendium der P ist somit nach § 3 Nr. 44 S. 2 EStG steuerfrei.

bb) Summe der Einkünfte
Mangels nachgewiesener Werbungskosten berechnen sich die Einkünfte aus nichtselbständiger Arbeit unter Abzug der irischen Lohnsteuer wie im Vorjahr mit 54.000 €. Zusammen mit den Einkünften aus Vermietung und Verpachtung (20.000 €) i. S. des § 21 Abs. 1 S. 1 Nr. 1 EStG ergibt sich eine Summe der Einkünfte von 74.000 €.

3. Ergebnis
Die tarifliche Einkommensteuer beträgt nach § 32a Abs. 1 Satz 2 Nr. 4 EStG 22.841 € (= 74.000 € × 0,42 − 8.239 €).

B. Aufgabe 2

Bei Bestehen von dem OECD-MA entsprechenden DBA zwischen Deutschland und Irland sowie den Niederlanden könnten sich für P sowohl eine gegenüber dem abkommenslosen Zustand abweichende Steuerbemessungsgrundlage als auch eine abweichende tarifliche Einkommensteuer ergeben.

I. Jahr 01
1. Persönlicher Tatbestand
Die unbeschränkte persönliche Steuerpflicht der P bestimmt sich angesichts ihres inländischen Wohnsitzes weiterhin nach § 1 Abs. 1 S. 1 EStG. Das Bestehen von Doppelbesteuerungsabkommen ändert nichts an dem ausschließlich nach nationalem Recht zu bestimmenden persönlichen Steuertatbestand.

2. Sachlicher Tatbestand
a) Qualifikation
Die Qualifikation der Einkünfte im Sinne des § 2 Abs. 1 EStG ist ebenfalls von der abkommensrechtlichen Qualifikation unabhängig. Bei der aus der Tätigkeit als

---
[32] *Ross*, in: Frotscher/Geurts, EStG, Loseblatt, Stand September 2013, § 3 Nr. 44 Rn. 6.

Pilotin erzielten Einkünfte handelt es sich somit weiterhin um solche aus nichtselbständiger Arbeit i. S. d. §§ 2 Abs. 1 S. 1 Nr. 4, 19 Abs. 1 S. 1 Nr. 1 EStG.[33]

b) Quantifizierung

Jedoch könnte sich durch die bestehenden Doppelbesteuerungsabkommen eine Änderung der Höhe der steuerpflichtigen Einkünfte ergeben. Nach § 2 AO gehen die internationale Verträge den Regelungen der rein innerstaatlichen Steuergesetze vor, wenn sie unmittelbar anwendbares Recht geworden sind. Von einem Zustimmungsgesetz zum DBA D-IRL ist hier auszugehen. Eine Steuerfreiheit könnte sich aus Art. 23 Abs. 1 DBA D-IRL ergeben, wonach Einkünfte, für die nach dem Abkommen Irland das Besteuerungsrecht zusteht, in Deutschland freizustellen sind.

Dafür müsste P zunächst persönlich abkommensberechtigt sein,[34] was gemäß Art. 1 DBA D-IRL die Ansässigkeit in einem oder mehreren Vertragsstaaten erfordert.[35] Eine Ansässigkeit im Sinne der Abkommens ist nach Art. 4 Abs. 1 DBA D-IRL bei unbeschränkter Steuerpflicht in einer der Vertragsstaaten gegeben. P ist in Deutschland aufgrund ihres Wohnsitzes unbeschränkt einkommensteuerpflichtig und somit persönlich abkommensberechtigt.

Ein Besteuerungsrecht Irlands und damit die Freistellung der Einkünfte aus ihrer Tätigkeit als Pilotin in Deutschland könnte sich aus Art. 15 Abs. 3 DBA D-IRL ergeben. Danach können in Abweichung des grundsätzlichen Besteuerungsrechts des Ansässigkeitsstaats Vergütungen, die für unselbständige Arbeit an Bord eines Luftfahrzeuges, das im internationalen Verkehr betrieben wird, in dem Vertragsstaat besteuert werden, in dem sich der Ort der tatsächlichen Geschäftsleitung des Unternehmens befindet.

Bei der für Zwecke des EStG als nichtselbständige Arbeit einzustufenden Tätigkeit der P müsste es sich somit um unselbständige Arbeit im Sinne des DBA D-IRL handeln. Dieser Begriff ist im Abkommen nicht definiert. Es ist also nach Art. 3 Abs. 2 DBA D-IRL nationales Recht ausschlaggebend. Maßgeblich ist die Auslegung Irlands als Quellenstaat.[36] Da dessen Steuerrecht dem deutschen entspricht, werden die Einkünfte der P auch dort als solche aus nichtselbständiger Arbeit einstuft.

Problematisch bei der erforderlichen Ausübung der Arbeit an Bord eines Luftfahrzeuges ist, dass ein Teil der Arbeitszeit der P im Zusammenhang mit den Starts und Landungen auch auf eine Tätigkeit am Boden entfällt. Das Besteuerungsrecht wäre nach dem DBA D-IRL dann teilweise Deutschland als Ansässigkeitsstaat der P zugewiesen. Jedoch soll gerade eine solche Aufteilung zu Gunsten einer einheitlichen Zuweisung vermieden werden. Es ist somit lediglich erforderlich, dass das

---

[33] Siehe oben unter A.I.2.a).

[34] Der sachliche Anwendungsbereich ergibt sich für die Einkommensteuer unproblematisch aus Art. 2 Abs. 1 DBA D-IRL.

[35] Ferner ist P gemäß Art. 3 Abs. 1 Buchst. a DBA D-IRL als natürliche Person auch „Person" im Sinne des Abkommens.

[36] OECD-Musterkommentar, Art. 23 A und B Rn. 32.3 S. 2.

Luftfahrzeug den gewöhnlichen Arbeitsplatz bildet.[37] Für Zwecke des Abkommens wird die Tätigkeit der P vollständig an Bord eines Luftfahrzeugs im internationalen Verkehr ausgeübt.

Das Besteuerungsrecht kommt somit nach Art. 15 Abs. 3 DBA D-IRL Irland zu, wo die Aerlíne Ltd. als Arbeitgeberin der P ihre Geschäftsleitung hat. Ob das DBA mit den Niederlanden und ein eventuell bestehendes Abkommen mit Großbritannien Deutschland als Ansässigkeitsstaat der P das Besteuerungsrecht zuweisen, ist nicht entscheidend. Art. 15 Abs. 3 DBA D-IRL und die daraus folgende Freistellung in Deutschland setzen sich gegenüber diesen Bestimmungen durch. Deutschland hat die Einkünfte der P i. H. v. 54.000 € somit nach Art. 23 Abs. 1 DBA D-IRL freizustellen.[38]

3. Ergebnis
Die Summe der Einkünfte der P beträgt 0 €.

II. Jahr 02
1. Persönlicher Tatbestand
P behält ihren Wohnsitz in Weeze bei. Sie ist daher weiterhin nach § 1 Abs. 1 S. 1 EStG unbeschränkt einkommensteuerpflichtig.

2. Sachlicher Tatbestand
a) Stipendium
Die Bezüge der P aus dem Stipendium sind als Einkünfte aus nichtselbständiger Arbeit zu qualifizieren.[39] Es könnte sich aus Art. 23 Abs. 1 DBA D-NL eine Steuerfreiheit in Deutschland ergeben. Für die subjektive Berechtigung der P aus dem Abkommen gilt Art. 1 DBA D-NL i. V. m. Art. 4 Abs. 1 D-NL. Für die Ansässigkeit in einem Vertragsstaat reicht die unbeschränkte Steuerpflicht in Deutschland aus.[40]

In Frage kommen hier Einkünfte aus nichtselbständiger Arbeit i. S. d. Art. 15 Abs. 1 S. 1 DBA D-NL, wonach der Ausübungsstaat gegenüber dem Ansässigkeitsstaat das (Mit-)Besteuerungsrecht hat. Problematisch ist hier, dass P aufgrund ihres Wohnsitzes in Nijmegen nach § 1 Abs. 1 S. 1 Fall 1 NL-EStG[41] ebenfalls in den Niederlanden unbeschränkt steuerpflichtig ist. Bei einer Ansässigkeit in beiden Vertragsstaaten bestimmt sich der für die Anwendung der Verteilungsnormen aus-

---

[37] *Prokisch*, in: Vogel/Lehner, DBA, 6. Aufl. 2015, Art. 15 Rn. 107; vgl. auch FG Hamburg v. 22.12.1986 – V 154/84, EFG 1987, 285.
[38] Es besteht jedoch die Möglichkeit, diese Einkünfte bei der Berechnung des Tarifs im Rahmen des Progressionsvorbehalts nach Art. 23 Abs. 3 DBA D-IRL i. V. m. § 32b Abs. 1 S. 1 Nr. 3 EStG zu berücksichtigen. Da jedoch P über keine in Deutschland zu versteuernden Einkünfte verfügt, kann sich auch bei einem höheren Steuersatz keine Einkommensteuer ergeben. Siehe dazu näher unten B.II.2.b).
[39] Siehe oben unter A.II.2.a).
[40] Zur persönlichen Abkommensberechtigung siehe oben B.I.2.a)bb).
[41] Nach dem Bearbeitervermerk entspricht das niederländische Steuerrecht dem deutschen.

schlaggebende Ansässigkeitsstaat nach den sog. *tie-breaker*-Regelungen des Art. 4 Abs. 2 DBA D-NL.

Zunächst ist nach Art. 4 Abs. 2 Buchst. a DBA D-NL die ständige Wohnstätte entscheidend. P hat jedoch sowohl in Deutschland als auch in den Niederlanden eine Wohnung zur Verfügung. Somit muss auf den Mittelpunkt der Lebensinteressen zurückgegriffen werden.[42] P gilt für Zwecke des Abkommens als in dem Staat ansässig, zu dem sie die engeren persönlichen und wirtschaftlichen Beziehungen hat. Persönliche Beziehungen umfassen die gesamte private Lebensführung des Steuerpflichtigen. Dazu gehören familiäre und gesellschaftliche, politische und kulturelle Beziehungen.[43]

P ist in Weeze aktives Mitglied in mehreren Sportvereinen. Dort wohnen ihre Familie sowie ihre Freunde. Da über die wirtschaftlichen Beziehungen keine Aussagen getroffen werden, entscheiden die persönlichen Beziehungen zugunsten Deutschlands, das für Zwecke des Abkommens als Ansässigkeitsstaat gilt.

Die Niederlande als zur Qualifikation der Einkünfte berufener Quellenstaat[44] sehen die Leistungen aus dem Stipendium als Einkünfte aus nichtselbständiger Arbeit an. Gemäß Art. 15 Abs. 1 S. 1 DBA D-NL hat für diese Einkunftsart der Ausübungsstaat das (Mit-)Besteuerungsrecht. Dies gilt jedoch nur unter den Einschränkungen des Art. 15 Abs. 2 DBA D-NL. Der Empfänger der Einkünfte muss sich innerhalb eines Zeitraums von zwölf Monaten, der während des betreffenden Steuerjahres beginnt oder endet, mehr als 183 Tage in dem Ausübungsstaat aufgehalten haben. Zur Berechnung des Aufenthaltszeitraumes wird auf die reine physische Anwesenheit und nicht auf die Dauer der Arbeitstätigkeit abgestellt.[45] Dies hat zur Folge, dass jeder Tag, an dem der Arbeitnehmer auch nur zeitweilig im Ausübungsstaat anwesend war, in die Berechnung einfließt.[46] Weitere Anforderungen wie etwa eine bestimmte Mindestdauer[47] oder ein Übernachten im Ausübungsstaat[48] können am Wortlaut („aufhält") des Art. 15 Abs. 2 Buchst. a DBA D-NL nicht festgemacht werden. Es muss sich nicht um einen zusammenhängenden Aufenthalt im Tätigkeitsstaat handeln; mehrere Aufenthalte im selben Tätigkeitsstaat sind zusammenzurechnen.[49]

Die 100 Tage, die die P an ihrem Arbeitsplatz und ihrer Wohnung in den Niederlanden verbringt, sind demnach unproblematisch von Art. 15 Abs. 2 Buchst. a DBA

---

[42] Franz. Conseil d'etat v. 30.03.1992 – 76564, Droit Fiscal 1992, commentaire 1710.
[43] OECD-Musterkommentar, Art. 4 Rn. 15.
[44] Siehe oben unter B.I.2.a).
[45] OECD-Musterkommentar, Art. 15 Rn. 5.
[46] BFH v. 10.07.1996 – I R 4/96, BStBl. II 1997, 15, 16.
[47] Vgl. das US-amerikanische Revenue Ruling v. 57-330, Cumulative Bulletin 1957-2, 1013; *Roche*, IStR 1997, 203 (205).
[48] So aber die frühere Rspr. BFH v. 05.02.1965 – VI 334/63 U, BStBl. III 1965, 352, 353; v. 10.05.1989 – I R 50/85, BStBl. II 1989, 755, 757; FG Köln v. 28.08.1995 – 3 K 1936/92, EFG 1996, 641 (641 f.) (nrkr., aufgehoben durch BFH v. 10.07.1996 – I R 4/96, BStBl. II 1997, 14); ähnlich auch der niederländische Hoge Raad v. 22.06.1966 – 15 581, BNB 1966/202.
[49] BMF v. 14.09.2006 – IV B 6-S 1300-367/06, BStBl. I 2006, 532 Tz. 37.

D-NL erfasst. Da sie sich auch an den 80 Tagen, an denen sie nach Weeze pendelt, teilweise in den Niederlanden aufhält zählen diese ebenfalls.

Problematisch sind jedoch die zehn Tage, die P am Ijsselmeer verbringt. Zwar hält sie sich an diesen Tagen in den Niederlanden auf, was dem Wortlaut des Abkommens nach genügt, jedoch hat dieser Aufenthalt keinen Berufsbezug, sondern erfolgt lediglich zufällig ebenfalls in den Niederlanden. P reist aus Deutschland an und ab. Es ergibt sich kein Unterschied zu einem Urlaub in einem Drittstaat. Dieser mangelnde Zusammenhang zur nichtselbständigen Tätigkeit könnte erfordern, diese Tage nicht einzubeziehen.[50] Die Regelungen des Art. 15 Abs. 2 Buchst. a DBA D-NL wäre mit lediglich 180 Tagen nicht erfüllt; das Besteuerungsrecht läge beim Ansässigkeitsstaat Deutschland.

Löst man jedoch die 183-Tage-Regel aus dem Zusammenhang der Arbeitnehmereinkünfte und rückt sie in die Nähe des gewöhnlichen Aufenthalts, so kann an einem über die physische Anwesenheit hinausgehenden Erfordernis nicht festgehalten werden.[51] Im Rahmen des Art. 15 Abs. 2 Buchst. a DBA D-NL geht es nicht ausschließlich um die Verbindung der Arbeitstätigkeit zum Ausübungsstaat, sondern ebenfalls um die sonstigen Verbindungen des Arbeitnehmers zu dem Quellenstaat. Zu Letzteren sind ohne weitere Voraussetzungen auch Urlaubstage zu zählen.

In Zusammenschau mit dem allein auf die Präsenz abstellenden Wortlaut sind also auch die zehn Tage, die P am Ijsselmeer verbringt, in die Berechnung einzubeziehen. Sie hält sich folglich mit 190 Tagen länger als 183 Tage in den Niederlanden auf. Da die Vergütungen auch von einem Arbeitgeber gezahlt werden, der in den Niederlanden ansässig ist, (Art. 15 Abs. 2 Buchst. b DBA D-NL) wird das Besteuerungsrecht den Niederlanden zugewiesen.

Nach der gewählten Freistellungsmethode des Art. 23 Abs. 1 DBA D-NL sind diese Einkünfte in Deutschland von der Besteuerung auszunehmen. P erzielt damit aus dem Stipendium keine steuerpflichtigen Einkünfte.

b) Gehalt

Für das Gehalt ist nun nicht mehr Art. 15 Abs. 3 DBA D-IRL anzuwenden, da die Arbeit nicht mehr an Bord eines Flugzeugs ausgeführt wird. Das Besteuerungsrecht ist in diesem Verhältnis somit nach Art. 15 Abs. 1 DBA D-IRL Deutschland als Ansässigkeitsstaat zuzuordnen; eine Ausübung in Irland kommt nicht in Frage.

Jedoch könnte im Verhältnis zu den Niederlanden diesen als Tätigkeitsstaat das Besteuerungsrecht zugewiesen sein. Die nach Art. 15 Abs. 2 Buchst. a DBA D-NL erforderliche Aufenthaltsdauer wird überschritten, so dass eine Zuweisung nach Art. 15 Abs. 2 DBA D-NL an Deutschland als Ansässigkeitsstaat nicht in Frage kommt. Es bleibt bei der Grundregel des Art. 15 Abs. 1 S. 2 DBA D-NL, der das Besteuerungsrecht den Niederlanden zuweist. Darauf, dass die Aerlíne Ltd. als Arbeit-

---

[50] So FG München v. 10.12.1985 – XII 280/82 E, EFG 1986, 274 (274); für einen zeitlichen Zusammenhang BMF v. 14.09.2006, – IV B 6-S 1300-367/06, BStBl. I 2006, 532 Tz. 38.
[51] Offen gelassen von BFH v. 23.02.2005 – I R 13/04, IStR 2005, 489, 490.

geber in Irland und nicht in den Niederlanden ansässig ist, kommt es nicht mehr an. Das Gehalt ist somit nach Art. 23 Abs. 1 DBA D-NL steuerfrei.

c) Summe der Einkünfte
Sowohl das Stipendium als auch das laufende Gehalt der P sind Aufgrund von Art. 23 Abs. 1 DBA D-NL steuerfrei. Die Summe der Einkünfte ist damit gleich den Einkünften aus Vermietung und Verpachtung. Sie beträgt 20.000 €.

3. Tarifliche Einkommensteuer
Die tarifliche Einkommensteuer betrüge nach § 32a Abs. 1 S. 2 Nr. 3 EStG 2.634 € ($=(228{,}74 \times 0{,}6531 + 2.397) \times 0{,}6531 + 971$). Allerdings werden bestimmte steuerfreie Einkünfte zwar nicht in die Höhe der Einkünfte einbezogen, aber für die Berechnung des Steuersatzes herangezogen. So ist es nach Art. 23 Abs. 3 DBA D-NL möglich, nach dem DBA freizustellende Einkünfte in die Berechnung der auf andere Einkünfte entfallenden Steuer einzubeziehen. Damit ist insbesondere die Einbeziehung in die Progression gemeint. So erlaubt es die Freistellungsmethode, den Durchschnittssteuersatz nach allen – auch den nach DBA freigestellten – Einkünften zu bestimmen, ihn aber nur auf im Inland steuerpflichtige Einkünfte anzuwenden. Der durch das ausländische Einkommen leistungsfähigere Steuerpflichtige wird damit in Bezug auf den Steuersatz so behandelt, als wären seine gesamten Einkünfte im Inland steuerpflichtig.

Von dieser Möglichkeit macht das deutsche Recht in § 32b EStG Gebrauch. Nach dem Progressionsvorbehalt des § 32b Abs. 1 S. 1 Nr. 3 EStG ist bei Vorliegen von nach einem DBA steuerfreien Einkünften ein besonderer Steuersatz anzuwenden. In § 32b Abs. 1 S. 2 EStG, der für bestimmte ausländische Einkünfte eine Ausnahme vom Progressionsvorbehalt enthält, ist keine Ausnahme für die Tätigkeit der P ersichtlich. Insbesondere unterhält sie als Arbeitnehmerin in den Niederlanden keine gewerbliche Betriebsstätte.

Auf die Einkünfte der P ist somit der nach § 32b Abs. 2 S. 1 EStG modifizierte Grundtarif anzuwenden. Auf die steuerpflichtigen Einkünfte ist der Steuersatz anzuwenden, der sich ergibt, wenn bei der Berechnung des Einkommens die nach dem DBA steuerfreien Einkünfte einbezogen werden. Somit ist auf die Summe der steuerpflichtigen und steuerfreien Einkünfte von 86.000 € (= 54.000 € + 12.000 € + 20.000 €) § 32a Abs. 1 S. 2 Nr. 4 EStG anzuwenden.[52] Die Multiplikation des sich daraus ergebenden Durchschnittssteuersatzes mit den im Inland steuerpflichtigen Einkünften ergibt die deutsche tarifliche Einkommensteuer.[53]

In Bezug auf das Stipendium steht P damit im Vergleich zur abkommenslosen Situation schlechter dar. Obwohl ihre Einkünfte nach dem DBA ebenso wie nach

---

[52] Ein Abzug der irischen Steuern nach § 34c EStG ist im Rahmen der sog. „Schattenveranlagung" ausgeschlossen. Es käme sonst zu einer doppelten Berücksichtigung, siehe *Schiffers*, in Carlé/Korn/Stahl/Strahl, EStG, Stand 06/2014, § 32b Rn. 39. Jedoch ist der Arbeitnehmer-Pauschbetrag in Abzug zu bringen, § 32b Abs. 2 S. 1 Nr. 2 S. 2 Buchst. a EStG

[53] Der Durchschnittssteuersatz berechnet sich mit 32,42 %, was – bezogen auf 20.000 € – eine Einkommensteuer von 6484 € ergibt.

Anwendung rein innerstaatlichen Rechts steuerfrei sind, würde sie aufgrund des Progressionsvorbehalts einen Nachteil in Form einer erhöhten Steuerbelastung erleiden.

P macht jedoch durch die Tätigkeit in den Niederlanden von ihrer Arbeitnehmerfreizügigkeit i. S. des Art. 45 Abs. 1 AEUV Gebrauch. Neben Diskriminierungen verbietet diese Grundfreiheit auch Beschränkungen der Mitgliedsstaaten, die die Ausübung der grundfreiheitlich geschützten Tätigkeit behindern oder weniger attraktiv machen. Würde P die Grenze nicht überschreiten, ihre Forschung also in Deutschland ausüben, wäre ihr Stipendium nach § 3 Nr. 44 S. 2 EStG ohne Berücksichtigung im Tarif steuerfrei.[54] Einen Progressionsvorbehalt für steuerfreie Stipendien ordnet § 32b Abs. 1 S. 1 EStG nicht an. Eine Rechtfertigung ist ebenso wie für die Steuerpflicht ausländischer Stipendien nicht ersichtlich. Das Unionsrecht erfordert somit, dass die Steuerfreiheit nach § 3 Nr. 44 S. 2 EStG der abkommensrechtlichen Freistellung vorgeht. Der Progressionsvorbehalt findet keine Anwendung.[55]

Maßgebliche Bemessungsgrundlage für den Progressionsvorbehalt sind somit 74.000 €, was einen Durchschnittssteuersatz von 30,87 % ergibt. Bezogen auf die steuerpflichtigen Einkünfte aus Vermietung und Verpachtung ergibt sich somit eine tarifliche Einkommensteuer in Höhe von 6.174 €.

---

[54] Siehe oben A.II.2.b)aa).
[55] Ebenso BFH v. 22.01.1997 – I R 152/94, BStBl. II 1997, 358 (359), jedoch ohne unionsrechtliche Erwägungen.

Sachverzeichnis

A
Abfärbung, 27
Abfindung, 57
Abflussprinzip Siehe Zufluss-/Abflussprinzip, 232
Absetzung für Abnutzung, 12, 20, 105, 124, 125, 138, 192, 196, 204, 219
   Abzug Vormonate Anschaffungsjahr, 106
   Anschaffung durch Umwidmung, 177
   außergewöhnliche Abnutzung, 172
   bei Einlagen, 157
   Berechtigung, 199
   degressiv bei Gebäude, 105
   Domain-Name, 155
   Eigentumswohnung, 177
   Gebäude, 78, 106
   geringwertige Wirtschaftsgüter, 73, 196
   Kraftfahrzeug, 218
   Poolabschreibung, 14, 196
   Software, 219
Abwrackprämie, 122
Abzinsung, 33
Angehörige, Vertrag zwischen nahen, 85, 101
Anschaffungskosten, 122, 161
   nachträgliche, 78, 161
   bei Darlehensverzicht, 162
   bei Nutzungsüberlassung, 162
Arbeitnehmererfindung, 198
Arbeitslosigkeitsversicherung, 63
Aufbaustudium, 110
Aufhebungsvertrag, 65
Aufteilungs- und Abzugsverbot, 102, 107
Auslagenersatz, 48

B
Befruchtung, künstliche, 186
Beherrschungsidentität, 206
Belastungen, außergewöhnliche
   künstliche Befruchtung, 186
   Verhältnis zu Sonderausgaben, 90

Besteuerung, nachgelagerte, 63
Beteiligungsidentität, 206
Betriebsaufgabe, 203
Betriebsaufspaltung, 206
   Konkurrenz zum Sonderbetriebsvermögen, 207
Betriebsvermögen, 12
   Betriebsbegriff, 126
   gewillkürtes, 13
   Transfer von Wirtschaftsgütern zwischen Betrieben, 126, 130
Betriebsverpachtung, 203
Bewirtungskosten, 15
   gemischter Anlass, 53
Bilanz, 22
   Abzinsung, 33
   Ausgewogenheit, 23
   außerbilanzielle Modifikation, 29
   Einheitsbilanz, 29
   Funktion Handelsbilanz, 30
   Funktion Steuerbilanz, 30
   schwebende Geschäfte, 32
   Steuerbilanz, 29
   Stichtagsprinzip, 216
   Stundung Forderung, 33
   umgekehrte Maßgeblichkeit, 30
   wertaufhellende Tatsachen, 216
Bonusmeilen, 59

D
Darlehen
   eigenkapitalersetzendes, 149
   Finanzplankredit, 149
   krisenbestimmtes, 149
   Krisendarlehen, 149
   stehengelassenes, 149
   Verzicht, 148
Dienstleistung, haushaltsnahe, 66
Dienstwagen, 96
Disagio, 219

Domain-Name, 153
Drei-Objekte-Grenze, 82
Drittzuwendung, 59

E
Eigenkapital, 23
　Ersatz durch Darlehen, 149
Einheitsbilanz, 29
Einkünfte
　aus Gewerbebetrieb, 215
　　Abfärbung, 226
　　Abgrenzung zu selbständiger Arbeit, 5
　　Betriebsaufgabe, 203
　　Betriebsaufspaltung, 206, 207
　　Betriebsverpachtung, 203
　　Drei-Objekte-Grenze, 82
　　enger Kundenkreis, 50
　　Ferienwohnung, 84
　　gewerblich geprägte Personengesellschaft, 195, 226
　　Grundstückshandel, 82
　　hotelmäßiges Angebot, 76, 84
　　Liebhaberei, 129
　　Veräußerungsgewinn § 17 EStG, 108, 161
　　Vermietung, 76
　aus nichtselbständiger Arbeit
　　Drittzuwendungen, 49
　　Geschäftsführergehalt, 220
　　Korrekturtätigkeit, 224
　　Lehrer, 72
　　Manager, 46, 96
　aus selbständiger Arbeit, 5
　　gemeinschaftliche, 225
　　Korrekturtätigkeit, 224
　　Krankengymnastik, 100
　　psychologische Psychotherapeutin, 134
　aus Vermietung und Verpachtung, 76, 160, 176
　　Ferienwohnung, 84
　　Liebhaberei, 85, 107, 160
　　Sachinbegriff, 202
　sonstige
　　Eigenwohnprivileg, 178
　　private Veräußerungsgeschäfte, 83, 178
　　sonstige Leistungen, 50, 75, 182
Einlage, 24, 38, 121, 125
　Bewertung mit Teilwert, 122, 126
　Nutzungen, 147
　verdeckte, 147, 148, 156
　　Asymmetrie zur verdeckten Gewinnausschüttung, 147
　　Darlehensverzicht, 148
Einnahme-Überschuss-Rechnung, 100, 227
Einzelveranlagung, 133

Entfernungspauschale, 9, 17, , 43, 52, 55, 56, 99, 222
Entnahme, 14, 24, 37, 38
Erhaltungsaufwand, 78, 79
Existenzminimum, 63

F
Fahrgemeinschaft, 49
Finanzierungsfreiheit, 104, 105, 148
Finanzplankredit, 149
Freibetrag
　Körperschaftsteuer, 158
　Tätigkeit für gemeinnützige Einrichtung, 183
　Übungsleiterpauschale, 183, 224
　Veräußerungsgewinne § 17 EStG, 163
Freigrenze
　Sachbezüge, 72, 99
　sonstige Leistungen, 57
Fremdvergleich
　verdeckte Einlage, 148
　verdeckte Gewinnausschüttung, 146
　Vertrag zwischen nahen Angehörigen, 86, 101
Fristen
　Berechnung, 83
　uneigentliche, 83
Fußstapfentheorie, 112

G
Gemeinnützigkeit, 183
Geschäfte, schwebende, 32
Gestaltungsmissbrauch, 86, 101
Gewerbesteuer, 120
　Betriebsbegriff, 120
　Gewerbeertrag, 129
　Hebesatz, 129
　Hinzurechnungen, 128
　keine Betriebsausgabe, 152
　Kürzungen, 128
　Personengesellschaften als Subjekt, 25
　Steuermessbetrag, 129
　Steuermesszahl, 129
Gewinnausschüttung, verdeckte
　Asymmetrie zur verdeckten Einlage, 147
　Dienstwagennutzung, private, 219
　Einkunft bei Empfänger, 159
　Geschäftsführergehalt, 145, 217
　Nur-Tantieme, 146
Gewinnermittlung
　Betriebsvermögensvergleich
　　einfacher, 208
　　qualifizierter, 120, 130, 215
　Einnahme-Überschuss-Rechnung, 8, 100, 227

Sachverzeichnis

Gewinnfeststellung, einheitliche und gesonderte, 40
Gewinn- und Verlustrechnung, 23, 24
GoB Siehe Grundsätze ordnungsmäßiger Buchführung, 21
Grunddienstbarkeit, Entschädigung für, 179
Grundsätze ordnungsmäßiger Buchführung (GoB), 21
Gutachten, Aufbau
  genereller, 3
  Liebhaberei, 108
  Mitunternehmerschaft, 41

H
Hebesatz, 129
Herstellungskosten, nachträgliche, 78
Hinzurechnungen
  außerbilanziell, 130
  Gewerbesteuer, 128

I
IFRS, 22, 30

J
Jahresabschluss, 22, 24

K
Kapitalerhaltung, 30
Kapitalrücklage, 149
Körperschaftsteuer
  Bemessungsgrundlage, 141
  Freibetrag, 158
  Mantelkauf, 229
  Typenvergleich, 201
Krankenversicherung, 63, 184
Kürzungen
  außerbilanzielle, 149
  Gewerbesteuer, 128

L
Lebenseinkommensbesteuerung, 113
Leistungsfähigkeitsprinzip, 112
  Aufteilungs- und Abzugsverbot, 103
  kausaler Werbungskostenbegriff, 170
  Steuerbilanz, 30
  Werbungskostenbegriff, 55
Liebhaberei, 85, 107, 129, 160
Sonderabschreibung, 81

M
Mantelkauf, 229
Maßgeblichkeitsprinzip, 21, 29, 130, 141
  umgekehrtes, 30
Minderwert, merkantiler, 172

N
Niederstwertprinzip, 216

O
Organschaft, 22, 142

P
Parteispenden, 114
Personengesellschaft
  Abfärbung, 27
  als steuerliches Subjekt, 25
  doppelstöckige, 208
  gewerblich geprägte, 195
  Gewinnfeststellung, einheitliche und gesonderte, 40
Pflegeversicherung, 63
Prägung, gewerbliche, 195, 226
Promotionskosten, 54

R
Realisationsprinzip, 32, 197, 216
Realsplitting, 134
Rechtswidrigkeit, 57, 173
Rentenversicherung, 61

S
Sachbezüge, 72
Scheck, 58, 78
Schmiergeld/Schmiergeschenk, 57, 74, 169, 173
Sittenwidrigkeit, 55, 57, 74, 173
Sonderausgaben
  Arbeitslosigkeitsversicherung, 63
  Krankenversicherung, 63, 184
  Pflegeversicherung, 63
  Rentenversicherung, 61
  Rückgewähr, 185
Sonderbereich, 88, 200, 206, 207
  Funktion, 41
  Konkurrenz zur Betriebsaufspaltung, 207
  nicht bei Kapitalgesellschaft, 160
Sonderbetriebsvermögen, 89, 200, 206, 207
  Funktion, 41
  Konkurrenz zur Betriebsaufspaltung, 207
Sonderbilanz, 88, 89, 200
Sozialversicherung
  Arbeitgeberanteil, 46
  Arbeitnehmeranteil, 61, 184
Splitting
  Realsplitting, 134
Steuerbilanz, 29
Steuerermäßigung, 115, 132
  für Gewerbesteuer, 131

Steuerfreiheit
  Dividenden, 141
  Tätigkeit für gemeinnützige Einrichtung, 183
  Übungsleiterpauschale, 183, 224
  Veräußerungsgewinn, 142, 143
Steuermessbetrag, 129
Steuermesszahl, 129
Steuerpflicht, beschränkte, 109
Stille Gesellschaft, atypische, 87
Studium, 54, 93, 110

T
Tantieme, 145
Tarifermäßigung, 64, 66, 203
  keine bei § 17 EStG, 163
Tatbestandsverwirklichung, gespaltene, 100, 113
Teileinkünfteverfahren, 108, 142, 159, 162, 199, 202, 223
  Antragsrecht bei quasi-unternehmerischer Beteiligung, 160, 231
Teilhaberversicherung, 151
Teilwert, 216
  Aufholung, 205
  ausschüttungsbedingte Abschreibung, 199, 202
  bei Einnahme-Überschuss-Rechnung, 227
  Bewertung Einlage, 122, 126
  merkantiler Minderwert, 172
Totalitätsprinzip, 113
True and fair view, 30
Typenvergleich, 201

U
Übungsleiterpauschale, 183, 224
Umsatzsteuer
  bei geringwertigen Wirtschaftsgütern, 73
  kein durchlaufender Posten, 227
Umweltprämie, 122
Unterhalt
  grenzüberschreitender, 90
  Mietvertrag, Gläubiger und Schuldner, 102
  Trennung und Scheidung, 90
Unternehmerinitiative, 4, 49, 87, 88, 225
Unternehmerrisiko, 4, 49, 87, 225
US-GAAP, 22

V
Veranlagung
  Einzel~, 133
  Zusammen~, 133
Veranlassungsprinzip, 17
Veräußerungsgewinn, 161

Betriebsausgaben bei Steuerfreiheit, 143
Gewinnminderungen im Zusammenhang, 143
Verfassungsrecht
  Anerkennung Vertrag zwischen Angehörigen, 101
  Aufteilungs- und Abzugsverbot, 103
  Basisversicherung, 63
  Existenzminimum, 63
  kausaler Werbungskostenbegriff, 170
  Privileg Ehe bei künstlicher Befruchtung, 188
  Recht auf Familie, 187
  Selbstbindung der Verwaltung, 98
  Werbungskostenbegriff, 17, 55
Verlustausgleich, intertemporärer, 109, 231
  bei Nichtsteuerpflicht, 110
Verlustausgleichsbeschränkung
  ausländische Einkünfte, 84
  private Veräußerungsgewinne, 174
Verlustvortrag, 110
  Übertragbarkeit, 112, 231
Vorsichtsprinzip, 30
Vorsorgeaufwendung, 61

W
Werbungskosten
  Erhaltungsaufwand, 79
  Ersatz, 48
  fiktive, 74
  kausaler Begriff, 17, 49, 55, 170
  Mehrfachveranlassung, 51
  merkantiler Minderwert, 172
  nachträgliche, 174
  Promotion, 54
  Unfall, 55
  vergebliche, 176
  vorab veranlasste, 176
Wirtschaftsgut, 153
  immaterielles selbst geschaffenes, 153, 198

Z
Zebragesellschaft
  bei Kapitalgesellschaft als Gesellschafter, 225
  statt mitunternehmerischer Betriebsaufspaltung, 208
Zinsschranke, 22, 89, 127, 147, 219
Zufluss-/Abflussprinzip, 31, 58, 60, 76, 168
  Ausnahme bei nicht abnutzbaren Wirtschaftsgütern, 227
  Darlehensraten, 47
  Scheck, 58, 78
Zusammenveranlagung, 133

The manufacturer's authorised representative in the EU is Springer Nature Customer Service Centre GmbH, Europaplatz 3, 69115 Heidelberg, Germany. If you have any concerns regarding our products, please contact ProductSafety@springernature.com

Printed and bound by CPI Group (UK) Ltd, Croydon, CR0 4YY

25/03/2026

02078194-0012